일제의 농업생산정책

일제침탈사연구총서
경제
18

일제의 농업생산정책

동북아역사재단 일제침탈사 편찬위원회 기획
이영학 지음

동북아역사재단
NORTHEAST ASIAN HISTORY FOUNDATION

| 발간사 |

　일본이 한국을 침탈한 지 100년이 지나고 한국이 일본의 지배로부터 벗어난 지 70년이 넘었건만, 식민 지배에 대한 청산은 이루어지지 못하고 있다. 일본의 독도영유권 주장은 도를 넘어섰다. 일본은 일본군'위안부', 강제동원 등 인적 수탈의 강제성도 인정하지 않고 있다. 일본군'위안부'와 강제동원의 피해를 해결하는 방안을 놓고 한·일 간의 갈등은 최고조에 이르고 있다. 역사문제를 벗어나 무역분쟁, 안보위기 등 현실 문제가 위기국면을 맞고 있다.
　한·일 간의 갈등은 식민 지배의 역사를 어떻게 볼 것인가 하는 역사 인식에서 기인한다. 역사는 현재와 과거의 대화이며 이를 기반으로 미래로 나아갈 수 있다. 과거 침략의 역사를 미화하면서 평화로운 미래를 말하는 것은 불가능하다. 식민 지배와 전쟁발발의 책임을 인정하지 않고 반성하지 않으면 다시 군국주의가 부활할 수 있고 전쟁이 일어날 위험성도 배제할 수 없다. 미래지향적 한일관계를 형성하고 나아가 동아시아의 평화와 번영의 기틀을 조성하기 위해 일본은 식민 지배의 책임을 인정하고 그 청산을 위해 노력해야 할 것이다.
　식민 지배의 역사를 청산하기 위해서는 식민 지배는 어떻게 이루어졌는지 그 실상을 명확하게 규명하는 일이 긴요하다. 그동안 일본제국주의에 맞서 조국의 독립을 위해 헌신한 독립운동가들의 활동을 찾아내고

역사적으로 평가하는 일에는 상당한 성과를 거두었다. 반면 일제 식민침탈의 구체적인 실상을 규명하는 일에는 충분한 노력을 기울이지 못했다. 제국주의가 식민지를 침탈했다는 것은 너무나 당연한 사실로 여겨졌기 때문에, 굳이 식민 지배에서 비롯된 수탈과 억압, 인권유린을 낱낱이 확인할 필요가 없었는지도 모른다. 그러는 사이 일본은 식민 지배가 오히려 한국에 은혜를 베푼 것이라고 미화하고, 참혹한 인권유린을 부인하는 역사부정의 인식을 보이는 데까지 이르고 있다. 일제의 통치와 침탈, 그리고 그 피해를 종합적으로 조사하고 편찬할 필요성이 여기에 있다.

일제침탈사를 체계적으로 정리하는 일은 개인이 감당하기 어렵다. 이에 우리 재단은 한국학계의 힘을 모아 일제침탈사 편찬위원회를 꾸렸다. 편찬위원회가 중심이 되어 일제의 식민지 침탈사를 정치·경제·사회·문화 모든 방면에 걸쳐 체계적으로 집대성하기로 했다. 일제 식민침탈의 실체를 파악하기 위해 2020년부터 세 가지 방면으로 사업을 추진하고 있다. 하나는 일제침탈의 실상을 구체적이고 생생한 자료를 통해서 제공하는 일로서 〈일제침탈사 자료총서〉로 편찬한다. 다른 하나는 이들 자료들을 바탕으로 연구한 결과물을 〈일제침탈사 연구총서〉로 간행한다. 그리고 연구의 결과를 대중들이 이해하기 쉽게 〈일제침탈사 교양총서〉를 바로알기 시리즈로 간행한다. 자료총서 100권, 연구총서 50권,

교양총서 70권을 기본 목표로 삼아 진행하고 있다.

〈일제침탈사 연구총서〉는 일제침탈의 실태를 정치·경제·사회·문화 분야로 대별한 뒤 50여 개 세부 주제로 구성했다. 국내외 학계 전문가들이 현재까지 축적된 연구 성과를 반영하면서 풍부한 자료를 활용하여 집필했다. 연구자뿐만 아니라 교육 현장에서도 활용되고 일반 독자들도 이해할 수 있도록 집필하기 위해 노력했다. 연구총서 시리즈가 일제침탈의 역사적 실상을 규명하고 은폐된 역사적 사실을 기억하고 왜곡된 과거사에 대한 인식을 바로 잡음으로써 역사인식의 차이로 인한 논란과 갈등을 극복하는데 기여하는 디딤돌이 되기를 바란다.

2022년
동북아역사재단 이사장

| 편찬사 |

 1945년 한국이 일제 지배로부터 해방된 지 77년의 세월이 지났다. 그럼에도 불구하고 일본 사회 일각에서는 여전히 일제의 한국 지배를 합리화하고 미화하는 주장이 나오고 있으며, 최근에는 한국 사회 일각에서도 일제 지배를 왜곡하고 옹호하는 주장이 나오고 있다. 이는 한국과 일본 사회, 한일 관계와 동아시아 국제관계의 미래를 위해서도 결코 바람직하지 않은 일이다.
 이에 동북아역사재단은 일제의 한국 침략과 식민 지배에 대한 학계의 연구 성과를 총정리한 〈일제침탈사 연구총서〉를 발간하기로 하였다. 이에 따라 2019년 9월 학계의 전문가를 중심으로 편찬위원회를 구성하였으며, 편찬위원회는 학계의 연구 성과를 토대로 정치·경제·사회·문화 부문에서 일제의 침탈이 어떻게 이루어졌는지 정리하여 연구총서 50권을 발간하기로 하였다.
 주지하듯이 1905년 일제는 러일전쟁에서 승리한 뒤, 한국에 군대를 주둔시키면서 한국의 외교권을 빼앗고 통감부를 두어 내정에 간섭하였다. 1910년 일제는 군사력으로 한국 정부를 강압하여 마침내 한국을 강제 병합하였다. 이후 35년간 한국은 일제의 식민 통치를 받았다.
 일제는 한국의 영토와 주권을 침탈하였을 뿐만 아니라, 군사력과 경찰력으로 한국을 지배하면서, 정치·경제·사회·문화의 모든 부문에서 한국인의 권리와 자유, 기회와 이익을 박탈하거나 제한하였다. 정치적으로는 군사력과 경찰력, 각종 악법을 동원하여 독립운동을 탄압하고, 한국인의 정치활동을 억압하고 참정권을 박탈하였으며, 집회와 결사의 자유를 억압하였다. 경제적으로는 일본자본이 경제의 주도권을 장악하고, 일본인 위주의 경제정책을 수행했으며, 식량과 공업원료, 지하자원 등을 헐값으로 빼앗아 갔고, 농민과 노동자 등 대다수 한국인의 경제생활을 어렵게 하였다. 사회적으로는 한국인들을 차별적으로 대우하고, 한국인의 교육의 기회를 제한하고, 한국인으로서의 정체성을 박탈하여 결국은 일본의 2등 국민으로 만들고자 하였다. 문화적으로는 표현과 창작의 자유, 종교와 사상의 자유를 억압하고, 한글 대신 일본어를 주로 가르치고, 언론과 대중문화를 통제하였다. 중일전쟁, 아시아태평양전쟁을 도발한 뒤에는 인적·물적 자원을 전쟁에 강제동원하고, 많은 이들을 전장에 징집하여 생명까지 희생시켰다.

〈일제침탈사 연구총서〉는 침탈, 억압, 차별, 동화, 수탈, 통제, 동원 등의 단어로 요약되는 일제의 침략과 식민 지배의 실상과 그 기제를 명확히 밝히고자 하였다. 이를 통해 일제의 강제 병합을 정당화하거나 식민 지배를 미화하는 논리들을 비판 극복하고, 더 나아가 일제 식민 지배의 특성이 무엇이었는지, 식민 통치의 부정적 유산이 해방 이후에 어떤 영향을 미쳤는지를 밝히고자 하였다.

편찬위원회는 연구총서와 함께 침탈사와 관련된 중요한 주제들에 관하여 각종 법령과 신문·잡지 기사 등 자료들을 정리하여 〈일제침탈사 자료총서〉도 발간하기로 하였다. 아울러 일반인과 학생들이 보다 쉽게 읽을 수 있는 〈일제침탈사 교양총서〉를 바로알기 시리즈로 발간하기로 하였다.

일제의 한국 침략과 식민 지배의 역사는 광복 후 서둘러 정리해냈어야 했지만, 학계의 연구가 미흡하여 엄두를 내기 어려웠다. 이제 학계의 연구가 어느 정도 축적되어 광복 80주년을 맞기 전에 이와 같은 작업을 할 수 있게 된 것을 다행으로 생각한다. 한일 양국 국민이 과거사에 대한 올바른 역사인식을 갖고 성찰을 통해 미래를 향해 함께 나아갈 수 있기를 기대하면서 삼가 이 책들을 펴낸다.

2022년
동북아역사재단 일제침탈사 편찬위원회

차례

발간사 4
편찬사 7
일러두기 12

서론　　　　　　　　　　　　　　　　　　　　　　　　　　13

제1장　**개항기 조선 정부의 농업정책 추진(1876~1905)**
　　　1. 진전의 개간과 농상회사의 설립　　　　　　　　　40
　　　2. 근대 농사시험장의 설립과 운영　　　　　　　　　56
　　　3. 서양 농학의 수용과 전개　　　　　　　　　　　　66

제2장　**통감부의 농업조사와 농업정책(1905~1910)**
　　　1. 일본 정부의 조선 농업조사　　　　　　　　　　　84
　　　2. 대한제국의 농상공학교·농사시험장 설립과 통감부의 방해　102
　　　3. 통감부의 농업정책과 일본식 농법 도입 시도　　　107
　　　4. 일본인 지주의 조선 진출　　　　　　　　　　　　122

제3장　**식민지 농업의 토대 구축과 농촌사회 변화(1910~1919)**
　　　1. 농업정책의 기조와 개량농법의 추진　　　　　　　128
　　　2. 토지조사사업의 실시　　　　　　　　　　　　　　135
　　　3. 일본 벼 품종의 보급과 수리시설의 정비　　　　　143
　　　4. 공업원료 재배와 축우개량사업　　　　　　　　　155
　　　5. 농촌사회의 변화와 농민의 대응　　　　　　　　　173

| 제4장 | 산미증식계획의 실시와 식민지 지주제의 강화(1920~1928) |

    1. 농업정책의 기조   178
    2. 산미증식계획의 실시   185
    3. 농업구조의 변화   192
    4. 공업원료 재배작업의 강화   209
    5. 식민지 지주제의 강화와 농민층의 몰락   222

| 제5장 | 산미증식계획의 중지와 전작개량증식계획의 실시(1929~1939) |

    1. 세계대공황과 산미증식계획의 중지   238
    2. 미곡 단작화 농업 추진의 수정과 전작개량증식계획의 실시   250
    3. 공업원료의 재배 강화   260

| 제6장 | 전시체제기 농업통제정책과 식량증산정책(1939~1945) |

    1. 전시 농업통제정책과 조선농촌재편성계획   280
    2. 조선증미계획의 실시   290
    3. 식량전작물증산계획의 실시   301
    4. 식량공출제도의 실시   308

| 제7장 | 조선총독부 농업생산정책의 중점 |

    1. 수리조합사업   321
    2. 비료정책   331
    3. 주요 농산물의 생산량   345

결론   359

부록 377
참고문헌 400
찾아보기 410

※ 일러두기
- 이 책의 인용 사료는 가독성을 위해 원문 그대로 수록하지 않고 현대문으로 고쳤다.
- 인용문에서 '〔 〕' 안의 내용은 필자의 주석이다.
- 인용문에서 밑줄 친 것은 필자가 강조하는 내용이다.
- 대한제국 시기(1897.10.12~1910.8.29)의 국호는 '대한국'으로 이 시기에는 '한국'이라는 명칭을 사용하는 것이 적절하나, 이 책에서는 '한국', '한국인'과 '조선', '조선인'을 혼용했다.
- 연구 대상인 일제강점기의 시대적 상황과 맥락을 고려하여 당시에 사용되었던 한자어와 순우리말 단어를 혼용했다. 이해를 돕기 위해 자주 등장하는 한자어의 뜻을 다음 표로 정리했다.

답(畓)	논	면작(綿作)	목화농사	제사(製絲)	고치나 솜으로 실을 만드는 것
전(田)	밭	양잠(養蠶)	누에를 기름. 누에를 기르는 일	상잠(桑蠶)	누에
수전(水田)	논, 무논				
한전(旱田)	밭. 채소나 곡류를 심어 농사를 짓는 땅	단작(單作)	단일 경작, 일모작	치잠(稚蠶)	어린누에
미작(米作)	논농사, 벼농사, 쌀농사	이모작(二毛作)	1년에 두 번 농사를 짓는 것. 봄에 벼를 심고 수확한 후 가을 보리 등을 심는다.	작잠(柞蠶)	산누에
				가잠(家蠶)	집누에
도작(稻作)	논농사, 벼농사, 쌀농사			상(桑)	뽕나무
수도(水稻)	논벼	천수답(天水畓)	빗물에만 의지하여 벼를 경작하는 논	상묘(桑苗)	뽕나무 모종
육도(陸稻)	밭벼	포장(圃場)	논과 밭	조면(繰綿)	씨아(목화의 씨를 빼는 기구)로 씨만 뺀 솜
전작(田作)	밭농사	표(俵)	가마니. 가마에 든 것을 세는 단위로 '섬', '가마'와 같은 뜻이다.	타면(打綿)	무명활(목화를 타서 솜을 만드는 데 사용하는 활)로 탄 솜. 활로 탄 헌솜
전작(畑作)	밭농사, '田作'의 일본식 표현이다.				
대맥(大麥)	보리	금비(金肥)	판매비료	우피(牛皮)	소가죽
소맥(小麥)	밀	자비(自肥)	자급비료	종모우(種牡牛)	우량수소
나맥(裸麥)	쌀보리	견(繭)	고치, 누에고치		
대두(大豆)	콩	잠견(蠶繭)	누에고치	추초(芻草)	마소의 먹이로 쓰이는 말린 풀
소두(小豆)	팥	잠종(蠶種)	누에씨		

서론

1. 연구의 범위와 목적

전근대사회에서 농업은 가장 중요한 산업이었다. 농민이 인구의 절대다수를 차지하고, 농업생산력은 사회생산력의 절대적 비중을 차지하였다. 그 사회에서는 농업의 발전 정도가 사회의 수준을 결정하며 나아가 사회 발전의 가능성을 보여주었다. 그러므로 전근대사회에서 농업 수준의 규명은 그 사회 성격을 해명하는 지름길이다.

이 책은 조선총독부의 농업생산정책에 관한 내용과 그 성격을 해명하고자 하는 목적으로 집필되었다. 조선총독부 농업생산정책의 주요한 사항을 중심으로 살펴보면 1910년대 미작개량사업과 품종개량사업, 1920년대 산미증식계획, 1930년대 산미증식계획의 중지와 전작개량증식계획, 1940년대 조선증미계획과 미곡통제정책 등이 실시되었다. 그 정책에 대해서는 많은 논쟁이 진행되고 있다. 이 책에서는 조선총독부의 각 시기별 농업생산정책을 살펴보고, 논쟁의 쟁점을 분석해 어떠한 평가를 내릴 수 있는지 고민해 보고자 한다.

1876년 개항 이후 조선 정부는 문호를 개방하고 일본과 청을 비롯해 서양의 문물을 수용하면서 그를 바탕으로 새로운 사회를 만들기 위한 노력을 기울였다. 조선 정부는 1880년 12월에 통리기무아문을 설치하면서 개혁정책을 시도해갔다. 농업 부문에서는 1883년 10월에 통리군국사무아문에서 각 지방관청에 「통호규칙(統戶規則)」, 「농무규칙(農務規則)」, 「잠상규칙(蠶桑規則)」의 전교를 내리면서 진전(陳田)을 개간하고 제언(堤堰)을 수축하며 양잠업을 진흥시킬 것을 권유하였다. 1884년에는 '농무목축시험장'을 신설하면서 서구의 농사시험장을 모방하여 새로운 농업기술의 도입과 실험을 시도하였다. 아울러 농상회사를 설립하여 진전을 개간하거나 새로운 농기구를 도입하여 농업기술을 개량시키는 시도를 행하였다. 나아가 개화 지식인들은 서구의 선진적 농학과 농법을 발췌·번역하여 농서를 편찬하고 농민들에게 소개하면서 조선 농업을 발달시키고자 하였다. 그러나 조선 정부의 체계적 지원 미흡, 전문 농업기술자의 부족, 재원의 부족, 국력의 미흡, 통감부의 방해 등으로 자력적인 근대화를 이루지 못하였다.

일제는 1910년 8월에 조선을 강제로 병탄하고, 식민지로 만들어 지배해갔다. 일제의 식민지 산업정책 가운데 농업정책은 제국주의의 침략성이 가장 잘 드러나는 분야이다. 일제의 식민지 수탈은 농업정책을 중심으로 이루어졌으며, 농업정책의 주 내용은 조선을 일본 본국을 위한 식량·원료의 공급기지로 만드는 것이었다. 이때 식량 공급기지 건설이란 조선에서 쌀을 증산하여 일본으로 다량 이출해가고 그를 바탕으로 일본에서 저곡가·저임금 정책을 유지하면서 일본 자본주의의 발진을 꾀하는 것이었다. 또한 원료 공급기지 건설은 조선에서 육지면(陸地棉) 재배와 일본식 양잠업을 권장하여 일본인 자본가들에게 공업 원료로 제공케 함으로써 일본 자본주의가 굳건하게 자리 잡도록 하는 것이었다.

조선총독부의 산업정책은 일본 본국의 요구를 적극 반영하면서 추진되었다. 특히 조선총독부의 농업정책은 일본 본국의 필요를 적극 수용한 것이었다. 당시 일본은 인구가 급증하여, 1900년대에는 매년 50만 명, 1910년대에는 매년 70만 명씩 증가하였다. 이로 인해 일본은 주요 식량인 쌀이 부족하여 외국에서 수입해야 하는 만성적 쌀 부족 상황에 처했다. 결국 일본은 조선과 대만 및 동남아시아에서 쌀을 이입[1] 또는 수입

---

[1] 당시 일제는 일본 본국과 그 식민지, 또는 일본제국의 식민지와 식민지 간 물품 교역을 '이출입(移出入)'으로 표기하였다. 그리고 일본 및 그 식민지와 일본제국 영역 외

하여 일본의 노동자에게 공급하였다.

이러한 일본 사회의 구조적 모순은 1910년대 말에 증폭되어 나타났다. 1918년에 일본의 논농사가 흉년이 들어 쌀 수확이 크게 줄어들었는데, 상인들의 매점매석이 심해지며 쌀 가격이 폭등하였다. 도야마현(富山縣)에서 농민들이 쌀 가격 상승에 불만을 품고 상점과 공공기관을 습격하면서 폭동을 일으켰는데, 이는 전국적으로 확대되어 갔다. 이에 일본 내각은 상황을 수습하기 위해 총사퇴하였고, 새 내각이 구성되었다. 이때부터 일본 사회에서 쌀의 안정적 공급은 체제를 유지하는 근간이 되었다. 그리하여 일본 국내에서도 쌀의 생산을 늘리기 위해 노력했을 뿐 아니라, 당시 식민지였던 대만과 조선에서 쌀의 생산을 크게 늘려 일본으로 이출하여 쌀을 안정적으로 확보하는 정책을 실시하였다. 조선총독부는 일본 본국의 요구를 적극 수용하여 산미증식계획을 즉각 실시하였다. 처음에는 15년 계획을 두 차례 실시하는 것으로 계획했지만, 실제 시행 과정에서 변경을 행하여 1920~1925년에 제1기 계획, 1926~1934년에 제2기 계획으로 실시하였다. 조선총독부는 1920년부터 금융자본을 대출해 주면서 수리조합사업과 비료투여사업을 적극적으로 벌여 나갔다. 그 결과 조선에서 쌀 생산량이 증가했지만, 증가된 생산량을 초과하여 일본으로 이출해 갔다.

그런 가운데 1929년에 세계대공황이 발생하였다. 세계대공황으로 특히 농산물 가격이 심하게 폭락하였다. 그 결과 농산물 가격과 공산물 가격의 차이를 나타내는 협상가격차가 훨씬 커졌다. 그에 따라 농민들

의 국가 사이의 물품 교역은 '수출입(輸出入)'으로 표기하였다. 이 책에서는 당시 용어를 사용하여 일본제국 영역 내의 교역을 이출입으로, 일본제국 영역 밖과의 교역을 수출입으로 표기하기로 한다.

의 생활은 더욱 어려워졌다. 일본에서도 농산물 가격이 폭락하자, 일본 지주와 농민들은 조선에서의 쌀 이입이 곡물 가격의 폭락을 더욱 부추긴다고 주장하면서 조선에서의 쌀 이입 반대를 주장하였다. 조선총독부는 미곡창고를 설립하여 쌀의 출하시기를 조절하는 등의 정책을 시도했지만, 효과를 거두지 못하였다. 일본 본국에서 금융 지원을 중단하자 조선총독부는 1934년에 산미증식계획을 중단하였다.

일본제국주의는 세계대공황에 따른 일본 자본주의의 피해를 극복하기 위해 식민지 확대정책을 펼쳤고, 1931년 만주 침공 이후 1937년 중국 본토 침략에 이어, 1940년 동남아시아 침탈, 1941년 하와이 침공을 거듭하면서 제2차 세계대전의 추축국으로 참여하였다. 1937년 중국 본토를 침략한 이후 전쟁이 격렬히 전개되면서 일본뿐 아니라 식민지 조선도 전쟁 수행을 위한 인적·물적 자원을 공급하는 병참기지의 기능을 행하게 되었다. 전쟁 수행을 위해서는 군수 물자, 특히 식량 공급이 필요했는데, 이를 위해 조선총독부는 1939년부터 조선증미계획을 실시하였다. 조선총독부는 조선증미계획을 통해 식량을 증산하여 전쟁 군수 물자를 공급하고자 했지만, 1940년대에 이르러 전쟁이 격렬해지면서 모든 물자가 부족한 상황에 이르게 되었다. 이에 조선총독부는 식량을 전면적으로 통제하는 공출과 배급 정책을 실시하였다.

한편 일본제국주의는 조선을 원료 공급지로 활용하고자 하였다. 일본은 면방직업이 발달하고 있었고, 그것의 발전을 위한 면화 원료가 필요하였다. 그런데 조선 재래면은 원료로 부적합하여 미국에서 육지면 종자를 가져와 전라남도 목포 고하도에서 실험한 끝에 1904년 재배에 성공하자 조선에서 육지면 재배를 시도하였다. 조선총독부는 1910년대부터 조선 농민에게 육지면 재배를 권장하였다. 그것이 육지면재배 6개년계획(1912~1917)이었다. 그 후 제1차 세계대전 중에 일본의 면방직공업이 크게 성장하여 동남아시아 시장을 잠식해 들어갔다. 전쟁이 끝난 후 서구 국가들의 면방직업이 부활하면서 면화 가격이 등귀하고 면화 수출을 통제하게 되자, 일본은 면화 구입에 어려움을 겪게 되었다. 이에 위기를 느낀 일제는 북중국과 남미 등지에서 면화 수입을 검토했으나 쉽지 않았다. 그리하여 일제는 식민지 조선에서 원면을 공급받고자, 육지면재배 10개년계획(1919~1928)을 세워 일본 면방직공업의 원료로 제공하고자 하였다.

일본은 견공업(絹工業)의 원료인 견(繭)도 조선에서 공급받고자 하였다. 제1차 세계대전이 발발한 1914년에는 미국의 경제가 크게 발전했다. 특히 견공업 분야가 번영했고 이에 따라 일본의 잠사업 분야도 두드러진 성장을 보였다. 이러한 추세는 1929년 세계대공황 이전까지 지속되었는데, 1930년에 일본은 40만 톤의 견을 생산하였다. 생사(生絲)는 70만 표(俵)를 생산했는데 이중 약 50만 표가 수출되었다. 전 세계 생사 비중의 70%를 일본 생사가 차지했으며 일본 수출총액의 40%가 생사 수출금액이었다. 이처럼 잠사업은 일본 경제에 중요한 역할을 담당했기에, 일본 정부는 원료인 견을 조선에서 제공받으려 하였다. 이에 조선총독부는 조선에서 일본의 뽕나무와 잠종으로 품종을 교체해 양잠업을 발달시켜 생산된 생사를 일본 본국으로 이출하고자 하였다.

이 책에서는 조선총독부의 농업생산정책을 일본 본국과의 관계를 고려하면서 시기별로 어떻게 전개되었는가를 살펴보고자 한다. 아울러 시기별 농업생산정책의 특성을 드러내고자 한다.

2. 연구 현황과 과제

1) 연구사 정리

한국사 연구에서 일제시기 일제의 농업정책에 대한 시각은 첨예하게 대립되어 왔다. 1970년대 한국 사학계에서 내재적 발전론이 부각하면서 일제의 농업정책에 대한 비판적 연구와 견해가 제시되었다. 이들은 1910년대 토지조사사업은 '수탈을 위한 측량'이었으며, 1920년대의 산미증식계획은 '수탈을 위한 증산'이었다고 평가하였다.

이에 반해 1980년대 경제학을 전공한 경제사학자들은 내재적 발전론에 대한 비판적 견해를 제시하였다. 소위 식민지근대화론의 등장이었다. 식민지근대화론자들은 1910년대 토지조사사업은 토지소유제도와 지세(地稅)제도의 근대화를 가져온 전환기적 사업이었으며, 1920년대 산미증식계획은 농업생산력의 비약적 발전을 가져온 사업이었다고 평가하였다.

그러한 논쟁의 시발점은 19세기 말로 올라간다. 19세기 말 일제의 관학자와 관료들은 "한국은 경제적으로 일본보다 한참 뒤떨어져 다른 나라의 힘을 빌리지 않으면 발전할 수 없다"고 주장하며 한국을 침략해 들어왔다.[2] 그러한 논리를 처음으로 제시한 사람은 일본의 경제학자인 후쿠다 도쿠조(福田德三: 1874~1930)이었다. 후쿠다는 서구의 근대경제학을 일본에 도입·소개한 경제학자로서 독일 라이프치히대학과 뮌헨대

---

[2] 강진철, 1986, 「일제 관학자가 본 한국사의 '정체성'과 그 이론」, 『한국사학』 7.

학에 유학한 뒤 귀국하여 일본 게이오대학(慶應大學)과 도쿄상과대학에서 교수로 재직하였다. 그는 1902년에 한국을 방문하고, 1904년에 「한국의 경제조직과 경제단위(韓國の經濟組織と經濟單位)」라는 논문을 발표하면서 한국의 경제사정을 언급하였다. 그는 이 논문에서 조선의 농업기술은 극히 유치하고 수확량은 매우 적으며, 19세기 중엽까지도 상업이 발달하지 못하였고 독립자영의 수공업 분화가 이루어지지 않았으며 사회조직은 공동체를 벗어나지 못하였다고 주장하였다.[3]

그의 주장에 의하면 한국의 20세기 초 사회와 경제 수준은 일본과 유럽에 비해 천년 이상 뒤떨어졌으며, 근대 자본주의 사회로 이행하는 필수조건인 봉건제도의 단계에도 이르지 못했다고 하였다. 이러한 상태의 조선은 자력으로 근대화할 수 없고 외부로부터 유력한 힘이 작용해야만 한다고 주장하면서 일본의 조선 침략을 합리화하였다.

그의 논리는 와다 이치로(和田一郞: 1881~?) 등 식민정책의 실무를 담당하였던 관리들과 고쿠쇼 이와오(黑正巖: 1895~1949), 모리타니 가쓰미(森谷克己: 1904~1964), 시카타 히로시(四方博: 1900~1973) 등 제국대학의 교수로 있으면서 일제의 식민정책을 이론적으로 이끌었던 학자들에게 직접 혹은 간접으로 영향을 주었다.

와다 이치로는 1910년 토지조사사업 때 임시토지조사국의 총무과장, 분쟁지심사위원장을 역임했는데, 그 경험을 바탕으로 『조선 토지제도 및 지세제도 조사보고서(朝鮮土地制度及地稅制度調査報告書)』(1920)를 집필하였다. 그는 이 책에서 조선에는 토지의 사적소유권이 결여되었으

---

[3] 이영학, 1987, 「조선시기 농업생산력 연구현황」, 『한국 중세사회 해체기의 제문제』 하, 한울, 20~22쪽.

며, 일제의 토지조사사업을 통하여 토지소유제도가 확립되었다고 주장하였다.[4]

고쿠쇼 이와오는 경제사 전문가로 오랫동안 교토제국대학의 교수로 재직하였다. 그는 후쿠다 도쿠조에 이어 한국의 경제사에 관한 본격적인 논문을 작성하고, 『경제사논고(經濟史論考)』(1923)라는 저술을 간행하였다. 그는 한국의 지방 경제가 2천 년간 진보의 흔적이 보이지 않는다며 그 정체적 성격을 설명하고, '봉건제'가 결여되었다고 언급하였다.

한편 모리타니 가쓰미는 당시 풍미하고 있었던 아시아적 생산양식에 침윤되어 조선의 '아시아적 특질'을 강조하면서 조선 사회는 정체되었다고 파악하였다.

이러한 조선 사회의 정체성론을 체계적으로 정리한 사람은 경성제대 교수인 시카타 히로시였다. 그는 조선 사회는 토지국유제하 소작관계에 의해 농민이 궁핍했고, 농사의 개량이 없었으며, 농구(農具)가 부족하거나 발달하지 못했고, 지주계급이 농업에 대해 무관심하고 농민의 근로의욕이 부족하다고 파악했다. 따라서 조선의 농업은 생산력이 낮았으며 자본집적이 불가능하였고, 그 결과 조선은 정체될 수밖에 없었다고 단정하였다.

이와 같이 일제의 관학자들은 조선의 경제는 정체되어 있었으며, 일본에 비해 천년이나 뒤떨어져 있었기 때문에, 조선 스스로의 힘으로는 근대사회를 이룩할 수 없어서 주변 나라의 힘을 빌려야 근대화가 가능하다고 하였다. 그런 역할을 일본이 담당했던 것이고, 조선은 일본에 동화되어야만 근대사회로 발전해갈 수 있었다는 '조선 사회 정체성론'을

---

[4] 최원규, 2019, 『한말 일제초기 국유지조사와 토지조사사업』, 혜안, 425~479쪽.

체계화하였던 것이다.

이러한 조선 사회 정체성론은 일제시기는 물론 해방 후의 한국 사회에서도 절대적 영향력을 발휘하였다. 1960~1970년대에 이르러 한국의 역사학 연구가 활성화되면서 조선후기 이후 일제시기의 경제사 연구가 심화되고 일제의 식민사관은 점차 극복되어 갔다.

1950년대 중반 이후 제국주의 국가의 식민지를 경험했던 제3세계의 국가들은 식민지가 되기 이전의 사회가 정체되어 있었던 것이 아니라 완만히 발전해오고 있었고, 제국주의의 침략을 받으면서 그러한 점진적 발전이 왜곡·좌절되었다고 주장하였다. 이는 동아시아 사회에서 '자본주의 맹아론'으로 이론화되었다.

반면 1960년 4·19혁명은 사회의 변화뿐 아니라 학계에도 큰 영향을 미쳐 민족문제·통일문제 등에 관심이 고조되었다. 역사학계에는 '민족사학론'이 제기되고, 한국사의 전개 과정을 한국사의 내재적 발전이라는 시각에서 파악하려는 움직임이 나타났다. 이것을 '내재적 발전론'이라 부른다. 그러한 움직임은 한국사 연구에서 '시대구분 논쟁', '자본주의 맹아론'으로 나타나게 되었다.[5]

자본주의 맹아론은 조선후기 경제가 세계사적으로 봉건사회 후기의 형태로, 농촌사회에서 자본주의의 싹이 출현하는 단계에 이르렀다고 주장하였다. '시대구분 논쟁'은 1970년 경제사학회가 주관하는 전국역사학대회 주제로 선정되어 역사적 단계 설정의 의미와 그 내용에 대한 논쟁이었다. 이를 통해 사회 구성과 성격 등에 대한 관심의 제고와 역사적 단계 및 그 내용에 대한 토론이 활발하였다.

---

5 이영호, 1994, 「해방 후 남한 사학계의 한국사인식」, 『한국사』 23, 한길사.

1970년대는 내재적 발전론에 입각한 조선 경제사 연구가 비약적으로 증가하였다. 사회생산력을 지배적으로 규정하고 있는 농업 부문에서는 김용섭의 연구가 두드러졌다.[6] 그는 내재적 발전이라는 시각으로 조선시기 경제사를 체계화했는데, 1960년대에 들어서면서 조선후기의 농업생산력 발전에 대한 연구를 행하였다. 그리하여 조선후기에는 논에서 벼의 파종법이 직파법으로부터 이앙법으로 전환됨과 아울러 수전이모작이 가능하게 되었고, 밭에서는 밭작물의 파종법이 농종법으로부터 견종법으로 전환되어 노동력의 절감과 수확량의 증가를 가져왔다고 하였다.[7]

　김용섭은 조선후기 사회는 농업생산력의 발전으로 노동력이 절감되어 1인당 경작가능면적이 확대되었고, 이를 토대로 18세기에는 광작(廣作)이 성행하여 그 결과 농민층은 소수의 부농과 다수의 빈농으로 분화되는 농민층분화 현상이 나타나게 되었다고 파악하였다. 즉 조선후기 농촌사회는 농민층분화 현상 속에서 경작가능면적의 확대, 상업적 농업의 경영, 임노동의 고용 등 근대적 농업 경영을 추구하는 부농이 나타나게 되었고, 그들이 봉건사회를 해체시키는 하나의 변혁 세력으로 등장하게 되었다고 파악하였다.[8]

　북한의 역사학계도 1960년대의 최대 과제는 한국사에서 자본주의적 관계의 발생을 검증하는 데 있었다. 그 결과물이 역사학계의 공동 연구 성과로 『조선에서 자본주의적 관계의 발생』(전석담·허종호·홍희유, 1970),

---

6　김용섭, 1970, 『조선후기농업사연구』[I], 일조각; 김용섭, 1971, 『조선후기농업사연구』[II], 일조각.

7　민성기는 밭에서는 견종법이 지속되었다고 주장하였다.

8　김용섭, 1971, 「조선후기의 경영형 부농과 상업적 농업」, 위의 책.

『조선에서 자본주의적 관계의 발전』(김광진·정영술·손전후, 1973)이라는 저서로 출간되었다. 전자에서는 17세기 후반부터 18세기 초에 걸쳐서 상품화폐관계의 광범한 전개에 의하여 농민층 분해와 지주로부터의 분리, 상인의 화폐축적 등 자본주의 발생의 전제조건 내지 역사적 전제가 준비되고, 19세기 중엽에는 하나의 경제 형태로까지 급속히 성장하면서 자본주의적 전제가 준비되고 있었다고 하였다. 후자에서는 19세기에 자본주의적 관계가 발전해 갔다는 사실을 규명하고자 하였다.

내재적 발전론에 의한 경제사 연구는 조선 사회는 정체된 사회가 아니라 자본주의 맹아가 발생하는 등 역동적 사회이며, 자주적 근대화의 역량을 갖추고 있다고 파악하였다. 그러나 개항 이후 외세 특히 일제의 침략으로 인해 근대화의 가능성이 왜곡·좌절되었다고 보았다. 특히 일제의 식민지로 전락되면서 생산력 발전이 제약되고, 그 성과물은 일제에 의해 수탈되었다고 평가하였다. 이러한 입론을 '식민지수탈론'이라고 부른다.

1980년대에 들어와 국내의 일부 경제학자들과 일본의 한국사 연구자들이 내재적 발전론에 입각한 '식민지수탈론'을 비판하였다. 일부의 연구자는 일제하 식민지시기에 일제는 한국을 수탈한 측면도 있지만, 개발 혹은 근대화를 이룬 측면도 있다고 주장하였다.

이들은 식민지 개발자로서의 일제를 주목하였다. 일제는 사회간접시설을 건설하고 근대적 제도를 도입·보급함으로써 식민지를 개발했고, 한국인도 일제의 개발에 자극받아 근대적 기술과 제도를 적극 수용해 갔다고 파악하였다. 그 결과 한국인은 근대적 역량을 축적하여 주체적으로 자기 성장을 도모했다고 주장하였다. 이것을 '식민지근대화론'이라 부른다. 이는 식민지 상태에서도 주체적 경제 발전이 가능하다는 것을 암시하는 것으로, 민족 해방 없이는 민족 경제의 예속과 파괴가 심화될 수밖에 없다는 식민지수탈론의 입장과 배치된다.

이러한 연구 경향은 1980년대 중반부터 나타나기 시작하였다. 이 경향은 조선후기부터 일제시기의 경제사 연구에서 출현했으며, 나아가 현대 한국의 경제를 평가하는 것에까지 확대되고 있다. 이러한 이론의 대표적 주창자는 안병직이다. 안병직은 1970년대 말까지 내재적 발전론의 입장에 서있었지만, 연구차 일본을 방문한 후 교토대학(京都大學) 나카무라 사토루(中村哲)의 영향을 받으면서 입장을 달리하게 되었다. 그는 한국 경제의 1960~1970년대 고도성장과 동아시아 자본주의 발전의 역사적 연원을 고찰하면서 일제하 식민지시기에 주목하게 되었다. 즉 조선은 일제하 식민지시기에 근대적, 자본주의적 토대를 마련하게 되었고, 그 기반을 바탕으로 1960~1970년대 자본주의적 고도성장을 이루게 되었다고 파악하였다.[9] 그리하여 아시아의 네 마리 용(한국, 대만, 싱가포르, 홍콩)으로 발돋움할 수 있었다고 보았다.

일본의 나카무라 사토루는 1970년대 중반에 '일본제국주의의 식민지'를 주제로 연구를 시작하면서 한국 경제사에 관심을 갖게 되었다. 그는 한국 자본주의가 세계 속에서 어떠한 위치를 점하는가를 파악하는데 몰두하게 되었고, 나아가 동아시아의 신흥공업국가(NICs: Newly Industrialized Countries) 4개국이 급속한 자본주의화를 달성한 요인을 검토하면서, 그 공통점으로 식민지의 의미를 음미하게 되었다.[10] 그들 네

---

9 안병직, 1995, 「한국에 있어서의 경제발전과 근대사연구」, 『제38회 전국역사학대회 발표요지』.
10 中村哲 저, 안병직 역, 1991, 『세계자본주의와 이행의 이론』, 비봉출판사.

나라가 다 같이 식민지였으면서도 다른 독립국가였던 나라들보다 먼저 근대화를 달성한 이유가 있지 않겠느냐는 것이었다.

그가 제시한 공통점은 4개국이 영국과 일본의 식민지였다는 것 외에 첫째, 식민지화에 의해 '구사회=전근대사회' 경제구조가 철저하게 파괴되고 해체되었다는 것 둘째, 그 위에 지배국에 종속하는 경제구조가 다른 식민지에 비해 보다 깊이 만들어졌다는 것 셋째, 그 과정에서 지배국의 자본을 중심으로 하는 자본주의 경제가 급속하게 발달했다는 것인데, 한국과 대만이 특히 이 세 가지를 포함하고 있는 것이 특색이며, 바로 이러한 점들이 '동아시아 신흥공업국의 중요한 역사적 조건의 하나'였다고 주장하였다.[11] 즉 제국주의의 식민지가 되어 구체제가 철저하게 파괴된 것이 고도의 근대적 사회를 이루는 계기가 되었다고 주장하였다. 조선에서도 일제하 식민지시기를 거치며 전통사회가 철저히 파괴되고 근대적인 틀을 마련했기 때문에 해방 후 한국 사회가 고도성장을 하면서 자본주의적 발전을 이루었다고 파악하였다.

이와 같이 식민지근대화론은 한국 자본주의의 역사적 기원을 고찰하고자 하는 취지에서 연구를 시작해 그 역사적 기원이 일본제국주의의 식민지라고 파악하였다. 일제하 식민지시기에 자본주의 형태가 갖추어졌거나, 자본가들이 출현하였다고 보았다.

이러한 역사인식의 차이는 일제하 식민지시기에 그치지 않고 조선후기 사회를 바라보는 시선에서도 드러난다. 먼저 내재적 발전론에서는 조선후기의 경제 상황을 생산력의 발전 등에서 경제적 성장을 이뤄간 시

---

11 이만열, 1997, 「일제 식민지 근대화론 문제 검토」, 『한국독립운동사연구』 11, 한국독립운동사연구소.

기라고 본 것에 반하여, 식민지근대화론에서는 18세기까지는 생산력의 발전 등 경제적 성장을 이루어갔지만 19세기에 이르러 생산력의 정체와 사회체제의 위기를 겪었다고 파악하였다. 즉 19세기의 조선 사회는 토지생산성과 임금 수준 및 생활수준이 지속적으로 하락했다는 것이다. 인구 증가에 따른 삼림의 황폐화, 불안정한 재산권제도, 제언의 붕괴, 국가 통합능력의 이완 등이 장기적인 생산성 하락의 주된 요인이라고 보았다. 즉 18세기 후반에는 토지생산성과 실질임금이 지속적으로 하락함으로써 생활수준이 계속 낮아졌으며, 19세기에 이르러 사망률의 증가와 그에 따른 인구의 감소 내지 정체로 말미암아 조선의 국가적 경제능력은 점차 소진되었다고 파악한다.[12]

개항에 대한 역사적 평가에도 차이가 있다. 내재적 발전론에서는 조선후기에 경제적 발전을 이루었고, 개항 이후에도 경제적 근대화를 서서히 이루어가고 있었지만 일본제국주의의 정치적·경제적 침탈 속에 근대적 지향이 좌절되었다고 본다. 반면에 식민지근대화론의 입장에서는 조선 사회는 스스로의 힘으로 근대사회로 발전할 수 없었을 것이라고 파악한다. 19세기 중엽 이후의 새로운 동력은 내부에서 발현된 것이 아니라, 1876년 개항 이후 외부에서 출현한 것으로 파악한다. 내부에서 스스로의 힘으로 발전해갈 동력이 소진하게 된 후, 개항으로 인하여 외부 자본주의 세력이 조선에 경제적 활력을 불어넣었다고 보는 것이다. 1910년 일제에 의한 조선의 강제병합은 정치적으로는 침탈이지만, 경제

---

12 이영훈 편, 2004, 『수량경제사로 다시 본 조선후기』, 서울대출판부; 안병직·이영훈 편, 2001, 『맛질의 농민들』, 일조각; 안병직 편, 2001, 『한국경제성장사』, 서울대학교출판부; 이대근, 2005, 『새로운 한국경제발전사』, 나남.

적으로는 성장을 위한 활로였다고 주장한다.[13]

나아가 일제하 식민지시기의 농업정책에 대한 평가도 나누어진다. 내재적 발전론에서는 일제의 식민농정에 의해 개항 이후의 근대적 발전이 왜곡·좌절되었다고 평가하는 반면에 식민지근대화론에서는 제국주의의 식민지 수탈 측면보다는 근대화 측면을 강조하는 연구 성과를 주로 제출하고 있다. 후자는 조선총독부의 식민지 농촌·농업 개발과 한국 농민의 자기 개발을 통하여 농업생산력이 비약적으로 발전했다고 평가한다. 이것은 일제의 농업정책이 한국의 농업·농촌을 수탈한 측면보다는 농업 발전과 농민 성장을 촉진한 측면만을 부각시켰다는 점에 한계가 있다.

이와 같이 내재적 발전론과 식민지근대화론은 조선후기부터 일제시기뿐 아니라 현대에 걸친 한국 역사의 노정을 바라보는 시각에 차이가 있다. 앞으로 심도 있는 실증작업을 바탕으로 양 이론을 극복하는 새로운 역사이론을 구축해야 할 것이다.

2) 연구의 쟁점

일제가 1904년 러일전쟁에서 승리한 후, 조선을 침략해 들어오면서 조선의 농업을 재편해 갔다. 이들에게 일본의 농업은 우월하였고, 조선의 농업은 계도되어야 할 대상이었다. 그리하여 일본은 권업모범장과 종묘장 등을 통해 일본의 개량품종을 전파하는 시도를 행하였다.

---

[13] 조석곤, 2003, 「식민지근대화론과 내재적 발전론 재검토」, 『한국 근대 토지제도의 형성』, 해남.

통감부시기와 1910년대는 일본의 벼 품종과 육지면 등을 보급하는 정책을 추진했으며, 그리고 1920년대는 산미증식계획을 추진하면서 증산된 쌀을 일본으로 이출해 가려고 하였다. 그리고 1929년 세계대공황에 의해 미가가 폭락하면서 1934년 산미증식계획이 중지되었다가 1937년 중일전쟁 이후 전시 식량의 충족을 위해 1939년에 다시 조선증미계획이 추진되었다.

이러한 조선총독부 농업생산정책의 추진 내용 중 그 평가가 첨예하게 대립되어 있는 부분을 살펴보면 다음과 같다. 첫 번째, 1910년대 중점을 두었던 일제의 우량 벼 품종의 도입에 대한 평가이다. 1910년 전후 일본의 논 생산력은 조선의 그것보다 1.5~2배에 가까웠다. 그리하여 일본의 관료들은 일본의 벼 품종을 조선에 들여와 이식하면 적어도 50% 이상의 생산력 발전을 가져올 것이라고 생각하였다. 1912년에 일본 벼 개량품종의 식부면적은 논의 2.2%에 불과했는데, 점차 증가하여 1915년에 19%, 1919년에 46.8%, 1921년에 54%로 급증하였다. 이를 바탕으로 단위면적당 수확량이 증가했고, 수확물을 일본으로 이출하여 쌀의 상품화를 이루기도 용이하였다. 1912년 당시 조선의 재래 벼 품종은 1,450종 정도 존재하였다.[14] 그런데 대부분의 지역에 개량된 일본 벼 품종 6개 종류를 이식하였다.

반면, 이렇게 몇 종류의 일본 벼 개량품종을 식부하자, 가뭄이 들거나 병충해가 생기면 벼의 자생력이 줄어들어 큰 피해를 입게 되었다. 1920년대에는 벼 도열병과 병충해로 오히려 생산이 감소하기도 했고, 가뭄이 들었을 때 조선 재래종보다 큰 피해를 입기도 하였다. 일본 개량

14　朝鮮總督府 勸業模範場, 1913, 『朝鮮稻品種一覽』.

품종은 수리시설이 잘 갖추어져 있고, 비료를 충분히 뿌려줄 때 생산량이 높아지기 때문에 1920년대 산미증식계획에서는 수리시설을 갖추고, 비료를 충분히 공급하는 것에 중점이 두어졌다.

1912년 당시 1,450여 종이던 조선의 재래 벼 품종은 1920년대에 400여 종으로 줄었으며, 1935년경에는 수도(水稻) 12개 품종, 육도(陸稻) 13개 품종, 건답도(乾畓稻) 29개 품종만이 겨우 남게 되었다. 조선 재래의 벼 품종은 지형적·기후적 특징이 남아있는 지방 또는 지대에서만 계속 재배될 수 있었던 것이다.[15] 조선에는 빗물에 의존하는 천수답(天水畓)이 많았기 때문에 재래 벼 품종은 물을 원활히 공급할 수 없는 지역에서 가뭄에 강하거나 혹은 가뭄에도 모를 낼 수 있도록 개량되면서 발달해 왔던 것이다. 따라서 일본 벼 품종과 일본의 농법을 조선에 이식하는 것이 과연 생산력 발전에 기여하였는가에 대한 논쟁이 존재한다.

두 번째, 산미증식계획에 대한 평가이다. 조선총독부가 실시한 정책 중 가장 대표적인 것이 산미증식계획이다. 일제의 『시정 25년사(施政二十五年史)』(1935)에서는 산미증식계획은 쌀의 생산력을 크게 향상시켰으며 조선 농업의 발달을 가져왔다고 평가하였다. 일제시기 이후 1960년대까지 산미증식계획은 일본의 근대농법이 한국의 재래농법을 시정하면서 진전시키는 계기가 되었다고 평가되었다. 그러나 1970년대 이후 산미증식계획에 대한 실증적인 성과가 축적되면서 부정적 측면이 드러나게 되었고 이를 종합적으로 평가할 수 있게 되었다. 산미증식계획의 결과로 농업생산력이 증가한 측면은 다음과 같다. ① 수리시설이 확대되면서 관개면적의 혜택을 받는 농지면적이 크게 증가하였다. 그

---

15 김도형, 2009, 『일제의 한국농업정책사연구』, 한국연구원, 401~403쪽.

러나 수리조합비 등 제 비용은 농민이 부담하게 되었다. ② 일본의 우량품종 식부면적이 크게 증가하였다. 일본 우량품종의 식부면적은 1912년 2.2%, 1920년에 51%, 1930년에 70%, 1940년에 91%로 급증하였다. ③ 시비량이 늘었으며, 그 결과 단위면적당 생산량이 증가하기도 하였다.

그러나 산미증식계획의 부정적 측면도 크게 나타났다. ① 한국의 농업구조가 미곡을 중시하는 수전농업 중심으로 운영되면서 미곡 단작화 농업지대로 재편되었다. ② 벼 품종이 몇 개의 우량품종으로 교체됨으로써 상품화에는 유리하지만 농학상으로 불리하게 되었다. 이와 같이 단일품종으로 식부되어 수확된 벼는 판매하기에 좋고 특히 일본 시장에 판매되어 호평을 받기도 했지만, 가뭄과 병충해에는 매우 취약하기 때문이었다. ③ 조선의 전통농법 혹은 재래품종이 축소되거나 소멸되었다. 일제하 식민지시기에 일본 관료들은 일본의 근대식 농법 및 품종은 우수한 것이고, 조선의 재래식 농법 및 품종은 열등한 것으로 인식했기 때문에 일본의 근대농법을 조선에 이식하는 데 몰두하였다. 농법과 품종은 몇천 년 동안의 기후와 풍토에 적응하면서 개량되어 온 것인데, 그것이 일제시기를 거치면서 극히 일부 지역에서 행하는 것으로 축소되거나 소멸되었다. ④ 증산된 쌀이 대부분 일본에 이출됨으로써 조선 농민이 혜택을 입지 못하였다. 산미증식계획을 실시하면서 조선 농민의 노동 강도가 강해졌지만, 부담해야 하는 수리조합비와 세금 등의 공과금 증가로 인하여 지주와 일부의 농가를 제외하고 대부분의 조선 농가는 경영수지가 적자였고, 채무도 누적되어 갔다.

그리하여 농촌사회는 전반적으로 피폐해졌으며 대부분의 농민(자작농, 자소작농, 소작농)은 몰락하였다. 자작농과 소작농은 자신의 토지를 방매할 수밖에 없었고, 지주들은 그 토지를 구입하여 토지소유를 확대해 갔으며, 대토지소유자는 더욱 증가하였다. 특히 일본인 대지주는 지속적으로 증가하였다. 그 결과, 소작지는 더욱 확대되어갔으며 소작조건은 소작농에게 불리해지면서 지주의 권한이 커졌고 식민지 지주제가 강화되었다. 그러한 가운데 농가의 경제수지가 악화되면서 농민들의 의식이 성장하여 1920년대 후반 농민들의 소작쟁의가 폭증하게 되었다. 이에 조선총독부는 소작농들을 위무하면서 농민들을 안정시키는 농촌진흥운동 및 농가갱생계획을 실시하지 않으면 안 되었다.

세 번째, 일본식 근대농법의 발전 방향에 대한 평가이다.[16] 식민지근대화론자들은 이를 긍정적으로 평가한다. 이영훈, 안병직, 박섭 등은 일제하 식민지시기에 추진된 일본식 근대농업의 발전 방향은 조선 농법의 발전 방향과 기술적으로 공통된 지향을 지닌다고 평가하였다.[17] 식민지근대화론자들은 조선총독부가 조선에 이식하려고 한 일본식 근대농법이 조선에 잘 착근되어 조선의 농법으로 정착되고 나아가 발전되는 방향으로 전개되었다고 하였다.

그들은 다음과 같은 요인을 제시하였다. ① 조선은 일본과 비슷한 기후이며, ② 한국 농민의 경영규모가 일본 농민과 거의 같으며, ③ 수전농업의 비중이 50%를 넘어 미작농업이 중심을 이룬다는 점이 비슷하다고 하였다. 그리하여 한국의 농민은 조선총독부가 도입하는 다비다로(多

---

16 안승택, 2009, 『식민지 조선의 근대농법과 재래농법』, 신구문화사, 364~371쪽.
17 이영훈, 1996, 「한국사에 있어서 근대로의 이행과 특질」, 『경제사학』 21; 안병직, 1997, 「한국근현대사 연구의 새로운 패러다임: 경제사를 중심으로」, 『창작과 비평』 25(4); 박섭, 1997, 『한국근대의 농업변동』, 일조각; 박섭, 2004, 「식민지기 한국의 경제성장: 제국주의정책과 식민지민의 상호작용」, 『식민지근대화론의 이해와 비판』, 백산서당.

肥多勞: 비료와 노동력의 다량 투여)한 일본의 미작농업기술을 이해하기 쉬워 이를 순순히 받아들였다고 평가하였다.

이에 대한 반론은 다음과 같이 제시되었다.[18] 일제의 근대농법은 '수탈을 위한 증산' 혹은 '수탈을 위한 근대화'의 수단으로, 즉 조선의 재래농법과 일본의 근대농법은 완전히 다른 기술체계라는 것이다. 나아가 이 시기의 농업개량정책은 조선의 농업 현실에 어울리지 않는 일본식 농법을 강압적이고 일방적으로 이식시키고자 한 것이라고 하였다. 즉 조선과 일본 사이에는 환경의 차이가 존재하고 이에 따른 농법의 차이가 또한 있음을 지적하였다.

3. 이 책의 구성과 내용

이 책은 모두 7장으로 구성한다. 1876년 개항부터 1945년 일제 식민지시기까지 모두 6개의 시기로 구분하여 소개한다. '제1장 개항기 조선 정부의 농업정책 추진(1876~1905)'에서는 개항 이후 조선 정부의 농

---

18 김용섭, 1972, 「한말·일제하의 지주제: 사례1 강화 김씨가의 추수기를 통해서 본 지주경영」, 『동아문화』 11(김용섭, 1992, 『한국근현대농업사연구』, 일조각 재수록); 안승택, 2009, 『식민지 조선의 근대농법과 재래농법』, 신구문화사; 堀和生, 1976, 「日本帝國主義の朝鮮における植民地農業政策-1920年代植民地主制の形成」, 『日本史研究』 171(堀和生, 1983, 「일제하 조선에 있어서 식민지 농업정책」, 『한국근대경제사연구』, 사계절 재수록); 河合和男, 1979, 「'産米增殖計劃'と植民地農業の 展開」, 『朝鮮史叢』 2(河合和男, 1983, 「일제하 조선에 있어서 식민지 농업정책」, 『한국근대경제사연구』, 사계절 재수록).

업정책을 간략히 개관하고자 한다. 개항 이후 조선 정부는 동도서기적 입장에서 서양의 선진 농업기술과 농서를 수용하면서 농업생산력을 증진시키는 농업정책을 추진하였다. 서양의 농서를 번역·소개하거나 농사시험장을 통하여 서양의 선진 농업기술을 수용하려고 노력했고 아울러 수리시설의 축조와 진전의 개간을 독려하였다. 이 장의 내용은 개항 이후 조선의 농업정책을 통하여 조선이 도달한 경제적 수준이 어떠했으며, 일제가 침략해 들어오면서 어떻게 왜곡·재편되었는가를 고찰하기 위한 전사(前史)의 성격을 갖고 있다.

제2장 '통감부의 농업조사와 농업정책(1905~1910)'에서는 통감부의 농업정책을 살펴보고자 한다. 일제는 1905년 12월에 조선에 통감부를 설치하면서 조선을 침략해 들어왔다. 일본은 조선에 대해 두 가지 목적을 이루고자 하였다. 하나는 당시 일본 인구가 매년 40만 명 이상 증가하여 해외로 과잉인구를 이주시킬 식민지가 필요했는데 그 적임지가 조선으로 인식되었다. 다른 하나는 조선을 식량·원료의 공급기지로 만드는 것이었다. 이를 실현하기 위해 일본 정부는 당시 관료나 학자들에게 조선과 청(淸) 시찰을 의뢰하여 농업보고서를 제출하게 하였다. 1900년 이후 쏟아져 나온 많은 보고서 중 특히 큰 영향을 미친 것은 일본 농상무성 관료인 가토 스에로(加藤末郞)와 사코 쓰네아키라(酒勾常明)의 보고서였다. 또한 통감부는 조선을 식량·원료의 공급기지와 일본 상품의 판매시장으로 만드는 기초 작업을 실시하고자 하였다. 그리하여 조선에 권업모범장·원예모범장·종묘장 등 농사시험장을 설치하여 조선의 기후와 풍토에 알맞은 품종 등을 개발·선정하고 그것을 조선에 보급하고자 하였다.

제3장 '식민지 농업의 토대 구축과 농촌사회 변화(1910~1919)'에서

는 1910년대 조선총독부 농업정책을 살펴보고자 한다. 1910년대 조선총독부 농업정책의 중심은 조선을 식량·원료의 공급기지로 재편하고자 한 것이었다. 먼저 조선총독부는 토지조사사업을 실시하여 토지소유권을 확정하고 조선의 토지사정을 파악하였다. 그 후 총독부는 적은 예산으로 효과를 내기 위해 몇 부분에 한정하여 농업정책을 추진하였다. 그리하여 미곡, 면화, 양잠, 축우 등의 품종을 개량하는 데 중점을 두었다. 미작에서는 일본 벼 품종 보급, 관개수 공급, 시비 장려 등을, 면작에서는 육지면 재배의 장려 등을 실시하였다. 양잠에서는 일본 뽕나무와 일본 잠종의 보급, 치잠(稚蠶) 공동사육소의 설치 등을, 축우에서는 종모우(種牡牛)의 선택, 종모우의 배부 등을 실시하였다. 즉 품종 개량을 통해 일제에 필요한 식량·원료 공급기지의 기반을 구축하고자 하였다.

제4장 '산미증식계획의 실시와 식민지 지주제의 강화(1920~1928)'에서는 1920년대 조선총독부의 농업정책을 살펴보고자 한다. 1920년대 조선총독부는 조선을 일본의 식량·원료 공급기지로 만들기 위해 산미증식계획, 육지면 재배 장려, 우량잠종의 보급과 뽕나무 재배면적 확대 등을 실시하였다. 1910년대 일본은 1년에 70만 명 이상 인구가 급증했으며, 심각한 쌀 부족 현상으로 1918년에 '쌀소동'이라는 민중 폭동이 일어났다. 이에 일본은 쌀 수입을 크게 확대했고, 식민지 조선에서 쌀증산정책을 실시하여 일본으로 이출을 도모하였다. 일제는 1920~1934년까지 조선에서 산미증식계획을 실시하여 논 면적을 늘리고 쌀 생산량을 크게 확대하면서 그 증가량 이상을 싼값으로 일본에 이출하였다.

제5장 '산미증식계획의 중지와 전작개량증식계획의 실시(1929~1939)'에서는 대공황 이후 일제의 농업정책을 살펴보려고 한다. 1929년 세계적 대공황 이후 곡물 가격이 크게 폭락하여 일본과 조선 모두 큰 경

제적 타격을 입었다. 일본의 미곡 가격이 폭락하자 일본 농림성과 지주들은 조선미의 일본 유입을 적극적으로 반대하였다. 그러나 조선총독부와 일본 척무성은 일본은 만성적 쌀 부족국이고 일본의 필요에 의해 조선산미증식계획을 실시했기에 일시적 현상에 의해 조선미 이출을 규제하는 것을 수용하기 어렵다는 입장이었다. 그 논의 과정에서 곡물창고를 건립하여 이출시기를 조절하는 등 여러 가지 방책을 시도했지만, 결국 일본 정부의 자금 지원 중단으로 조선산미증식계획은 1934년에 중단되었다. 대신 그동안의 미곡 중심의 농업정책을 수정하면서 전작개량증식계획을 실시하였다.

제6장 '전시체제기 농업통제정책과 식량증산정책(1939~1945)'에서는 1937년 중일전쟁 이후 일제의 조선증미계획과 농업통제정책에 대해 살펴보고자 한다. 일본제국은 1937년 중일전쟁을 일으키면서 본격적인 전시체제로 들어서자, 조선을 전쟁 수행을 위한 병참기지로서 재편하고자 하였다. 1939년 이후 식량 수급의 불균형이 심화되자 식량 증산의 필요성이 적극 제기되어 1940년 조선증미계획, 1941년 식량전작물증산계획이 마련되었다. 전쟁이 극렬해지고 식량 부족 현상이 심화되자 미곡의 생산뿐 아니라 유통과 소비를 철저히 통제하는 정책을 실시하였다. 1939년 대가뭄을 계기로 미곡에 대한 유통통제(공출)와 소비통제(배급) 방침이 마련되었다. 이 장에서는 그러한 양상을 사회 정세와 함께 구조적으로 설명하려고 한다.

제7장 '조선총독부 농업생산정책의 중점'에서는 총독부가 중점을 둔 미곡증산정책과 함께 심혈을 기울인 수리관개사업과 비료정책을 다루려고 한다. 앞서도 말했듯이 총독부는 일제강점기 거의 전 시기 동안 조선에서 쌀을 증산하여 일본에 이출함으로써 본국의 부족한 식량을 충당

하고자 하였다. 이 미곡증산정책이 성과를 거두기 위해서는 관개수의 원활한 공급과 비료의 충분한 시비가 뒷받침되어야 했다. 그 과정을 수리조합사업과 비료정책을 통해 파악하고 아울러 미곡, 잡곡, 면화와 생사의 생산량 현황을 살펴보고자 한다.

이 책은 필자의 독창적인 연구가 아니라 일제강점기 농업정책 및 농업생산정책과 관련된 기존 연구 성과를 기반으로 서술한 개설서이다. 해당 분야의 연구 성과를 바탕으로 읽기 쉽게 쓰려고 노력하였지만 쉽지 않았다. 그리고 집필 과정에서 일부 항목은 필자의 기존 연구를 바탕으로 작성한 부분도 있는데 해당 내용은 다음과 같다.

제1장 개항기 조선 정부의 농업정책 추진(1876~1905)
이영학, 2017, 「개항 이후 서양 농학의 수용과 전개」, 『역사문화연구』 61.

제2장 통감부의 농업조사와 농업정책(1905~1910)
이영학, 2014, 「통감부의 농업조사와 농업정책」, 『역사문화연구』 49.

제3장 식민지 농업의 토대 구축과 농촌사회 변화(1910~1919)
이영학, 2015, 「1910년대 조선총독부의 농업정책」, 『한국학연구』 36.

제4장 산미증식계획의 실시와 식민지 지주제의 강화(1920~1928)
이영학, 2018, 「1920년대 조선총독부의 농업정책」, 『한국민족문화』 69.

제1장
개항기 조선 정부의 농업정책 추진
(1876~1905)

1. 진전의 개간과 농상회사의 설립

 1876년 개항 후 조선은 문호개방을 하면서 일본과 청을 비롯해 서양의 여러 나라와도 무역을 행하고 문물을 교류하기 시작하였다. 아울러 조선 정부는 일본과 청 및 미국에 사신단을 파견하였다. 조선의 관료와 지식인들은 1876년 제1차 수신사, 1880년 제2차 수신사, 1881년 청의 영선사 및 일본의 조사시찰단, 1883년 미국의 보빙사 등을 통하여 서양의 문물을 접하게 되었다. 문물시찰단의 견문기 및 보고서가 조정에 보고되고 논의되기 시작하자, 조정뿐 아니라 유학자들 사이에서 서양의 문물을 배우고 수용하자는 분위기가 나타나기 시작하였다. 즉 서양의 발달된 문물을 수용하여 국리민복해야 한다는 인식을 지닌 지식인들이 등장하였다.[1]

 조선 정부는 이 견해를 수용하여 1880년 12월에 정1품 아문인 통리기무아문을 설치하고 본격적인 문호개방정책을 실시하였다. 아울러 정부는 통리기무아문을 중심으로 산업진흥정책을 추진해 갔고, 정부가 주도하여 공장과 회사를 설립했으며 산업의 근간인 농업 부문의 진흥정책을 실시하였다.[2]

 고종은 1883년 10월 1일에 통리군국사무아문을 통하여 중앙아문과 지방아문에 전교(傳敎)를 내려 농업을 발달시키는 정책을 추진하였다.[3]

---

1 노대환, 2005, 『동도서기론 형성과정 연구』, 일지사.
2 이영학, 2016, 「1880년대 조선정부의 농업정책」, 『한국학연구』 40.
3 『農課規則』(국립중앙도서관 소장 朝80-30), 1883.11.29.

통리군국사무아문에서는 각 지방관청에 관문(關文)과 「통호규칙」, 「농무규칙」, 「잠상규칙」을 포함한 전교를 내려 보내 농촌사회의 향상을 도모하고자 하였다. 그중 관문을 소개하면 다음과 같다.

10월 1일 자로 전교를 받들어 본 아문〔통리군국사무아문〕에 6개 사(司)를 설치하였는데, 농상사(農商司)가 그중 하나이다. 농상사의 업무는 통호(統戶)·농상(農桑)·차(茶) 등의 일이다. (중략) 무릇 농상(農桑)의 일은 나라의 근본으로 그렇지 않은 때가 없었다. 근래에 가뭄과 흉년이 계속되면서 백성들은 먹을 것이 넉넉하지 못하고 곤궁함이 이어지고 있다고 하니 차마 들을 수 없다. 더욱이 개항 후 무역은 성행하고 민심은 어지러우며 물가는 날로 치솟고 있다. 만약 농업을 중시하여 축적을 배가하지 않으면, 백성들의 근심은 끝이 없을 것이다. (중략)
제언을 수축하여 황무지를 개간하고 진전을 기경하는 것이 농정의 급무이다. 우리 백성들이 소홀히 하여 오랫동안 강구하지 못하였다. (중략)
각 면리의 집강(執綱) 및 농과장(農課長) 성명과 제언의 유무(有無) 및 수축(修築) 방략을 별도로 성책하여 이번 달 25일까지 즉시 보고하며, 그것을 모두 모아 본 아문〔통리군국사무아문〕에 보고하라.
원 관문과 규칙의 모든 조항을 반드시 해서(楷書)와 언문〔한글〕으로 번역하여 각 리(里)에 알리고 각 리로 하여금 등문(謄文) 1부를 비치하여 한 사람도 알지 못하는 폐단이 없도록 하라.[4]

---

4 『農課規則』(국립중앙도서관 소장 朝80-30), 1883.11.29.

즉 농상사에서 통호·농상·차 등의 업무를 담당하고, 수령들은 각 읍의 농상에 대한 상황과 개간·제언 수축에 대한 상황을 통리군국사무아문에 보고하도록 하였다. 1883년 11월에는 관문의 원본과 「통호규칙」, 「농무규칙」, 「잠상규칙」이 해서체로 쓰인 원문과 한글 번역이 병기된 안산의 '감결(甘結)'로 미루어 당시 지방관청에 통리군국사무아문의 관문이 전달되었을 것으로 여겨진다.[5] 나아가 그해 12월에는 통리군국사무아문에서는 '내아문포시(內衙門布示)'로 박문국에서 발간한 『한성순보』에 그 내용을 게시해 지방관청에 다시 한번 고지하였다.[6]

고종은 관문을 통해 농업진흥정책을 실시하게 되는 현실적 배경을 설명하고 「통호규칙」, 「농무규칙」, 「양상규칙」을 공포하면서 농촌사회의 재편, 진전의 개간, 양잠업 진흥에 대한 구체적인 정책을 제시하였다. 「통호규칙」에서는 오가작통법을 원용하여 5가(家)를 한 통(統)으로 매 통에는 통수(統首)를 두고, 마을에서 성실하고 근면한 자를 부정(副正)으로 삼아 마을 내에 농사를 권장하고 술 주정을 금지하며 도둑질을 막는 일을 맡기도록 하였다.[7] 또한 각 읍에서 공평하고 성실하며, 농사를 깊이 이해하는 사람 중 백성들이 추천하는 자를 농과장으로 삼아 마을의 농업을 담당하도록 하였다.[8] 「농무규칙」에서는 정부의 행정적 지원과 제도적 장치를 보완해 황폐한 땅을 개간하도록 하였으며, 아울러 제언·보 등

---

5   『甘結安山』(서울대학교 규장각한국학연구원 소장 古4255.5-10), 1883.11.17.

6   「內衙門布示」, 『한성순보』 제7호, 1883.12.1.

7   「內衙門布示」, 『한성순보』 제7호, 1883.12.1. "每里五家作統 每統各置統首 里吏另擇 誠勤老練者 一人爲副正 掌里內勸課耕種 申禁酗賭盜竊等事."

8   「內衙門布示」, 『한성순보』 제7호, 1883.12.1. "各邑另擇公平誠勤 深解農理爲衆望所 推者 一人爲農課長 委任一邑農桑等事."

의 수리시설을 수축하거나 보수하도록 지방 관아에 명령하였다. 「양상규칙」에서는 뽕나무 심기를 적극 권장하고, 누에를 기르고 고치에서 실을 켜는 방법 등을 잠서(蠶書)의 보급을 통해 알리고자 하였다.

1884년 9월 고종은 더욱 적극적으로 농업진흥정책을 추진하였다. 1883년 10월의 농업진흥정책을 계승하여 통리군국사무아문의 장내사(掌內司) 산하에 국(局)을 설치하여 구체적인 농업진흥정책을 실시해가고자 하였다. 고종은 1884년 9월 12일에 장내사의 주관으로 이른바 '부국이민(富國利民)'에 관계되는 농상(農桑), 조직(造織), 자전(瓷甎), 목축(牧畜), 지(紙), 다(茶) 등 6국을 신설하고 그 절목을 마련하는 등 근대적인 농업진흥정책을 강구하였다.

> 농상, 조직, 자전, 목축, 종이, 차 부문에 국(局)을 설치하고 관료를 배치하도록 명하였다.
> 왕이 명하기를 "농사, 누에치기, 천 짜는 일, 사기그릇과 벽돌 굽는 일, 목축, 종이와 차를 만드는 일 같은 것은 모두 경상비용과 관계되는 것으로서 나라를 부유하게 하고 백성들을 이롭게 할 수 있기 때문에, 이미 장내사에서 어느 정도 경영하고 있으나 장사(掌事)하고 간무(幹務)하는 원역(員役)이 없어서는 안 될 것이다. 국을 설치하고 관리를 두는 것과 여러 가지 조처할 문제들을 군국아문(軍國衙門)에서 절목을 마련하여 들이게 하라. 이밖에 백성들을 가르치고 산업을 부흥시킬 일이 있으면 장내사에서 규례대로 초기(草記)하여 품처(禀處)하도록 하라"고 하였다.[9]

---

9 『일성록』 284책, 고종 21년(1884) 9월 12일. "命農桑造織瓷甄牧畜紙茶 設局置官

고종은 적극적으로 통리군국사무아문의 장내사로 하여금 산하에 농상, 조직, 자전, 목축, 종이, 차의 국을 설치하여[10] 산업진흥정책을 펼쳐가도록 하였다. 1884년에 이르러 고종은 농상뿐 아니라 직조업, 도자기, 목축, 제지업 및 차 산업의 진흥을 도모하고자 노력하였다.

1884년 9월 12일에 공포한 고종의 농업진흥에 대한 전교는 지방 관청에도 전달되어 지방 단위의 조직별로 시행되도록 하였다. 지방에서 향청과 비슷한 조직이 결성되어 풍속을 교화하면서 농업을 진흥시키는 노력이 진행되었다. 예를 들면, 1885년에 경기도 교하(交河)에서는 '교하농상사(交河農桑社)'라는 회사를 설립하여 저수지를 축조하고 뽕나무를 심고 개간을 하는 노력을 기울였다.[11] 또한 경성에서도 '경성농상회(京城農桑會)'를 만들어 농업을 진흥시키는 노력을 기울였다. 회원들이 각각 50냥씩 출자하여 경성농상회를 만들어 그를 바탕으로 개간을 하거나 외국의 농기를 구입하여 농업을 발달시키는 노력을 기울이자는 절목을 작성하였다.[12]

『교하농상사절목(交河農桑社節目)』(1885)은 첫머리에 1884년 9월

'敎曰, 農桑造織之務, 瓷甄牧畜紙茶之屬, 皆關係經用, 可以裕國利民, 故已有掌內司多少經紀, 而不可無掌事幹務之屬員, 設局置官及諸般措處, 令軍國衙門磨鍊節目以入, 此外更有敎民興業之事, 掌內司依例草記稟處.'

[10] 정교, 1910, 『大韓季年史』, 26쪽. "置農桑 織造 瓷甄 牧畜 紙 茶 等局 凡六局 皆設官以主之"라고 기록하고 있다. 이것은 1884년 9월 12일의 기록을 잘못 적은 것이다. 통리군국사무아문의 장내사 산하에 6국이 설치되어 산업육성정책을 실시하였음을 알 수 있다.

[11] 『交河農桑社節目』(서울대학교 규장각한국학연구원 소장 古4256-44), 1885. "自明春爲始築堰植桑墾起等節 依本衙門關飭 各別擧行事."

[12] 『京城農桑會章程』(서울대학교 규장각한국학연구원 소장 古4256-44), 1885. "會中 諸員 各出股錢 伍什兩 以爲資用事"; "中國與各國 農器 緊要者 買來倣造事."

12일에 공포한 전교가 실려 있고, 다음으로 정부가 발급한 완문(허가문서)이 있고, 끝에 교하농상사가 실행해야 하는 절목이 있다. 즉 고종의 전교에 의해 교하농상사가 허락을 받아 설립되어 경기도 교하지방에서 민을 취합하여 풍속을 교정하고 제언을 수축하며 농지를 개간하는 일을 추진한다는 내용이었다. '절목'의 첫머리에 다음과 같이 적고 있다.

〈그림 1-1〉『교하농상사절목』

경기도 교하 지역에서 농상사를 운영하는 규약을 정리한 책이다.
출처: 서울대학교 규장각한국학연구원.

일. 내년 봄부터 제언을 수축하고 뽕나무를 심고 개간하는 일 등은 본 아문의 관칙에 따라 각별히 시행할 것
일. 젊은이가 노인을 능멸하거나 상민이 양반을 능멸하는 일은 각별히 엄징할 것
일. 잔민(殘民)이 밭을 논으로 만들 때 품질이 좋은 토지 혹은 유력자가 환롱의 폐단을 저지르면 일체 엄단할 것
일. 농민 중 빈곤한 호는 매번 농사를 지을 때 혹시 종자가 떨어지고 양식이 곤궁한 사람이 있는데, 해당 마을에 가세가 넉넉한 사람이 적당히 대여해 주어 그로 하여금 농사를 짓게 하고 추수한 후에 해당 마을의 동칙에 따라 갚을 일[13]

---

13   『交河農桑社節目』, 1885.2, 節目.

교하농상사의 업무 중 가장 중요한 일은 제언 수축, 뽕나무 심기, 개간이었다. 양반과 상민이 서로의 위치를 지키면서 농사를 짓도록 하였다. 나아가 농촌사회에서 빈곤한 농민이 종자가 떨어지거나 양식이 없을 때, 가정형편이 넉넉한 사람(家勢稍饒者)이 대여해 준 후 추수 뒤에 상환하도록 권장하였다. 이것은 예전의 계나 향약의 전통을 계승하면서 농지 개간, 농업 진흥을 모색하는 새로운 형태였던 것이다.[14] 이러한 사례는 교하 옆 지역인 경기도 장단에서도 행해지고 있었는데,[15] 이것을 모방하여 '교하농상사'를 만들었던 것이다.

이러한 사례는 경성에도 확대되었다. 경성에서도 자금을 모아 경성농상회를 설립하고 농지를 개간하는 일을 추진하였다. 경성농상회는 회원들이 50냥을 각자 출자하여 구성한 모임으로, 모임의 가장 중요한 일은 농지를 개간하는 일이었다. 그 장정의 첫머리는 다음과 같다.

> 우리나라 경작지는 넓지 않은데, 사람은 많고 땅은 좁은 것 같다. 산과 들은 아직 개척되지 않은 곳이 많고, 강과 바다는 아직 개간되지 않은 곳이 있다. 또 논의 이익은 밭의 그것에 비해 수익이 몇 배나 되는 데도 밭을 논으로 만들지 못하고 있다. 그 이유는 민의 재력이 부족한 데서만 기인하는 것이 아니라 기술(智巧)이 미치지 못하는 데서도 연유하는 것이다.[16]

---

[14] 김용섭, 1988, 「갑신·갑오개혁기 개화파의 농업론」, 『한국근대농업사연구』 하(증보판), 일조각.

[15] 『交河農桑社節目』, 1885.2. "交河亦依長湍例 境內 大小民之齊會 講究期布."

[16] 『京城農桑會章程』(서울대학교 규장각한국학연구원 소장 古4256-44).

우리나라에 개간되지 않은 곳이 많은 이유는 자본의 부족뿐만 아니라 기술의 부족에서도 연유하는 것이라고 언급하였다. 그리하여 정부에서 주도하여 사람들에게 자금을 모아 회사를 만들고 그것을 중심으로 개간을 주도해갈 것을 권장하였다. 『경성농상회장정』에는 다음과 같이 농지개간회사를 만들어 수리시설을 축조하고 농지를 개간하면 국가가 큰 이익을 얻을 것이라고 적고 있었다.

> 동지 몇 사람이 모여서 자금을 모아 회(會)를 설립하고 장정을 만들며 농기를 준비하여 간사 몇 명을 택하여 형편을 살펴보거나 저수지를 쌓아 물을 담고 혹은 보(洑)를 만들어 관개를 하며, 물이 낮고 땅이 높은 곳은 수차를 사용하여 물을 끌어올려서 개간하면 그 효과가 크다.[17]

이와 같이 경성, 교하, 장단에서 농상회 혹은 농회사를 설립하여 저수지를 축조하거나, 황무지를 개간하여 뽕나무를 심는 일을 조직적으로 수행하였던 것이다. 이러한 조직체는 근대적인 회사 형태를 띤 것은 아니었고, 아직 구래의 계나 향약의 기반 위에 서구 자본주의의 회사 개념을 도입하여 만든 농상회사였다.[18] 이 회사는 농지 개발을 담당하는 농지개발회사였다. 그것은 설립 목적에 뚜렷이 명시되어 있다. 회사의 설립자들은 우리나라에서는 아직도 개발해야 할 농지가 많으므로, 이를 개발하면 백성과 나라가 모두 부강하게 될 터인데도 그렇지 못한 실정에 있으니 그들이 이러한 일을 담당한다고 하였다.

---

17 『京城農桑會章程』(서울대학교 규장각한국학연구원 소장 古4256-44).
18 전우용, 2011, 『한국 회사의 탄생』, 서울대학교출판문화원, 40~43쪽.

갑오정권에서는 그 사례를 더욱 발전시켜 1894년 10월에 '관허농상회사(官許農桑會社)'를 설립하였다.[19] 즉 농업을 주관하는 농상아문(農商衙門)에서 주도해 서울과 지방에서 사원을 모집하고 농상회사를 설립하여 농업을 발달시키는 정책을 추진하고자 하였다.[20] 농상회사를 설립하여 농업을 개량시키고자 하는 목적은 동도서기적 인식에서 비롯된 것이다.

무릇 지극히 올바르며 지극히 큰 것은 만세에 변할 수 없는 것으로 공자의 도(道)이다. 공자의 도는 유도(儒道)이다. 그러나 지금 변개(變改)하고자 하는 것은 법(法)이며, 도가 아니다.[21]

한편, 농상회사의 설립 취지는 다음과 같이 설명하였다.

지금 조정에서는 농상아문을 설립하여 농상 사무를 통할하고 그것을 장려하고 보호하는 데 힘써 노력하면서 그것을 이루지 못할까 전전긍긍하고 있다. 농상은 실로 나라의 기초이며, 모든 산업의 근원이다. 바라는 바 초야의 제 군자(君子)들은 옛것에 빠지지 말고 새 방책에 힘써서, 한결같이 회사에 뜻을 두어 사원(社員)을 초청하고 모집하여 기기(機器)를 구입하고 제방을 쌓아 관개를 하며, 황무지를 개척하며,

---

19 『官許農桑會社章程』(서울대학교 규장각한국학연구원 소장 奎15322), 1894.10. 이 장정을 살펴보면, 고시(告示), 장정(章程), 규칙(規則)의 세 부분으로 구성되어 있는데, 고시에서는 회사의 취지를 설명하고, 장정에서는 회사의 사업방침을 열거하고, 규칙에서는 회원의 준수사항을 규정하고 있다.
20 이영학, 2016, 「갑오정권의 농업정책」, 『이화사학연구』 52.
21 「告示」, 『官許農桑會社章程』, 1894.10.

수분(水糞)의 법을 채용하는 등 일체를 개혁한다면 재원이 풍부해지고 백성이 편안해지며 노동력이 절감되고 비용이 줄어들어 장차 국가가 성장하고 백성의 재산이 더욱 풍부해질 것이다. 어찌 쉴 수 있겠는가?[22]

즉 조정에서는 농상아문을 설립하여 농상에 힘쓰고 있으니 재야의 군자들이 힘을 모아 회사를 설립하여 기기 구입, 수리시설 수축, 황무지 개척, 시비법 채용 등을 통하여 조선의 농정을 개혁해 가자고 주장하였다.

농상회사는 서울을 본사로 하고, 지방에 지사를 설립하여 전국적 조직을 갖추게 하였다. 즉 서울의 경도사(京都社)에는 총헌(摠憲) 1인, 도사장(都社長) 1인, 사장 2인을 두어 본사의 업무를 관장하도록 하였고, 지방에는 지사를 두어 경도사의 지휘를 받도록 하였다. 농상아문에서는 농상회사를 허가하여 서울뿐 아니라 지방에도 지사를 설치하여, 전국적으로 개혁적 농업정책을 추진하도록 하였던 것이다.

관허농상회사의 운영은 농상아문이 전적으로 주도하여 추진하였다. 농상아문에서는 농상회사를 통해 서울과 지방에서 사원을 모집하고 자금을 모으도록 하였다. 그러나 그것으로 충분하지 않은 경우에는 국채를 발행하거나 외국차관을 얻어 개혁적 농업정책을 추진하도록 하였다. 농업정책을 구체적으로 살펴보면 다음과 같다. 먼저 개간을 적극 권장하였다. 개간을 위해 서양의 기기(機器)를 구입하거나,[23] 유민(遊民)을 모아 임금을 주면서 개간을 하여 개간지에 뽕나무, 감자, 홍삼, 연초 등을

---

22 「告示」, 『官許農桑會社章程』, 1894.10.
23 「告示」, 『官許農桑會社章程』, 1894.10.

심으면 이용후생하게 된다고 하였다.[24] 다음으로 제방을 수축하고 수리시설을 정비하도록 하였다. 사람의 힘보다 풍력을 이용해 관개를 행하면 훨씬 효율적이라며 수리시설로는 서양의 풍차를 도입할 것을 권장하였다.[25] 셋째로 시비법을 개선하여 농사를 짓도록 하였다. 서양의 수분법(水糞法)을 소개하고, 분지(糞池)를 수축해 농사를 행할 것을 권장하였다.[26] 넷째로 사원 중에 총명한 장정을 선발해 기술자로 양성하도록 하였다. 구체적으로 전문교사를 초빙하여 넉넉한 급여를 지불하고 사원 중 총명한 정장(丁壯)을 선발하여 그 기술을 습득하게 하고 나아가 미래의 기술자가 되어 기술을 전파하도록 하였다.[27] 이곳의 전문교사란 서양의 전문교사를 의미하였다. 다섯째로 서양의 농경직조기계를 빌려 쓰거나,[28] 혹은 회사에서 여러 가지 농기를 구비해 회사의 구성원들이 빌려 쓰게 하기도 하였다.[29] 이와 같이 정부에서는 공식적인 정부기관을 통하여 황무지를 개간하고, 수리시설을 수축하는 정책을 집행했으며, 나아가 정부가 주도하면서 민의 참여를 유발하는 농상회사를 조직하여 개간과 저수지 축조 등의 정책을 추진함으로써 농업을 발달시켜 가려고 하였다.

대한제국시기에 들어와 농상공부에서 제언 수축에 노력을 기울이기도 했고, 궁내부에서 수륜과를 신설하여 제언과 보를 수축하여 황무지를 개간하는 일을 수행하기도 했지만, 민간 영역에서도 농상회사를 설립하

---

24 「章程 第三款」, 『官許農桑會社章程』, 1894.10.
25 「章程 第四款」, 『官許農桑會社章程』, 1894.10.
26 「章程 第五款」, 『官許農桑會社章程』, 1894.10.
27 「章程 第二款」, 『官許農桑會社章程』, 1894.10.
28 「規則 第六條」, 『官許農桑會社章程』, 1894.10.
29 「規則 第三條」, 『官許農桑會社章程』, 1894.10.

여 황무지를 개간하거나 농업 개량을 시도하기도 하였다.[30]

대한제국시기에는 정부뿐 아니라 지식인들도 농업 진흥이 절실하다고 주장하였다. 지식인들은 백성을 살리고 나라를 부강하게 하기 위해서는 농업을 발달시켜야 한다고 주장하였다. 당시의 지식인들은 농업 진흥을 위한 다양한 방안을 제시하였다. 『황성신문』의 편집주간은 논설에서 "백성을 살리는 방법에는 10가지가 있는데 그중 하나가 황무지를 개간하는 것"[31]이라고 하였다. 또한 "농상을 권장하여 근본을 키워야 나라가 발전한다"[32]고 하였다. 나아가 "오늘날 나라를 부강하게 하는 방법은 농업을 개량하는 것이 진실로 제일의 긴급한 일"[33]이라고 하면서 '농업개량책'을 12회에 걸쳐 논설로 제시하였다.[34] 그 내용에서 농업 개량의 방법에는 5가지가 있는데 황무지 개간, 제언 수축, 농기구 개량, 서구 농학 수용, 자본 모집이며, 이 중에서 황무지 개간이 가장 시급한 일이라고 제시하였다.[35] 나아가 제언을 수축하여 천수답을 개선하고,[36] 농기구를 개량하여 농사기술을 발전시켜 가야 한다고 하였다.[37] 또한 일본의 신농학 교육을 소개하면서, 발달된 서양의 농학을 수용해서 농업을 진흥시켜야 한다고 하였다. 이 모든 것을 위해 정부는 자본이 필요한데, 자본 모집

---

30 이영학, 2017b, 「대한제국의 농업정책」, 『중앙사론』 46.
31 「논설」, 『황성신문』, 1898.12.16.
32 「논설」, 『황성신문』, 1898.10.16.
33 「논설」, 『황성신문』, 1904.4.11.
34 「논설」, 『황성신문』, 1904.4.11~1904.4.23.
35 「논설」, 『황성신문』, 1904.4.13.
36 「논설」, 『황성신문』, 1904.4.14.
37 「논설」, 『황성신문』, 1904.4.15.

방안으로는 정부가 관청과 회사를 설립하여 국채와 자본을 모으고, 또한 지주들에게 권유하여 자본을 조달하게 하자고 제언하였다.[38]

대한제국시기에 들어서는 농업회사의 설립이 더욱 다양해졌다. 정부가 주도하여 농업을 진흥하는 회사를 설립하기도 하였지만, 관료와 지주를 비롯한 평민들이 현재의 위기를 극복하고 국가를 부흥·발달시키기 위해서 농업회사를 설립하기도 하였다. 1897년 이후 대한제국 시기에는 각 지방에서 다양한 농업회사들이 출현하였다. 그 농업회사를 살펴보면 다음 〈표 1-1〉과 같다.

당시의 농업회사들은 설립 주체에 따라 두 부류로 나누어진다. 관이 주도하면서 지주 등 민간인의 자본을 모집하여 설립하는 회사가 있고, 반면에 순수 민간인들이 설립하는 회사가 있었다. 1894년에 설립한 관허농상회사는 전자에 속한다. 대한제국시기에 들어와 관 주도의 농업회사보다 민간 주도의 농업회사들이 크게 증가하였다.[39]

농업회사의 영업 목적을 살펴보면 크게 두 부류로 나누어진다. 하나는 농업회사를 설립하여 농기구 개량, 수리시설의 개량, 농법의 교수 등 농업 개량을 통한 농촌사회의 발전을 꾀하고자 한 것이다. 다른 하나는 황무지 개간을 목적으로 설립하는 회사이다. 당시는 농업환경이 자연 재해에 취약했기 때문에 가뭄과 홍수가 닥치면 농지가 황폐화되는 경우가 일반적이어서, 그로 인한 진전과 황무지를 개간하기 위해 농업회사를 설립하는 경우가 많았다. 황무지 개간은 개항 이후 정부가 심혈을 기울인 분야이기도 하였다.

---

38 「논설」, 『황성신문』, 1904.4.20.
39 전우용, 2011, 앞의 책, 184~203쪽.

〈표 1-1〉 대한제국 전기(1897~1905) 농업회사 일람

순서	회사명	설립연도	영업 목적	지역	대표자	비고
1	농상회사	1899	농림업	통진	서상칠	설립
2	개간회사	1900	개간	경상도	오평묵	인허
3	목양사	1900	농경	부평	민영환	설립
4	농업회사	1901	농경	부평	민병석, 김석환	청원
5	농상회사	1903	개간, 식종	안악	김효찬	청원
6	개간회사	1904	개간	서울		활동, 일진회 부설
7	농광회사	1904	개간	서울	이도재	활동
8	농상회사	1904		황해도	전국환	
9	보민회사	1904	개간	논산	신현구	활동
10	기보회사	1905	개간	해미	박영대	인허
11	한일합자농업사	1905	개간, 관개		박기환 등	청원
12	농업회사	1905	개간	진위	민홍기	인허
13	농업회사	1905	채석	서울, 충남 문의	김윤혁	청원
14	농업회사	1905	채석, 개간	서울, 평남 양덕	김효진	청원
15	농업회사	1905	개간	평북 의주	원세기	인허
16	농업주식회사	1905	농경	서울	송병준	인허

출처: 1.『독립신문』, 1899.10.2; 2.『황성신문』, 1900.12.5; 3.『황성신문』, 1900.10.24; 1902.3.7; 4.『황성신문』, 1901.9.21; 5.『황성신문』, 1903.5.9; 6.『황성신문』, 1905.8.23; 7.『황성신문』, 1904.8.12; 8.『황성신문』, 1904.8.16~19; 9.『황성신문』, 1904.10.18; 10.『황성신문』, 1905.3.20; 11.『황성신문』, 1905.6.10; 12.『황성신문』, 1905.8.23;『대한매일신보』, 1905.8.25; 13.『황성신문』, 1905.11.14; 1906.8.20;『대한매일신보』, 1905.11.16; 1906.8.19; 14.『대한매일신보』, 1905.12.17;『황성신문』, 1906.3.30; 1906.4.3; 15.『대한매일신보』, 1906.10.5;『황성신문』, 1906.10.5; 16.『황성신문』, 1907.11.6.

먼저 농업회사를 설립하여 농기구 개량, 수리시설의 개량 등을 행하고자 하는 경우를 살펴보자. 〈표 1-1〉에서 보듯이, 1899년의 농상회사와 1900년의 목양사 및 1901년 농업회사, 1903년의 농상회사는 농기계의 도입, 수리시설의 개량, 농잠업의 개량 등으로 농경을 발전시키려고 설립한 농업회사의 대표적 사례이다.

1899년의 농상회사는 경기도 통진군에 사는 서상칠이 "한 사람이 한

해에 뽕나무 20주씩을 심어 양잠업을 확대해 가려고 하는데, 가난하여 농사를 짓지 못하는 사람은 자금을 주어 농사에 보태게 하려는"[40] 취지에서 설립했다고 한다. 목양사는 1900년에 민영환[41]이 주도하여 설립한 농장회사이다. 민영환은 1896년 4월에 러시아 황제 대관식에 특명 전권공사로 파견되어 일본, 캐나다, 뉴욕, 런던, 독일, 러시아 등을 거쳐 귀국한 적이 있고, 1897년 1월에는 영국, 독일, 러시아, 프랑스, 이탈리아, 오스트리아 등 6개국 특명 전권공사가 되어 영국 여왕의 즉위 60년 축하식에 참석했다가 귀국한 적이 있다. 이 두 차례의 해외여행에서 외국의 문물을 접하면서 농업의 중요성을 깨닫고, 목양사를 설립해 농업의 발달을 시도한 것이었다. 민영환은 1900년에 자신의 자금으로 목양사를 설립하고 농상공부 산하 해관에 존치해있는 농기구를 요청하여 이를 발급받아 농사를 짓고자 하였다.[42] 나아가 1902년에는 부평군에 목양사를 설립하고 "농사와 목축을 확장하니 인허해 달라"[43]고 요청하였다.

1901년에 설립한 농업회사는 민병석, 김석환(金碩桓) 등이 설립한 것으로 "우리들이 자금을 모아 편리한 농기구로 각종 농업을 확장하고자 경기도 부평군의 한 구역을 매입하여 농업회사를 건설하고 인허를 청하였다. 해당 회사에서 농잠기계(農蠶器械)를 일본에서 구입하여 총민(聰敏)

---

40 「롱샹회사」, 『독립신문』, 1899.10.2.
41 민영환은 여흥민씨 민겸호의 아들이다. 개항 이후 정부의 개화정책에 참여하였으며, 1895년에는 주미전권대사에 임명되는 등 두 차례 서양 일주를 하여 견문을 넓혔으며, 1898년 이후에는 대신을 역임하기도 하였다. 1905년 을사조약에 비분강개하여 자결하였다.
42 『황성신문』, 1900.10.24.
43 『황성신문』, 1902.3.7.

한 자를 선발하여 농잠법을 교육"⁴⁴하는 것을 지향하였다. 즉 이 회사는 부평군에서 토지를 매득하고 일본에서 농기구를 수입하는 한편, 젊은 농민을 뽑아 농잠법(農蠶法)을 교수하는 등 근대적인 농업회사로 발전하려는 노력을 기울였다. 민병석은 1898년과 1900년에 농상공부대신을 역임하기도 하였다.

1903년의 농상회사는 안악(安岳)에 사는 김효찬이 설립하고 농상공부에 청원하였다. 그는 농상회사를 설립하여 개간, 농사, 양잠 등을 장려하면서 빈민에게 자금을 대여해 주며 농사를 짓도록 하고, 농민이 관령을 어기면서 사적으로 곡식을 매매하는 것을 금지하고, 돼지와 소의 거래를 농상회사가 주관하게 하여, 농민이 농업을 원활하게 하도록 하니 허가해달라고 요청하였다.⁴⁵ 즉, 위와 같은 회사들은 농기계의 도입과 대여, 자금의 대여 등을 통하여 농경 및 양잠업의 진흥을 도모하였다.

다음으로 진전과 황무지의 개간을 위하여 설립한 농업회사의 활동을 살펴보자. 당시는 제언과 보 등 수리시설의 축조가 미흡했기 때문에 천수답이 많아 자연재해인 가뭄과 홍수가 발생하면 농지가 황폐화되는 경우가 많았는데, 이러한 진전과 황무지 개간을 목적으로 회사들이 많이 설립되었다. 예를 들면 〈표 1-1〉에서 보듯이, 1900년 오평묵의 개간회사, 1904년 이도재(李道宰)의 농광회사(農鑛會社), 신현구의 보민회사, 1905년 박영대의 기보회사, 민홍기의 농업회사 등은 개간을 목적으로 설립된 회사들이었다.

1900년에 서울에 사는 오평묵은 개간회사를 설립하고 경상도 성주, 상

---

44 「잡보」, 『황성신문』, 1901.9.21.
45 『황성신문』, 1903.5.9.

주, 대구, 의흥 등지에서 농상공부에 개간 허가를 신청하였다.[46] 1903년의 농상회사는 안악군민 김효찬 등이 공한지(空閒地)를 개간해 뽕나무를 심을 목적으로 창립하여 농상공부에 인허를 신청한 사례이다.[47] 농광회사는 1904년 이도재가 내장원의 인허를 얻어 설립한 회사로 일본인들의 황무지개간권 요구에 대응하여 외자를 도입해서 국유황무지를 개간할 계획을 세웠다.[48] 특히 1904년 이후에는 일본이 '황무지개척권'을 요구하면서 조선에 침투해 들어왔기 때문에,[49] 이에 반발하여 조선인 관료나 지식인들이 황무지를 개간하기 위한 농업회사를 설립하였다. 1904년과 1905년에 설립한 농업회사들은 그러한 목적으로 설립한 것이 많았다.

2. 근대 농사시험장의 설립과 운영

이 시기 농업정책은 동도서기파나 개화파들에 의해 주도되었다. 고종은 이들의 견해를 수용하면서 농업정책을 추진해 갔다. 특히 개화파들은 서양의 농업기술을 적극적으로 수용하면서 조선의 농업을 발전시켜 가려고 하였다. 구체적으로 서양의 농기구나 서양의 곡물 품종 및 가축을 들여오고, 그와 함께 그것을 운용할 전문 농업기사를 초빙하고자 하였다.

---

46 『황성신문』, 1900.12.5.
47 「請認設社」, 『황성신문』, 1903.5.9.
48 「잡보」, 『황성신문』, 1904.8.12.
49 윤병석, 1964, 「일본인의 황무지개척권 요구에 대해」, 『역사학보』 22; 이영호, 2000, 「일제의 식민지 토지정책과 미간지 문제」, 『역사와 현실』 37.

나아가 그것을 실제로 실험하고 운영해 볼 근대적 농업시험장과 그것을 교육할 농학교 설립을 주장하였다. 또한 서양의 농업기술을 체계화한 서구 농학을 받아들여 그것을 농서로 요약·정리하여 보급시키고자 하였다.

당시의 신진관료들은 1876년의 제1차 수신사, 1880년의 제2차 수신사, 1881년의 조사시찰단 및 영선사, 1883년의 보빙사 등을 통해 외국 문물을 관람하고 서양의 문물을 적극적으로 수용하고자 하였다. 그러한 현상은 농업 부문에서도 나타났다. 그들은 서양의 농업기술이나 농학의 체계를 적극적으로 수용해서 조선의 농업을 발전시켜 나가고자 하였다. 다음은 개화파들이 『한성순보』에 서양의 농학교를 소개한 것이다.

> 일찍이 생각해 보건대 농업은 천하의 큰 근본이다. 어찌 농업 없이 천하를 다스릴 수 있겠는가? 저 서양의 모든 나라들은 무역과 공업으로 오늘날의 급무로 삼고 있지만, 농업 역시 업신여긴 적이 없다. 현재 각국을 조사해본다면 아마 반수 이상의 나라가 농학교를 건립하였을 것이다. 즉 오스트리아에는 70곳의 농학교에 생도 2천 2백 명이고, 170곳의 야간 농학교에 생도 5천 5백 명이다. 프랑스에는 43곳의 농학교에, 학교마다 생도가 30~40명으로 정부에서 그 식비를 일체 제공하고, 1년에 은화를 지급하는데 우리나라 돈으로 환산하면 218냥 7전 5분씩 의복비를 충당하게 하며, 이 나라 수도 파리에는 3천 곳의 농학교와 농학연구소가 있다. 독일에는 농학원예학교와 포도재배교 등 150곳과 농상시험장 60여 곳이 있다고 하니, 천하의 큰 근본은 농정밖에 없다는 것을 여기서 볼 수 있다.[50]

---

50 「各國近事 泰西農學校」, 『한성순보』 제5호, 1883.11.10.

즉 서양의 모든 나라들이 무역과 공업을 급무로 삼고 있지만, 농업 역시 가벼이 여기지 않아서 농학교를 설립하여 학생들을 키우면서 농업을 발전시켜 가고 있다고 언급하였다. 나아가 농정이 나라를 운영해 가는 근본이라는 점을 지적하였다. 그리하여 우리나라에서도 농학교와 농사시험장을 설립해야 함을 간접적으로 시사했던 것이다.

우리나라에 최초로 근대적 농사시험장이 설립된 것은 1884년의 '농무목축시험장'이었다.[51] 1882년에 조미수호조약을 맺고, 미국 공사 푸트(Lucius H. Foote)가 부임하자 그 답례로 1883년 7월에 미국사절단인 보빙사가 출발하였다. 보빙사는 민영익을 정사로, 홍영식을 부사로, 서광범을 종사관으로 하여 유길준, 최경석, 변수, 고영훈, 현흥택, 영어통역관 로웰(Percival L. Lowell) 등 11명으로 구성되었다. 그들은 일본을 거쳐, 배로 태평양을 건너 9월에 미국 로스엔젤레스에 도착하였다. 그들은 대륙 철도를 타고 동부 뉴욕으로 가서 미국 아서(Chester A. Arthur) 대통령을 알현하고 미국의 농장 및 공장을 40여 일간 둘러보았다. 그곳에서 미국의 문물이 매우 발달하였음을 목격하고, 그러한 문물을 수입해 오고자 하였다. 그 가운데 농경도구와 농작물 품종 및 축우 품종도 있었다.

보빙사는 미국 농무성으로부터 농작물의 종자를 얻었고, 전권대사 민영익은 미국무장관 프렐링휴젠(Frederick T. Frelinghuysen)에게 농업기술자의 파견을 요청했고, 이에 미국무장관이 모든 원조를 해주겠다고 약속하여 그들은 국내에 돌아와 농사시험장을 신설할 구상을 하게 되었다.

---

51 이광린, 1969, 「농무목축시험장의 설치에 대해」, 『한국개화사연구』(개정판); 김영진·홍은미, 2006, 「농무목축시험장(1884~1906)의 기구변동과 운영」, 『농업사연구』 5(2); 김영진·김상겸, 2010, 「한국 농사시험연구의 역사적 고찰-권업모범장을 중심으로-」, 『농업사연구』 9(1).

1883년 12월 20일에 홍영식이 국왕에게 미국 시찰에 대해 보고했고, 고종은 시찰단의 의견을 수용하여 1884년 초에 농무목축시험장을 설치하였다. 고종은 망우리 일대에 넓은 토지를 농무목축시험장에 할당했으며, 재정적으로도 풍족하게 지원하였다. 시험장 관리관으로는 보빙사의 일원이었던 최경석을 임명하였다. 최경석은 무관 출신으로 농업에 관심이 많았으며, 시험장의 관리관으로 임명된 뒤 열성적으로 일하였다.

　농무목축시험장에서는 농업 발달을 위한 여러 가지 실험과 사업을 행하였다. 먼저 외국에서 구입한 농기구를 이용하였다. 민영익이 1883년 뉴욕에 체류하고 있을 때 미국인 프레이자[Everett Frazar, 한국명 후례절(厚禮節)]를 통해서 농기구를 주문했고, 1884년 봄에 농기구를 인수하여[52] 시험장에서 이용하였다. 그 농기구는 벼 베는 기계(割禾器), 벼 터는 기계(打禾器), 심는 기계(栽植器), 인분 뿌리는 기계(灑田糞器具), 서양 저울(洋秤), 보습과 쇠스랑(犂杷) 등이었다.[53] 최경석은 농무목축시험장에서 재래의 농기구와 함께 수입 농기구를 사용하면서 각종 농작물과 야채 및 과수를 재배하였다.

　농사시험장에서는 조선의 곡물 품종뿐만 아니라 외국의 곡물과 채소의 품종을 수입하여 실험·재배함으로써 우량품종을 개발해내는 시도를 하였다. 당시 시험장에서 재배하였던 품종들을 기록한 목록에 의하면, 344종의 곡물 종자와 64마리의 가축을 재배하고 있었다. 거기에는 미국 농무성에서 준 것과 구입해온 것 등을 포함하여 국내의 품종 등도 재배되었다. 예를 들면 미국 조(美毛粟), 미국 메밀(美蕎麥), 미국 감자(美藷), 미국 옥수수(美玉蜀), 미국 가지(美茄子), 캐비지(cabbage), 셀러리(celery),

---

52　『구한국외교문서』 10(美案 1), 문서번호 52, 53, 63.
53　그 가격이 운송비와 보험료를 합하여 751달러 33센트였다.

케일(kale) 등 외국의 곡물과 채소의 품종도 다수 재배되고 있었다.[54] 즉 농무목축시험장에서는 외국의 품종을 국내 품종과 함께 실험·재배함으로써 품종을 개량하고 재배 방법을 개선하려는 노력을 하고 있었다.

　최경석은 농작물뿐만 아니라 가축도 외국의 우량종을 수입해 사육함으로써 가축의 종을 개량하고 사육 방법의 개선 등을 모색하였다. 그는 두 차례에 걸쳐 미국인 휘크[George C. Foulk, 한국명 복구(福久)]의 중개로 우량종에 속하는 캘리포니아의 가축을 수입하였다. 주문한 지 1년이 지난 1885년 2월(양력 4월)에 소와 말 각 3마리와 곡물·채소의 종자가 미국에서 첫 번째로 들어왔다.[55] 같은 해 7월에 두 번째로 가축이 들어왔으며, 그중에는 2마리의 암말, 1마리의 훌륭한 종마(種馬), 2마리의 저지(Jersey)종 암소와 1마리의 황소, 왕세자를 위한 3마리의 쉐트랜드(Shetland)종 조랑말, 8마리의 돼지와 25마리의 양이 포함되어 있었다.[56] 고종은 목장을 위해 특별히 주위 약 8리의 땅을 시험장으로 사용하도록 하였다. 이와 같이 시험장에서는 농작물 재배와 품종 개량뿐만 아니라 가축의 품종 개량과 사육 방법의 개선 등에도 노력을 쏟았다.

　초기에 농무목축시험장의 경영은 순조롭게 진행되었다. 관리관 최경석이 열심히 작물을 재배하고 정부에서도 적극 후원해 주었기 때문에 첫해인 1884년에는 대풍작을 이루었다. 이에 시험장에서는 재배법과 사용법을 소개하는 해설서를 첨부하여 수확물의 종자를 305개의 지방군현에 보내어 재배하도록 권장하였다. 다음 해인 1885년에도 풍작을 이

54　『農務牧畜試驗場所存穀菜種』(서울대학교 규장각한국학연구원 소장 奎11507).

55　『통서일기』, 고종 22년 4월 3일; 『구한국외교문서』 10(美案 1), 문서번호 171.

56　U.S.F.R. No. 247, Foulk to Bayard, Sep. 4, 1885(이광린, 1969, 『한국개화사연구』(개정판), 일조각, 212쪽 재인용).

루었고, 그 수확물 가운데 많은 야채류는 궁중과 외국인 거주자에게 분배해 주기도 하였다.[57] 이와 같이 초기에는 농사시험장의 사업이 순조롭게 진행되었다. 그러나 1886년에 시험장의 관리인인 최경석이 사망하자 시험장을 통한 농작물재배사업은 큰 난관에 부딪치게 되었다. 그가 갑자기 사망하자 농무목축시험장은 내무부 농무사가 관리하게 되었고, 그 명칭도 종목국(種牧局)으로 변경하였다.

한편 조선 정부에서는 서양의 농기구나 곡물의 품종 및 가축 등을 수입할 때부터 그것의 사용 방법 숙지와 효율적인 이용을 위해서 외국인 농업기사를 초빙하고자 하였다. 그리하여 정부사절단인 보빙사가 미국에 갔을 때, 외국의 농기구나 가축을 주문했을 뿐만 아니라 미국의 농업기사도 초빙하였다. 미국은 적극적으로 고려해 보겠다고 답변했으나, 농업기사를 파견하지 못하였다. 1887년 2월에 외아무(外衙務) 독판 김윤식은 미국대리공사 록힐[William. W. Rockhill, 한국명 유극의(柔克義)]에게 육군교관과 함께 농업기사를 파견해달라고 다시 요청하였다.[58] 그러자 1888년 4월에 다이(William M. Dye) 장군 등 육군교관 4명은 파견되어 왔으나, 농업기사는 오지 않았다.[59]

조선 정부는 미국인 농업기사의 고용이 불가능하게 되자, 영국인 농업기사를 초빙하였다. 1887년 7월 14일에 내무부 농무사에서 영국인 농학교사 제프리[R. Jaffray, 한국명 작불뢰(爵佛雷)]를 고용하였다.[60] 조선

---

57 이광린, 1969, 앞의 책.
58 『구한국외교문서』10권(美案 1), 문서번호 199, 231.
59 이광린, 1969, 위의 책, 215쪽.
60 「農學教師의 雇聘合同」(고종 24년 7월 14일), 『구한국외교문서』13권(英案 1), 문서번호 445; 제프리는 연봉 2천 원이었고, 양력 9월 1일(음력 7월 14일)부터 계산하여 고용 기간은 3년이었다.

정부는 제프리를 통해 서구의 농학을 수용하고자 하였다. 내무부 농무사에서는 지질을 개량하고, 목축과 개간을 목적으로 활동하였다. 첫째, 지질 개량은 영국농법에 따라 행했고, 좁은 땅에서 수확을 많이 내는 것을 목적으로 하였다. 지질 개량은 비료를 통해 이루도록 하였다. 둘째, 말·소·양·돼지는 목장을 만들어 널리 키우고, 병이 나면 치료를 하여 번식하도록 하였다. 셋째, 황무지를 개간하는 일을 농무사에서 수시로 개간 지방에 제프리를 파견하여 확인하도록 하였다.

나아가 농무사 내에 '농무학당'이라는 농학교를 설치하고 학생들을 모집하여 제프리를 교사로 임명하여 근대적 농업교육을 실시하도록 하였다. 재학 기간은 2년이었으며, 학생들에게 가르치는 과목은 농학, 경포학, 농업화학 등 근대적인 학문들이었다.[61] 이러한 근대적 농학교육을 받은 학생들로 하여금 조선의 농학을 발달시켜 가도록 할 의도였다. 그러나 제프리는 2년 만에 사망하였다. 내무부 농무사에서는 영국인 농학교사 제프리를 통하여 서양의 농업기술을 수용하면서 근대적 농학교육과 개간을 행하려고 했지만 2년 만에 사망하는 탓에 효과를 거두지 못하였다.

이 종목국은 1894년 6월 28일 갑오개혁의 관제 개혁 때 새로 발족한 농상아문, 그리고 1895년 3월 25일 기구 개편 때 새로 발족한 농상공부 소속의 외청으로 존재하였다. 1895년 4월 1일에 농상공부대신이 된 김가진은 농업정책을 추진해 갔다. 먼저 종목국을 궁내부에 되돌리면서 원래의 위치를 찾아가도록 하였다.

1895년 5월 26일에 김가진은 내각총리대신 박정양에게 종목국을 궁내부에 이관하자는 청의서를 제출하였다.

---

61 이광린, 1969, 앞의 책.

[청의서] 동종목국(東種牧局)과 남종목국(南種牧局)이 모두 농상공부에 속하였는데, 남종목국은 궁내부에 돌려주었고, 동종목국의 말과 양들은 사적으로 구입한 것이니 명단을 기록하여 모범을 보임이 좋겠다는 조회를 접하였으니, 동종목국의 가축과 목장을 모두 궁내부에 교부하는 것이 좋겠다는 견해를 각의에 제출합니다.

개국 504년(1895) 5월 26일

농상공부대신 김가진[62]

1884년에 설립한 농무목축시험장이 1886년에 내무부 농무사 종목국으로 명칭이 변경되었는데, 그 종목국이 동종목국과 남종목국으로 두 지역에 존재하였다. 동종목국은 망우리 근처에,[63] 남종목국은 남대문 밖에[64] 존재하였다. 이 두 개의 종목국은 농상공부에 소속되어 있었는데, 1894년 이후 궁내부가 신설되면서 남종목국은 환부되었고, 이제 동종목국도 궁내부로 환부할 것을 요청한 것이다. 이것은 궁내부로부터 농상공부에 "고종께서 사사로이 돈을 들여 수입하신 것이기 때문에 돌려달라는 궁내부의 조회〔요청〕가 있어서"[65] 이를 청의한다는 내용이다. 이는 농무목축시험장을 개설할 때 왕실 직속이었고, 운영비용 일체를 고종이 직접 지불하였다는 뜻으로 풀이된다.[66]

이 청의서는 다음날 총리대신 명의로 각의에 상정되어 의결을 거친

---

62 『農商工部請議書』(서울대학교 규장각한국학연구원 소장 奎17719), 1895.5.26.
63 이광린, 1969, 앞의 책.
64 『한성주보』 제3호, 1886.2.15.
65 『農商工部請議書』(서울대학교 규장각한국학연구원 소장 奎17719), 1895.5.26.
66 김영진·홍은미, 2006, 앞의 글, 77쪽.

<표 1-2> 종목과장

시작 일시	직위	성명	출처
1896.10	5품	오영렬	『관보』, 1896.10.6; 『종목과회계부』.
1897.6		蔡	『종목과회계부』.
1900.11		엄준원	『종목과회계부』; 『일성록』, 1901.4.16에 한성부판윤으로 승진.
1901.4		엄상익	『내외진연』, 1901.8.
1901		엄주익	
1902.5		金	『종목과회계부』65b쪽.
1902.10~1905.12, 1906, 1907		朴弘錫	『종목과회계부』71b쪽.

후 국왕의 재가를 거쳐 1895년 5월 29일에 궁내부로 이관되었다.[67] 종목국을 이관받은 궁내부는 농사실험활동을 활발히 전개하였다. 1896년 10월 3일에 '포달 제17호'로 「궁내부 관제」가 개정되어 궁내부대신 직속의 종목과가 신설되면서 종목과의 활동이 활발해졌다.[68] 종목과장에 5품인 오영렬이 주임관 6등으로 임명되고, 주사(主事)에 9품인 장용진과 김창진이 판임관 7등으로 임명되면서 활발한 활동을 벌이게 되었다.[69]

그 후 1899년 8월에 내장사가 내장원으로 확대·개편되면서 내장원 산하에 장원과·종목과·수륜과의 3과를 두게 되자, 이전의 종목과는 내장원으로 편입되었다.[70] 그 후 내장원 종목과에서 담당하는 일이 많아지자 1900년 1월에 기수(技手) 2명을 증원하였다.[71] 실제로 손윤근(孫允

---

[67] 「관청사항」, 『관보』, 1895.5.29.
[68] 「布達第17號 宮內府官制 改正」(1896.10.3), 『韓末近代法令資料集』2권, 1970, 186쪽.
[69] 『관보』, 1896.10.6.
[70] 「布達第50號 宮內府官制 改正」(1899.8.22), 『韓末近代法令資料集』2권, 1970, 545쪽.
[71] 「布達第54號 宮內府官制 改正」(1900.1.6), 『韓末近代法令資料集』3권, 1971, 6쪽.

根)을 종목과 기수 판임관 6등으로, 박홍석(朴弘錫)을 종목과 기수 판임관 8등으로 임명하였다.[72] 그 뒤에도 종목과의 업무가 많아지게 되자 인원을 증원하였다. 그리하여 동년 11월에는 기사 1인을 증치하고 주사도 2인에서 3인으로 1인을 증원하였다.[73] 종목과 주사 장용진과 기수 손윤근을 면직시키고, 그 대신 주사로 박우용, 변승화, 김상수, 채수언 등 4인을 임명하였다.[74]

1900년 이후 종목과는 고종비인 엄비(嚴妃) 일족이 맡게 되었다. 1900년 11월에 엄비의 조카인 정3품인 통정대부 엄준원이 종목과장을 맡았다가 한성판윤으로 영전되어, 그 후임은 엄상익이 되었고, 다시 엄주익이 맡았다가 군부협판으로 영전되어 갔다.[75] 당시 실세인 엄비 일족이 종목과를 관장하면서 사업을 추진해 갔다. 사업 규모가 커지면서 종목과 외에 1902년에 전생과를 증설하여 가축을 사육하는 일을 추진하였다.

한편 당시 종목과에서는 전문 기술자인 프랑스인을 초빙해서 운영하기도 하였다. 1898년 8월경 프랑스인 기사 쇼트[M. Schott, 한국명 소특(蘇特)]를 초빙하면서 젖소와 돼지 등 집중 관리가 필요한 가축들을 지금의 신촌역 부근으로 옮겼고, 종목과 외에 1902년에 전생과(典牲課)를 증설하여 활발히 사업을 추진하던 중 1902년 우역(牛疫)과 돈역(豚疫)으로 20여 마리의 젖소와 종돈들이 전부 폐사하자, 그해 8월 프랑스인 기사를 해촉하기도 하였다.

---

72 『관보』, 1900.1.6.
73 「布達第66號 宮內府官制 改正」(1900.11.5), 『韓末近代法令資料集』 3권, 1971, 239쪽.
74 「인사란」, 『관보』, 1900.11.6.
75 김영진·홍은미, 2006, 앞의 글, 78쪽.

종목과는 1905년 '포달 126호'로 「궁내부 관제」가 개정되어 궁내부 내장원에서 궁내부 경리원 소속으로 다시 조정되어 1906년 3월 13일까지 인사 발령이 계속되었고, 1907년 2월 11일 자로 종목과장 박흥석이 종2품 가의대부로 정기 승급이 되었다. 이처럼 정부인사 발령이 지속된 것으로 보아 1907년까지 운영되었던 것으로 추정된다. 그 후 1907년 5월 15일에 있었던 농상공부 권업모범장 개장식과 더불어 문을 닫은 것으로 여겨진다.[76]

3. 서양 농학의 수용과 전개

1876년 문호개방 이후 서양의 새로운 문물이 들어오게 되고, 일부 조선의 지식인들은 세계의 변화를 인식하면서 동도서기적 입장을 지니게 되었다. 그들은 고종에게 적극적으로 상소하여 서양의 농학과 농업기술을 배워야 한다고 주장하였다. 그들은 정부에서 농업주무기관을 설치해서 서양의 발달된 농업기계와 농업품종을 수입해 오고, 서양의 선진적 농업기술을 번역·소개하여 농업의 발달을 도모해야 한다고 주장하였다.[77]

---

[76] 김영진·김상겸, 2010, 「한국 농사시험연구의 역사적 고찰-권업모범장을 중심으로-」, 『농업사연구』 9(1), 9쪽.

[77] 김영진·김이교, 2011, 「개화기 한국의 구미 농업과학기술도입에 관한 종합연구」, 『농업사연구』 10(2); 이영학, 2017a, 「개항 이후 서양 농학의 수용과 전개」, 『역사문화연구』 61.

1881년에 곽기락은 서양의 농업기술을 조선에 도입하는 것이 국가와 백성들에게 도움이 될 것이라고 주장하였다. 황해도 출신으로 사헌부 장령을 역임한 곽기락은 "서양의 기계와 기술, 농업 서적과 같이 국가와 백성에 이익이 되는 것들을 반드시 선택하여 수용해야 한다"[78]는 내용의 상소를 올렸다. 1882년에 유학(幼學) 김영효(金永孝)는 "농사(農司)를 설치하여 농사에 관한 책과 정밀하고 편리한 농기계를 각 나라에서 구입하여 사용하자"[79]고 고종에게 건의하여 "전달한 의견이 시세의 요구에 부합하니 매우 가상하다"[80]는 답변을 얻기도 하였다. 1882년에 유학 윤선학은 동양의 도를 유지시켜 나가는 한편 서양의 과학기술을 조속히 배워 조선을 부국강병한 나라로 만들어야 한다고 상소하였다. 나아가 서양의 농업기술을 배워 조선에 적용시키고자 하였다.[81]

이러한 동도서기론의 주장은 이 시기에 관료 및 지식인들에게 퍼져 나갔다. 이에 고종도 임오군변 수습 직후인 1882년 8월에 다음과 같이 명하였다.

> 저(서양)들의 교(敎)는 사특하니 마땅히 음탕한 소리나 치장한 여자를 멀리하듯이 해야 하지만, 저들의 기(器)는 이로우니 진실로 이용후생을 할 수 있다면 농업·양잠·의약·병기·배·수레의 제도는 무엇을 꺼

---

[78] 『승정원일기』, 고종 18년 6월 8일. "若其器械之藝, 農樹之書, 苟可以利國益民, 亦擇而行之, 不必以其人, 而竝斥其良法也, 審矣."
[79] 『승정원일기』, 고종 19년 11월 19일. "設一農司於都下, 農篇之要輯, 器械之利用, 求諸外國, 農篇則利行器械則摸製, 當使行市遠播."
[80] 『승정원일기』, 고종 19년 11월 19일. "所陳深得時宜, 甚庸嘉尙, 當留念矣."
[81] 『승정원일기』, 고종 19년 12월 22일.

려서 피하겠는가. 그 교(敎)는 배척하되, 그 기(器)는 본받는 것이 진실로 병행하여 거스리지 않는 것이다. 하물며 강약의 형세가 이미 현격한 차가 벌어졌는데, 만일 저들의 기를 본받지 않는다면 어떻게 저들의 모욕을 받고 저들의 엿보는 것을 막을 수 있겠는가.[82]

고종은 서양의 종교는 배척하되, 저들의 기술은 발달했으니 서양의 농업·양잠·의약·병기·배·수레의 제도는 적극적으로 받아들이자고 명하였다. 아울러 서양은 크게 발달했고 조선은 뒤떨어져 있으니 저들의 기술을 수용해서 부국강병을 이루어 저들과 맞서야 한다고 주장하였다. 조선의 일부 지식인들과 고종은 동도서기론의 입장에서 서양의 문물을 적극적으로 수용하자고 주장하였다. 특히 서양에서 농업이 발달하였으니, 적극적으로 소개하고 이용하자고 하였다.

그리하여 일본에 수신사 혹은 조사시찰단으로 갔던 지식인들이 서양의 농학이 우수하다는 사실을 인지하고, 그것을 받아들이려는 노력을 기울였다. 당시의 지식인들은 서양의 농서 및 서양의 문물 서적을 적극적으로 수용하고자 하였다.

이와 같은 지식인 사회의 동도서기적 분위기 속에서 지식인들이 가장 먼저 수용한 분야가 무기기술과 농업기술이었다. 지식인들은 청과 일본을 통해 서양의 농업기술을 수용하고자 했다. 이 사실은 당시 편찬된 농서에서 확인할 수 있다. 개항기 초기에 서양 농학을 정리하여 소개한 농서로는 안종수(1859~1895)의 『농정신편(農政新編)』(1881), 정병하(1849~1896)의 『농정촬요(農政撮要)』(1886), 지석영(1855~1935)의 『중맥

---

[82] 『승정원일기』, 고종 19년 8월 5일.

설(重麥說)』(1888) 등이 있다.[83] 이 책들의 서문을 살펴보면 동도서기적 인식에서 책을 편찬했음을 알 수 있다.

〈그림 1-2〉 안종수의 『농정신편』

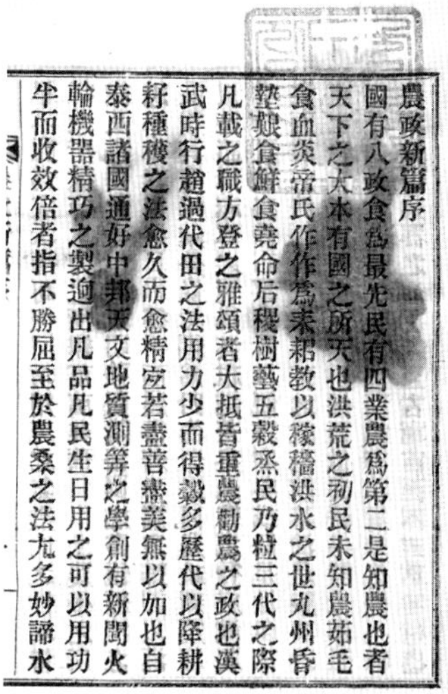
農政新編序
國有八政食爲最先民有四業農爲第二是知農也者
天下之大本有國之所天也洪荒之初民未知農茹毛
食血炎帝氏作作爲耒耜教以稼穡洪水之世九州昏
墊艱食鮮食堯命后稷樹藝五穀烝民乃粒三代之際
凡載之職方登之雅頌者大抵皆重農勸農之政也漢
武時行趙過代田之法用力少而得穀多歷代以降耕
耔種稑之法愈久而愈精迄若盡善盡美無以加也自
泰西諸國通好中邦天文地質測算之學創有新聞火
輪機器精巧之製適出凡品凡民生日用之可以用功
半而收效倍者指不勝屈至於農桑之法尤多妙諦水

개화파 안종수가 서양의 농학을 최초로 소개한 근대 농서이다.

출처: 국립중앙도서관.

안종수의 『농정신편』(1881) 서문은 신기선이 작성하였다.[84] 신기선은 서문에서 “일부에서 이 농법은 서양의 기독교에서 나온 농법이라 하여 사교가 침범할 우려가 있다고 하나 이는 도(道)와 기(器)를 모르는 탓이니, 도는 만고에 바꿀 수 없으나 기는 시대 변천에 따라 바꿀 수 있는 것이다. 오랑캐의 법이라도 모방하여 이용후생에 적용하여야 한다”[85]라고 적고 있다. 즉 신기선은 세상 이치를 도와 기로 구분한 후, 동양의 도와 서양의 기를 결합시켜야 한다고 주장하였다. 그는 동도(東道)에 어떠한 영향도 초래하지 않고 서기(西器)만을 선택적으로 수용할 수 있다고 보았다.[86]

정병하는 자신이 편찬한 농서 『농정촬요』 서문에서 다음과 같이 밝히고 있다.

---

83 최원규, 2022, 「근대 전환기 조선 정부의 농정책과 서양농학의 수용」, 『동양과 서양의 문화교류』, 부산대학교출판문화원.

84 권오영, 1984, 「신기선의 동도서기론 연구」, 『청계사학』 1.

85 안종수, 1881, 『農政新編』, 序文.

86 노대환, 2012, 「19세기 후반 신기선의 현실인식과 사상적 변화」, 『동국사학』 53, 동국대학교, 325쪽.

부국(富國)의 방책에는 중요한 것이 세 가지가 있다. 지리(地利)와 인공(人功)과 자본(資本)이다. 대개 지리로 인하고, 인공을 사용하여 자본을 거쳐 이루는 것이 농업보다 큰 것이 없다. 내가 생각하기에, 우리나라 재정에서 오직 농업이 가장 중요하다. (중략)
<u>진실로 우리 인민으로 하여금 사람들이 스스로 분발하게 하고 농학에 밝게 하여 토성을 분별하고 분뇨를 베풀고 경작하고 수확하는 방법을 모두 서양 사람들처럼 인공과 자본으로 그것을 마무리한다면, 노동력을 반만 들여도 이익은 배가 되고 곡식은 넘쳐나 다 먹을 수 없을 것이다.</u>

그는 위와 같이 농업의 중요함을 언급하면서 우리나라는 농업 개발이 급선무인데, 지리는 천시한난(天時寒暖)으로 적당하나 인공과 자본이 결여되어 있으므로 이제 서양 농학을 수용하고 인공과 자본을 더한다면 공은 반만 들여도 이로움은 배가 될 것이라고 주장하였다.[87] 정병하도 동도서기론의 입장에서 농서를 편찬했던 것이다. 이 동도서기론의 입장은 당대의 개명적 지식인들이 서로 공유하고 있었고 그 입장을 본받아 서로 전파하기도 하였다.

1876년 개항 이후부터 1910년까지 당시 지식인에 의해 편찬된 농서는 〈표 1-3〉과 같다. 개항 초기에는 농업과 양잠에 관한 농서 발간이 중심을 이루었다가, 시기가 내려가면서 축산과 원예에 관한 농서도 편찬되었다. 최초로 서양의 농학을 소개한 사람은 안종수였다. 안종수는

---

[87] 정병하, 1886, 『農政撮要』, 自序. "是故富國策 其要有三曰 地利 人功 資本是已 盖因地之利 用人之功 由資本而成之者 莫大乎農利 而窃爲我國計者 亦惟以農爲急先務."

〈표 1-3〉 개항기에 편찬된 농서

분야	순서	책명	저자	편찬연도	문체	비고
농업 총론	1	農政新編	安宗洙	1881	한문	서울대학교 규장각한국학연구원 소장
	2	農政撮要	鄭秉夏	1886	국한문혼용	국립중앙도서관 소장
	3	農學新書	張志淵	1904	국한문혼용	
	4	農學汎論	孫鵬九	1906		국립중앙도서관 소장
	5	農林視察日記	徐丙肅	1906	국한문혼용	장서각 소장
	6	農學入門	普成館	1908	국한문혼용	국립중앙도서관 소장
	7	農學初階	羅琬	1908		
	8	農業新論	權輔相	1908	국한문혼용	농업과학도서관 소장
	9	農方新編	李覺鍾	1909		농업과학도서관 소장
작물	10	重麥說	池錫永	1888	한문	성균관대학교 도서관 소장
비료	11	應用肥料學	金達鉉	1910	국한문혼용	국립중앙도서관 소장
양잠	12	增補蠶桑撮要	金思轍	1884	한문	김사철 편집, 이우규 교정, 장서각 소장
	13	蠶桑撮要	李祐珪	1884	한문	서울대학교 규장각한국학연구원 소장
	14	蠶桑輯要	李熙珪	1886	국문	서울대학교 규장각한국학연구원 소장
	15	養蠶鑑	金漢睦	1900		橫田勝三 저술, 재판본 번역, 민병석 서문 저술
	16	養蠶要覽	金漢睦	1900		직접 저술, 活字本
	17	人工養蠶鑑	徐相勉, 金漢睦	1901	국한문혼용	橫田勝三 저술 번역, 活字本
	18	蠶桑實驗說	申海永	1901	국한문혼용	松永伍作 저술 번역, 서병숙 교열
	19	蠶桑彙編		1904	국문	『황성신문』, 1904.8.4.
	20	栽桑全書	玄公廉	1905	국한문혼용	1894년 일본 유학
	21	人工養蠶標準			국한문혼용	국립중앙도서관 소장
	22	養蠶實驗說	李錫烈	1908	국한문혼용	국립중앙도서관 소장
	23	柞蠶飼育法	李秉賢	1909	국한문혼용	이화여자대학교 도서관 소장
	24	蠶業大要	文錫琬	1909	국한문혼용	국립중앙도서관 소장
	25	桑樹栽培法	鄭宇相	1911	국한문혼용	
축산	26	養鷄法撮要		1897	국한문혼용	『독립신문』1897.7.20.
	27	馬學敎程	軍部	1900	국한문혼용	국립중앙도서관 소장
	28	養鷄新論	鮮于叡	1908	국한문혼용	井上正賀 저술 번역, 국립중앙도서관 소장
	29	家庭養鷄新論	申圭植	1908	국한문혼용	
	30	家畜飼養學	普成館	1909	국한문혼용	
	31	家畜飼育學		1909	국한문혼용	

분야	순서	책명	저자	편찬연도	문체	비고
원예	32	果樹栽培法	金鎭初	1909	국한문혼용	국립중앙도서관 소장
	33	接木新法	張志淵	1909	국한문혼용	부산대학교, 원광대학교 도서관 소장
	34	蔬菜栽培法	張志淵	1909	국한문혼용	
	35	實用果樹栽培書	全載億	1910	국한문혼용	
	36	葦園花卉志	張志淵			
	37	葦菴花園志	張志淵			
임학	38	森林學	義進社	1909	국한문혼용	국립중앙도서관 소장
농업토목	39	農談	李淙遠	1894	한문	서울대학교 규장각한국학연구원 소장

1881년 22세의 나이에 조사(朝士) 12명을 포함한 62명의 시찰단의 일원이자 조병직의 수행원으로 일본에 갔다가,[88] 일본의 신진농학자 쓰다 센(津田仙)과 사귀면서 큰 영향을 받았다. 안종수는 쓰다 센으로부터『농업삼사』와 농업 잡지 그리고 일본의 농학 가문인 사토가(佐藤家)의 여러 농서들을 얻어 가지고 돌아왔다. 그는 귀국하자마자 5개월간 두문불출하며 일본에서 가져온 농서들을 기초로 신종 농법을 연구해 1881년에『농정신편』이라는 신농서를 편찬하였다.[89] 그는 이 책을 곧바로 인쇄할 수 없었다. 당시의 상황은 서양 문명에 대한 우려가 컸기 때문에, 서양의 학문을 전파하려 한다는 의혹을 받기 쉬웠다. 그러나 개화파 인사들의 건의로 약 4년이 지난 1885년에 가서야 농상사(農桑司)의 주선으로 광인사(廣印社)에서 활자본(신식활자본)으로 초판 500부가 인쇄되어 전국 방

---

88 허동현, 1986,「1881년 조선 조사 일본시찰단에 관한 일연구: "문견사건류"와《수문록》을 중심으로」,『한국사연구』52.

89 이광린, 1969,「안종수와 농정신편」, 앞의 책.

방곡곡에 배포되었다.[90]

당시의 선각적 지식인들은 이 책을 농업에 관한 훌륭한 책으로 인정하였고, 지석영도 근대적인 농서로 추천하였다.[91] 정부에서도 그 책이 간행되었을 때 널리 보급하도록 지방관아에 협조를 요청할 정도로,[92] 농업개량의 표본서로 권장되었다.

이 『농정신편』은 당시 농업지식인과 지도층에게 다음과 같은 세 가지 측면에서 큰 영향을 미쳤다. 첫째, 서양 농학을 우리나라에 최초로 소개했다는 점이다. 식물도 수분(受粉)이 되어야 결실을 맺으므로 생산량을 증가하기 위해서는 작물도 수분매조(受粉媒助: 인공수분)를 해야 한다는 사실, 식물도 호흡을 하는데 뿌리에서조차 숨을 쉬므로 토양 통기(通氣)가 필요하다는 사실 등을 알려주었다.[93] 둘째, 서양의 농학뿐 아니라 과학이 우수하다는 사실을 조선의 지식인들에게 알렸다는 점이다. 셋째, 서양의 선진 문물을 청나라뿐 아니라 일본을 통해서 수용하려고 했다는 점이다. 이제 조선의 지식인들은 청과 아울러 일본도 서양 문명을 받아들이는 루트로 생각하게 되었다.[94]

다음으로 서양의 농학을 소개한 농서는 정병하의 『농정촬요』이다. 『농정촬요』는 온양군수였던 정병하가 1886년에 편찬한 책이다. 정병하는 1881년 일본공사 하나부사 요시모토(花房義質)의 권고로 광산, 조폐, 제철, 피혁 등에 관련된 기계를 구입할 때에 통상사무아문의 관리로서

---

90 김영진·김이교, 2011, 앞의 글, 5~6쪽.
91 『승정원일기』, 고종 19년 3월 23일.
92 『통서일기』, 고종 22년 10월 29일.
93 김영진·김이교, 2011, 위의 글, 6쪽.
94 농촌진흥청, 2002, 「해제」, 『국역 농정신편』(고농서국역총서 2), 13쪽.

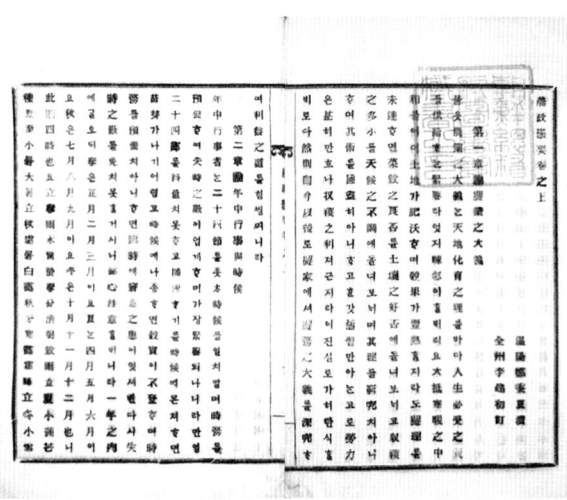

〈그림 1-3〉 정병하의 『농정촬요』

개화파 정병하가 서양의 농학을 소개한 근대 농서이다.
출처: 국립중앙도서관.

일본 오사카에 파견된 적이 있다. 그는 그때 일본에서 몇 권의 일본 농서를 구해와서 1886년 5월 국한문혼용체로 『농정촬요』를 편찬하였다.

『농정촬요』는 3권 24장으로 구성되어 있다. 상권에서는 농업의 대의, 연중행사와 시후, 경운의 적정 시기, 비료의 효과, 공기와 비료의 효능으로 구분하여 설명하고 있었다. 중권은 토성을 중점적으로 다루고 있는데 각각의 특성을 나누어 설명하고 있는 것이 특징이었다. 즉 양토(壤土), 식토(埴土), 분토(糞土) 등으로 나누어 토양의 특성을 설명하고 있다. 하권은 전답의 척도, 농기구 등과 함께 이앙, 제초, 관수, 수확 등의 내용을 다루었다.[95]

---

95 이성우, 1981, 『韓國食經大典』, 鄕文社.

지석영의 『중맥설』은 특별히 보리만을 다룬 농서이다. 지석영은 일본 농학자 쓰다 센의 『농업삼사(農業三事)』를 읽고 감명을 받아 보리의 중요함을 인식하여 『중맥설』을 저술하게 되었다고 서문에 적고 있다.[96] 이 책은 보리 재배에 관한 내용을 순한문으로 정리한 농서이다. 이 책은 저자의 서문, 목차, 본문으로 구성되어 있으며 15장 1책의 인쇄본으로 되어있다. 본문에서는 총론에 이어 공기, 치전(治田), 명품(名品), 성능, 택종(擇種), 종예(種藝), 토의(土宜), 비료, 서운(鋤耘: 제초), 언매(偃媒), 배양, 예확(刈穫), 비지(肥地), 회요(灰窑), 산계(算計) 등 모두 16개 항목으로 구분하여 설명하고 있다.[97]

한편 이 시기에는 양잠 진흥을 위한 양잠서들이 많이 편찬되었다. 당시 잠사와 견직물은 세계적 무역품이었기 때문에 조선 정부에서도 양잠을 권장하였다. 정부에서는 뽕나무의 재배를 권장하고 양잠업을 전국적으로 확대하기 위해 양잠서를 편찬·보급하고자 하였다. 예를 들면, 1883년 통리군국사무아문에서 공포한 「양상규칙(養桑規則)」 제3조에서 중국의 선진적인 방법을 통해 양잠법과 실을 켜는 방법을 배워야 한다고 하면서 『상잠집요(桑蠶輯要)』라는 책을 번역·출판하여 배포하고자 하였다.[98] 그러나 정부에서 직접 잠서를 편찬하지는 못하였다. 대신 당시의 지식인이나 관리들이 잠서를 쓰거나 번역하는 것을 후원했고, 편찬된 잠서를 알리거나 보급하는 역할을 담당하였다. 즉 정부에서는 민간에서 편찬된 『잠상집요(蠶桑輯要)』(1886)라는 책을 소개하거나,[99] 혹은 내아문

---

96 지석영, 1888, 『重麥設』, 序文.
97 김영진·홍은미, 2006, 앞의 글.
98 「內衙門布示 '養桑規則'」, 『한성순보』 제7호, 1883.12.1.
99 「國內私報 '蠶桑輯要'」, 『한성순보』 제11호, 1884.1.11.

농상사에서 각국에서 입수한 잠서를 널리 권해 양잠기술을 발전시키려는 역할을 하였다.[100]

그런 분위기 속에서 이 시기에 세 권의 양잠서가 나오게 되었다.『증보잠상집요(增補蠶桑輯要)』(1884), 『잠상촬요(蠶桑撮要)』(1884) 그리고 앞서 말한『잠상집요』가 그것이었다.[101] 먼저 『증보잠상집요』는 통리교섭통상사무아문의 주사였던 김사철(1847~1935)이 중국에서 가져온 새로운 잠서들을 검토하면서 중요한 사항들을 추출하여 1884년 5월에 편집하고 이우규의 교정을 거쳐서 간행한 것이다.[102] 이 책의 내용은 크게 세 부분으로 구성되어 있는데, 첫 부분은 17세기부터 1880년대까지 중국에서 양잠에 얽힌 시(詩)나 기록 등을 열거했고, 둘째 부분은 본론에 해당되는 것으로 뽕나무를 심는 방법과 기르는 방법 등의 양잠법을 서술하였다. 셋째 부분에서는 청나라 심병진이 지은 악부(樂府) 20수를 그대로 수록하고, 끝에 이우규의 발문(跋文)을 덧붙였다.[103]

『잠상촬요』는 이우규가 『증보잠상집요』를 펴내면서, 동시에 양잠법에 대한 내용만 농민들에게 간단명료하게 전달하기 위해 『증보잠상집요』의 본론만 발췌하여 만든 것이다. 잠서의 내용은 '뽕나무 재배', '누에 기르기', '고치에서 실뽑기'의 세 부분으로 구성되었다. 먼저 '뽕나무 재배'에는 뽕나무 품종, 뽕나무를 접붙이는 방법, 뽕나무 심는 방법과 이랑 만드는 방법, 지상(地桑) 재배와 수상(樹桑) 재배, 뽕나무 가지를 삽목하

---

100 「國內私報 '農桑新法'」, 『한성순보』 제17호, 1884.3.11.
101 김영진, 1982, 『농림수산고문헌비요』, 한국농촌경제연구원.
102 1884년 1월 11일 자 『한성순보』에 그 책의 내용이 소개된 것을 보면, 이우규가 발문을 써서 편찬한 것은 1884년 5월이지만, 이미 그 이전에 편찬되어 책의 내용이 시중에 소개되고 있었다고 여겨진다.
103 김사철, 1884, 『增補蠶桑輯要』(장서각 소장 K3-319).

는 방법과 묻어서 재배하는 방법 등이 기록되었다. '누에 기르기'에는 누에씨를 씻고 깨는 법, 아기 누에 관리 방법, 누에 기르는 방법, 먹이 주고 자리갈이하는 방법, 누에를 섶에 올리는 방법 등이 기록되었다. 끝으로 '고치에서 실뽑기'에는 그 12가지 순서를 조리 있게 기술하고 있다.

정부에서도 『잠상촬요』의 내용이 간결하고 충실하다고 인정해 『한성순보』에 본문 전체를 그대로 소개했고,[104] 이우규의 공과 실력을 인정하여 다음 해인 1885년 8월에 내무부 농상사의 부주사(副主事)로 임명하였다.[105]

이 시기에는 농민이나 부녀자들이 쉽게 읽을 수 있도록 한글로 된 잠서도 나왔다. 1886년에 이희규가 편찬한 『잠상집요』가 그것이다. 이 시기에는 남성보다는 여성들이 양잠업을 주로 담당했었고, 여성들은 어려운 한문보다는 한글을 많이 이해하고 있었기 때문에 여성들을 계몽하기 위해 한글로 편찬하였다. 이 책은 뽕나무 재배와 양잠의 필요성을 강조하고 백성들이 그 방법을 알기 쉽도록 하기 위해 번역한 것으로 보인다. 본문은 '누에 치는 법', '상수리나무로 야잠 기르는 법', '야잠 기르는 법' '야잠 고치실 만드는 법'으로 구성되었다. '누에 치는 법'에서는 누에의 일반적인 습성과 처음 누에를 먹이는 법, 온도 관리, 누에 집짓는 방법, 누에에게 뽕잎을 먹이는 요령, 누에고치를 고르고 누에를 관리하는 방법을 설명하였다. 그리고 '상수리나무로 야잠 기르는 법'과 '야잠 기르는 법'에서는 처음 누에 새끼를 만드는 방법을 설명하고 '야잠 고치실 만드는 법'에서는 고치실 만드는 방법을 소상히 설명하였다. 후반부에는 뽕

---

104 「蠶桑撮要」, 『한성순보』 제27호, 1884.윤5.21.
105 『일성록』 295책, 고종 22년 8월 1일.

나무를 기르고 양잠을 하는 데 필요한 도구를 그림으로 보이고 그 도구를 만드는 요령을 자세히 설명하였다.

이와 같이 1880년대는 정부도 본격적으로 농업진흥정책을 실시했던 시기이고, 관료 및 지식인들도 서구 농학을 공부하여 그것을 일반 농민들에게 전달하기 위해 농서를 번역 또는 편찬하여 보급하려고 했던 시기이다. 이 시기 농업에 관심을 가진 진보적 인사들은 일본과 청을 통해 서양의 선진적 농학과 양잠업을 수용하고 있었다. 선진적 인사들은 일본을 통해 서양의 진보적 농학을 수용했던 반면에 양잠업전문가들은 청의 선진적 양잠업을 수용하여 조선에 보급하고자 하였다. 안종수, 정병하, 지석영 등은 일본의 선진적 농학자인 쓰다 센의 저서나 사토가의 농서들을 가져와, 그중 중요한 부분을 선택하여 농서를 편찬·보급하였다. 반면에 이우규, 김사철 등 양잠업 전문가들은 청의 양잠서를 검토하여 중요한 사항을 추출하여 새 양잠서를 편찬하였다.

1894년 청일전쟁에서 일본의 승리는 조선 지식인들의 동아시아관을 바꾸어 놓았다. 그동안 동아시아의 중심은 청이었는데, 청일전쟁에서 일본이 승리하자 일본에 대한 인식이 크게 바뀌었다. 조선인의 입장에서 서양의 근대 문명을 수용하는 루트는 청과 일본이었는데, 청일전쟁에서 일본이 승리한 후 근대 문명의 도입 루트는 일본으로 향하게 되었다.

1894년에 들어선 개화파 정부는 일본의 메이지유신 정부를 모델로 삼아 조선을 통치하고자 하였다. 그리하여 일본의 메이지 정부의 통치제도를 모방하고, 나아가 일본의 문명을 받아들이기 위해 젊은 양반 자제들을 관비(官費)로 일본에 유학 보냈다. 당시 갑오정권에서는 1895년에 정책 기조로「홍범 14조」를 공포했는데, 11조에서 "나라 안의 총명하고 뛰어난 인재들을 널리 외국에 파견하여 외국의 학문과 기예(技藝)를 습득시킨다"[106]라면서 관비로 유학생을 파견해서 외국의 학문과 기술을 습득시키고자 하였다. 아울러 1895년 2월 2일에는 「교육에 관한 조칙」을 공포하여,[107] 교육을 중시하는 방침을 시달하였다. 그리하여 갑오정권은 동년 3월에 114명을 일본 게이오의숙(慶應義塾)의 후쿠자와 유키치(福澤諭吉)에게 유학을 보내 신학문을 배우도록 하였다.[108] 갑오정권이 관비로 유학을 보낸 학생들은 집권층의 자제, 친척 등 양반 자제들이 다수였으며, 서얼들도 참여하였다.

이렇게 일본으로 유학을 간 학생들은 일본의 근대적 학문을 수학하였다. 그들은 정치, 군사, 법률, 재정, 항해, 측량, 의학, 공업, 농업 등의 근대적 학문을 공부했으며,[109] 그중 서양의 농학도 섭렵하게 되었다. 이들이 농학과 잠업을 수학한 예를 들면 다음과 같다. 1895년 관비유학생으로 일본에 유학을 갔던 신해영(1865~1909)과 현공렴은 일본의 양잠업 발전에 감명을 받고 일본인의 양잠서를 번역·발간하였다. 김한목과 서상면도 일본에 유학을 갔다가 일본의 양잠업에 감명 받아 일본인이 쓴 양잠서를 번역·발간하였다. 그 외에도 일본으로 유학 가서 일본의 양잠기술을 배웠던 서병숙, 강홍대, 방한영, 윤수병, 김한목, 권재민 등은 대한제국 농상공부 잠업과의 관료가 되어 조선의 양잠업 교육과 진흥에 중심적 역할을 수행하였다.[110]

---

106 『고종실록』, 고종 31년 12월 12일. "國中聰俊子弟, 廣行派遣, 以傳習外國學術技藝."
107 「詔勅」, 1895.2.2(서울대학교 도서관, 1991, 『詔勅·法律』(서울대 규장각자료총서 금호시리즈 근대법령편), 40~41쪽 재인용).
108 박찬승, 2000, 「1890년대 후반 관비유학생의 도일유학」, 『근대교류사와 상호인식』 I, 아연출판부.
109 박찬승, 2000, 위의 글, 107쪽.
110 오진석, 2013, 「대한제국기 인공양잠회사와 잠업과시험장」, 『향토서울』 85, 142~144쪽.

일본으로의 관비 유학과 청으로부터의 문물 유입을 통하여 조선의 지식인들은 서양 농학이 우수하다는 사실을 알게 되었다. 한 예로 『제국신문』의 한 기자는 "〔서양 농학이〕 우리 동양 사람이 농사하는 법보다 백배나 용이(容易)하기 때문에 전국 농민의 일년 농사 지은 것이 그 나라 〔서양〕 전국 인민의 여러 해 양식을 지어서 백성이 흉년을 모르고 지내는 고로 저렇게 부강하다"[111]고 평하였다.

그리하여 대한제국시기에는 서구의 농학을 적극적으로 수용하는 분위기가 활발하였다. 그러한 분위기는 관료 사회뿐 아니라 양반 지식인 사회에 전파되면서 확대되었다. 당시 정부뿐 아니라 지식인 사회에서 서구의 농학을 수용하여 조선의 농업을 발전시키자는 움직임이 점차 확산되었다. 『황성신문』에서 한 논설자는 서양의 농학과 농법을 열심히 배워 우리나라 농업을 발전시켜 가자고 주장하였다.

> 오늘날에 이르러 농업이 더욱 곤궁하고 나라가 더욱 빈한하게 되었다. 이에 서양인의 농법과 신발명한 대략(大略)을 번역하여 소개하니 농업에 관심 있는 자는 농학을 흥기하여 물자가 풍성하고 백성들이 편안하게 하기를 기원하노라.[112]

논설은 경제를 부흥하기 위해서는 산업의 근간인 농업을 진흥시켜야 하고, 그를 위해서는 서양의 선진 농학과 농업기술을 수용하여 조선의 농업을 발달시켜야 한다고 주장하고 있다. 또한 서양의 새로운 화학비

---

111 「전 군수 서병숙 씨가 학부에 한 농학교 설치 청원서」, 『제국신문』, 1899.11.24.
112 「歐洲農政新法節略」, 『황성신문』, 1898.3.4.

료, 새로운 농법, 새로운 농기구의 편리함을 설명하면서 서양의 농학을 배워서 토지를 개량하고 생산량을 증가시키자고 하였다.

이 시기에는 양잠서가 많이 출간되었다. 일본에 유학을 갔던 지식인들이 일본의 잠업 진흥과 그로 인한 부국의 실상을 보고 큰 영향을 받아 일본의 잠서를 번역·발간했기 때문이었다. 일본은 서구 유럽의 양잠업이 쇠퇴하고, 청일전쟁 이후 미국으로의 생사 수출 길이 열리면서 잠사업이 크게 발달하였다.[113] 이에 일본에 유학을 가거나, 유람을 갔던 조선인 관료나 지식인들이 양잠업 진흥을 조선 정부에 적극 요구하였다.

대한제국 정부는 이를 수용하여 양잠업을 크게 진흥시키고자 하였다. 1900년 정부는 「농상공부 관제」를 개정하여 농상공부 농무국 산하 농사과·삼림과·산업과의 3개 과 외에 잠업과(蠶業課)를 신설하였다.[114] 잠업과에서는 양잠, 양잠시험장, 식상(植桑), 제사(製絲), 잠업교육 및 전습(傳習)에 관한 사항을 맡아서 집행하도록 하였다.

이 시기에는 외국으로 유학을 가서 양잠업을 공부한 인물들이 많았다. 그들은 일본의 양잠서를 소개하거나, 번역하여 출간하기도 하였다. 또한 일본의 양잠업기술을 배워와 양잠회사를 세워 잠사업 진흥을 통한 이윤을 창출하거나, 양잠시험장에서 양잠기술을 보급하는 역할을 하기도 하였다.[115]

113　日本農學會, 1980, 『日本農學五十年史』, 養賢堂, 117쪽.
114　「農商工部分課規程 改正」(1900.12.26), 『韓末近代法令資料集』 3권, 1971, 267쪽.
115　오진석, 2021, 「대한제국 전기 인공양잠법의 도입과 양잠서적」, 『동방학지』 197.; 오진석, 2013, 앞의 글; 김영희, 1986, 「대한제국시기의 잠업진흥정책과 민영잠업」, 『대한제국연구』 V.

제2장
통감부의 농업조사와 농업정책
(1905~1910)

1. 일본 정부의 조선 농업조사

1) 일본의 조선 농업조사 실시

1905년 러일전쟁에서 일본이 승리한 이후 일본은 조선에 을사조약을 강요하고 통감부를 설치하면서 조선으로의 침략을 본격화하였다. 일제는 1894년 청일전쟁 이후 매년 인구가 40~50만 명 이상씩 증가하게 되자, 외국으로의 이민을 생각하게 되었다. 1900년 이후 미국과 캐나다 및 호주로 일본인 이민이 급증하게 되자, 그 나라 정부와 마찰을 빚게 되었다.[1] 일본 정부는 미국 및 캐나다 정부와 이민 마찰을 줄이면서 증가된 인구를 이주시킬 지역으로 만주와 조선을 주목하게 되었다. 이를 통하여 급증한 일본인을 방출하면서, 만주와 조선에 대한 영향력을 확대하는 계기로 삼고자 하였다.

그러한 방향은 1908년 9월 각의에서 '대외정책방침 결정의 건(對外政策方針決定ノ件)'으로 표출되었다. 그중 이민에 관한 방침은 다음과 같다.

러일전쟁의 결과 제국의 지위는 크게 변했다. 제국은 아시아 대륙에 영유지(領有地)를 가진 대륙국이 되기에 이르렀다. 하지만 우리 대륙 영유지에는 청국과 러시아 양 대국이 인접해 있다. 어느 나라도 장래의 운명이 명확하지 않다. (중략) 이에 제국의 방침은 양 대국에 대

---

[1] 이 부분에 대한 자세한 설명은 다음 논문을 참조하기 바란다. 정연태, 1994, 「일제의 한국 농지정책(1905~1945년)」, 서울대학교 박사학위논문.

항하기 위해 가급적 우리 민족을 동아 방면에 집중하여 그 세력을 확립, 유지해야 한다. 또한 대외 상공업의 발전이 제국의 국시(國是)이다. 이 목적을 저해할 수 있는 것은 가능한 피해야 한다. 미국, 캐나다, 호주 등 '앵글로색슨' 국가에 우리 동포를 이식하는 것은 이들 국가에 흐르는 배일(排日) 열기를 자극하여 그들의 배일 단결을 촉발할 수도 있다. 그것은 우리의 정치상 관계에 손해를 볼 수도 있을 뿐만 아니라, 우리 대외 경영의 주목적인 상공업 발전을 저해할 염려가 있다. 따라서 제국은 이민에 관해서는 현상을 유지하기로 한다.[2]

미국과 캐나다 등에 일본인들을 이식하여 그 국가에 배일(排日) 열기를 일으키는 것은 적절하지 않으며, 만주와 한국에 이민을 집중시키는 '만한이민집중론'이 바람직하다고 주장하였다.

만한이민집중론은 일본 제국의회에서도 여러 번 언급되었다. 당시의 외무대신 고무라 주타로(小村壽太郎)는 1909년 2월 제25회 제국의회의 외교방침 연설에서 "러일전쟁의 결과 제국의 지위가 크게 변하여 경영해야 할 지역이 확대되었다. 우리 민족이 섣불리 먼 외국 영지에 산포(散布)되는 것을 피하고 가능한 한 이 방면에 집중시켜 결합·일치된 힘으로 경영하는 것이 필요하다"[3]라며 한국 혹은 만주에 이민을 집중시킬 방침을 표명했다.[4] 만한이민집중론은 일본인을 미국·하와이·캐나다·호주

---

2 外務省, 1965, 『日本外交年表竝主要文書』 上, 308쪽(정연태, 1994, 앞의 글, 19쪽 재인용).
3 『第25回帝國議會衆議院議事速記錄』, 1909.2.3.
4 박석두, 2003, 「제3편 일제의 식민지 지배체제 구축과 농업·농촌」, 『한국 농업·농촌 100년사』 상, 303~304쪽.

〈그림 2-1〉 가토 스에로의 『한국농업론』

출처: 일본 국립국회도서관.

로 이민시킴으로써 그들 나라와 외교적 마찰을 빚어 일본의 대외관계에 부담을 주는 것을 피하고, 다른 한편으로 장차 한국과 만주에 이민을 집중함으로써 유사시 일본인을 동원하고자 한 논리이다.

일제가 조선에 일본인을 이민시키려면 조선의 사정을 알아야 했다. 그리하여 일본 정부는 조선의 농업, 농지, 농촌 사정에 대한 정세를 파악하기 위해 일본 정부의 관료를 파견해서 보고서를 작성하게 하였다. 물론 그 이전에도 일본인 관료, 상인 및 지식인들이 조선을 방문하고 견문기를 신문에 기고하거나 책을 낸 적이 있었지만,[5] 조선의 농업 사정을 본격적으로 파악하기 시작한 시기는 일본 정부에서 관료를 파견한 1890년대 후반 이후였다.

일제는 정부 차원에서 농상무성 기사인 가토 스에로(加藤末郎)와 도쿄농과대학 교수인 사코 쓰네아키라(酒勾常明) 등을 파견하여 한국의 산업을 조사하도록 하였다. 1898~1904년까지 네 차례나 한국을 시찰한 바 있는 가토 스에로는 1900년까지의 시찰 결과를 정리하여 『한국출장복명서(韓國出張復命書)』(1901)를 제출했고, 그 후의 답사 결과를 보완하여 1904년에 『한국농업론(朝鮮農業論)』을 간행하였다. 그는 책의 서설(序

5　松田行藏, 1888, 『朝鮮國慶尙忠淸江原道旅行紀事並農商調査』, 釜山浦商法會議所; 松田行藏, 1891, 『慶尙道全羅道旅行記事並農況調査錄』, 釜山商法會議所; 『帝國農會 滿鮮農業視察要錄』, 1891; 岡崎唯雄, 1895, 『朝鮮內地調査報告』.

說)에 다음과 같이 적고 있었다.

> 우리 나라(일본)의 인구는 매년 40만 내지 50만 명씩 증가한다. 장래 이 추세는 더욱 진전될 것이다. (중략) 해외에 식민지를 만들고 매년 증가하는 인구를 그곳에 수용하고 부유한 재산을 증식시키는 외에 좋은 방안은 없다. 현재 우리 나라 사람(일본인)이 해외로 이주하는 자가 매년 2만 내지 3만 명에 달한다. (중략)
> 우리 나라(일본)의 인구는 매년 증가하고, 특히 농민의 수가 크게 넘치므로 농민의 해외 도항(渡航)을 장려할 시기이다. 그런데 한국은 면적에 비해 인구가 희소하고, (중략) 한국의 기후 풍토는 우리 나라(일본)와 비슷하며 특히 농업은 미작을 기본으로 하고, 농민이 상용하는 쌀의 관습은 바꿀 필요가 없다. 멀리 천리의 파도를 넘어 풍토와 인정이 다른 먼 곳으로 이주하는 것에 비하면 용이한 일이다.
> 한국으로 농업 이주는 대한(對韓)정책으로 매우 흥미 있는 방법이 아닐까? 가장 유의할 점은 하와이[布哇] 도항처럼 단순히 노동만 팔러 갈 목적으로 한국에 간다면 우리 나라(일본)의 품위를 손상시키는 일이다. 그러므로 약간의 자본을 갖고 스스로 농업을 경영할 각오를 가져야 한다.[6]

가토 스에로는 "한국은 면적에 비해 인구가 희소하고, 기후 풍토가 일본과 비슷하기 때문에 일본인 이민지로서 최적지"라고 평가하였다. 그

---

6 加藤末郎, 1904, 『韓國農業論』, 4~6쪽. 가토 스에로는 이 책에서 조선의 상황을 상세히 설명하고 있다.

<그림 2-2> 사코 쓰네아키라의 『일청한실업론』

출처: 일본 국립국회도서관.

리해 일본인의 한국 이민을 적극 권장했으며, 미국 하와이처럼 단순 노동 이민이 아니라 약간의 자본을 갖고 농업 이민을 갈 것을 권유하였다. 그는 조선으로의 일본인 이민을 권장할 목적으로 이 책을 편찬했던 것이다. 특히 한국의 남부지방은 기후가 온화하고 토지가 많은 반면 인구밀도가 일본에 비해 낮기 때문에 일본인의 이주가 적격이라고 하였다.[7]

가토 스에로보다 일제의 정책 구상에 중대한 영향을 미친 인물은 사코 쓰네아키라였다. 그는 도쿄제국대학 농과대학 교수로 재직 중에 일본 농상무성에 들어가 농무국장까지 역임한 자였다. 그는 농상무성의 출장 명령을 받고 1902년 5월부터 9월까지 4개월간 청국과 한국을 시찰한 뒤 1902년에 『청한실업관(淸韓實業觀)』을 제출했으며, 그 후 이를 증보하여 『일청한실업론(日淸韓實業論)』(1903)을 간행하였다. 그는 『청한실업관』에서 한국 내 인구와 경지면적을 제시하고 일본인 이주의 경제적 효과를 구체적으로 제시하였다.

사코 쓰네아키라는 책에서 다음과 같이 주장하였다. 우선 조선의 전국토면적은 2,141만 정보(町步)인데, 그중 15%인 321만 정보를 이용가능면적으로 파악하였다. 그 가운데 한국인이 경작할 수 있는 규모는 기

---

7 加藤末郎, 1901, 『韓國出張復命書』, 1~4쪽.

껏해야 180만 정보를 넘지 못하므로, 나머지 140만 정보의 미간지(未墾地)를 일본인이 개간하여 이용할 수 있다고 하였다. 이는 일본인 700만 명이 이주하여 생활을 영위할 수 있는 면적이라고 하였다.[8] 이러한 그의 주장은 4개월 동안 방문하여 추계한 것으로 주먹구구식 계산이었지만, 당시의 일본인 학자나 지식인, 상인, 관료들에게는 큰 영향을 미쳤다. 이 논리는 이후에 발간되는 보고서나 저서에 그대로 인용되거나 참조되면서 당시 일제의 식민정책에 영향력 있게 작용하였다.[9]

당시 일본 농상무성은 농상무성 관료뿐 아니라 도쿄제국대학 농과대학 교수 등에게 의뢰해 조선의 농업 및 산업 실태를 실사하여 보고하도록 하였다. 또한 지방관청이나 각 상업회의소에서도 독자적으로 관계자를 파견하여 조선의 농업 및 산업 실태를 조사하고 보고서를 작성·제출하거나 책을 편찬하도록 하였다. 그 목록을 정리한 것이 〈표 2-1〉이다.[10]

일본의 지방관청이나 단체, 개인들도 한국 농업에 대한 본격적인 실태조사에 나서서, 그를 바탕으로 조사보고서나 단행본을 출간하였다. 그중 주목되는 보고서나 저서는 『최신한국사정(最新韓國事情)』(岡庸一, 1903), 『한국농업경영론(韓國農業經營論)』(吉川祐輝, 1904), 『최신이주안내(最新朝鮮移住案內)』(山本庫太郎, 1904), 『최신한국실업지침(最新韓國實業指針)』(岩永重華, 1904), 『한국산업시찰보고서(韓國産業視察報告書)』(谷崎新五

8 　酒勾常明, 1902, 『淸韓實業觀』, 119~120쪽. 한국의 농지면적을 한국의 인구로 나누어 1인당 경작면적과 농지 경영이익을 계산하여 제시하고 있다(정연태, 2014, 『식민권력과 한국농업』, 서울대학교출판문화원, 34~37쪽 재인용-).

9 　山口宗雄, 1978, 「荒蕪地開拓問題 めぐる對韓イメジの形成,流布過程について」, 『史學雜誌』 87(10).

10 　당시 일본인이 생산한 보고서 혹은 저서는 매우 많다. 〈표 2-1〉은 그중에서도 중요하다고 여겨지는 것들을 뽑아 정리한 것이다.

〈표 2-1〉 일본인의 조선 토지·농산 조사 문헌

보고자 및 저자	저서명 및 보고서명	발행처	발행연도
松田行藏	朝鮮國慶尙忠淸江原道旅行紀事並農商調査	釜山浦商法會議所	1888
松田行藏	慶尙道全羅道旅行記事並農商況調査錄	釜山商法會議所	1891
岡崎唯雄	朝鮮內地調査報告	雄本	1895
加藤末郎	韓國出張復命書	農商務省 農務局	1901
酒勾常明	淸韓實業觀	東京	1902
野村喜一郎	北鮮之産業	石川縣	1902
酒勾常明	日淸韓實業論	東京	1903
岡庸一	最新韓國事情	靑木蒿山堂	1903
長田信藏	韓國成業手引	大阪	1903
木村庄太郎	朝鮮內地之遺利	奈良縣	1903
吉川祐輝	韓國農業經營論	大日本農會	1904
吉倉汪聖(凡農)	企業案內實利之朝鮮	東京	1904
加藤末郎	韓國農業論	裳華房	1904
谷崎新五郎·森一兵	韓國産業視察報告書	大阪商業會議所	1904
橫山一平	韓國視察談	東京	1904
靑柳綱太郎	韓國農事案內	大阪	1904
農商務省 農務局	韓國農業要項	東京	1905
高知縣 第三部	韓國農事視察復命書		1905
田所幸衛	韓國農事調査書	高知縣 第三部	1905
小島喜作	韓國之農業	東京	1905
岩永重華	最新韓國實業指針	東京	1905
農商務省 農事試驗場	韓國ニ於ケル農事ノ經營	東京	1906
島根縣 第三部	韓國實業調査復命書		1906
東鄕實	日本植民論		1906
農商務省 農務局	韓國土地農産調査報告	東京	1907
統監府 農商工務部	韓國ニ於ケル農業ノ經營	京城	1907
京都府 知事 編	韓國農業視察復命書	京都府	1908
農商工部 殖産局 農務課	韓國農務彙報	京城	1909
神戶正雄	朝鮮農業移民論	東京	1910
農商務省 農務局	朝鮮農業槪說	東京	1910

출처: 櫻井義之, 1941, 『明治年間朝鮮硏究文獻誌』, 書物同好會; 末松保和, 1970, 『朝鮮硏究文獻目錄 (1868~1945)』(單行書), 汲古書院.

郞·森一兵, 1904),『한국지농업(韓國之農業)』(小島喜作, 1905),『한국실업조사복명서(韓國實業調查復命書)』(島根縣 第三部, 1906),『일본식민론(日本植民論)』(東鄕實, 1906) 등이다.

이 시기에 발간된 조사보고서나 저서에서는 일본인을 조선에 이주시켜 농업에 참여하게 하여 조선의 농업을 개량시켜 가거나, 일본인 지주 및 자본가가 조선의 토지를 구입해 조선인 소작농에게 소작시키는 것이 이익을 얻는 길이라고 권장하였다.

즉 조사보고서에서 조선의 토지 가격은 매우 헐한 데 비해 소작료율은 비싸므로 일본인들이 조선의 토지를 구입하여 소작을 시킨다면 이익을 얻을 것이라고 보고하며, 일본 농민들의 조선 이주를 권장하였다. 또한 농업 부문에서 이익이 될 수 있는 영역과 지역별로 농업의 특색을 소개하기도 하였다.

그 후 조선의 농업을 비롯한 조선 사정을 조사한 보고서 및 책들이 쏟아져 나오게 되었다. 이러한 조사보고서들을 바탕으로 하면서, 일본 정부 차원에서 조선 농업을 종합적으로 정리한 종합보고서를 간행하는 계획이 구상되었다. 1904년 3월 한국농사조사위원회(韓國農事調查委員會)를 설치하고 총 7명으로 구성된 조사위원단을 한국에 파견하는 계획이었다. 일본 정부는 계획을 확대하여, 1904년 말부터 실행에 옮겨 한국의 농업을 조사하였다. 조사에는 일본 농상무성에 근무하는 농업관료와 농사시험장에 근무하는 농업기술자 및 도쿄제국대학 농과대학 교수들이 참여하였다. 1904년 말부터 1905년 말까지 세 팀이 전국 8도를 분담하고 체계적인 보고서를 작성하도록 하였다.

4명으로 구성된 한 팀은 1904년 12월 29일에 일본을 출발하여 경상도와 전라도 지역을 답사하면서 조사하고, 1905년 5월 29일에 일본으로 귀국하였다.[11] 조사자는 일본 농상무성 기사였던 우도 요시오(有働良夫)와 농사시험장 기사였던 미쓰나리 분이치로(三成文一郎)가 중심적 역할을 했고, 농사시험장 기수였던 소메야 료사쿠(染谷亮作), 마쓰오카 쵸조(松岡長藏)가 보조적인 역할을 수행하였다.[12]

1905년 3월에는 일본 농상무성 기사 나카무라 히코(中村彦)와 농사시험장 기사 고바야시 후사지로(小林房次郎)가 경기도와 충청도 및 강원도를 실지 조사하였다. 고바야시는 1905년 3월 23일에 출발하여 경기도를 조사하고 충청도와 강원도를 답사한 후 11월 9일에 귀국하였다. 그는 주로 토지에 대해 조사하였다. 반면에 일본 농상무성 기사인 나카무라는 1905년 4월 24일에 조선에 건너와서 서울, 경기도, 강원도, 충청도를 조사하고 10월 26일에 귀경하였다.[13] 그는 농산(農産)에 대해 조사했으며, 이 두 사람은 조사한 내역을 정리하여 750쪽에 이르는 조사보고서를 발간하였다. 이 조사에 참여한 나카무라는 그 후 조선 농업정책에 깊숙이 관여하여 일본의 농업방식을 조선에 이식하는 데 크게 기여하였다.

1905년 4월에 일본 농상무성은 도쿄제국대학 농과대학 교수와 농상무성 관료를 동원하여 황해도, 평안도, 함경도 지역의 농업에 대해 조사하도록 하였다. 이 조사단에는 도쿄제국대학 농과대학 교수들이 대거 참여하였다. 일본 농상무성은 도쿄제국대학 농과대학 교수이면서 농상무성 기사였던 혼다 고스케(本田幸介)와 도쿄제대 농대 교수이면서 농사시

---

11 『韓國土地農産調査報告(慶尙道, 全羅道)』, 1905, 附錄, 1쪽.
12 「全羅·慶尙 兩道에 農産調査員 派遣 件」(1904.12.1), 『주한일본공사관기록』 23권.
13 『韓國土地農産調査報告(京畿道, 忠淸道, 江原道)』, 1907, 1쪽.

〈표 2-2〉 한국토지농산조사단의 구성 및 활동 개요

	조사자	조사지역	조사기간
제1반	三成文一郎(농사시험장 기사) 有働良夫(농상무성 기사) 染谷亮作(농사시험장 기수) 松岡長藏(농사시험장 기수)	경상도, 전라도	1904.12.29~1905.5.29
제2반	小林房次郎(농사시험장 기사) 中村彦(농상무성 기사)	경기도, 충청도, 강원도	1905.3.23~1905.11.9
제3반	本田幸介(도쿄제대 교수 겸 농상무성 기사) 鈴木重禮(도쿄제대 조교수 겸 농사시험장 기사) 原熙(도쿄제대 조교수)	황해도, 평안도	1905.4~1905.12(?)
	本田幸介(도쿄제대 교수 겸 농상무성 기사) 鴨下松次郎(농사시험장 기사) 原熙(도쿄제대 조교수)	함경도	1905.4~1905.12(?)

출처: 『韓國土地農産調查報告(慶尙道, 全羅道)』, 1905, 附錄, 1쪽; 『韓國土地農産調查報告(京畿道, 江原道, 忠淸道)』, 1907, 1쪽; 『韓國土地農産調查報告(黃海道)』, 1907, 1쪽; 『韓國土地農産調查報告(平安道)』, 1907, 1쪽; 『韓國土地農産調查報告(咸境道)』, 1907, 1쪽.

험장 기사였던 스즈키 시게히로(鈴木重禮) 및 같은 대학 교수 하라 히로시(原熙)로 하여금 황해도와 평안도를 조사하게 하였다.[14] 반면 함경도는 혼다와 하라를 비롯하여 농사시험장 기사 가모시타 마쓰지로(鴨下松次郎)를 참여시켜 조사하도록 하였다. 조사자들은 조사를 마친 후 각 도별로 조사보고서를 작성하여 제출하였다. 이 중 도쿄제대 농대 교수이면서 농상무성 관료였던 혼다 고스케는 조사에 참여한 후에 통감부와 조선총독부의 농업정책 수행에 중요한 역할을 하게 된다.[15]

이와 같이 일본 농상무성은 농업관료와 농사시험장 기사 및 도쿄제

---

14 『韓國土地農産調查報告(平安道)』, 1907, 1쪽.
15 구자옥 외, 2010, 「혼다 고노스케(本田幸介)와 『한국토지농산조사보고(韓國土地農産調查報告)』 1904~1905」, 『농업사연구』 9(1).

국대학 농과대학 교수에 의뢰해 조선 농업을 전국적으로 조사하게 하여 1907년에 『한국토지농산조사보고(韓國土地農産調査報告)』를 발간토록 하였다.[16] 이 조사단의 활동 내역을 간단히 정리한 것이 〈표 2-2〉이다.

2) 조선 농업에 대한 두 가지 인식

일본인의 조선 농업에 대한 인식은 두 가지 흐름이 있었다. 하나는 조선은 농업이 발달하지 못하고 많은 토지들이 개간되지 못해 많은 미간지들이 존재하므로 일본인들이 이주하여 개간하면 이익을 얻을 수 있고 성공적으로 정착할 수 있을 것이라는 견해였다. 다른 하나는 조선에서 일반 경지는 이미 개간이 되었기 때문에 쉽게 개간할 수 있는 미간지가 존재하지 않으며 사업 면에서 기간지에 투자하는 것이 더 유리하다는 주장이었다.[17] 전자는 한국에는 쉽게 개간할 수 있는 토지가 많아 일본인들이 이주해서 농업에 종사하면 많은 이익을 얻을 수 있다는 주장이지만, 후자는 한국에는 미간지가 별로 없으며 기간지를 구입해 농사를 짓는 것이 이익이 많다고 주장하는 견해이다. 전자는 '미간지개발론'이라고 하고, 후자는 '기간지투자론'이라고 명명할 수 있다.[18]

전자의 대표적인 주창자는 일본 농상무성 관료인 가토 스에로와 사코 쓰네아키라였다. 가토 스에로는 일본 농상무성 기사로서 1898년부터 조선을 답사했으며, 1900년에는 일본 농상무성의 지시를 받아 조선

---

16 농촌진흥청에서 기획하여 3책을 모두 한국어로 번역하였다(『한국토지농산조사보고』 1~3, 2013, 민속원).
17 정연태, 1994, 앞의 글. 두 가지 견해를 상세히 설명하고 있다.
18 박석두, 2003, 앞의 글, 304~309쪽.

과 청국을 시찰하고 그 조사보고서를 발간하였다. 그 보고서가 『한국출장복명서』(1901)였다. 가토는 그 책에서 조선에는 황무지가 많고 기후가 온난하여 일본인이 이주하기에 적당하다고 언급하였다.

> 〔조선에는〕 많은 미개한 옥토가 텅 빈 채 황무지로 버려져 있고, 산림·농업·목축 등 기타 사업은 한결같이 일본인의 경영을 기다리고 있지 않은 곳이 없다. (중략) 우리 나라〔일본〕는 인구가 매년 증가하고 특히 농업상으로도 농민의 수가 많아져 해외에 농업식민지를 만드는 것이 긴급한 일이다. 그렇다면 어느 나라 어느 토지가 가장 우리 농민의 도항에 적합할까? 오직 한국 남방의 땅을 제외하고서는 달리 그럴만한 곳이 없다.
> 한국의 남방 전라·경상·충청의 3도는 기후가 온난하고 토지가 비옥하여 많은 물산이 풍부하며 인구는 1평방 리(里)에 1천 명에 불과하다. 우리〔일본〕 땅이 인구가 조밀한 데 비하면, 이주하는 우리 나라〔일본〕 사람을 받아들이기 족할 것이다.[19]

즉 가토는 일본의 과잉인구 문제를 해결하기 위해서는 해외에 식민지를 개척하여 일본인을 이주시키는 것이 긴급하다고 하였으며, 그 적임지로 조선을 내세웠다. 한국 특히 남부지방은 기후가 온화하고 토지가 많은 반면 인구밀도가 일본에 비해 낮기 때문에 일본인의 이주에 적합하다고 하였다. 게다가 많은 비옥한 옥토가 버려져 있어 일본 농민이 한국에 이주하여 한국 산업의 지도자가 되고 나아가 인문(人文)의 개발을

---

19 加藤末郎, 1901, 앞의 책, 1~4쪽.

유도하는 쾌거를 이룰 수 있다고 하였다.[20] 가토의 이 조사 내용은 이후 '미간지개발론'을 구축하는 데 큰 영향을 미쳤다.

미간지개발론을 더욱 다듬고 유포하는 역할을 한 자는 농학박사로서 도쿄제대 농과대학 교수였다가 농상무성에 들어가 농정과장 겸 농산과장을 거쳐 농무국장을 역임한 사코 쓰네아키라였다. 사코는 청국과 한국을 둘러본 뒤 한국에는 미간지가 많으며, 현 농업상 개량의 여지가 많고, 토질이 중등으로 여러 작물에 적합하며, 기후가 건조하고 경사지로서 잠상 및 과수에 적합하며 풍토와 사정이 일본과 유사하여 일본의 농법과 농민이 한국의 개발에 적당하다고 주장하였다.[21] 그리하여 일본인이 이민갈 수 있는 가장 적절한 지역이라고 설명하였다. 이 주장은 일본 사회에 큰 영향을 미쳤다. 일본 정계는 물론이고 일본 지식인 및 상인 계층에게도 영향을 미쳐 그에 동조하는 많은 보고서 혹은 책들이 출간되었다.[22]

반면에 기간지투자론은 한국에 쉽게 개간할 수 있는 미간지가 많다는 것을 부정하고, 사업면에서 볼 때 기간지에 투자하는 것보다 불리하다고 하였다. 그것을 주장한 사람은 오카 요이치(岡庸一), 다니자키 신고로(谷崎新五郎), 깃카와 스게테루(吉川祐輝) 등이었다. 부산 일본인 상업회의소 임원이었던 오카 요이치는 다음과 같이 미간지개간론을 비판하면서 기간지투자론을 주창하였다.

---

20 加藤末郎, 1901, 앞의 책, 4쪽.
21 酒勾常明, 1902, 『淸韓實業觀』, 117쪽.
22 山口宗雄, 1978, 앞의 글.

한국의 농업을 말하는 사람은 대부분 그 개척이 아직 충분하지 않다는 것에 대해 그렇다 혹은 아니다 하는데, 내가 내륙 각지를 돌아다니며 시찰한 바에 의해 일반을 추측하건대 한국의 농업은 아직 개척되지 않았다고 하는 것은 조금 관찰을 잘못한 게 아닌가. 그중에는 불모지나 황무원야도 있을 수 있지만, 그러나 그것은 경작할 수 없는 척박한 땅이든가 일종의 음사적(淫祠的) 인연이 남은 장소이든가 암석이 튀어나온 산꼭대기이든가 혹은 홍수의 우려가 있는 땅에 지나지 않으며, 그 외는 충분히 개척되어 있음은 조금 깊이 농작지를 돌아본 자라면 아는 바이다.

특히 농업이 가장 발달하고 미산지(未産地)[23]라고 칭해지는 전라·경상 두 도와 같은 곳에서는 척박함이 심한 험준한 계곡까지도 논이 즐비하고 여름에는 울창하며 가을에는 누렇게 익은 황금바다와 같다. (중략) 단지 논만이 아니라 다리가 미치는 곳, 손이 닿는 곳으로 경작할 수 있는 곳은 경작하여 산꼭대기 산 중턱은 밭이 되어 잡곡을 심어 풍성하게 된다. 게다가 논밭이 있는 곳은 반드시 촌을 이루고 부락을 이룬다.[24]

이와 같이 오카는 조선의 경지가 충분히 개간되지 못했다는 견해를 적극 비판하면서 조선의 토지는 당시의 기술 수준에서 충분히 개발되었다고 주장하였다. 다만 그는 조선에서 미간지로 남아 있는 곳은 경작할 수 없는 땅이거나 음사적 인연이 있는 사정 등 특수한 이유가 있는

23　원문에는 '미산지(未産地)'라고 적혀 있지만, '미산지(米産地)'의 오기로 여겨진다.
24　岡庸一, 1903, 『最新韓國事情』, 38쪽.

곳이라고 하였다.

한편, 일본 농상무성의 의뢰를 받아 1904년 3월부터 7월까지 조선을 조사하여[25] 보고서를 제출한 다니자키 신고로는 조선의 농업에 대해 다음과 같이 언급하였다.

> 한국에 황무지 및 경작되지 않은 원야가 있어, 세상 사람들의 말처럼 거대한 이익을 일본인에 준다고 여기지 않는다. (중략) 한국 내지에 발을 들인 사람들이 가장 놀라는 것은 토지가 충분히 경작되고 있어 남아있는 땅이 없다는 사실이다. 적어도 약간의 관개로 편리한 수원이 있는 곳은 아국〔我國: 일본〕의 산지에서 볼 수 있는 것처럼 산 중턱부터 계곡을 따라 계단밭이 있다. (중략) 이 나라〔조선〕에서 10무의 논과 5무의 밭을 새롭게 개척하는 것은 거의 불가능한 일이라고 생각한다. (중략) 다만 하천 연안에 큰 원야를 볼 수 있지만 그것도 개간하려면 제방을 축조해야 하는 등 많은 자본이 들어야 한다. (중략) 소자본의 농민이 한국에 건너가 자작농을 영위하려면 남한지방에서는 기경지를 구입하는 것이 훨씬 유리하고 안전한 방법이다.[26]

이와 같이 다니자키는 조선은 토지가 충분히 경작되고 황무지로 남아 있는 땅이 별로 없다고 하였다. 조선의 하천 연안에 진전(陳田: 묵은 땅)은 있지만, 그것을 개간하려면 제방을 축조해야 하기 때문에 많은 자

---

25 谷崎新五郞, 1904, 2쪽. "일본 농상무성의 의뢰를 받아 조선의 농상공업을 조사하고 보고서를 제출한다"는 것을 밝히고 있다.
26 谷崎新五郞·森一兵, 1904, 『韓國産業視察報告書』, 47~51쪽.

본과 시간이 필요하다고 설명하고 있다. 그리하여 일본인으로 소자본을 가진 자작농은 기경지를 구입해 농업 경영을 하는 것이 훨씬 유리하고 안전하며 확실한 방법이라고 설명하고 있다.

도쿄제국대학 농과대학 조교수인 깃카와 스게테루는 1903년 조선을 방문한 뒤 1904년에 『한국농업경영론』을 저술하여 간행하였다. 그는 이 책을 집필하는 데, 같은 대학의 교수였던 혼다 고스케의 도움을 받았고, 영사관 및 조선에 있는 일본인 교육가, 실업가들의 가르침을 받아서 편찬했다고 기술하고 있다.[27] 그는 다음과 같이 기술하였다.

> 종래의 여행자는 대부분 한국에 미간지가 많다고 이야기하였는데, 이 일에 관해 이야기하면 종래 한국에 대한 일본인의 지식은 관서지방에서 발달한 것인데, 한국의 원야를 본 사람도 대부분 관서지방 사람들이다. 관서지방은 우리 나라(일본)에서도 특히 인구가 조밀하여 땅으로 이용할만한 평지는 거의 모두 이용하고 있다. 산기슭은 물론 산 중턱까지도 경작하고 있다. 경작 상황을 비교하면 관서인이 한국을 시찰하면 미간지가 많다고 느끼겠지만, 일본 동북지방 및 관동지방은 아직 개간되지 않은 원야가 적지 않아, 관동 및 동북인은 한국의 원야가 감히 많다고 느끼지는 않는다.[28]

깃카와는 인구가 조밀한 관서지방 사람들이 조선을 견문하면서 방대한 미간지가 있다고 기술했는데, 일본의 동북지방과 관동지방의 사람들

---

27 吉川祐輝, 1904, 『韓國農業經營論』, 1쪽.
28 吉川祐輝, 1904, 위의 책, 25~26쪽.

이 보면 조선도 일본과 비슷하게 미간지가 거의 없으며, 하천을 따라 미간지가 존재할 뿐이라고 하였다.[29]

이와 같이 당시 일본인들이 작성한 조선의 농업에 대한 보고서를 보면 두 가지 상반되는 견해가 존재했음을 알 수 있다. 하나는 조선이 영토에 비해 인구가 적고 미간지도 많아 일본 농민들이 이주하여 개척하면 큰 이익을 얻으면서 정착할 수 있다고 주장한 반면에, 다른 하나는 조선은 당시의 농업기술 수준에서 황무지는 존재하지 않으며 일본 농민들은 조선의 농지를 구입하여 생계를 유지하면서 정착해가는 것이 현명하고 합리적인 방법이라고 주장하는 견해이다.

일본 정부는 이 두 견해 중에 조선에는 미간지가 많이 존재한다는 입장을 채택하였다. 그리하여 1904년 일본의 각의에서 대한(對韓)정책의 방침을 결정하여 반포하였다. 1904년 5월 말 일본의 원로회의와 각의에서 채택된 「대한방침 및 대한시설강령(對韓方針竝ニ對韓施設綱領)」에서도 조선에는 미간지가 많이 존재한다는 입장에서 일본인이주론이 적극 제기되었다.

> 한국에 있어 본방인〔本邦人: 일본인〕의 기업 중 가장 중요한 것은 농사이다. 종래 한국은 농업국으로서 오로지 식량 및 원료품을 아국〔일본〕에 공급하였고, 아국은 공예품을 저들〔한국인〕에게 공급해왔다. 생각건대 금후일지라도 양국의 경제관계는 이 원칙에 따라 발전하지 않을 수 없을 것이다. <u>또한 한국은 토지면적에 비해 인구가 적어 본방〔일본〕 이민을 쉽게 받아들일 수 있을 것이므로</u> 만약 우리 농민이

---

29 吉川祐輝, 1904, 앞의 책, 26쪽.

내지에 많이 들어갈 수 있다면 한편으로는 우리의 초과하는 인구를 위한 이식지(移植地)를 얻고 다른 한편으로는 우리의 부족한 식량의 공급을 증가시켜 이른바 일거양득이 될 것이다.[30]

즉 조선에는 토지 면적에 비해 인구가 적으므로, 일본인을 이주시켜 일본에서 인구를 줄이고, 나아가 일본인으로 하여금 조선 경지를 경작하게 하여 일본에 식량과 원료를 공급함으로써 일본의 식량 수요를 채우는 일거양득의 효과를 얻게 하자는 것이었다. 일제는 조선을 식량·원료의 공급기지로 만들면서, 한편으로는 일본의 공예품, 즉 공산품을 판매하는 상품시장이 되는 곳으로 만들고자 하였다.

또한 주한공사 하야시 곤스케(林權助)는 한국 외무대신 이하영(李夏榮)에게 다음과 같은 공문을 발송하였다. "귀국 당국에서는 개간 척식의 업을 보살피지 못하여 귀국민이 오직 하늘에만 의지하고 있다. 인공(人工)을 가하여 몇 배의 이익을 얻는 길을 강구하는 자가 드물기 때문에 귀국은 도처에 전야(田野) 산림이 미간 황무지에 속하고 있다"고 하였다. 즉 일본 정부는 조선에 미간지가 많다고 여기고 관유황무지의 개척권을 위탁하는 정책을 조선 정부에 요구하였다.

일본 정부는 조선 정부에 황무지개척권을 요구하면서 조선에 진출해 왔지만, 보안회 등 조선의 지식인과 민중의 반대로 여의치 않게 되자, 조선 정부를 설복하여 궁방전을 출자받고 민유지를 매입해 1908년 동양척식주식회사를 설립하여 일본 농민의 이주를 시도하였다.

30　外務省, 1957, 「對韓方針竝ニ對韓施設綱領決定ノ件」, 『日本外交文書』 37-1, 355쪽.

2. 대한제국의 농상공학교·농사시험장 설립과 통감부의 방해

갑오정부는 1895년 2월 교육에 관한 칙서를 반포하고 근대적인 학교 교육을 실시한다는 방침을 천명하였다.[31] 대한제국에서는 이를 계승하여 근대적 실업교육을 적극적으로 실시하고자 하였다.[32] 1898년에는 농상공부 상공국에서 직조권업장(織造勸業場)을 설립하고 학생들을 모집하여 직조 기술을 가르쳤으며, 1899년에는 우무학당과 전무학당을 설립하여 우체와 전신에 관한 교육을 시켰고, 1900년에는 광무학교를 설립하여 광업기술자를 양성하고자 하였다. 이들 학교에서는 모두 외국인 교사를 초빙하여 학생들을 가르쳤다.

이러한 분위기 속에서 1899년 6월에는 「상공학교 관제」를 공포하면서 상업과 공업에 대한 교육을 행하고자 하였다. 상공학교에서는 상업과와 공업과로 나누고 "상업과 공업에 필요한 실학(實學)을 교육하고자"[33] 한 것이었다. 그 후 대한제국 정부는 1904년 6월에 상공학교의 교명을 농상공학교로 변경하고 농업, 상업, 공업에 대한 실업교육을 강화해가고자 하였다.[34] 농상공학교는 농·상·공과의 3과로 나누어 수업연한을 예과 1년, 본과 3년으로 하였다. 입학연령은 만 17세 이상 25세 미만이었

---

31 「詔勅 教育에 관한 件」(1895.2.2), 『韓末近代法令資料集』 1권, 1970, 180쪽.
32 이영학, 1997, 「대한제국의 경제정책」, 『역사와 현실』 26, 84~88쪽.
33 「勅令第28號 商工學校官制」(1899.6.24), 『韓末近代法令資料集』 2권, 1970, 509쪽.
34 「勅令第16號 農商工學校官制」(1904.6.8), 『韓末近代法令資料集』 3권, 1971, 609쪽.

으며, 1906년 현재 학생 수는 농과 24명, 상과 9명, 공과 18명이었다.[35]

그 후 정부는 농과 학생들의 실습을 위해 1905년 12월에 「농상공학교 부속 농사시험장 관제」를 공포하고 그 농사시험장을 동대문 밖 뚝섬에 설치하였다.[36] 농사시험장은 "학부 소관 농상공학교에 부속하여 필요한 농사시험을 시행"[37]하기 위해 설립한 것이었다. 직원은 장장(場長) 1인을 비롯하여 기사 4인 및 기수와 사무원 약간 명을 두도록 하였다.

그러나 일제가 1905년 러일전쟁에서 승리한 후, 그해 11월 조선에 을사조약을 강요하여 통감부를 설치하고 조선의 내정에 본격적으로 간섭해 들어오면서 대한제국의 농업정책은 순조롭게 진행되지 못하였다.[38]

통감부는 학교에 신식학교체제를 세운다고 하면서 대한제국에서 설립한 농상공학교를 폐지하였다.[39] 통감부는 대한제국의 농상공학교를 폐지하면서 새로운 실업학교를 설립하였다. 농과는 주관기관을 농상공부로 옮기고 임학을 추가하여 관립농림학교로 하고, 수원의 권업모범장 옆에 교사를 신축하도록 하여 권업모범장과 서로 어울려 교육을 하도록 하였다. 즉 통감부는 대한제국의 농상공학교를 폐지하고, 신식교육을 한다고 하면서 농림학교를 설립한 것이다. 통감부가 권업모범장 옆에 관립농림학교를 설립할 때까지는 학부 소관의 농상공학교 교정을 가교

---

35 統監府, 1906, 『韓國施政一斑』(『舊韓末日帝侵略史料叢書』 1권, 1984, 亞細亞文化社, 201쪽 재인용).

36 「勅令第60號 農商工學校附屬農事試驗場官制」(1905.12.29), 『韓末近代法令資料集』 4권, 1971, 452~453쪽.

37 「勅令第60號 農商工學校附屬農事試驗場官制」(1905.12.29), 『韓末近代法令資料集』 4권, 1971, 452~453쪽.

38 김도형, 1995, 「권업모범장의 식민지 농업 지배」, 『한국근현대사연구』 3.

39 統監府, 1906, 위의 책(『舊韓末日帝侵略史料叢書』 1권, 1984, 211~213쪽 재인용).

실로 사용하도록 하였다. 아울러 대한제국 정부가 농과 학생들의 실습을 위해 1905년 12월에 설립한 농상공학교 부속 농사시험장을 5개월 만인 1906년 5월 31일에 폐지시켰다.[40]

대한제국 정부는 농업 발달을 위해 시험과 연구를 지속해 갔으며, 학부 소속 농상공학교 부속 농사시험장뿐 아니라, 1906년 초에는 농상공부 주관하에 농사모범장을 설립할 계획을 수립하였다. 대한제국 정부는 예산을 확보하면서 부지를 물색해 갔다.

그러나 이 계획도 이토 히로부미(伊藤博文)의 방해에 의하여 좌절되었다. 이토는 1905년 12월에 통감부를 설치하고 난 후 1906년 3월부터 통감과 6대신이 회의하는 '한국시정개선에 관한 협의회'를 개최하였다. 4월에 열린 제3차 회의에서 다음과 같이 논의하였다.

이토 히로부미 통감 "일본 정부는 올해(1906) 약 60만 원의 경비를 들여 수원에 농사모범장을 세울 예정이다. 그런데 한국에서도 동일한 계획이 있다. 일본에서는 예산도 이미 의회를 통과하고 5~6인의 기사를 채용하였다. 한국에서도 대략 같은 규모인 것 같다. 그렇다면 똑같이 수원에 일한 양국의 모범장을 병립하는 것은 어리석은 일이라고 여겨진다. 고로 나의 생각으로는 한국 측의 계획은 본년도에 그것을 중지하고 일본 정부에서 모범장을 설립하게 하고 내년도에 그것을 그대로 한국 정부에 인도하는 것이 좋겠다. 이에 대해 농상공부 대신의 의견은 어떠한가?"

---

40 「勅令第25號 農商工學校附屬農事試驗場官制 廢止」(1906.5.31), 『韓末近代法令資料集』 4권, 1971, 583쪽(김도형, 1995, 앞의 글, 144~145쪽 재인용).

권중현 농상공부대신 "농사모범장에 관해서 기우치(木內) 총장(總長)으로부터 이미 각하의 말과 똑같은 의미의 의견을 들었습니다. 통감부가 선정하고 있는 장소는 지질이 하등이고 한국 정부가 선정한 토지는 지질이 중등이라 시험장 같은 곳은 가능한 한 지질이 악한 장소를 선정하지 않습니다. 지질이 좋다면 작물의 생장이 좋아도 세상 사람들은 경작하지 않아도 완전히 지질 때문이라는 억측의 우려가 있다는 말을 기우치 총장으로부터 들었습니다. 요약하면 수원에는 2개의 모범장을 설치할 필요가 없고 한국 정부는 제국의 남부 혹은 동부의 한 곳을 선정해야 한다고 생각합니다."

이토 히로부미 통감 "농사모범장은 불완전한 것 몇 군데 설치하는 것이 하나의 완전한 것을 설치하는 것보다 못하다. 일본 정부의 수원 모범장은 통감부의 계획이 아니라 내가 취임 이전에 농상무성에서 이미 그 계획을 수립하고 올해 8만 원의 창설비와 8만 원의 경상비 예산을 배정한 것이다. 모범장의 목적은 각종 농작물이 한국의 토지에 적합한지 아닌지를 시험하는 데 그치고 반드시 통감부에서 영구히 그것을 관리할 이유가 없기 때문에 내년도에는 그것을 한국에 이관하더라도 괜찮다. 기사도 한국 정부에서 특별히 일본으로부터 초빙하지 않으면 금년에는 일본 측에서 사용하고 내년에는 모범장과 함께 귀 정부에 넘긴다면 어떨까?"

권중현 농상공부대신 "그 이야기는 기우치 총장으로부터 이미 들었습니다. 일본이 한국의 농사 개량에 유의하여 내년도에 이르러 창설에 이른 모범장을 한국 정부의 관리로 이관한다는 호의는 감사합니다."[41]

---

41 김정명 편, 1964, 「韓國施政改善ニ關スル協議會第三會」, 『日韓外交資料集成』 6(上),

이토 히로부미 통감과 기우치 총장은 권중현 농상공부대신을 압박하여 대한제국에서 계획한 농사시험장의 설립을 포기하도록 종용하였다. 한국 정부가 선정한 농업시험장의 토질이 통감부에서 선정한 농업시험장의 토질보다 나은 것으로 드러나자, 심지어 토질이 좋은 곳에서 작물을 재배하여 성공한다고 하더라도 세상 사람들이 토질 탓으로 돌리면서 신뢰하지 않을 것이라는 억지 이유를 들면서 대한제국 정부의 농사시험장 추진을 포기하고 통감부의 농사시험장으로 대체하자고 주장하였다. 이에 권중현 농상공부대신은 이토 통감의 주장을 수용하고, 이미 책정된 예산으로 대구에 토지를 구입하여 통감부 농사모범장의 지장으로 삼도록 하였다.[42]

결과적으로 대한제국에서 설립했던 농상공학교의 농업교육 및 부속 농사시험장은 1906년에 폐지되고, 대한제국의 농상공부가 계획했던 새로운 농사시험장의 설립에도 예산이 책정되어 있었지만 시행되지 못하고 중도에 좌절되었던 것이다.

통감부가 대한제국 정부가 세운 농사시험장 폐지를 극구 주장한 이유는 일본식 농법과 농업체계를 조선에 심고자 했기 때문이며, 나아가 조선을 식량과 원료의 공급지로 만들고자 했기 때문이었다. 조선 정부가 농사시험장을 설치해 조선식 농법 및 조선의 농업체계를 독자적으로 구축해 간다면, 일본이 원하는 식민지적 농업구조를 만들 수 없었기 때문이었다.

175~177쪽.
42   김정명 편, 1964, 앞의 글, 196쪽.

3. 통감부의 농업정책과 일본식 농법 도입 시도

1) 통감부의 보호화정책과 농사 개량의 의도

일제는 1904년 러일전쟁을 도발한 후, 조선에 대한 침략을 강화해 갔다. 일제는 그해 6월 각의에서「대한방침 및 대한시설강령」을 결정하였다. 일제는 '대한방침'에서 "제국은 한국에 대하여 정사상(政事上)·군사상에 있어 보호의 실권을 거두고, 경제상에 있어서는 더욱더 우리 이권의 발전을 도모하여야"[43] 한다고 목적을 설정하고, 이어서 '대한시설강령'에서 군사·외교·재정·교통·통신·척식 등 6개 분야의 실천방안을 제시하였다. 척식항에는 농업·임업·광업·어업 등 산업 분야에서 일본의 관심 사항과 진출 방법을 제시하였다.

당시 일본은 인구가 매년 40~50만 명씩 증가하고 있었기 때문에 일본 인구의 방출도 중요한 문제였다. 그리하여 일본 인구를 방출하면서 일제의 이권을 추구해 가기 위해 조선과 만주의 진출을 적극 모색하게 되었다. 그 방안으로 조선의 농업사정과 토지 현황을 조사하였다. 그 후 황무지개척권과 일본인의 토지소유권 인정을 요구하였고, 이를 바탕으로 일본인을 조선에 이주시켜 정착하게 하는 근간을 마련하고자 하였다. 그런데 일본의 황무지개척권 요구에 대한 조선인의 저항이 거세지자 이를 포기하고 1908년 동양척식주식회사를 설립하여 일본인 이민사업을 추진하였다.

---

43   外務省, 1957, 앞의 글.

대한제국시기에는 외국인의 토지소유권을 인정하지 않았다. 일본인들이 조선에 들어와 정착하기 위해서는 일본인도 토지소유권을 인정받아야 했다. 통감부는 1906년 이후 「토지가옥증명규칙」(1906.10.30), 「토지가옥전당집행규칙」(1906.12.28), 「토지가옥소유권증명규칙」(1908.7.29)을 공포해 결국 일본인의 토지소유를 인정하였다. 동양척식주식회사의 설립, 일본인의 토지소유권 인정 등을 통해 일본인의 조선 진출이 활발해지고, 조선 침략이 본격화되자 조선인의 저항도 심하였다. 1905년과 1907년의 의병전쟁은 그러한 사례였다.

이에 일제는 조선인의 저항을 무마하면서 조선인의 경제 상황을 개선하는 농업정책을 추구하게 되었다.

> 대한 경영의 요체는 한쪽으로는 빨리 한국의 주권을 들어 이를 우리나라(일본)에 맡기게 하는 것이고, 다른 한편으로는 저 한국인을 사랑하길 우리 동포와 같이 일시동인(一視同仁)하여 저들 한국인의 복리를 크게 증진하는 데 있다. 만약 그렇지 않고 한국인의 이익은 도외시하고, 우리(일본) 국민의 이익을 증진하는 데 치우친다면 일시는 위에서 보면 혹 좋을지도 모르나 안으로는 한국인의 분원(憤怨)을 불러오고, 밖으로는 열국(列國)의 동정(同情)을 잃어, 영원한 관점에서 보면 결국 (일본)제국의 득책(得策)이 되지 못한다.[44]

즉 일본인들은 조선의 주권을 일본이 양도받고, 다른 한편으로는 조

---

[44] 「대한경영에 관한 일대 의혹」, 『동양경제신보』 360, 1905.12.5(권태억, 1994, 「통감부 설치기 일제의 조선 근대화론」, 『국사관논총』 53, 233쪽 재인용).

선인의 복리를 증진시키는 길이 결국 일본제국의 이익이 되는 길이라고 인식하였다.

아울러 조선 농업의 개량은 조선을 식량·원료의 공급지로 만들어 일본은 공산품을 조선에 판매하고, 조선은 식량과 원료를 일본에 공급하는 구조를 정착시켜 가는 일이었다. 일본은 겉으로는 조선 농민의 복지를 위한 것으로 포장하면서 조선의 농업생산력을 증가시키고 그를 바탕으로 식량·원료의 공급지로서 기능하게 한 것이었다.[45] 일제는 조선의 농업생산력 발달이 조선을 효과적으로 침략하기 위한 것이라는 사실을 인지하고 있었다.

> 한국의 농사 개량을 도모하여 농산물의 생산액을 증가시켜 그 수출액을 증가시키는 것은 단지 한국을 부유하게 할 뿐 아니라 한국인의 구매력 증가는 일본국으로부터 수입품의 증진을 촉진시켜 나아가서 일본국에 유익한 바 실로 적지 않을 것[46]

즉 한국의 농업을 발전시키는 것은 농업생산액을 증가시켜 일본으로의 수출을 증대시키는 길이며, 다른 한편으로는 한국인의 구매력을 증진해 일본의 수입품을 소비하는 수요를 창출하는 일이었다. 그리하여 통감부는 한국의 농업을 발전시키는 데에 노력을 기울였다.

---

45 권태억, 1986, 「통감부시기 일제의 대한 농업시책」, 『노일전쟁전후 일본의 한국침략』, 일조각; 권태억, 1994, 앞의 글. 일제의 조선 농업 개발이 조선을 식량·원료 공급지로 만들어 효과적으로 침탈해가기 위한 것임을 규명하였다.
46 『韓國中央農會報』 제2호, 1907, 2쪽.

나아가 통감부는 조선에 농사시험장 등의 근대적 시설을 설치하여 근대적 농기구 및 농업종자 등을 전시하거나 배양함으로써 뛰어난 농업기술을 보여주어 조선 농민들에게 일본이 선진국임을 과시하는 효과를 가져오려고 하였다. 일본의 선진적 농업기술을 보여줌으로써 조선 농민들이 일본에 승복하게 하려는 의도였다.

한편 일찍부터 재조선일본상인연합회는 조선에 농사시험장을 설립하여 농사를 개량함으로써 일본에 좋은 쌀을 판매하고자 하였다. 그리하여 1903년에 '재조선일본인상업회의소연합회'는 당시 주한일본공사 하야시 곤스케에게 조선 정부에 권하여 농사시험장을 설치케 해달라는 청원서를 제출하였다.

일본 상인들은 조선에서 쌀의 품질을 향상시키고 균질화하여 일본에 수출해야 큰 이익을 얻을 수 있기 때문에 1901년에는 목포 일본인상업회의소가, 1903년에는 부산 일본인상업회의소가 벼농사의 개량을 한국 정부에 권고해 줄 것을 하야시 공사에게 청원하였다.[47]

2) 통감부의 농사시험장 설립과 조선 농사시험장 철폐

통감부는 조선의 농업생산력을 발달시키기 위해 권업모범장, 원예모범장, 종묘장 등을 설립하였다. 통감부는 1906년 4월에 「권업모범장관제」를 공포하고 6월 15일에 경기도 수원에 권업모범장을 설립하였다. 권업모범장에는 장장 이하 기사(전임 6인), 기수(전임 8인), 서기(전임 4인)

---

47 小早川九郎, 1959, 『補訂 朝鮮農業發達史(政策篇)』, 39~40쪽(김도형, 2009, 『일제의 한국농업정책사연구』, 한국연구원, 63~64쪽 재인용).

를 두었다.⁴⁸ 일본이 한국에 농사모범장을 설치하고자 한 이유는 「한국 농사모범장 설치이유서」⁴⁹에 다음과 같이 명시하고 있다.

> 한국의 부원을 개발하여 피아(彼我)의 무역을 발달시킬 방법으로 최급선무가 되는 것은 농사의 진흥이다. 한국의 농산은 농경과 축산의 개량, 황무지의 이용, 수리시설 등으로 다대한 증식(增殖)을 기할 수 있다. 그러나 이 목적을 달성하는 것은 농사모범장의 설치로서 최첩경이 된다.⁵⁰

일본과 한국의 무역을 발달시킬 방법으로 한국의 농사를 발달시켜야 하며, 그 가장 빠른 방법이 농사모범장의 설치라고 말하였다. 즉 농사모범장을 설치하여 농경·축산의 개량, 황무지의 이용, 수리시설 등을 갖추어 생산력을 발달시키고, 한국이 부유해져야 한국과 일본 간 무역이 발달할 수 있을 것이라 주장하였다. 한편 1906년 권업모범장의 초대 장장(場長)이 된 혼다 고스케⁵¹는 개장식에서 다음과 같이 언급하였다.

48　統監官房, 1908, 『韓國施政年報(1906~1907)』, 23쪽.
49　1905년 11월 24일에 메가타 다네타로(目賀田種太郎) 고문이 하야시 곤스케(林權助) 공사를 통하여 일본 외무대신에게 농사시설을 설립해야 하는 건의서를 제출하였다. 그중 '附記'로 첨부되어 있는 문서이다.
50　外務省, 1958, 「韓國農事模範場設置理由」, 『日本外交文書』 38-1, 877쪽(김도형, 2009, 앞의 책, 69쪽 재인용).
51　혼다 고스케는 도쿄제국대학 농과대학 교수였다가 일본 농상무성 관료가 되어 조선의 농업조사를 적극적으로 실시하였다. 1905년 4월부터 9개월간 황해도, 평안도, 함경도의 농업을 조사하여 『한국토지농산조사보고』(1907)를 간행하는 데에 결정적 역할을 하였으며, 1906년 권업모범장의 초대 장장으로 통감부의 농업정책에 주도적 역할을 수행하였다.

한국의 부원을 개발·증진코자 함에 있어 국리민복 농업의 진흥은 실
로 최대 급무의 하나에 속한다. 그러나 이 목적을 달성하는 첩경은
실제로 개량의 모범을 보임으로써 농민을 유도·계발함에 있다. 일본
제국 정부는 이에 보는 바 있어 먼저 국본을 배양함으로써 선린유도
의 책임을 다하는 것을 기대하며 작년(1906) 4월 권업모범장을 설치
하였다.[52]

언급에 따르면, 권업모범장은 한국의 부원을 개발하기 위해 한국의 농사 개량을 유도한다고 하였다. 그런데 실제로는 한국에 권업모범장을 설치함으로 두 가지 목적을 이룰 수 있었다. 하나는 조선인에게 일본인의 선진 기술을 시위함으로써 조선인이 일본국에 대해 감탄하고 승복하는 분위기를 조성하는 것이고, 다른 하나는 한국에서 식량·원료를 확보하고 일본의 실업가, 자본가를 끌어들여 일본의 제조업과 한국의 원료를 결합시키는 것이었다.[53] 이러한 일제의 구상은 「한국농사모범장 설치이유서」에 그대로 나타나고 있다.

본안(한국에 농사모범장을 설치하는 안)은 재배 및 축산의 개량, 수리
시설, 황무지의 이용 등에 의해 많은 국부를 증식하기 때문에 일본의
실업가 및 자본가를 유치하고 일본의 제조업과 한국산 원료의 연결
을 모색함과 동시에 한국인의 농사를 발달시키는 것을 주 목적으로

---

52 朝鮮總督府, 1931, 『朝鮮總督府農事試驗場二拾五周年記念誌』(上), 13쪽(권태억, 1986, 앞의 글, 189쪽 재인용).
53 권태억, 1986, 위의 글, 190쪽.

〈그림 2-3〉 1906년 6월에 설립된 수원 권업모범장

출처: 朝鮮風俗硏究會, 1920, 『朝鮮風俗風景寫眞帖』(서울역사아카이브 제공).

한다. 한국의 재정 상황이 설치를 허락하지 않는데, <u>원래 이 모범장은 일본의 이익을 본위로 하기 때문에</u> 적당한 재원을 얻기까지는 일본 정부에서 그 비용을 지출하기 바란다.[54]

즉 농사모범장을 설치하여 한국의 농업을 발달시키고, 나아가 한국산 원료와 일본의 제조업을 연결하고자 했던 것이다. 그리하여 한국에 농사모범장을 설치하는 일은 일본의 이익을 가져오기 때문에 한국의 재정 상황이 여의치 않으면 일본 정부에서 그 비용을 지출해서라도 설립해야 한다고 주장하였다.

통감부는 이러한 취지를 관철하기 위하여 1905년 12월에 대한제국의 농상공부가 설립했던 농상공학교 부속 농사시험장을 5개월 만에

---

54   外務省, 1958, 앞의 글, 877쪽.

폐지하고 1906년에 권업모범장을 수원에 설치하였다. 통감부가 수원에 창설한 권업모범장의 규모는 총면적 87정보이며, 그중 밭 28정보는 민유지를 매수한 것이고, 논 59정보는 궁내부 소속지를 임차한 것이었다. 1906년 10월 정리사업의 설계를 마치고, 11월 2일 공사에 착수하였다. 이어서 신축공사를 하고 수원역부터 권업모범장에 이르는 도로 및 논밭 27정보에 경지정리사업을 하는 등 1906년 말까지 시설과 설비를 완성하였다.[55] 1906년 10월 26일 대한제국 정부는 통감부에 권업모범장을 이양해줄 것을 통감부에 조회했고, 그해 11월에 통감부는 종래의 경영 방침을 변경하지 않는다는 조건으로 대한제국 정부에 이양하였다.[56]

1907년 3월 22일 대한제국 정부는 「권업모범장 관제」[57]를 공포하여 ① 산업의 발달과 개량에 도움이 되는 모범 조사 및 시험 ② 물산의 조사와 산업상 필요한 물료(物料)의 분석 및 감정 ③ 종자·종묘·잠종(蠶種)·종금(種禽) 및 종축(種畜)의 배부 ④ 산업상의 지도 통신 및 강화(講話) 등의 업무를 담당하도록 하였다. 대한제국 정부의 권업모범장 사업은 통감부의 그것과 목적은 동일하였다. 한국 정부로 이양된 후 모범장에는 장장 이하 기사(전임 7인), 기수(전임 12인), 서기(전임 4인)를 두어 인원이 확대되었다.[58] 그러나 권업모범장의 주요 구성원은 거의 일본인이었고, 통감부의 의도대로 경영되었다.

초창기에 권업모범장에서 구체적으로 실시한 사업은 도작(稻作)시

---

55   統監官房, 1908, 앞의 책, 224~225쪽.
56   統監官房, 1908, 위의 책, 23쪽.
57   「勅令第17號 勸業模範場官制」(1907.3.22), 『韓末近代法令資料集』 5권, 1971, 472쪽.
58   「勅令第17號 勸業模範場官制」(1907.3.22), 『韓末近代法令資料集』 5권, 1971, 472쪽.

험, 비료시험, 전작(田作)시험, 양잠시험, 해충시험, 가축 사양(飼養) 등이었다.[59] 그중 도작시험을 가장 중시하였다.

> 한국에서 쌀 수확량을 조사하고, 〔쌀〕 종류 시험을 위해 한국 농민에게 수확 보증을 위한 일본 품종의 쌀을 시범적으로 재배하는 등 <u>쌀농사에 관한 조사는 처음부터 가장 주의를 기울이고 있다</u>. 1907년 장내 경지에서 처음으로 쌀농사를 직영하고 혹은 감독하에 한인(韓人) 소작인으로 하여금 경작하게 한다. 특히 직영지에서는 종류, 비료 등에 관한 각종의 시험을 수행하고, 이 성적에 의해 일본종은 대개 한국 재래종에 비해 우수하고, 특히 조신력(早神力) 종자는 전체 시험에서 가장 탁월한 결과를 보이고 있다. 그에 따라 일본종으로 한국 재래종을 대체하는 것만으로 한국의 쌀 생산액은 현저히 증가할 것이라고 생각한다.[60]

이와 같이 통감부에서는 벼농사를 중시했고, 일본 품종을 조선 풍토와 기후에 적응시켜 보급하고자 하였다. 권업모범장은 한국 산업의 발달·개량을 돕는 시험 조사뿐 아니라 일본에서 보낸 시험 결과를 응용하거나 일본 농민들의 이민 안내를 위한 역할도 담당하였다. 즉 한국 농민뿐 아니라 일본 농민들이 권업모범장을 관람하고, 이를 이용할 것을 권장하고 있었다.[61]

---

59 統監官房, 1908, 앞의 책, 225~229쪽.
60 統監官房, 1908, 위의 책, 226쪽.
61 권태억, 1986, 앞의 글, 190쪽.

또한 수원에 권업모범장을 개설함과 동시에 지방에 출장소를 설립하여 지방으로의 확대를 시도하였다. 1906년에 목포출장소를 설치하여 면화 채종 재배에 주력했으며, 1907년에는 군산에 토지와 가옥을 구입해 군산시험장을 개설하였다.[62] 1908년에는 평양과, 대구에 각각 1개소의 출장소를 개설하였다.[63]

권업모범장의 사업이 농업 전반에 걸친 것임에 비해 주로 채소·과수 재배의 모범 및 개량을 위해 설치한 것이 원예모범장이었다. 원래는 대한제국 정부가 1905년 12월에 「농상공학교 부속 농사시험장 관제」를 공포하고[64] 서울 동대문 밖 뚝섬에 밭 480정보를 선정하여 이 학교의 실습장 겸 농사시험장으로 사용하고 있었다. 그러나 1906년 5월에 통감부가 그 위치가 적당하지 않고 설계에도 결함이 있으므로 원예시험장이 적합하다고 요구하여 농사시험장을 폐지하고, 그해 9월에 「원예모범장 관제」를 발포하여 원예에 관한 시험만을 하도록 하였다.[65]

원예모범장에서는 과수, 채소, 화훼를 재배하였다. 과수에서는 1906년 4월에 일본으로부터 1년생 사과와 배 묘목 10그루를 들여와 심었는데 발육이 양호했으며, 1907년 봄에는 구미(歐美)의 각종 포도, 사과, 배, 은행, 매실, 앵두, 복숭아, 감 등 많은 종류를 이식했는데 성적은 대체로 양호하였다. 채소에서는 1906년에 가지 등을 재배했고, 1907년에는 유럽·중국·일본으로부터 각종 채소를 들여와 재배하여 양호한 성과를 거

62　統監官房, 1908, 앞의 책, 228~229쪽.

63　統監府, 1909, 『第二次韓國施政年報(1908)』, 107쪽.

64　「勅令第60號 農商工學校附屬農事試驗場官制」(1905.12.29), 『韓末近代法令資料集』 4권, 1971, 452~453쪽.

65　統監官房, 1908, 위의 책, 229쪽.

<표 2-3> 통감부시기 종묘장 설치 지역

연도	지역
1908	함흥, 진주
1909	광주, 전주, 해주, 의주, 경성
1910	공주, 춘천

출처: 統監官房, 1908, 『韓國施政年報(1906~1907)』; 統監府, 1911, 『第三次韓國施政年報(1909)』.

두었다.[66] 원예모범장은 1910년 강제병합에 의해 권업모범장이 총독부 권업모범장으로 개편되면서 권업모범장으로 합병되어 뚝섬지장으로 바뀌었다.

통감부는 지방에도 농사기술과 종자·종묘에 관한 기관이 필요하다는 인식하에 1908년 8월 「종묘장 관제」를 공포하고 함흥, 진주에 종묘장을 설치하여 그 지방에 적합한 종자·종묘의 육성 배부를 중심으로 농업 개량에 기여하도록 하였다. 1909년 2월 광주, 전주, 해주, 의주, 경성 등 5개소에 종묘장을 증설했고,[67] 1910년 2월에는 공주, 춘천 등 2개소에 종묘장을 증설하였다. 총 9개소의 종묘장은 농상공부에 직속하였는데, 「조선총독부 관제」의 공포와 함께 각 도에 이속되어 국고로부터 경비를 분할 배당받게 되었다. 종묘장에서는 종묘 배부에 힘쓰고 농사 경영을 하면서 각종 조사를 수행하며 개량 농구 사용법, 상묘(桑苗) 식부법, 양잠법 등을 강화하고 지방 농민의 지도에 노력하였다.[68]

통감부가 조선의 농업을 농림학교의 설립, 권업모범장, 원예모범장, 종묘장의 건립을 통해 개선하기도 했지만, 다른 한편으로 품종의 개량을

---

66 統監官房, 1908, 앞의 책, 230쪽.
67 統監官房, 1908, 위의 책, 109~110쪽.
68 統監府, 1911, 『第三次韓國施政年報(1909)』, 183쪽.

통해 조선 농업을 개선하여 일본의 식량·원료의 공급기지로 바꾸려는 계획을 세웠다. 통감부는 쌀 품종의 개량, 육지면의 재배, 잠종의 개선 등을 통하여 조선의 재래품종을 바꾸어 일본 제조공업의 원료로 공급하거나 일본으로 상품화하는 시도를 행하였다.[69] 통감부는 권업모범장과 종묘장을 통하여 조선의 재래품종을 일본의 품종이나 새 품종으로 전환해 가고자 하였다.

3) 일본식 농법과 일본 품종의 도입

1894년 이후 일본의 인구가 매년 40~50만 명씩 증가했는데, 일본의 국내 쌀 생산량이 증가하기는 했지만 그 수요를 충당할 수는 없었다. 나아가 인구 1인당 쌀 소비량도 증가함에 따라 일본은 1900년 이후 쌀 수출국에서 만성적 쌀 수입국으로 전락하였다.[70] 일본은 조선에서 쌀을 수입하여 일본인 노동자들에게 값싸게 공급함으로써 저곡가·저임금 정책을 바탕으로 일본 자본주의체제를 유지해 가려고 하였다. 일제 당국은 조선의 농업 중 미곡에 관심을 갖고 있었다.

일본인 상인들도 조선의 미곡에 관심을 가지고 미곡의 상품화를 원활히 할 수 있도록 궁리하였다. 그리하여 목포 및 부산의 일본인 상업회의소는 1901년과 1903년 미곡의 탈곡 개량을 한국 정부에 건의해줄 것을 일본 공사 하야시 곤스케에게 청원한 바 있었고, 1903년에는 재조선 일본인상업회의소연합회의 이름으로 한국 농업 개량에 관한 청원서를

69　권태억, 1986, 앞의 글.
70　박석두, 2003, 앞의 글, 301~302쪽.

올리기도 하였다.

특히 목포 일본인상업회의소에서는 1901년 일본 농상무성에 청원하여 당 지방에 적합한 우량 미종자 및 면종자를 청원했고, 이에 응해 일본 농상무성에서 야마구치현(山口縣)의 '도(都)' 종자를 보내준 바 있었다.[71] 일본 상인들도 조선의 쌀을 수입하여 일본에 판매하기 위해서 미곡의 상품화에 관심이 많았다. 쌀의 품질을 균질화하고 일본인의 입맛에 맞게 해야 했으므로 일본 벼 품종의 보급에 관심이 컸다.

일제는 이 시기 벼 품종 개량의 일환으로 일본의 종자를 들여와 이를 재배 실험하고 보급하기에 주력하였다. 당시 권업모범장의 기사였던 사키사카 기사부로(向坂幾三郎)는 1906년 구마모토(熊本)에서 벼 품종을 들여와 '조신력(早神力)'이란 명칭을 붙여 그 재배를 실험하고 이를 보급하기 시작하였는데,[72] 1910년경에는 대개 중부는 조신력, 북부는 일출(日の出), 남부는 곡량도(穀良都)라는 개량종자가 적합함이 판명되었던 것 같다. 그리하여 1909년에는 권업모범장과 각지의 종묘장을 통해 200여 석의 수도(水稻)·육도(陸稻) 종자가 배부되었다고 한다. 이와 같이 통감부시기에 일본 벼 품종으로 조선 벼 품종을 대체해 가는 시도를 했고, 이러한 품종개량사업이 본격화한 시기는 일제가 조선을 병합한 이후인 1910년대였다.

한편 당시 일본에서는 섬유제품의 해외 수출 비율이 약 60%를 차지했고, 그중에서도 생사와 견직물이 압도적 비중을 차지하였다. 따라서 일제는 조선의 양잠업을 장려하고, 이를 싼값에 수탈해 가는 것에 관심

---

71 권태억, 1986, 앞의 글, 194쪽.
72 『朝鮮農會報』 9-11, 1935.11, 13~14쪽.

을 두었다. 통감부는 조선의 양잠업에 대해 일본의 상묘, 잠종에 관한 시험을 하고, 이를 농상공부 직영의 잠업전습소(蠶業傳習所)를 통해 개량 양잠술 및 제사법(製絲法)을 전습하고자 하였다.

먼저 통감부는 상묘 및 잠종을 개량하고자 하였다. 일제는 1906년 권업모범장을 설립하면서 뽕나무밭 및 잠실(蠶室)을 마련하고 1907년 봄부터 춘하추잠을 사육하기 시작하면서 일본 개량종의 한국 풍토에의 적응 여부를 시험하였다. 뽕나무의 일본 개량종과 재래종의 비교는 1908~1909년에 이루어졌다. 이러한 실험결과에 근거하여 1908년 12월의 제1회 농업기술관회의에서는 "노상(魯桑)·시평(市平)·도지내(島之內)·적목(赤木)의 4종을 가능한 한 많이 무상배포"[73]할 것이 결의되었다. 이러한 개량 누에 종류 및 뽕나무 묘는 농상공부 종묘장·권업모범장 및 그 출장소를 통해 각지로 배포되었다. 1909년에는 가잠종(家蠶種) 2,400여 매, 작잠종(柞蠶種) 1만 1,200여 매가 배포되었고, 뽕나무 묘는 1910년까지 주로 노상실생종(魯桑實生種)이 보급되었는데 1907년~1910년까지 약 16만 6천 주가 배부되었다.[74]

일제는 면방직업의 발달에 따라 그 원료를 외국에서 수입해 조달했는데, 그것을 식민지인 대만과 보호국인 조선에서 조달하고자 하였다. 그리하여 1904년 목포에서 육지면 재배 실험을 하고 일정한 성과를 거두자, 1905년 일본 정부 및 면사방적 자본가들은 면화재배협회를 조직하여 본격적인 육지면 시작 및 보급에 착수하였다.

면화재배사업은 1906년 6월 권업모범장이 설립되고, 이어서 목포출

---

73 『韓國中央農會報』 2-12, 1908.12, 37쪽.
74 권태억, 1986, 앞의 글.

장소가 설립되면서 본격적으로 실시되었다. 통감부는 1906년 전남의 목포 등 10개소에 80정보에 달하는 면화채종포(棉花採種圃)를 설치하고 기술관을 배치해 면화 재배를 적극적으로 추진하였다. 그 후 면화 재배지역을 늘려, 1911년 현재 5개 도 20개소 면적 2,680정보의 면화 재배지로 확대해 갔다.[75]

이와 같이 통감부시기에 일제는 조선의 벼 품종을 일본 벼 품종으로 전환시켜 갔고, 양잠업에서도 뽕나무 종류와 누에 품종을 일본종으로 개량시켜 갔으며, 면방직업에 사용하는 면화를 조선 재래종으로부터 미국의 육지면으로 바꿔가고자 하였다. 조선의 벼 품종을 일본의 벼 품종으로 전환시키는 작업은 조선산 쌀을 일본에서 수입하여 일본인 노동자들에게 값싼 가격으로 제공하려는 측면에서 의미가 컸다. 양잠업에서 뽕나무 묘와 잠종의 개량은 일본의 제사공장에 알맞은 원료를 공급하려는 의도를 갖고 있었다. 면화의 재래종을 육지면으로 변화시키는 작업도 일본의 면방직공장에 알맞은 원료를 제공하는 목적을 담고 있었다.

통감부는 이 시기에 식량·원료를 공급하는 기초 작업을 행했고, 1910년 조선을 강제로 병탄한 이후 일본제국주의는 조선을 식량·원료 공급기지로 만들기 위한 농업정책을 본격화하였다. 1910년대 일제는 식민지 조선의 쌀, 면화, 양잠, 소의 품종을 개량하는 데 전력을 기울였다.[76]

---

[75] 권태억, 1983, 「일제의 육지면 재배 확장정책-1904~1911년간을 중심으로」, 『진단학보』 55. 이 글에서는 1904~1911년까지 통감부의 육지면 재배 확대정책에 대해 기술하였다.

[76] 1910년대 농업정책에 대해서는 다음 논문을 참조하기 바란다. 정연태, 1988, 「1910년대 일제의 농업정책과 식민지 지주제」, 『한국사론』 20; 堀和生, 1976, 「日本帝國主義の朝鮮における農業政策: 1920年代 植民地 地主制の形成」, 『日本史研究』 171, 日本史研究會.

4. 일본인 지주의 조선 진출

대한제국시기에 일본인 지주들이 조선에 몰려오기 시작했지만, 조선 정부가 외국인들의 토지소유를 금지하고 있었기 때문에 일본인 지주들의 조선 진출은 원활하지 못하였다. 일본 정부는 1901년 이민법을 개정하여 일본인의 해외이민을 적극 권장했고, 만한이민집중론이 제기되면서 한반도로의 이민을 더욱 조장하고 권유하였다. 일본에서 1900년 이후 매년 인구가 40~50만 명씩 증가하자 일본인들이 미국 서부 또는 캐나다 서부로 이민했는데, 이 때문에 미국 정부와 외교적 마찰을 일으켰다. 이에 일본 정부는 장차 러일전쟁을 수행할 때 미국의 지원을 받아야 했기에 그 외교적 마찰을 줄이면서, 일본인의 인적 자원을 집결시키고 활용한다는 측면에서 만한이민집중론을 제기하였다. 그리하여 조선과 만주에 일본인의 이민을 집중하도록 하였다.[77]

1905년 이후 일본인의 조선으로의 이민이 급증했고, 일본인 지주의 진출도 증가하였다. 이러한 상황에서 대한제국의 외국인의 토지소유를 금지하는 법은 일본인의 조선 진출을 근본적으로 제한하는 조치였다. 그리하여 일본 정부는 조선에 1906년 통감부를 세운 이후, 「토지건물증명규칙」(1906.10), 「국유미간지 이용법」(1907.7) 등의 법률을 정비하여 일본인의 토지소유를 합법화하면서 일본인 지주의 조선 진출을 적극적으로 옹호하였다.[78]

---

77   정연태, 2014, 앞의 책, 15~29쪽.
78   최원규, 1994, 「한말 일제초기 토지조사와 토지법 연구」, 연세대학교 박사학위논문.

〈표 2-4〉 토지 30정보 이상 소유 일본인 대지주 호수

(단위: 호)

창업연도 규모	1903년 이전	1904	1905	1906	1907	1908	1909	합계
30~50정보	1	4	3	2	3	7		20
50~100정보	3	6	7	4	7	3		30
100~200정보	2	5	5	12	6		1	31
200~300정보	3	5	2	2				12
300~500정보	2	2	5	10	2			21
500~1,000정보	1	3	1	3	3	1		12
1,000~2,000정보		1		1	2			5
2,000~5,000정보	1		1					2
5,000정보 이상		1				1		2
계	13	27	25	34	23	12	1	135

비고: 1909년 통계는 1909년 6월 말까지의 통계이다.
출처: 統監府, 1910, 『第三次統監府統計年報』, 247~256쪽(淺田喬二, 1968, 『日本帝國主義と舊植民地地主制』御茶の水書房 재인용).

그 후 일본인 지주들의 조선 진출은 급격히 증가하기 시작하였다. 특히 일본인 대지주나 자본가들이 조선에서 토지를 매입하여 대지주로 등장하였다. 〈표 2-4〉에서 보는 바와 같이 1903년 이전에 30정보 이상 대지주가 13명 존재했지만, 1904년 이후에는 대지주의 진출이 본격화하였다. '한일의정서'를 체결하는 1904년부터 '제3차 한일협약'이 맺어지는 1907년까지 4년 동안 109명의 일본인들이 조선에 대지주로서 진출하였다.[79] 1909년에 500정보 이상의 지주 21명 중 17명이 이 시기에 진출한 일본인 지주였고, 이들 지주들이 조선에 진출함과 동시에 대지주가 된 것이 특징이었다.

일제의 조선 병탄 이전에 이미 일본인 지주들의 진출이 매우 활발했

79　淺田喬二, 1968, 『日本帝國主義と舊植民地地主制』, 御茶の水書房.

던 것이다. 일본인 대지주들이 진출한 지역은 처음에는 전라도, 경상도, 충청도 지역이 중심이었다가,[80] 점차 경기도, 황해도로 확대되었다. 그중에서 중심적인 지역은 첫째 전라북도 금강, 동진강, 만경강 유역인 군산 부근, 둘째 전라남도 영산강 유역의 광주, 나주를 포함한 광주평야, 셋째 경상남도 낙동강 유역을 포함한 김해평야가 중심이었는데, 점차 경기도 광덕강 지류 유역의 수원 진위 일대의 평야와 대동강 유역의 평야지대 등으로 확대되어 갔다.[81]

일본인 지주들이 조선에 들어오고자 하는 데는 지주 경영에 따른 이윤이 크기 때문이었다. 첫째는 조선의 토지 가격이 일본의 그것에 비해 매우 쌌다. 조선의 토지 가격은 일본 토지 가격의 10분의 1 내지 30분의 1 수준 밖에 되지 않았다. 둘째는 소작료율이 높았다. 일본에서 지주 경영을 하는 경우, 자본에 대한 이익률이 6% 내외인 데 반하여, 조선에서는 25% 내외를 차지할 정도였다. 조선에서 자본에 대한 이익률은 일본의 3배나 될 정도였다.

일본인 지주의 입장에서 보면, 조선은 지주 경영에서 매우 많은 이익을 취할 수 있는 지역이었다. 그리하여 일본인 지주들은 외국인의 토지소유가 금지된 1904년 이전 시기에도 조선인 명의를 빌려 토지를 매입하였다. 1903년 이전에도 일본인 지주가 13명 정도 진출해 왔으며, 1904년 이후 일본인의 조선 진출은 크게 증가하기 시작하였다. 특히 1905년 러일전쟁에서 일본이 승리하면서, 일본인의 이민이 급격히 증가하였다. 통감부는 1906년 3월 말부터 1년 사이에 300개 지

---

80 加藤末郎, 1904, 앞의 책.
81 京都府知事, 1908, 『韓國農業視察復命書』.

<표 2-5> 각 지방의 이주자 수

인구수			호구수		
1906년 3월 말	1907년 3월 말	증가분	1906년 3월 말	1907년 3월 말	증가분
65,095명	86,900명	21,805명	15,806호	23,481호	7,675호

비고: 원문에는 지방별로 내역이 기술되어 있다.
출처: 統監府 農商工務部 農林課, 1907, 『韓國ニ於ケル農業ノ經營』, 18~38쪽.

역을 대상으로 일본인의 이민 상황을 조사하였다. 그것을 요약한 것이 〈표 2-5〉이다. 1906년 3월 말에 호구수로 1만 5,806호, 인구수로 6만 5,095명이었는데, 1907년 3월 말에는 일본인 이주자가 호수로 7,675호, 인구수로는 2만 1,805명이 증가해 호수 2만 3,481호, 인구수는 8만 6,900명으로 증가하였다.[82]

1908년의 일본인 조사에 의하면, 당시 농업에 종사하고 있는 일본인은 1,600여 명에 이르며, 평균 1인당 8정보 내외를 경작하고 있었다. 그들은 소유지의 대부분을 한인에게 소작을 주었으며, 일본인이 직접 경작하는 것은 극히 적었다.[83]

일본인 지주들의 토지소유는 대체로 철도를 따라서 형성되거나, 왕실과 민들의 분쟁지를 구입하여 이를 중심으로 형성되는 경우가 많았다. 특히 경상남도 지역은 일본과 가까웠고, 부산을 중심으로 일본의 거류지가 형성되어 있었던 곳이기 때문에 일찍부터 일본인들이 진출해 왔다.[84]

---

82 統監府 農商工務部農林課, 1907, 『韓國ニ於ケル農業ノ經營』, 18~38쪽.

83 京都府知事, 1908, 앞의 책.

84 최원규, 1999, 「19세기 후반·20세기 초 경남지역 일본인 지주의 형성과정과 투자 사례」, 『한국민족문화』 14, 부산대학교 한국민족문화연구소.

제3장
식민지 농업의 토대 구축과 농촌사회 변화
(1910~1919)

1. 농업정책의 기조와 개량농법의 추진

1) 조선총독부 농업정책의 기조

　1910년 일제가 조선을 강점한 후, 일제는 정치적으로 조선인의 저항을 무력으로 진압하는 헌병경찰제도를 실시하였다. 1905년 이후 나타난 조선인의 의병항쟁이 완전히 수그러들지 않았기 때문에 일본 정부와 조선총독부는 헌병경찰제도를 실시해 한반도 전역을 전율(戰慄)의 상태에 두면서 한반도 경제의 제국주의적 재편 작업을 강력히 추진하였다.
　조선총독부는 1910년 조선을 병탄하자마자 두 가지 큰 시책을 시행하였다. 하나는 토지조사사업(1910~1918)으로 조선의 민유지를 조사하는 것이었고, 다른 하나는 1910년 「회사령」을 공포하여 조선인의 민족자본이 성장하는 것을 저지하는 것이었다. 일제는 조선의 토지 현황을 파악해 식민정책을 추진할 수 있었다. 토지조사사업은 소유권 조사, 지가 조사, 지형·지모 조사 등을 중심으로 진행하였다. 토지소유권의 확립은 토지 상품화를 촉진하여 일본인 자본가가 조선에 진출할 수 있는 바탕이 되었다. 토지소유권과 지가의 조사는 지세의 원활한 징수와 지세 증수를 도모할 수 있었다. 조선의 지형·지모 조사는 농업생산정책을 실시하는 기초 작업이었다.
　일제는 1908년부터 관유지와 왕실의 토지를 조사하여 국유지화한 바 있었다. 그 후 1910년 1월에 토지조사계획서를 작성하고, 3월에 토지조사국을 설립하면서 토지조사를 준비해갔다. 그리하여 8월에 조선을 병탄하자마자 「토지조사법」을 공포하고 1918년까지 약 2천만 엔의 막

대한 예산을 들여 토지조사사업을 실시하였다. 그 결과 1,910만 필지(筆地: 구획된 논이나 밭 따위를 세는 단위)에 487만 정보의 토지를 조사하고 소유권을 확정지었다. 그중 조선인 소유지는 428만 정보, 일본인 소유지는 24만 정보, 국유지는 27만 정보였으며, 동양척식주식회사의 소유지는 8만 정보였다. 일제는 토지조사사업을 통해 하나의 토지에 하나의 소유권만 인정하는 일물일권적 토지소유권제를 확립하고, 토지소유권을 국가가 인증하는 등기제도를 실시하였다.

한편 1910년 12월에는 「회사령」을 공포하여 조선 내에 회사를 설립하려면 조선총독의 허가를 받도록 하였다. 즉 조선인 지주들이 산업자본가로 변신하는 것을 저지하였다.[1] 반면에 일본인 지주 및 일본인 자본가들이 조선에 들어와 토지를 구입하고 회사를 설립하는 것은 방조하였다. 즉 일본인들이 조선에 들어와 회사와 공장을 설립하여 자본제 상품을 제조하여 판매하는 것은 권장하거나 허용하였다. 그러다가 1914년부터 발생한 제1차 세계대전에 의해 일본인 자본제 상품의 판매시장이 동남아까지 확대되면서 일본 자본가들의 규모가 재벌로까지 크게 확대되었다. 일본인 자본가의 자본 규모가 비약적으로 증가하면서 조선인 자본가 및 지주와 경쟁할 수준을 넘어서자, 1920년 3월에 「회사령」을 폐지하였다.

---

[1] 「회사령」의 실시 목적에 대해서는 두 가지 견해가 있다. 첫째는 한반도 내에 한민족 자본의 발생을 처음부터 억제하는 것은 물론이고, 동시에 일본·외국 자본의 진출까지도 막아 한반도를 원시적인 원료 공급지이면서 일본의 상품시장으로 한다는 데 목적이 있었다는 견해이다. 둘째는 일본 정부가 기도한 것은 조선 민족자본의 성장·발전을 억제한 것뿐이었지 결코 일본 자본의 조선 진출을 억제한 것은 아니었다는 견해이다. 그런데 실시 과정을 면밀히 고찰해 보면 총독부는 조선 내에 일본 기업을 많이 유치하고자 하였으므로, 후자의 견해가 더 타당한 것으로 생각된다.

1910년에 일제가 조선을 병탄한 후에는 조선인의 저항을 억누르면서 헌병경찰제도를 바탕으로 무단통치를 실시하였다. 헌병경찰을 동원하는 통치비용으로 총독부 재정의 30% 내외가 소요되었다. 그리고 조선을 일본과 동일한 시장권으로 만드는 데 필요한 교통망 건설비용에 30~40%를 사용하였다.[2] 일본은 조선에 자국의 자본제 상품을 판매하고, 아울러 조선인의 저항을 효율적으로 진압하기 위해 철도, 도로, 항만의 건설이 필요하였다. 조선총독부는 총독부 예산 중 통치비용과 사회간접자본을 공제한 나머지 비용만을 조선 산업 진흥에 투여하였다. 당연히 농업생산 부문의 지출은 적을 수밖에 없었으며, 적은 예산으로 일정한 효과를 낼 수 있는 방향으로 정책을 실시하였다.

　조선총독부의 1910년대 농업정책의 기조는 첫째 식량품 생산의 증식, 둘째 수이입 농산물의 자급자족, 셋째 내지(일본) 및 인접국에 대해 수출 전망이 있는 농산물의 개량 및 증식이었다.[3] 즉 식량으로 이용할 수 있는 농산물을 증식시키고자 하였고, 수이입 농산물을 증산하여 자급자족함으로써 외화를 절약하고자 하였고, 일본 또는 외국에 수출할 수 있는 농산물을 증산함으로써 외화를 획득하고자 하였다. 이에 조선총독부는 농업정책을 구체적으로 실행하는 데 있어서 네 가지 기본 방침을 정하였다. 첫째 장려 사항이 여러 개에 걸치지 않을 것, 둘째 실행하기 간편하여 비용 지출이 없거나 소액이어야 할 것, 셋째 그 효과가 적확할 것, 넷째 실시에 대해 구체적으로 지도할 것 등을 발표하였다.[4]

2　사회간접자본은 일본의 자본제 상품을 판매하거나 혹은 조선인의 저항을 신속히 진압하기 위한 기반시설 구축을 위한 것이었다.
3　朝鮮總督府 殖産局, 1922, 『朝鮮の農業(1920)』, 1쪽.
4　朝鮮總督府 殖産局, 1922, 위의 책, 2쪽.

즉, 적은 예산으로 명료한 효과를 낸다는 것이 조선총독부 농업정책의 실행 방침이었다. 그리하여 1910년대 조선총독부의 농업정책은 미작, 면작, 양잠, 축우 등 몇 분야에 한정하여 품종을 개량하는 데 초점을 맞추었다.

한편, 조선총독부는 일본 본국의 견해를 반영하면서 농업정책을 실시해 갔다. 미작중심정책은 조선에서 생산되는 쌀을 가져와 일본 본국의 식량 부족을 해결하려는 목적으로 추진되었다. 일본은 1900년경부터 만성적인 쌀 부족 국가였기에 조선과 대만에서 쌀을 생산하여 값싼 가격으로 일본 본국으로 들여오고자 하였다. 이에 1910년대는 일본의 쌀 품종을 조선 논에 식부하는 정책을 펼쳤고, 1918년 일본에서 '쌀소동'이 일어나자 쌀의 안정적 공급을 위해 1920년대는 조선에 산미증식계획을 실시하였다. 그 계획의 구체적 내용은 논을 확대하고 수리시설을 신설하면서 쌀을 증산하여 일본 본국으로 이출하는 정책이었다. 1930년대 세계대공황으로 쌀 가격이 폭락하고 풍년이 지속되자 조선총독부는 일본 정부의 강요로 1934년에 산미증식계획을 중지하였다. 그러다가 1937년 중일전쟁 이후 전쟁 준비를 위한 식량이 필요하게 되자, 1939년 이후 조선증미계획을 실시하였다. 이와 같이 조선의 농업정책은 조선의 필요에 의해서 추진되기보다는 일본 본국의 필요에 따라 정책 방향이 결정되었던 것이다.

면작과 양잠업은 일본 산업자본의 요구에 따른 원료 공급의 성격이 강하였다. 조선에서 전통적으로 재배해 왔던 재래면의 재배 지역은 줄어들었고, 일본 제사공장에서 원료로 쓰이는 육지면 재배가 적극 권장되었다. 또한 일본 생사는 대미(對美) 일본 총 수출액의 40%를 차지할 정도로 중요 수출품이었기에 조선에서도 양잠업을 육성하여 생사의 생산량을 늘려 일본을 통해 미국으로 수출하려 하였다. 그리하여 1910년대는 육지면과 양잠업의 육성을 적극 권장하였다.

종합하면, 1910년대 조선총독부의 농업정책은 조선을 식량·원료의 공급기지로 만들기 위해 기초 작업을 수행한 것이었다. 논에는 일본 쌀 품종의 식부면적을 늘려갔다. 밭에서는 육지면 재배면적을 확장해 갔고, 누에와 뽕나무도 일본 품종으로 대체해 가는 방식을 취하였다.

2) 개량농법의 추진과 무단농정의 실시

조선총독부는 일본 본국과 긴밀히 협의하여 조선에서 농업정책을 실시하였다. 일본 본국의 요구를 수용하면서 농업정책을 정하고, 조선총독부 산하의 농상공부 식산국이 그 정책을 추진해 갔다. 농상공부 식산국에서는 권업모범장과 도 단위의 종묘장 및 도원잠종제조소 등을 설립하여 구체적 농업기술을 조선 농민들에게 구현시켜 갔다.[5] 권업모범장은 중앙뿐 아니라 지방에도 부속기구를 두었고, 각종 시험소와 지장을 설립하여 그곳에서 구체적 농업기술을 실험하고 전파시키는 역할을 수행하였다. 각 도에는 도종묘장을 두어 농업기술을 조선 농민으로 하여금 실제에 적용하도록 하였다.

일본에서는 메이지유신 이후 폐번치현(廢藩置縣) 등을 계기로 서양의 근대 실험농학을 바탕으로 한 새로운 농업기술이 확산되면서 재래농법을 대체하였다.[6] 이것은 후쿠오카(福岡) 지역에서 시작된 선진적 벼 재배

---

5 朝鮮總督府 殖産局, 1922, 앞의 책, 2쪽.
6 우대형, 2001, 『한국근대농업사의 구조』, 한국연구원, 2~3쪽.

기술로 대표되는데, 서양의 근대 실험농학에 의해 정비되면서 소위 메이지농법(明治農法, 후쿠오카농법)이라 불리며 일본 전역에 보급되었다. 후쿠오카농법은 엄밀한 선종(選種: 소금물로 거름)에서 시작하여 심경(深耕: 깊이 갈이)과 다비(多肥: 거름을 많이 줌), 쇠스랑을 이용한 중경제초(中耕除草: 김을 매고 흙을 고름), 수확 시 시렁에 말려 끝내는 일련의 벼농사 기술체계이다.[7] 이 농법이 일본 전역에 보급되면서 일본의 농업 발달을 이끌었으며, 초기 산업화에 크게 기여하였다. 조선총독부는 이 개량농법을 조선에 도입하여 조선의 재래농법을 대체하고자 하였다. 1910년대는 일본의 벼 품종을 보급하는 데 중점을 두었다.

조선총독부는 회유와 협박을 병행하면서 농업정책을 추진하였다. 총독부의 방침을 따르는 조선 농민에게는 싼 이자로 공공자금을 대여하는 특혜를 주거나 포상을 하였다. 반면에 총독부의 농업정책을 따르지 않을 때는 직원이나 혹은 헌병경찰을 동원한 강제 집행 방식을 취하기도 하였다.

1910년대는 조선총독부가 무력을 바탕으로 농업정책을 강압적으로 집행하는 방식을 취하였다. 1910년대 조선총독부는 의병 등 조선인의 저항을 막기 위해 헌병경찰을 동원한 무단통치 방식을 농업정책의 추진에도 그대로 적용하였다. 당시의 관리는 다음과 같이 회고하였다.

> 장려 사항과 같은 것은 총독부에서 일일이 정하여 지방청은 함부로 가감하지 못하도록 하였으며 (중략) 따라서 총독부는 마치 참모본부이고 지방청은 오직 그 방침대로 실행 임무를 맡아 제1선에 있는 전

---

7   飯沼二郎, 1982, 「日帝下朝鮮における農業革命」, 『朝鮮史叢』 5·6, 101쪽.

투부대 같은 것이었으며, 너무나 부자유스럽고 획일적이며 군대식이라는 등 비난도 있었다.[8]

즉 조선총독부가 지침을 내리면 지방관청에서는 전쟁에서 작전을 수행하는 방식으로 농업정책을 획일적으로 수행하였다. 예를 들면, 봄의 파종기에 조선 농민이 조선총독부가 장려하는 일본 벼 품종을 심지 않고, 조선 벼 품종을 심는 경우에는 헌병경찰들이 못자리를 밟아 훼손하는 무단농정을 실시하기도 하였다.

한편 조선총독부는 당국의 농업 지침을 잘 따르도록 하기 위해 생산자조합을 결성하도록 하였다. 논에서는 수리조합, 면작에서는 면작조합, 양잠업에서는 양잠조합을, 특수작물에서는 연초경작농조합 등을 구성하도록 하였다. 총독부는 가입한 조합원에게는 국고 및 민간은행의 자금을 싼 이자로 대여해 주는 특혜로 조합 가입을 유인하였다. 아울러 이 조합에서는 총독부가 원하는 품종 및 비료, 농기구 등을 공동으로 구매하고 생산물을 공동으로 판매하기도 하였다. 그러면서 총독부의 지침을 시달하여 수행해 가도록 하였다.

---

8   渡辺豊日子, 1922.10, 「朝鮮米に就て」, 『朝鮮』 第91號(박석두, 2003, 앞의 글, 444쪽 재인용-).

2. 토지조사사업의 실시

일제는 식민지 조선을 효과적으로 지배하기 위해 조선의 토지와 인구를 조사하기 시작하였다. 통감부 탁지부에서는 토지조사의 필요성을 인식하여 1910년 1월에 『한국토지조사계획서』를 작성하고, 일본 본토·오키나와·대만의 토지조사 경험을 바탕으로 토지조사사업을 실시해 갈 계획을 세우고 있었다.[9] 탁지부 임시재산정리국에서는 가장 먼저 1909년 11월부터 1910년 2월까지 경기도 부평군에서 시범적으로 토지조사를 실시하였다. 그 조사의 목적은 토지조사에 대한 민심의 동향을 살피고, 측량 경험을 축적하는 것이었다.[10] 이러한 경험을 바탕으로 1910년 3월에는 토지조사국을 개설하여 토지조사사업을 준비해 갔다.

1910년 8월 22일에 일제가 조선을 병탄하자마자, 다음날인 8월 23일에 일제는 「토지조사법」[11]과 「토지조사법시행규칙」[12]을 공포하였다. 「토지조사법시행규칙」에는 토지소유자의 신고서 제출, 표항(標杭) 설치, 지주총대 선정, 소유자 이동 신고 등 사업의 기본 원칙들을 전반적으로 담고 있었다.

---

9 최원규, 2019, 앞의 책.
10 이영호, 2008, 「일제의 조선식민지 토지조사의 기원, 부평군 토지시험조사」, 『한국학연구』 18.
11 朝鮮總督府 臨時土地調査局, 「法律 第7號 土地調査法」, 『局報』 第1號, 1910.8.23. 1쪽.
12 朝鮮總督府 臨時土地調査局, 「度支部令 第26號 土地調査法施行規則」, 『局報』 第1號, 1910.8.23, 3~5쪽.

조선총독부는 그해 9월 30일에 「임시토지조사국 관제」[13]를 공포하고, 토지조사국의 명칭을 임시토지조사국으로 변경하면서, 토지조사사업을 실시해갔다. 조선총독부 임시토지조사국에서는 다음과 같이 민심의 동향에 주의를 기울이면서 토지조사사업을 신중하게 추진해갔다.

> 작업의 진척에 영향을 끼칠 사항에 대해서는 깊이 주의를 기울여야 한다. 즉 본 사업에 대한 각 지방 인민의 의향에 대해서는 전적으로 시행 취지를 잘 주지시켜, 〔토지조사사업이〕 종래 불확실한 토지소유권을 보장하고 각자의 복리를 증진시키기 위한 것임을 이해시켜서 스스로 본 사업 시행규정의 수속을 따르게 해야 한다.[14]

그렇지만 토지조사사업은 초기에 총독부의 계획대로 진척되지는 못하였다. 일본인은 자기의 소유권을 인정받으려고 토지조사사업에 적극 협조했지만, 조선인들은 토지조사를 환영하지 않았고 비협조적이었기 때문이었다.[15] 조선총독부 임시토지조사국에서는 토지조사사업을 반대하고 있던 지주, 농민들에게 토지조사사업의 이점과 필요성을 소책자로 만들어 적극적으로 홍보하였다.[16]

---

13 朝鮮總督府 臨時土地調查局, 「勅令 第361號 朝鮮總督府臨時土地調查局官制」, 『局報』 第1號, 1910. 9. 30, 6~7쪽.

14 朝鮮總督府 臨時土地調查局, 1911, 『土地調查事業現況報告書』, 1쪽.

15 왕현종, 2007, 「경남 창원지역 토지조사의 시행과정과 장부체계의 변화」, 『역사와 현실』 65, 한국역사연구회, 323쪽.

16 그 책자가 『土地調查事業의 說明』(朝鮮總督府 臨時土地調查局, 연도 미상)이다. 이 책은 1910년의 상황을 기록한 것이다. 그 증거는 다음과 같다. 첫째 국한문혼용체로 작성된 점, 둘째 "작년 이래 각 재무감독국에서 국유지조사반을 설치하여 대략 조사

임시토지조사국은 시중에 떠돌고 있는 토지조사사업에 대한 부정적 소문들을 적시하면서, 그것이 사실이 아님을 설명하였다. 예를 들면 "토지조사 할 필요가 없다", "토지조사는 결세를 증가할 목적이다", "토지조사의 목적은 사유지를 관유지로 하려는 것이다", "토지조사의 결과 다른 사람에게 토지가 약탈될 것이다"라는 당시의 소문에 대해서 적극 해명하였다. 그 설명은 다음과 같다.

'토지조사는 결세를 증가할 목적'이라 함은 오해다.
토지조사의 목적은 지적을 명확히 하고 소유권을 확인하여 토지 개량 및 이용을 편리하게 하여 각 개인의 부력(富力)을 증진케 함과 동시에 토지의 등급을 정확히 산정하여 지세 부담의 공평을 기하는데 있다. 이에 결세를 증가하고자 하는 목적이 아니다. 한 나라의 조세는 국가 통치상 정책을 시행하면서 국민의 부담력을 감안하여 이를 부과하는 것이니, 토지조사의 수행 여부나 조사사업의 완성 여부와는 하등 관계를 갖고 있지 않다.

'토지조사의 목적은 사유지를 관유지로 함에 있다'는 것은 망언이다.
구한국정부가 전에 궁내부 소유의 토지를 국유로 옮긴 결과로 각 도에 산재한 역둔토와 기타 국유지를 조사함으로써 관민유지의 구분을 명확히 하기 위하여 작년 이래 각 재무감독국에 국유지조사반을 설치하여 대략 조사를 종료하였다. 이 사이 다소 인민의 오해가 있어서 민유지를 국유지로 편입시킨다는 감을 주었다. 이번 토지조사국에서

를 종료하였다"고 한 점, 셋째 토지조사국의 조사라고 한 점 때문이다.

시행하는 조사도 혹시 민유지를 관유지로 삼는 것이 아닌가 하는 오해를 갖는 자가 있으나, 토지조사국의 조사는 국유지의 조사와 그 목적을 달리하는 것으로 이미 설명한 바와 같이 각 개인의 토지소유권을 확인하여 그 토지의 개량과 이용을 원만히 하고자 함이다.[17]

임시토지조사국의 이러한 설득에도 불구하고, 조선인들은 일제의 토지조사사업에 적극적으로 협조하지 않았다. 예를 들면, 조선인 토지소유자들은 임시토지조사국에서 진행하는 토지신고서 제출에 협조하지 않았다. 경상남도 창원군에서는 1913년 6월 1일부터 토지신고를 하게 되었으나, 토지소유자들이 토지신고를 제대로 행하지 않아 신고 기간을 몇 차례 연장하기도 하였다. 처음에는 1914년 3월 31일로 연장되었다가, 1914년 6월 1일부터 8개월간 늘리기도 하였다.[18]

조선총독부에서는 농민들의 의구심을 적극 해명하면서 토지조사사업을 추진해 갔다. 토지조사사업은 토지제도와 지세제도를 식민지 경영에 적합하도록 개편하려는 의도에서 추진되었으며, 소유권을 조사하여 법적으로 확인하는 것, 토지가격을 조사하여 법정지가를 확정하는 것, 지형·지모를 조사하는 것 등 세 가지를 목적으로 진행하였다.[19]

일제의 토지조사사업은 크게 조사 사무와 측량 사무로 나누어 진행되었다. 조사 사무는 준비조사, 실지조사, 검사의 세 단계로 나뉘었다. 준비조사는 면(面)·동(洞)·리(里)의 명칭과 경계를 조사하는 것과 토지신

17　朝鮮總督府 臨時土地調査局,「第七章 土地調査에 對한 辨妄」,『土地調査事業의 說明』.
18　왕현종, 2007, 앞의 글, 330쪽.
19　신용하, 1979,『조선토지조사사업사연구』, 한국연구원.

고서를 수합하는 업무이고, 실지조사는 필지의 경계와 지목, 토지소유자의 조사, 개황도의 작성, 실지조사부의 작성, 토지등급조사 업무를 일컫는다. 검사는 실지조사에서 작성한 개황도와 실지조사부를 검사하고 측량원도와 토지신고서를 대조하여 조사하는 작업이었다. 그리고 측량 사무는 삼각 측량과 도면 제조 등의 순서로 진행되었다.

준비조사는 먼저 면동리의 명칭 및 경계에 대한 조사를 실시하였다.[20] 그 과정에서 1913년 12월에 행정구역 개편이 이루어졌다. 아울러 면동리의 약도, 즉 면별로 축적 1만 2,000분의 1인 약도를 목측에 의해 작성하도록 하였다. 그 약도에는 철도선로, 중요 하천, 도로를 활용한 면동리의 경계와 촌락 등의 대략적인 위치를 표시하도록 하였다.

다음으로 토지신고서의 배포와 수합이었다. 토지신고서의 배포 경로는 군-면장-지주총대였다. 면장은 토지신고 기간이 고시되면 지주총대를 통하여 수집하고 동리별로 묶어 정리하였다. 수합한 토지신고서는 당시 공부(公簿)의 역할을 하고 있었던 결수연명부와 대조하도록 하여, 토지신고의 누락을 방지하였다. 1910년 5월부터 시작해 1916년 5월에 종료된 준비조사에서 수집된 토지신고서는 총 518만 1,652통이고, 필수는 1,857만 3,731필이었다.[21]

실지조사에서 일필지 조사는 지주조사, 경계조사, 지목조사, 지번조사로 나누어 진행하였다. 지주조사는 신고자를 소유자로 인정했고, 경계조사는 인접한 토지와 관계를 확정하는 것이며, 지목조사는 토지를 18종으로 구분하여 지목을 부여하는 것이었으며, 지번조사는 필지별로

---

20   조석곤, 2003, 앞의 책 44~49쪽.
21   조석곤, 2003, 위의 책, 44~55쪽.

순서대로 지번을 부여하는 것이었다.[22]

일필지 조사의 조사 내용은 실지조사부에 기재하였다. 실지조사부는 개황도에 의거해 토지신고서를 바탕으로 동리별로 가지번(假地番)의 순서에 따라 작성했다. 실지조사부의 지번은 일필지 측량이 끝난 뒤 지번조사를 통해 부여했으며, 토지신고서의 두락수를 매 필지의 평수로 정확히 기재하였다. 일필지 조사는 1910년 6월에 경기도 부평에서 시작하여 1916년 11월 경남 일부 군의 부속도서를 마지막으로 종료하였다. 조사 필수는 총 1,910만 필이었다.

이와 같이 준비조사, 실지조사 및 세부 측량의 순서를 거쳐 면적을 계산하고 그 결과로 토지조사부, 토지대장, 지세명기장, 지적도를 작성하였다. 토지조사부와 지적도 작성을 완료하게 되면, 임시토지조사국장은 도지방토지조사위원회에 자문을 구한 후 토지소유자 및 그 경계를 사정(査定)한다. 토지조사부와 지적도를 토지 소재의 부군청에 비치하고 30일 동안 일반에 공람하며, 그것을 공시(公示)한다. 이 공시 기간 만료 후 60일 이내에 고등토지조사위원회에 불복을 신청할 수 있다. 불복을 신청하지 않았을 때는 사정은 확정되고, 토지소유자의 권리는 공적으로 보장된다.[23] 불복을 신청한 토지는 고등토지조사위원회의 판결에 의해 토지소유자가 확정되게 된다.

사정 공시는 토지조사사업이 종료된 지역부터 실시했으며 1913년부터 1917년까지 진행되었다. 공시 실적은 총 지주 187만 1,636명 중 100만 5,352명(53.7%)이 열람하였다.[24] 조선총독부는 1918년에 사업을

---

22 조석곤, 2003, 앞의 책, 56~57쪽.
23 田中定平, 1915, 『土地調査ト地主』, 巖松堂書店, 2~3쪽.
24 조석곤, 2003, 위의 책, 87~94쪽.

마무리하면서 1,910만 필지에 487만 정보의 토지를 조사하고 소유권을 확정지었다. 그중 조선인 소유지는 418만 정보(85.8%), 일본인 소유지는 24만 정보(4.9%), 국유지는 27만 정보(5.5%)였으며, 동양척식주식회사의 소유지는 8만 정보(1.6%)였다.

일제는 토지조사사업을 통해 하나의 토지에 하나의 소유권만 인정하는 토지소유권제를 확립하고, 토지소유권을 국가가 인증하는 등기제도를 실시하였다. 이 과정에서 토지소유권에 대한 분쟁이 일어나기도 했다. 분쟁지는 3만 4천 건에 10만 필지 정도였다. 그중 개인과 국유지 간의 분쟁이 65%(6만 4천 필지)였고, 민유지 상호 간의 분쟁은 35%(3만 5천 필지)에 해당했다. 분쟁지의 소유권은 대개 조선총독부, 일본인 지주, 조선인 지주 순으로 유리하게 귀결되었다.

토지조사사업의 결과 다음과 같은 현상이 나타났다. 첫째, 삼국시대 이래 축적되어온 한국의 전통적인 토지에 대한 여러 권리가 부정되고 오직 소유권만이 인정됨으로써 한국의 전통적인 토지권리체계가 부정되었다. 조선시대에 토지에 대한 권리는 소유권 외에도 경작권, 개간권, 입회권 등 여러 가지가 존재하였다. 그러나 일제가 소유권만 인정하고 나머지 권리는 부정함으로써 오랫동안 경작해온 농민의 경작권이나 황무지를 개간할 수 있는 개간권 등이 소멸되기에 이르렀다.

둘째, 진전 등 오랫동안 농사를 짓지 않던 토지나 임야의 토지권리가 대지주나 일본인 지주들에게 유리하게 부여되었다. 조선시대에는 농민들이 진전을 개간하여 경지로 만들거나 혹은 수확물을 획득하기도 했지만, 일제는 진전의 토지소유권을 대지주나 일본인 지주들에게 인정해 주는 경우가 많았다. 이처럼 토지조사사업은 대지주 혹은 일본인 지주들에게 유리하게 전개되었다.

셋째, 토지조사사업으로 국유지가 많이 만들어졌다. 둔전, 궁방전 등 관유지와 왕실 소유지를 국유지로 편입시켰고, 아울러 소유구조가 복잡한 농민 소유지도 국유지로 편입시켰다.[25] 그리하여 개인과 국가 사이의 국유지 분쟁이 심하였다.[26] 농민 소유지 중 일부는 조선총독부가 침탈하여 국유지로 편입시켰는데, 이들 토지는 이후 동양척식주식회사나 일본인 회사 및 지주에게 헐값으로 팔려나가기도 하였다.

넷째, 일본인 토지소유가 증가하였다. 일본인은 논밭을 직접 사기도 하였지만, 미개간지 혹은 강 주변의 범람지와 분쟁지 등을 헐값으로 사들여 토지를 소유하였다. 또는 고리대나 저당 등을 매개로 강제로 빼앗은 경우도 있었다. 토지조사사업이 실시된 7년 동안 일본인 토지소유자 수는 10배, 투자액은 5배, 토지소유면적은 4배로 증가하였다.

다섯째, 조선총독부의 지세 수입이 크게 증가하였다. 사업을 실시한 1911년에는 지세 수입이 624만 원이었는데, 사업이 끝난 1920년에는 지세 수입이 1,100만 원으로 2배가량 증가하였다. 그만큼 토지소유주인 조선인들이 지세를 많이 납부했다고 볼 수 있겠다.

이처럼 조선총독부는 토지조사사업을 통해 조선을 식민지로 만들기 위해 '근대화'라는 미명 아래 토지소유권의 확인과 지세 부과의 정리를 폭력적으로 행했고, 그 결과 토지 약탈과 지세 수탈이 강행되었다. 나아가 일제는 토지조사사업을 실시하면서, 단순한 토지조사가 아니라 토지 지목 등을 파악하여 식민지 농업정책을 펼 수 있는 정보를 마련하게

---

25 이영호, 2018, 『근대 전환기 토지정책과 토지조사』, 서울대학교출판문화원; 최원규, 2019, 앞의 책.
26 최원규, 2019, 위의 책 참조.

되었다. 이를 바탕으로 조선을 식량·원료의 공급지로 재편하여 저급한 단계의 일본 자본주의의 구조적 모순인 농업 문제의 곤경을 타개하고자 하였던 것이다. 즉 조선에서 쌀을 생산하여 일본으로 값싸게 이출하여 일본 노동자들에게 저곡가로 지급하고 저임금을 유지하면서 일본 자본주의의 발전을 도모할 수 있었던 것이다. 또한 육지면 재배와 양잠 개량정책을 통해서는 일본 방적공장과 제사공장의 원료를 원활히 공급하는 정책을 실시할 수 있었다. 일제는 1910년대 토지조사사업을 바탕으로 조선에 식민지 기반을 구축하고, 1920년대는 산미증식계획을 실시하는 등 조선을 일본 본토의 식량·원료의 공급기지로 만드는 정책을 계속해서 추진해 갔다.

3. 일본 벼 품종의 보급과 수리시설의 정비

1) 일본 벼 품종의 보급

조선총독부의 1910년대 미작 개량정책은 일본 쌀 개량품종의 보급, 건조 조제(調製)의 개량, 관개수의 공급, 시비의 장려 등이었는데, 특히 쌀 개량품종의 보급에 중점이 두어졌다.[27] 조선의 재래종은 가뭄과 비료가 부족한 상황에 적응력이 뛰어나지만 수확량이 적었다. 반면에 일본의 개량품종은 관개수가 제공되고 시비가 원활하면 수확량이 매우 많았다.

---

27 정연태, 1988, 앞의 글.

〔재래종은〕 불량한 생육(生育)상태에 저항하는 성능이 있는 것이 특성이라고 할 수 있지만, 쓰러지기 쉽고 병해(病害)에 약하여 다비다수(多肥多收)를 목적으로 하는 수익(收益) 재배에 부적당하고, 적극적인 생산능력이 결핍되어 있다. 이에 반해 일본의 우량종은 다비에 잘 견디고, 재래종보다 생산력이 풍부하고 수익 재배에 적합하다.[28]

관개수의 부족, 시비량의 부족이란 상황하에서는 〔재래종이〕 개량종보다 오히려 좋은 성적을 거둔 것이 적지 않았다.[29]

조선의 재래종은 관개수가 부족하고, 시비량이 부족한 상황에서 잘 견디었지만 생산량이 낮았고, 일본의 개량종은 관개수가 잘 공급되고 시비가 충분히 이루어지면 수확량이 많은 다비다수의 품종이었다. 즉 조선의 재래종은 한국의 기후와 풍토에 맞게 적응하며 재배해왔지만, 생산량이 미흡하였다. 반면에 일본의 우량종은 관개수가 공급되고 시비가 충분히 이루어지면 생산량이 크게 증가할 수 있는 것이었고 나아가 일본의 우량종은 일본인의 입맛에 맞는 품종이었기 때문에 조선에서 재배하여 일본에 이출한다는 목적을 달성할 수 있었다. 그리하여 1910년대 조선총독부는 일본의 우량품종을 조선에 이식하는 정책을 적극 실시하였다.

데라우치 마사타케(寺內正毅) 총독은 각 도장관(道長官) 및 권업모범장에게 1912년 다음과 같이 미작 장려에 대한 훈시를 내렸다.

28　永井咸三郎, 1933, 「朝鮮に於ける米の品種」, 『朝鮮』 221, 25쪽(우대형, 2001, 앞의 책, 3~4쪽 재인용).

29　藤田强, 1940, 「水稻品種の變遷」, 『殖銀調査月報』 25, 4쪽(우대형, 2001, 위의 책, 4쪽 재인용).

미작은 조선의 농업에서 수위를 차지하고 그 생산액이 많아 본토 일반의 수요를 충당하는 이외에 일본으로 이출되고 외국에 수출하는 양이 적지 않다. 그런데 농민은 옛날부터 단순히 하늘에 의지하고 인력에 따른 이용 방법을 등한시한 결과 품질이 열악하고 수확 성적이 양호하지 않다. 전에 농업 개선의 급무를 인식하여 그를 위해 필요한 식림·수리 등 각종의 시설을 설치함과 동시에 미작 개량상 직접 필요한 조치로서 우량품종의 배급, 수확 후 건조 조제의 방법 및 비료의 사용 등에 관해 자주 장려·지도의 방침을 표시하였지만 아직 충분히 민심에 철저히 도달하지 못하여 유감이다. 미곡은 일상의 필수품이고 중요한 수이출품으로 다른 잡곡에 비해 한층 그 개량을 촉진시키는데 힘써야 한다.[30]

즉 조선의 농업 중 미작이 가장 중요하지만, 품종과 건조 방법 때문에 수확 성적이 좋지 않아 총독부가 장려·지도하지만 조선 민심이 따르지 않아 충분히 효과를 거두지 못하고 있다고 하였다. 그리하여 데라우치 총독은 직접 쌀 우량품종의 보급에 대해 다음과 같이 훈시하였다.

미작의 개량에 가장 행하기 쉽고 효과를 볼 수 있는 확실하고 신속한 것은 품종의 선택에 있다. 권업모범장 및 종묘장 등에서 실험으로 증명하여 풍토에 따라 반드시 품종을 일정하게 하지 않더라도 예를 들면 수도(水稻)에 있어서는 일출은 북부에, 조신력은 중부에, 곡량도는

---

[30] 朝鮮總督府, 1914,「米作獎勵ニ付道長官及勸業模範場長ニ對スル訓示」(1912.3.20), 『朝鮮統治三年間成績』附錄, 59~60쪽.

남부에 적합하고, 육도(陸稻)로서 '오이란' 같은 것이 그 성적이 매우 양호하고 재래종으로 우수한 것이기 때문에 성적이 뛰어난 것은 마땅히 신속히 보급에 힘쓰고 열등품종은 그것을 배제하는 데 힘쓸 것[31]

이렇게 데라우치 총독은 일본 벼의 우량품종을 조선에 재배할 것을 직접 명령했는데, 일본 벼 품종을 일괄적으로 보급시킬 것이 아니라 지역에 따라 적합한 품종을 선택하여 보급하도록 하였다.

일본은 통감부 이래 권업모범장에서 일본의 벼 품종을 시험재배한 후, 벼의 우량품종을 선정하고 그것을 조선에 보급하기 시작하였다. 권업모범장에서 시험재배한 결과 우량종으로 조신력을 위시하여 곡량도, 일출, 석백(石白), 다마금(多摩錦), 금(錦) 등 6종을 선정하고 조신력은 1908년, 곡량도·석백·일출은 1909년, 다마금·금은 1912년부터 일반에 보급하였다.[32]

그리고 조선총독부는 그 품종을 지역별로 안배하여 보급하였다. 북부지방에는 일출, 중부지방에는 조신력·석백·다마금 등 3종, 남부지방에는 고천수(高千穗)·곡량도 등 2종을 지정하고, 품종의 보급은 각 도의 책임에 맡겼다. 각 도는 모범답을 설치하거나 품평회를 개최하여 농민으로 하여금 우량종 재배의 이익을 실지에서 인식하게 함과 동시에 다수의 채종답을 설치하여 가능한 다량의 우량종자를 육성하고 이를 무상으로 배부하거나 재래종자와 교환하는 한편 민간에서 상호간의 종자 교환을 장려하였다.[33]

---

31 朝鮮總督府, 1914, 앞의 글, 60쪽.
32 鮮米協會, 1935, 『朝鮮米の進展』, 87쪽(박석두, 2003, 앞의 글, 445쪽 재인용).
33 小早川九郎, 1944, 『朝鮮農業發達史(政策篇)』, 朝鮮農會, 184쪽(박석두, 2003, 위의

1910년대 일본 벼의 우량품종을 조선에 보급하는 일은 무단통치를 주도해 갔던 헌병경찰을 동원해서 강압적으로 진행하기도 하였다. 조선 농민이 전통적인 벼 품종을 심고자 하면, 헌병경찰이 논에 가서 모내기를 방해하거나 훼손하면서 일본 우량 벼 품종을 심게 하였다. 일본인 농업기술자는 그러한 당시 상황을 다음과 같이 회고하고 있다.

> 쌀에 대해서 말하면 어느 도(道)에는 어느 품종, 어느 도에는 어느 품종이라는 식으로 정해졌으며, 그 외의 품종은 절대로 허용되지 않았다. 즉 결정 사항 이외의 것을 재배해서는 결코 안된다고 정한 것이다.[34]

> 재래품종의 못자리를 짓밟아 못쓰게 하는 등 철저히 난폭한 장려 방침을 단행하였지만 다행히 신변의 위해(危害)는 없었고 극히 순조로이 보급되어 갔다.[35]

위 인용문에서 농업기술자가 회고한 바와 같이 일제의 농업정책은 강압적으로 행해졌다. 어느 도에 어느 품종을 심는 것이 정해지면 다른 품종은 절대로 허용되지 않았다. 조선 농민이 그것을 어기면 못자리를 짓밟아 못쓰게 하면서 일제의 품종재식정책은 폭력적으로 집행되었다.

글, 445쪽 재인용).

34 「始政二十五週年紀念農事回顧座談會」, 『朝鮮農會報』 9-11, 1935.11, 4쪽. 三井榮長의 회고담.

35 「始政二十五週年紀念農事回顧座談會」, 『朝鮮農會報』 9-11, 1935.11, 103쪽. 山口覽三의 회고담.

당시의 대표적 농학자인 히사마 겐이치(久間建一)도 헌병경찰을 동원해 조선 재래의 벼 품종을 일본의 우량품종으로 바꾸도록 강제한 것에 대해 다음과 같이 술회하고 있다.

> 지도자의 올바른 지시에 따르지 않는 못자리는 짓밟혀 부서지고, 정조식(正條植)에 응하지 않는 것은 묘(苗)를 뽑아버리고 다시 심도록 강요된다. 피뽑기는 수없이 통일적인 계획하에 농민을 동원하여 강행한다. 소위 '관의 지도'에 따르지 않는 자는 경찰의 유세(諭說)를 받아 강제적으로 행하게 된다. 재래품종에 대해서도 똑같이 일정한 장려품종이 정해지고, 이의 연차적 보급 및 생산 계획이 계통적으로 정연하게 확립되고, 정해진 품종 이외의 재배는 금지되어, 농민의 의욕과 관계없이 강력하게 실행된다. 다시 수확기에 이르러서도 경쟁하듯 적기 수확이 강행되고, 수확하면 건조에 대하여, 건조하면 조제에 대하여 탈곡기의 사용이나 멍석 사용이 강제된다. 벼의 탈곡 조제에 멍석을 깔지 않은 것은 도령(道令)으로 과료(科料)에 처한다고 하는 간단한 법령으로 이의 실행을 강요하고 위반자가 처벌된 사례는 쌀농사 지대의 각 도가 이미 경험한 바이다. 이를 요약하면 못자리에 심어야 할 종자에서부터 탈곡에 이르기까지 미세한 생산 과정의 구석구석까지 지도 지도의 촉수가 침투되고 오로지 강권적으로 실시된 것이다.[36]

이와 같이 1910년대 농업정책은 조선총독부가 헌병경찰을 대동하여 조선 농민들을 폭압적으로 규제하면서 실시해 갔던 것이다.

---

36 久間建一, 1943, 『朝鮮農政の課題』, 7~9쪽(정연태, 1988, 앞의 글, 429~430쪽 재인용).

<표 3-1> 논벼 일본 품종 보급률

(단위: %)

연도 지역	1912	1915	1917	1919	1921
경기	0.9	12.6	31.7	47.8	68.9
충북	8.3	21.8	54.1	61.2	67.1
충남	6.5	43.7	63.5	69.7	77.3
전북	8.2	50.2	60.3	64.4	73.6
전남	2.7	31.2	57.9	61.0	68.7
경북	1.6	34.3	71.1	80.8	83.3
경남	0.3	45.0	79.9	70.1	80.0
황해	0.04	5.8	13.3	12.0	15.7
평남	0.04	2.8	7.4	9.6	10.2
평북	0.1	0.3	3.2	32.9	43.7
강원	1.8	13.8	16.4	16.6	24.8
함남	1.3	0.3	0.6	3.6	10.8
함북	0.7	5.3	15.8	20.7	31.9
계	2.8	26.5	46.5	52.8	61.8

출처: 加藤木保次, 1924, 『朝鮮ニ於ケル稻ノ優良品種分布及狀況』, 33~39쪽(정연태, 1988, 앞의 글, 446쪽 재인용).

그 결과 <표 3-1>에서 볼 수 있듯이, 일본 벼 품종의 비율은 1912년에 2.8%에 불과했는데, 1921년에는 61.8%에 이르게 되었던 것이다. 1910년대는 일본 벼 품종이 급속하게 유포되었다. 특히 논농사지대에 일본 벼 품종의 보급이 집중되었다. 경상도는 보급률이 80%를 상회하였고, 충청도와 전라도는 70%을 상회하였다. 즉 논농사지대인 삼남지방에서 일본 벼 품종의 보급이 집중되었던 것이다.

그리하여 우량품종의 식부면적은 1912년에 3만 9천여 정보(총식부면적의 2.8%)에서 1920년에 88만 3천여 정보(57.7%)로 20배 이상 확대되었고, 1921년에는 전체 논 면적의 61.8%를 차지하게 되었다. 1910년대에 조선총독부의 의도대로 조선 논 면적의 다수에 일본 벼 품종 10여 종이 식재되었다.

2) 수리시설의 정비

1910년대에 조선총독부는 일본 벼 품종을 조선에 보급시키는 데 온 힘을 기울였다. 그러나 일본 벼 품종의 보급이 제대로 성과를 거두려면 수리시설이 뒷받침되어 관개수가 원활히 공급되어야 했다. 19세기 세도정치시기에 조선의 제언과 보가 제대로 관리되지 못하면서 수리시설이 방치되었다. 19세기 중엽 이후 국가의 통치력이 이완됨에 따라 제언과 보의 수리시설이 점점 황폐화되어 갔다.[37]

그리하여 1910년 일제가 조선을 병탄하면서 제언과 보의 수축이 필요하게 되었다. 1910년대에 들어서서 수축이 필요한 제언과 보를 정리한 것이 〈표 3-2〉이다. 〈표 3-2〉에서 보듯이 수축이 필요한 제언은 2,987개소, 수축이 필요한 보는 5,276개소로서, 전체 수리시설 2만 7천여 개 중 30%에 해당하는 8,263개소나 되었다. 논농사가 발달한 삼남지방과 황해도가 특히 심했는데, 황해도는 총수리시설 1,158개 중 1,141개(99%)가, 충북은 총 809개 중 734개(91%), 충남은 총 967개 중 761개(79%)가 수축이 필요하였다.

보의 발달에 힘입어 1910년대 초반에는 구래의 제언과 보에 의한 관개면적이 절대적 비중을 차지하고 있었다. 〈표 3-3〉을 보면, 1911년에는 총 논 면적 100만 정보 중 25만 정보가 관개면적이었는데, 그중

---

37 최원규, 1992, 「조선후기 수리기구와 경영문제」, 『국사관논총』 39.

〈표 3-2〉 1910년대 수리시설 현황

(단위: 개)

지역	제언		보		합계	
	제언 수	수축 필요 제언	보의 수	수축 필요 보	총수	수축 필요 시설
경기	80	49	1,215	153	1,295	202
충북	122	110	687	624	809	734
충남	355	214	612	547	967	761
전북	513	483	1,784	396	2,297	879
전남	397	360	6,997	642	7,394	1,002
경북	1,793	1,237	1,902	632	3,695	1,869
경남	221	221	803	578	1,024	799
황해	40	40	1,118	1,101	1,158	1,141
평남	7	4	373	95	380	99
평북	2,589	237	850	213	3,439	450
강원	241	24	3,873	87	4,114	111
함남	19	1	298	46	317	47
함북	7	7	195	162	202	169
합계	6,384	2,987	20,707	5,276	27,091	8,263

출처: 持地六三郎, 1916.10, 「治水と水利」, 『朝鮮彙報』, 11~13쪽(이애숙, 1985, 「일제하 수리조합의 설립과 운영」, 『한국사연구』 50·51, 322쪽 재인용).

〈표 3-3〉 수리시설별 관개면적 비교

(단위: 정보)

연도	총논면적	관개면적	수리시설 내역		
			수리조합	재래 제언·보	인가사업
1911	1,002,325	250,420(25.0)	6,336(2.5)	244,084(97.5)	
1913	1,067,290	265,775(24.9)	8,333(3.1)	256,985(96.7)	457(0.2)
1915	1,177,530	289,879(24.6)	16,194(5.6)	271,866(93.8)	1,819(0.6)
1917	1,435,093	314,536(21.9)	24,747(7.9)	286,231(91.0)	3,558(1.1)
1919	1,543,089	333,263(21.6)	36,143(10.8)	290,814(87.3)	6,305(1.9)

비고: ( ) 안의 숫자는 백분율을 표시한 것이다.
출처: 朝鮮總督府, 1929, 『朝鮮河川調査書』, 409~410쪽(정연태, 1988, 앞의 글, 453쪽 재인용).

97.5%가 제언과 보에 의한 수리면적이었다.

    1910년대에 조선총독부는 수리시설의 축조에 관심을 보였지만, 이미 토지조사사업과 철도·도로·항만의 수축 등 사회간접자본의 설비에 심혈을 기울이고 있었기 때문에 인적·물적 자원을 전면적으로 동원할 수 없었다. 예산이 적었기 때문에 수리조합 등 수리시설을 적극적으로 신설할 수 없었다. 다만 기존의 제언과 보를 정비하거나 수축하는 정도에 머물렀다. 조선총독은 1912년에 수리시설의 보수를 각 도장관과 권업모범장의 장에게 명령하였다.

> 수도작〔논농사〕은 관개수로서 생명을 삼는다. 조선의 논으로 적당량 이상〔관개수를〕공급하는 것은 전체 논 면적의 20% 이내이다. 내지〔일본〕에서 적당량 이상 관개수를 가진 논이 전체 논 면적의 80%에 비교하면 실로 매우 차이가 난다. (중략)
> 황폐한 저수지의 복구 공사에 관한 것은 종래 별도로 국고에서 보조금을 지출하여 수리를 하였는데, 내년 이후에는 한층 국고보조금을 증가하여 크게 장려할 계획이다. 해당 복구 공사 중 그 부역을 위해 얻을 수 있는 부분은 관계 지주 및 소작인에게 스스로 노력하게 하여 신속히 그것을 복구하도록 하며 오랫동안 관개의 편의를 열고 안전한 벼농사의 이익을 향유해야 할 것이다.[38]

    조선총독은 일본에서는 논의 관개면적이 80% 이상인데, 조선에서는 20%에 불과하다고 언급하면서, 조선총독부에서도 제언과 보의 복구 공

---

38 朝鮮總督府, 1914, 앞의 글, 61쪽.

사에 국고보조금을 지원하지만, 노동력은 지주 및 소작인에게 의뢰하여 복구하도록 권장하였다. 이에 따라 1913년에는 「관개공사에는 가능한 부역을 사용할 건」[39]에서 다음과 같이 구체적으로 제시하였다.

일. 부역 감독자를 둘 것
일. 종래 공동부역(면 또는 리, 동 등)의 관습이 있는 지방에서는 그 관습을 조장할 것
일. 경찰관헌과 연락을 취하여 출역을 용이하게 할 것
일. 해당 지주 이외의 소작인과 기타 사람에게 부역을 부과할 때에는 해당 지주로 하여금 적당한 위로의 방법을 강구케 할 것

제언과 보의 복구 공사에 지주와 소작인을 동원하며, 그것이 원활하게 되지 않을 때는 경찰관헌과 연락하여 효과적으로 인원을 동원하라는 내용이었다. 재래의 수리시설을 수축하는 데 '적당한 위로의 방법'을 구사하면서 소작인과 기타 사람을 강제하는 방법을 사용하도록 명령하였다. 즉 수리시설을 복구하는 데도 헌병경찰을 동원하여 지주와 소작인이 노력 봉사하도록 강요하였던 것이다.

한편 일제는 조선에 진출한 일본인 대지주계급을 중심으로 수리조합 사업을 추진하도록 하였다. 일제는 이미 1906년 「수리조합조례」를 공포하여 지주계급 중심의 수리·개량 방침을 확정지었으며, 1917년에는 「수리조합령」을 공포하여 수리조합의 법적·제도적 지원을 규정하였다.

---

[39] 朝鮮農會, 1929, 『朝鮮農務提要』(1936, 개정판, 1244쪽)(정연태, 1988, 앞의 글, 454~455쪽 재인용).

일본인 대지주들이 수리조합사업에 적극적으로 나섰던 이유는 일본인 대지주들이 조선에 와서 구입한 토지들이 염가로 매입한 척박한 토지이거나 강가 주변의 범람지 등이었기 때문이다.[40] 혹은 고리대나 저당 등으로 강제로 조선인에게 빼앗은 토지로, 그들은 수리시설의 축조를 통하여 이러한 토지들을 비옥하게 만들어야 했다. 일본인 대지주들이 주로 소유한 지역은 당시 논농사의 후진지대였던 낙동강·동진강·금강의 하류 지역이었다. 이 지역에는 대부분 수리시설이 축조되고 수리조합이 설치되게 되었다. 〈표 3-3〉에서 보는 바와 같이 수리조합에 따른 관개면적이 1911년에는 6,336정보(2.5%)에서 1919년에는 3만 6,143정보(10.8%)로 6배 정도 증가하게 되었다.

수리조합을 설치하는 과정에서는 일본인 대지주들의 많은 횡포가 있었고, 과중한 수리조합비 때문에 수리조합에 참여했던 조선인 지주와 농민들은 경제적 불이익을 받았다. 일본인 대지주들은 수리조합 설치 과정에서 조선인 소유의 전답을 임의로 파괴하거나 농경지의 수원(水源)을 탈취하여 물길을 변경하는 등으로 개간지를 관개하였다. 또한 일본인 대지주들은 주위의 조선인 지주와 농민을 규합해 수리조합을 신설하면서 과중한 수리조합비를 징수하거나 조선인 지주와 농민에게 불리한 조건으로 부과하여, 이에 조선인들이 반발하기도 하였다.[41] 이처럼 일본은 대지주를 동원하여 수리시설을 축조하도록 권장했고, 그것을 이룬 경우에는 크게 포상함으로써[42] 식민농정의 적극적 동반자로 양성하였다.

---

40 최원규, 1993, 「일제의 초기 한국식민책과 일본인 '농업이민'」, 『동방학지』 77.
41 정연태, 1988, 앞의 글, 454~458쪽.
42 大橋淸三郞, 1915, 『朝鮮産業指針』, 開發社.

4. 공업원료 재배와 축우개량사업

1) 육지면 재배의 장려

(1) 육지면 재배면적의 확대

일제는 1906년 한국에서 육지면 시험재배에 성공한 후 보급에 노력을 기울여왔고,[43] 1912년부터 본격적으로 육지면 재배정책에 착수하였다. 조선총독 데라우치 마사타케는 1912년 3월에 각 도장관과 권업모범장의 장에게 다음과 같이 훈시하였다.

첫째, 육지면 재배의 장려는 면작에 대한 강화·강습을 재촉하고 품평회를 개최하여 육지면 재배를 권유하는 것은 물론 솔선하여 육지면을 재배하는 자에게는 종자를 급여하고 혹은 열심히 육지면 재배에 종사하는 권농자를 표창한다. 혹은 판매가 불편한 지방의 육지면에 대해서는 편리한 시장까지 운임을 보조하고 비료를 급여하여 시비의 효과를 느끼도록 하는 등 지방에 적절한 장려 방법을 강구할 것
둘째, 조선의 풍토에 순화한 육지면 종자는 그 재배면적을 확장하기 쉽도록 그 재배자로 하여금 스스로 자가 파종용 종자 보존에 힘쓰게 할 것
셋째, 육지면 재배를 직접 지도하는 임무를 맡은 자는 물론 도청·부군아(府郡衙) 및 면사무소의 직원으로 하여금 정성스럽게 재배 방법

---

43   권태억, 1989, 『한국근대면업사연구』, 일조각, 82~103쪽.

및 이익을 설명하여 농민이 의혹을 품지 않도록 주의할 것

넷째, 종래 육지면 재배의 중심인 전라남도에서 적극적으로 그것을 장려하는 것은 물론 전라북도, 경상남북도, 충청남북도처럼 육지면 재배에 적절한 지역이 많은 지방에서는 신속히 육지면의 보급을 시도하여야 한다. 그러나 육지면 종자의 공급이 충분할 때까지는 재래면의 작부를 장려하면서 면화 재배면적을 확장하여 후일 육지면 재배의 소지를 만들도록 할 것

다섯째, 조선 재래면은 그 수확량 및 조면(繰綿) 비율이 육지면에 비해 열악하지만 타면(打綿)으로서 수요가 적지 않기에 육지면 재배가 적절하지 않은 지방에서는 그 재배법의 개량을 장려할 것[44]

위 사항을 요약하면 조선 총독은 ① 육지면 재배의 장려, ② 육지면 종자의 보존, ③ 육지면 재배의 지도, ④ 육지면 재배면적의 확장, ⑤ 조선 재래면 재배의 개량 등을 지시하였다. 핵심 내용은 육지면 재배면적을 확대시키면서 재래면 재배를 개량해 가는 것이었다.

당시 일본 본토에서는 면방직공업이 급속히 발달해 공업 분야 중 제1위를 차지하고 있었는데, 원면은 거의 수입해 오고 있었다. 조선총독부는 그 원료 면사를 조선에서 공급하고자 하였다. 그리하여 권업모범장 목포지장을 통해 면작을 시험·조사하고, 주로 미국으로부터 수입종자를 순화시켜 육지면을 보급·개량하는 데 힘쓰게 하였다. 즉 육지면 종자를 실험재배하면서 조선의 토양과 기후에 적응하게 하는 작업을 실시하

---

[44] 朝鮮總督府, 1914, 「棉花獎勵ニ付道長官及勸業模範場長ニ對スル訓示」(1912.3.11), 『朝鮮統治三年間成績』 附錄, 51~53쪽.

였다. 또한 면화에 대한 수이출세를 전면 폐지해 일본으로의 수출을 쉽게 하도록 하였다.[45]

조선총독부는 1912~1917년까지 '육지면재배 6개년계획'을 수립하여 실시해 갔다. 이 계획이 설정한 목표는 6년 동안 육지면 재배면적 10만 정보, 재래면 재배면적 2만 정보를 달성하며, 육지면 1억 근, 재래면 1,500만 근을 수확한다는 것이었다. 이 계획은 1911년에 면작 재배면적 6만 2천 정보(육지면 3천 정보, 재래면 5만 9천 정보)를 1917년까지 12만 정보로 확대하고, 생산량도 1912년 2,700만 근에서 1917년 1억 1,500만 근(육지면 1억 근, 재래면 1,500여만 근)으로 증가시킨다는 것이었다.[46] 즉 재래면 재배지를 육지면 재배지로 전환시켜, 생산량을 비약적으로 증가시키는 정책이었다.

이 계획은 전라도·경상도·충청도에서 중점적으로 추진되었고, 특히 전남·전북·경남이 중심이었다. 조선총독부는 육지면 재배면적을 확대하고 생산량을 늘리기 위해 각 도별로 육지면 재배면적을 할당하였다. 그중 전남·전북·경남에 할당된 육지면 재배면적은 전체 계획면적의 85%를 차지하는 8만 5천 정보였다.

이 목표를 달성하기 위해서는 조선 농민의 적극적 협력이 필요하였다. 조선총독부는 육지면 재배농민에게 종자를 무상으로 공급하고, 좋은 성적을 올린 자에게는 돈이나 농기구를 주고, 판매가 어려운 지방의 재배자에게는 시장까지의 운임을 보조하고, 비료를 보조하면서 육지면

---

45 朝鮮總督府, 1914, 앞의 글, 52쪽.
46 日滿棉花協會 朝鮮支部, 1937, 『朝鮮の棉花事情』, 192쪽(권태억, 1989, 앞의 책, 104쪽 재인용).

재배면적을 늘리고자 했다.[47]

또한 조선총독부는 육지면 재배면적을 확장하기 위해 행정관청을 총동원하였다. 즉 군청·면사무소 직원 및 동장·이장은 물론이고, 나아가 헌병경찰을 동원하기도 하였다. 헌병경찰은 재래면 재배 농민으로부터 그 종자를 빼앗았으며, 그래도 재래면을 심는 경우에는 "6월 말에서 7월 중순에 재래면을 경작하고 있는 마을에 나가 청죽대로 [면화의] 끝부터 두들겨 쓰러뜨려 버리는"[48] 횡포를 자행하였다. 이런 식으로 조선총독부는 헌병경찰을 동원하여 재래면 재배를 억제하고 육지면 재배를 강제하였다. 심지어 면작지도원들은 목표를 달성하기 위해 호적조사를 실시하여 재래면을 심는 농민을 파악하고, 그를 회유하거나 협박하면서 육지면 재배를 강요하였다.

또한 조선총독부는 육지면 재배를 확대하는데 면작조합을 활용하였다. 면작조합은 1912년에 전남에 처음 설립된 이후 1913년부터 육지면을 재배하는 각 도에 설립하도록 지침을 내렸다. 그 방침에 따라 1914년에 전라북도·경상남북도·충청도 5개 도에 설립되었으며, 이어서 경기도·황해도·평안도에도 설립되었다. 면작조합은 조합원 수 500명 내외를 기준으로 육지면 재배가 활발한 지역에서는 면 단위, 그렇지 않은 지역에서는 군 단위로 설립되었다.

조선총독부에서는 면작조합을 통하여 육지면 재배의 지도, 면화의 공동판매, 비료 및 농기구 구입 알선, 모범작포의 경영 등 육지면 재배를 적극적으로 장려하였다. 조합원으로 하여금 육지면 종자를 보존하게 하

47　권태억, 1989, 앞의 책, 194~195쪽.
48　『朝鮮農會報』 9-11, 1935.11, 36쪽(권태억, 1989, 위의 책, 106쪽 재인용).

〈표 3-4〉 육지면 재배면적 및 수확량

연도	재배면적(정보)	수확량(근)	경작인 수(명)
1906	45.2	24,979	247
1907	65.3	79,188	921
1908	196.9	141,265	4,475
1909	412.1	450,160	8,336
1910	1,123.0	845,341	20,987
1911	2,683.6	2,737,050	43,185
1912	6,439.8	7,216,133	77,793
1913	13,967.0	13,445,282	120,549
1914	21,050.9	17,471,452	187,382

출처: 朝鮮總督府, 1915, 『朝鮮施政ノ方針及實績』, 260쪽.

고, 혹은 저리에 경작자금을 융통해 주거나 면화의 공동판매를 모색하는 등 육지면 재배자의 이익을 도모하는 동시에 육지면 종자의 보급을 용이하도록 하였다. 육지면 재배를 열심히 하는 자에게는 농구를 급여하고 그를 표창하며 혹은 육지면 생산이 적어서 판로 마련이 곤란한 지방의 생산품에 대해서는 목포 혹은 기타 시장까지 운임을 보조하고 혹은 면작조합에 보조금을 지급하는 등 각 지방의 상황에 맞게 장려하였다.[49]

권업모범장 목포지장에서 재래면과 육지면을 8년 동안 비교 시험한 결과 재래면은 1반보(反步)[50]당 평균 수확량이 181근이고, 그 조면 비율이 25%인데 반해 육지면은 1반보당 평균 수확량이 272근이고, 조면 비율은 35%에 이르렀다. 그리하여 재배 희망자가 매년 증가하고 있다고 하였다.[51]

---

49 朝鮮總督府, 1915, 『朝鮮施政ノ方針及實績』, 258~260쪽.
50 반보(反步)는 단보(段步)라고도 하며 300평이다. 1정보(町步)는 3,000평이므로 10반보이다. 반보당(反步當)을 약식으로 반당(反當)으로 부른다.
51 朝鮮總督府, 1915, 위의 책, 258~260쪽.

〈표 3-4〉에서 보는 바와 같이 조선총독부의 육지면 재배 확대정책은 일정한 성과를 거두고 있었다. 1911년에 2,683정보에 불과했던 재배면적이 1914년에는 2만 1천 정보로 7배 이상 증가하였으며, 수확량도 약 270여 만 근에서 1,700여 만 근으로 약 6배 이상 증가하였다. 헌병경찰을 동원한 조선총독부의 무단농정과 면작조합을 통한 간접적인 방법으로 재래면 재배를 억제하고 육지면 재배면적을 확대해 갔던 것이다. 재래면 재배면적과 수확량은 당연히 감소하였다.

'제1기 면작장려계획'이 1년 연장되면서 1918년에 면화 재배면적이 13만 정보로 확대되었다. 그러나 면화 재배면적은 1만 정보 초과 달성하였지만, 재래면 재배면적이 3만 5천 정보, 육지면 재배면적이 9만 4천 정보로 계획만큼 육지면 재배면적을 확대시키지는 못하였다. 생산량도 1918년에 재래면 약 1,700만 근, 육지면 약 6,100만 근을 이룩함으로써 계획량의 60%를 달성하는 데 그쳤다.

(2) 육지면 공동판매제도의 실시

일제는 조선 농민이 생산한 육지면을 효과적으로 수집하기 위해 공동판매제도를 실시하였다. 그 방법은 크게 두 가지였다. 첫째 매수인지정(買受人指定) 공동판매제였다. 이것은 각지의 면작조합을 통해 조합원이 공동판매하게 하고, 일제 당국에 의해 선정된 조면업자들만 육지면 매매에 참여하도록 하는 제도였다. 이 제도의 목적은 총독 당국의 영향하에 있는 면작조합의 위임이라는 요식행위를 거쳐 권한을 도에 위임하고, 도 당국이 매매에 관한 제반 규정을 결정하기 위한 것이었다. 둘째 공입찰(公入札) 공동판매제도였다. 이 제도는 면화의 출하기(出荷期) 때 1개 군에 설치된 5~6개소의 공동판매소에서 면작조합 혹은 군농회가

10일 동안 입찰에 부쳐, 최고가로 입찰한 자에게 해당 조합의 면화 전부를 판매하는 것이다. 공입찰 공동판매제도는 면화 가격의 등귀가 예상되던 시기(1917~1919, 1922~1925)에 면화의 공판가를 올리는 데 기여하였다. 일부 지역에서 농민의 자유판매가 허용되었지만, 대부분 공동판매제로 육지면이 거래되었다.[52]

한편 조선총독부가 행정관청을 총동원하여 육지면 재배면적을 확대하려고 노력했지만, 조선 농민이 자발적으로 호응하지는 않았다. 육지면이라는 새로운 작물에 대한 신뢰가 형성되지 않았고, 아울러 수확한 육지면을 판매할 때 공판제도로 인해 조선 농민의 이익이 충분히 담보되지 못하는 상황에서는 조선 농민이 적극적으로 참여하기 어려웠기 때문이다. 오히려 총독부의 일방적 정책 추진으로 인해 조선 농민의 반발과 저항이 축적되어 1919년 3·1운동이 발발하게 된 하나의 요인이 되기도 하였다.[53]

그 후 조선총독부는 1919년부터 10년을 기간으로 '제2기 면화확장계획'을 수립하고 육지면 재배면적을 확대해 가는 정책을 계속 추진하였다. 주요 내용은 1919년의 면화 재배면적 13만 5천 정보(육지면 재배면적 8만 9천 정보, 재래면 재배면적 2만 6천 정보)를 총 25만 정보로 확장하고 생산량을 2억 5천만 근으로 증가시킨다는 것이었다. 즉 면화 재배면적을 2배로 확장하고, 생산량도 3배 이상 증가시킨다는 계획이었다.[54]

---

52 권태억, 1989, 앞의 책, 134~167쪽.
53 馬淵貞利, 1984, 「제1차대전기 한국농업의 특질과 3·1운동」, 『항일농민운동연구』, 동녘.
54 박석두, 2003, 앞의 글, 453쪽.

2) 양잠개량사업의 실시

(1) 우량잠종의 보급

일제는 1910년 조선을 병탄한 후 일제의 양잠업 방식을 조선에 이식하고자 했다. 1904년 러일전쟁 이후 일본의 생사가 미국으로 다수 수출되면서 더 많은 생사가 필요하게 되었고, 아울러 일본 제사공장의 원료로도 생사가 사용되었기 때문에 이 수요량을 조선에서 조달하고자 하였다.

그리하여 이미 통감부시기에 양잠업 장려를 시작하고, 1910년 강제병탄 이후 총독부는 양잠업 장려를 전국적으로 확대해갔다. 1910년 10월에 총독은 업무를 개시하면서 각 도장관에게 훈시를 내렸는데, 농업 부문에서는 미작, 면작, 수리관개, 양잠, 과수, 축산을 중심으로 개선을 시달하였다. 그중 양잠에 대해서는 다음과 같이 훈시하였다.

> 양잠은 조선 풍토에 적합하고 빈부상하에 모두 가장 간편하고 적절한 부업이다. 특히 양반 유생에게 좋은 생업이기 때문에 크게 장려할 필요가 있다. 종묘·잠종·잠구(蠶具)의 무상배포는 개량을 촉진하는 한 방법이다.[55]

위와 같이 일제는 양잠업 개량을 추진해 갔다. 여기서 종묘와 잠종이란 일본의 뽕나무, 일본의 누에를 가리키는데, 이것들을 무상으로 배포하는 방식으로 장려하였다.

---

[55] 朝鮮總督府, 1914, 「總督府ノ開始ニ付各道長官ニ對スル訓示」(1910.10.5), 『朝鮮統治三年間成績』 附錄, 24쪽.

총독부의 잠업정책은 일본의 양잠업 방식을 그대로 이식하고, 농가 부업을 위한 집약농법의 도입을 주된 내용으로 하였다.[56] 총독부의 양잠업 장려정책의 주요 내용은 먼저 뽕나무 품종의 변경이었다. 우량누에의 사료로서 뽕나무 잎이 제공되는데, 일본 제사자본의 요구에 적합한 누에고치를 만들기 위해서 뽕나무 품종을 변경하려고 하였다. 1908년 제1회 농업기술관 회동에서 한국에 적합한 뽕나무로 노상, 시평, 도지내, 적목 등 4종류를 지정하여 그것을 무상으로 배포하면서 보급하려고 하였다.[57]

누에의 종류 또한 일본종으로 변경해 가고자 하였다. 1912년 3월에 총독은 훈령을 내려 조선 재래의 누에종자를 퇴출시키고 일본의 종자로 대체해 가고자 했다. 춘잠(春蠶)으로는 우석(又昔)·소석환(小石丸)·청숙(青熟), 하잠(夏蠶)으로는 신옥(新屋), 추잠(秋蠶)으로는 백룡(白龍)이었다.[58]

그리하여 〈표 3-5〉에서 보듯이 조선 재래종은 1912년에 12만 매로 정점에 달했다가 점점 감소하여 1920년에 자취를 감추게 되었다. 반면에 일본종은 1912년에 3만 8천 매로 증가하고, 1913년에 8만 매, 1914년에 12만 매, 1915년에는 19만 매로 급증하였다. 1915년에는 일본종이 전체 잠종의 83%를 차지할 정도로 압도적이었다.

요약하면, 1910년에는 조선 재래종이 7만 8,633매(93%), 일본종이 5,953매(7%)로 조선 재래종이 지배적이었으나 시기가 내려오면서 일본종의 비율이 급속하게 증가하여 절대적 비중을 차지하게 되었다. 이

56　佐佐木隆爾, 1976, 「朝鮮における日本帝國主義の養蠶業政策-第一次大戰期中心に-」, 『人文學報』114, 東京都立大 文學部, 110쪽.

57　朝鮮總督府, 1931, 『朝鮮總督府農事試驗場二拾五周年記念誌』下, 1쪽.

58　朝鮮總督府, 1931, 위의 책, 30쪽.

〈표 3-5〉 춘잠종 소립 매수

(단위: 매)

연도	일본종	교잡종		재래종	계
		백	황		
1910	5,953(7)			78,633(93)	84,586(100)
1911	15,363(15)			102,600(85)	117,963(100)
1912	38,150(23)			124,267(77)	162,417(100)
1913	80,855(46)			96,786(54)	177,641(100)
1914	120,533(63)			71,194(37)	191,747(100)
1915	196,349(83)			39,665(17)	236,014(100)
1916	258,806(91)			26,754(9)	285,560(100)
1917	308,669(94)			19,345(6)	328,014(100)
1918	360,016	13,733	37,379	6,476	417,604(100)
1919	302,086	90,571	15,685	296	408,638(100)
1920	212,577	146,417	30,710		389,704(100)

비고: ( ) 안의 숫자는 백분율을 표시한 것이다.
출처: 朝鮮總督府, 1931, 『朝鮮總督府農事試驗場二拾五周年記念誌』下, 64쪽.

〈표 3-6〉 뽕나무 재배면적과 누에고치 생산량

연도	뽕나무 재배면적(정)	양잠 호수 (호)	잠종 소립 매수 (매)	누에고치 생산액(석)	누에고치 이출액(석)
1910	3,344	76,037	89,980	13,931	146
1911	3,931	101,662	127,124	20,032	510
1912	5,226	149,927	179,391	29,440	1,256
1913	7,462	167,342	203,711	36,891	4,252
1914	10,246	177,320	238,042	46,194	2,695

출처: 朝鮮總督府, 1915, 앞의 책, 274쪽.

는 조선총독부가 군청 및 잠업강습소 등 행정기관을 동원하여 일본종을 유상·무상으로 배포한 결과였다.

이와 같이 상묘와 잠종이 교체되면서 아울러 뽕나무 재배면적이 확대되고 생견(生繭)의 생산도 크게 증가하였다. 조선총독은 1912년 3월에 내린 훈시에서 "조선 잠업은 매우 유치하고 생산액도 미미하지만 토질이 뽕나무 재배에 적당하고 건조한 기후는 양잠에 알맞다. 적절한 개량 방법을 실시한다면 부업 중 중요한 위치를 차지할 것"[59]이라고 하면서 우량잠종의 보급, 치잠 공동사육소의 설치, 여자의 잠업 장려, 누에고치 판매의 알선을 주요 정책으로 제시하였다.[60]

그 후 1912년 말에 조선총독은 도 농업기술관 회동에서 뽕밭의 개량 증식에 관한 사항을 추가하였다. 조선총독은 "뽕밭의 개량 증식은 잠업 발달에서 우량잠종의 보급과 아울러 소홀히 할 수 없는 긴요한 업무이다. (중략) 새로이 양잠을 장려하는 지방은 종래의 양잠지라고 하더라도 양잠의 발달에 따라 뽕밭의 개량 증식을 도모해야 한다. 종래 본부(本府: 조선총독부) 및 지방청은 매년 다수의 상묘를 무상 배부함과 동시에 보조금을 배부하여 배부용 상묘의 육성을 장려한다"[61]고 지시하면서 우량한 누에 품종의 보급과 함께 뽕밭의 증식을 장려하였다.

조선총독의 지시에 따라 우량 누에 품종의 보급과 뽕나무 재배면적의 확대가 적극적으로 실시됨에 따라 양잠업이 확대되었다. 조선총독부 자료에 의하면, 〈표 3-6〉과 같이 1910년에 뽕나무 재배면적 3,344정보, 양잠 호수 7만 6,037호, 누에고치 생산액 1만 3,931석(石)이었는데, 1914년에는 재배면적 1만 246정보, 양잠 호수 17만 7,320호, 누에고치 생산액 4만 6,194석으로 급증하였다. 4년 사이에 재배면적은 3배, 양잠 호수는 2.5배, 누에고치 생산액은 3.5배로 증가하였다.

---

59 朝鮮總督府, 1914,「蠶業獎勵ニ付道長官及勸業模範場長ニ對スル訓示」(1912.3.12),『朝鮮統治三年間成績』附錄, 57쪽.
60 朝鮮總督府, 1914, 위의 글, 57~59쪽.
61 「各道農業技術官に對する總督指示」,『朝鮮農會報』, 1913.4.

우수한 누에고치는 일본으로 수출을 장려하여 1910년에 146석이 수출되었는데, 1914년에는 2,695석이 수출되었다. 약 18.5배나 증가한 것으로, 즉 양잠업 분야에서도 조선이 일본 제사산업의 원료 공급지 기능을 수행하고 있었던 것이다.

(2) 양잠조합의 설치와 양잠업 장려

양잠의 증산은 일본 자본주의 발전에 매우 중요한 역할을 수행하였다. 1920년대까지 일본 생사의 대미 수출은 일본 총 수출액의 40%를 차지할 정도로 핵심 수출품의 위치를 차지하고 있었다. 그리하여 식민지 조선에서 양잠의 증산과 수출은 일본 자본주의의 국제수지 개선에 큰 역할을 하는 것이었다.

조선총독부는 양잠업에 종사하는 농민들에게 양잠조합을 설립하도록 하였다. 1912년 3월 조선총독부는 각 부윤 및 군수에게 경기도 훈령 제4호 「양잠조합 설치에 관한 준칙」을 하달하고 양잠조합 조직과 양잠 개량·증산 지도에 나섰다. 양잠조합은 조합원 15인 이상이 모여 규약을 만들어 도장관의 허가를 받으면 설립 가능하였다. 조합의 주요 사업은 잠종 구매와 누에고치의 판매, 잠종 보호와 어린 누에 사육, 필요한 종묘·비료·기구의 구입 등이었다. 특히 양잠조합에 의한 누에씨의 공동구매와 누에고치의 공동판매는 일정 기간 동일 장소에서 생산한 균질의 고치와 견을 대량으로 매집할 수 있어서 일본의 제사자본에게 독점적 이익을 보장해주었다. 이것은 양잠조합에 가입한 조합원들에게 일정하게 특혜를 주는 회유책으로 조선총독부의 정책에 협조하게 하였다.

다른 한편, 조선총독부의 양잠업 장려정책은 총독부의 행정기관을 동원하여 폭력적으로 수행하였다. 먼저 조선총독부는 도청, 군청, 잠업강습소, 수산장 등을 통하여 뽕나무의 교체, 누에씨의 교체 등을 행해 갔다. 잠업전습소 및 수산장은 1910년에 34개소, 1911년에 83개소를 설치했고, 종묘장도 1910년에 9개소를 설립하여 이곳에서 뽕나무의 개량과 교체, 일본 누에씨의 보급 및 강습을 통하여 배포케 하였다.[62]

정책 실행은 농민의 자발성을 유발하기보다는 양잠업 지도를 담당하는 기사들이 헌병대의 호위를 받으면서 강압적으로 이루어졌다. 기사가 출장 명령을 받으면 헌병대에 호위를 의뢰하고 이에 헌병들이 관료를 호위하면서 잠업 '장려'를 추진하는 것이었다.[63] 또한 감독원을 설치하여 뽕나무 재배 지역과 방식, 나아가 누에 배양법을 지도하였다.

그렇게 생산한 고치(생견)는 군청, 잠업강습소, 지방금융조합, 잠업조합이 알선하는 업자에게 경매 방식으로 팔게 하였다. 생산자인 농민이 자유롭게 판매하는 것이 아니라, 정부 주도하에 업자에게 수매하도록 유도하였다. 1910년대는 육지면,[64] 담배[65] 등의 작물도 같은 방식으로 판매토록 하였다.

조선총독부는 도청, 군청, 잠업강습소, 지방금융조합, 잠업조합 등의 행정기관을 동원해 조선 재래의 양잠법을 금지하고 일본식 양잠법을 강제했으며, 일상적 감시에 의한 집약적 농법을 강제하여 양잠업을 영위하도록 하였다. 아울러 생산된 고치를 정부의 주도 아래 알선업자에게 경

---

62 佐佐木隆爾, 1976, 앞의 글.
63 佐佐木隆爾, 1976, 위의 글.
64 권태억, 1989, 앞의 책.
65 이영학, 2013, 「제3장 일제의 연초산업 통제와 조선인 제조업의 몰락」, 『한국 근대 연초산업연구』, 신서원.

매 형식으로 판매케 함으로써 생산부터 판매까지의 유통 과정을 모두 통제하고자 하였다.[66]

3) 축우개량사업의 실시

조선의 농업 경영에서 소가 차지하는 비중은 매우 크다. 농업 경영에서 우경(牛耕)의 실시는 생산력의 증진을 가져오고, 18세기 쟁기의 발달은 생산력의 비약적 발전을 가져오기도 했다.[67]

1910년 8월에 조선을 병탄한 이후, 일제는 경비를 많이 들이지 않으면서도 변화를 가져올 수 있는 부분이 소의 개량이라고 파악하였다. 그리하여 1912년 3월에 데라우치 총독은 도장관과 권업모범장의 장에게 농업정책의 기본 방향을 제시하는 데, 그중 한 부분이 축우 장려에 대한 것이었다. 데라우치 총독은 다음과 같이 지시하였다.

> 축우는 조선의 농업 조직상 빠뜨릴 수 없는 요소로 그 사육의 다소는 농업의 성쇠에 중대한 관계일 뿐 아니라 수이출품 중 중요한 위치를 점하고 있는 것으로 그 개량 증식을 하루도 소홀히 할 수 없다. 종래 조선의 농민은 축우를 사랑하고 풍토도 사육에 적당하여 육우업(育牛業)은 다른 산업에 비해 비교적 양호한 업적을 보이지만 그 개량 증식에 노력을 기울여야할 점이 적지 않다.
> 즉 번식상 종우(種牛)의 선택에 중점을 두지 않는다든가 혹은 야초

66　佐佐木隆爾, 1976, 앞의 글.
67　민성기, 1988, 『조선농업사연구』, 일조각.

(野草)의 보호 및 추초(芻草)의 저장에 뜻을 두지 않는다든가 혹은 가축 전염병의 예방을 강구하지 않아 다수의 축우를 잃어, 어느 것도 축우의 증식을 방해하고 그 체격이 열등하게 되는 원인이 된다. (중략) 전번에 우량한 종우를 각지에 배부하고 종우의 보호비 및 구매비를 보조하고, 또한 우역 침입의 문호인 함경북도 북부에 올해부터 축우에 예방주사를 행하기 위해 필요한 시설을 수행한다면 모든 축우의 개량 증식을 도모하는 뜻에 어긋나지 않을 것이다.[68]

데라우치 총독은 축우 장려에 대해 언급하면서 구체적인 지시 사항을 하달하였다. 그 내용을 살펴보면 〈표 3-7〉과 같다.

지시 내용 중 중요한 사항은 각 도별로 종자수소를 선정하고, 종자수소를 보호·육성하면서 암소와 교접하고, 암소를 대부하며, 소농에게 축우 예탁을 장려하고, 분만한 암소의 도살을 단속하는 등의 방법을 적극적으로 행하여 우량한 소를 증식해 가는 방식을 권장하였다.

일제는 이미 통감부시기부터 조선 소의 품종개량정책을 실시하였다. 처음에는 외국산 종우를 수입하여 조선에 보급시키려고 하였다. 1908년 12월에는 수원 권업모범장에 외국산 종우를 수입해 사육시험에 착수하고, 1909년 3월에는 한국중앙농회에게 일본 정부로부터 넘겨받은 외국산 종우 2마리를 하사하였다. 1909년 11월에는 외국산 종우 7마리를 일본으로부터 수입하여 함경남도에 2마리, 경상북도에 2마리를 배부하여 도(道)로 하여금 그것을 민간에 대부하게 하면서 시험 사육하게

---

[68] 朝鮮總督府, 1914,「畜牛獎勵ニ付道長官及勸業模範場長ニ對スル訓示」(1912.3.11),『朝鮮統治三年間成績』附錄, 54쪽.

<표 3-7> 총독의 축우에 대한 지시 사항

항목	내용
종모우의 선택	축우 개량을 위해 선택해야 할 종모우는 조선의 재래종을 본위로 하고 가능한 북부산의 우량한 것을 채택할 것
종모우의 배치 및 교접	축우를 개량하는 데는 우량한 종모우를 갖추고 그 교접을 행한다. 도(道) 스스로 종모우를 사육하든가 혹은 독농가(篤農家)에 대부 사육시키며 적당한 관리하에 부근의 암소에 교접할 것
종모우의 보호	각 지방에서 우량한 수소를 선발하고 그 소유자에 약간의 사료료를 보조하든가 혹은 달리 편의 방법을 강구하여 일정한 기간 그 땅에 보류하여 종부(種付)에 공급하고 점차 종자 소 존중의 습속을 기를 것
암소의 대부	축우의 증식을 도모하기 위해서는 암소를 사육하는 자를 다수 동원하여 축우를 소유하지 않는 농민에 암소를 대부하여 번식용으로 공급할 것
축우 예탁의 장려	소농은 축우를 구입할 자금이 없기에 농번기 때에 저렴하지 않은 요금을 지출하여 타인으로부터 축우를 임차하는 상태이다. 축우 예탁하는 자는 지방금융기관으로 하여금 가능한 저리자금을 융통하여 예탁우 구매 자금으로 충당하도록 할 것
사료의 공급	야초(野草)의 보호에 엄밀한 주의를 기울여 인민을 유도하고 목초 재배를 시도하는 풍토에 적응하는 종류를 보급시키고 또는 여름 청초(靑草)를 베어 건조·저장하여 겨울에 사료로 충당할 것
거세의 장려	농민에 권유하여 거세의 효능을 주지시킨 후 점차 기술자로 하여금 종부에 적당하지 않은 수소의 거세를 행할 것
잉태한 암소 도살의 단속	분만기에 가까운 암소에 대해서는 잠시 도살을 연기한다. 또한 암소와 새끼소(송아지)는 가능한 도살하지 않도록 할 것
소병의 예방	수역(獸疫)은 축우의 번식을 방해하는 일이 크다. 그 발생지에는 엄중히 소독에 힘쓰고 재발 방지는 물론 빈발하는 지방에는 예방접종을 시행하여 미연에 방지할 것

출처: 朝鮮總督府, 1914, 「畜牛獎勵ニ付道長官及勸業模範場長ニ對スル訓示」(1912.3.11), 앞의 책, 54~56쪽.

하였다.[69] 그러나 이와 같이 외국산 종우를 수입하여 국내산 암소와 교접함으로써 품종을 개량하는 방법은 조선 농민의 호응을 얻지 못하여 1911년에 중단되었다.[70]

---

69 朝鮮總督府, 1911, 『第三次施政年報(1909)』, 173쪽.
70 小早川九郎, 1944, 앞의 책, 168쪽.

다른 한편으로 북한의 축우를 남한에 보급시키려는 노력을 기울였다. 남한의 축우는 체격이 왜소한 데 반하여 북한의 축우는 체격이 우량했기 때문이다. 1909년 말에 농상공부는 평안남도·함경남도·황해도의 종우와 암소 42마리를 구입해 그것을 경상남북도에 배부하고, 이 또한 도에서 다시 민간에 대부하여 남한 축우의 개량을 도모하였다.[71]

1911년에는 평안남도에서 76마리의 종모우를 구입하여 황해도 이남의 8도에 배부하고, 이것을 지방청 또는 독지가에 사육시키고 그 종부(種付)를 장려하는 이 종의 개량 방책이 점차 개량의 기조가 되었다.[72] 한편 1912년에는 총독의 지침에 따라 다음의 사업을 실시하였다.

> 조선종을 본위로 하여 개량할 방침을 정하고 북부산의 우량수소를 구입해서 중부 및 남한 지방에 옮겨 그것을 독농가(篤農家)에 대부한다. 또는 도에서 사육하고 민간의 암소에 교접시킨다. 혹은 종모우 구입비를 보조해서 그 구입에 편리하게 하거나 민간의 수소로서 체격이 우수한 것은 그 소유자에 약간의 보조금을 주어 일정 기간 그 땅에 머물게 하면서 종부에 제공해서 축우 개량을 도모한다.[73]

조선 재래종 중 북부 지역의 우량수소를 구입해서 남한지방에 대부하는 정책이었다. 그 방법으로는 두 가지가 있었다. 하나는 도에서 사육하거나 혹은 독농가에 대부 사육시켜 민간의 암소에 교접을 시키는 방

---

71 朝鮮總督府, 1911, 앞의 책, 173~174쪽.
72 小早川九郎, 1944, 앞의 책, 169쪽.
73 朝鮮總督府, 1915, 앞의 책, 275쪽.

법이다. 다른 하나는 민간의 수소를 종모우로 지정하여 그 소유자에 보조금을 주어 일정 기간 그 땅에 머물게 하면서 종부케 하는 방법이다. 일제는 이러한 방법으로 축우 개량을 하고자 하였다.

또한 암소를 보호하고 대부함으로써 소를 증식하고자 하였다. 잉태한 암소의 도살은 가능한 한 피하게 하고, 도살을 연기해 축우의 번식률을 늘릴 수 있게 노력하였다. 송아지를 도살하더라도, 새끼 암소는 육성하여 번식용으로 공급하도록 하였다.[74]

다음으로 소에게 사료를 공급하고자 하였다. 소의 사료는 야초가 대부분을 차지했는데, 사료의 부족은 소를 사육하는 것에 있어서도 매우 곤란하였다. 특히 겨울에 사료가 부족하여 소가 영양실조에 걸려 매각하기도 하였다. 그리하여 조선총독부에서는 목초 재배를 권장하고, 각 도 종묘장에 목초 재배지를 설정하고 그 생산 종자를 각 부군에 배부하였다. 또한 건초(乾草) 저장을 장려하는데, 긴초저장고를 각 축산조합에 1개소씩 설치해 조합기술원 지휘하에 야초의 채취, 건조 및 그 저장에 힘써 모범을 보이고 각 농가에서 그것을 실행하도록 하였다.[75] 이러한 장려정책의 결과 축우 수가 1910년에 70만 마리였는데, 1918년에는 140만 마리였고, 다시 1920년에는 150만 마리로 증가하였다.[76]

다른 한편 조선총독부는 축산업자를 중심으로 한 축산조합을 설립하게 해 총독이 지시한 축우개량사업을 수행하도록 유도하였다. 1911년에는 경상남도에 보조금을 지급하면서 2개 지역에 축산조합을 설립하

---

74 朝鮮總督府, 1915, 앞의 책, 278쪽.
75 朝鮮總督府, 1915, 위의 책, 276~278쪽.
76 朝鮮總督府, 1922, 『朝鮮總督府施政年報』(1918~1920), 176쪽.

였다.[77] 그 후 1912년에는 11개, 1913년에는 19개, 1914년에는 24개로 점차 늘려나갔다. 축산조합은 1개 군을 범위로 하여 축우를 소유하거나 관리하는 자를 조합원으로 조직하고 조합비를 징수하면서 국비 또는 지방비로 보조하고 기술원을 배치해 업무를 지도하도록 하였다. 일제는 축산조합을 통해 ① 종모우의 배치 및 종부 ② 축우의 대부 ③ 축우의 사육관리 및 번식 개량 ④ 목초의 재배, 건초의 저장 및 초생지의 보호 ⑤ 축산 강습회 및 품평회 개최 등을 수행하고자 하였다.[78]

5. 농촌사회의 변화와 농민의 대응

조선총독부는 조선을 강제병합한 후, 조선을 식량·원료의 공급기지로 만들기 위한 토대를 닦아갔다. 1910년대 조선총독부가 가장 중점을 둔 사업은 토지조사사업이었다. 일제의 대자본이 조선에 진출해 오기 위해서는 전근대적 토지소유권이 해소되고, 일물일권적 근대적 토지소유권이 확립되어야 했다. 또한 근대적 토지소유권을 기반으로 지세를 징수해야 조선 통치를 원활히 수행해갈 수 있었다.

1910년대 일제는 식민통치를 하기 위한 헌병경찰 유지비용으로 조선총독부 예산의 30%를 집행했고, 도로망의 구축을 위해 총독부 예산의 30~40%를 할당하였다. 그리하여 조선총독부는 적은 예산으로 일정한

77　大橋淸三郎, 1915, 앞의 책, 1383쪽; 朝鮮總督府, 1915, 앞의 책, 283쪽.
78　朝鮮總督府, 1915, 위의 책, 283~284쪽.

성과를 내고, 식량·원료의 공급기지를 만들기 위한 토대를 닦기 위해서 품종개량사업에 몰두하였다.

벼농사에서는 조선의 재래 벼 품종을 일본 벼 품종으로 대체해 갔다. 1912년에 일본 벼 품종은 전체 품종의 2.8%에 불과했는데, 1921년에 이르러 전체 품종의 61.8%로 급증하였다. 3천여 년 동안 전승되어 왔던 벼 품종이 대거 일본 벼 품종으로 교체되었다. 그렇게 해서 생산된 쌀은, 1920년대 싼 가격으로 일본으로 이출되어 일본인 노동자에게 저곡가로 공급되었다. 즉 일본 본국에서는 저곡가·저임금 정책을 기반으로 일본인 자본가의 이윤을 충족시키며 일본 자본주의가 발전해갔다. 한편 일본인들은 1904년 이후 조선의 부산, 군산 등의 토지를 구입하였다. 그들은 조선인을 중개인으로 내세워 조선인의 척박한 토지를 헐값에 구입했는데, 그러한 토지를 비옥한 경지로 만들기 위해 수리시설을 구축하거나 정비해야 했다. 일본인 지주들은 수리조합을 만들어 적극적으로 저수지를 축조하거나 혹은 보를 개축하려고 하였다. 반면에 조선인 지주들은 원래 수리안전답(水利安全畓)이 많아서 제언과 보의 축조나 개축에 소극적이었다.

조선총독부는 육지면 재배를 장려하여 재배면적을 확대하고 수확한 육지면을 방적공장의 원사로 제공하였다. 재래면은 농가가 자가 직조하는 데 적당했지만, 방적공장의 원사로는 육지면이 더 적합하였다. 조선총독부는 조선의 양잠업도 변화시켜 갔다. 뽕나무 종자를 변경하고, 조선의 재래잠종도 일본종으로 교체해 가고자 했다. 1910년대는 뽕나무 종자의 개량, 일본 잠종의 교체를 바탕으로 뽕나무 재배면적을 크게 확대시켜 갔으며, 그에 따라 생사의 생산도 크게 증가하였다. 이렇게 증산된 생사는 일본을 거쳐 미국에 수출하거나, 일본의 제사공장의 원료로 제공되었다. 조선총독부는 축우개량사업을 전개해 갔다. 북부지방의 우량수소를 선택하여 남부지방에 보급하였고, 암소를 농민에 대부하여 번식을 유도함으로써 축우사업을 추진하였다.

1910년대 조선총독부는 일본 벼 품종의 보급, 육지면 재배의 장려, 우량 누에 품종의 보급과 뽕나무 재배면적의 확대, 종모수소의 보급 등 품종개량사업에 몰두하였다. 이를 통하여 조선을 일본 자본주의 발전을 위한 식량·원료의 공급기지로 변화시키고자 하였다. 1910년대 조선총독부는 도청·군청·농사시험장·강습소·조합 등의 행정기관 및 관제 민간기관을 동원하여 농업정책을 실시해 갔다.

이 장려정책의 수행 과정은 폭력을 동반하였다. 당시 농사 지도를 수행한 관리들의 회고담에 의하면, "관리가 출장 명령을 받으면 첫째 헌병대에 가서 호위를 의뢰하고, 군청소재지 이외에서는 헌병분견소에서 숙박을 한다. 헌병들이 항상 보살펴 준다. 농사의 개량 지도에 손이 충분하지 않고, 적극적 시정 방침도 없고, 농상공부로부터 지휘 명령에 의해 움직이는 정도이다"[79]라고 하였다. 1910년대 총독부의 품종개량정책의 수행은 헌병경찰에 의해 폭력적이고 강제적으로 집행되었다. 이에 반해 조선 농민들은 재래의 방법을 고수하며 총독부의 농업정책에 반대하였다. 당시 농사 지도 담당 관료의 회고에 의하면, "기술원이 배부하는 육지면 종자를 소에게 먹이로 먹이고, 배포하는 뽕나무 묘목을 아궁이에 태워버리며 지도에 따르지 않아 곤란하였다"[80]고 하였다.

1910년대 조선총독부 농업정책은 조선의 전통적 농법을 충분히 검

---

79 佐佐木隆爾, 1976, 앞의 글, 117~118쪽.
80 佐佐木隆爾, 1976, 위의 글, 117쪽.

토하고 그를 바탕으로 진행한 것이 아니었다. 일본 본국의 필요에 의해 추진된 것이었기 때문에 몇 천년간 조선의 기후와 풍토에 맞게 적응하면서 발전해 왔던 농업의 체계가 무너지게 되었다. 또한 조선총독부는 육지면과 생사를 공동판매제로 일본인 자본가 혹은 특정인에게 판매케 했기 때문에 조선 농민이 충분한 이익을 보장받을 수 없었다. 조선 농민은 조선총독부의 정책을 성실히 따라갔음에도 불구하고 농업 경영 이익을 획득할 수 없었다. 그리하여 조선 농민들은 점차 경제적으로 몰락하게 되었고, 그에 따른 불만이 축적되어 1919년 3·1운동에 농민층이 주도적으로 참여하는 원인이 되기도 하였다.

제4장
산미증식계획의 실시와
식민지 지주제의 강화
(1920~1928)

1. 농업정책의 기조

1920년대는 제1차 세계대전이 끝나고 세계 경제가 재편되는 시기였다. 일제는 제1차 세계대전 기간 동안 일본 자본제 상품의 판매망을 동남아시아 시장으로 확대하면서 일본 자본주의의 발전을 이루어 갔다. 그 과정에서 일본이 안고 있는 자본주의 문제가 불거지기 시작하였다. 일본 자본주의는 저미가·저임금으로 자본주의를 지탱하고 있었는데, 1년에 약 70만 명 이상의 인구가 급증하면서 미가가 상승하고 잇따라 1918년에 흉년이 들면서 미곡상인의 매점매석이 불거지자 '쌀소동'이라는 일본 인민의 폭동이 전국에 걸쳐 발생하였다. 그 문제로 일본 내각이 총사퇴하고, 새 내각이 등장하면서 쌀 부족 문제의 해결은 체제의 안정을 유지하는 중요한 문제가 되었다.

한편 일제의 조선 식민통치의 모순도 드러나게 되었다. 1910년 일본은 조선을 병탄한 후 헌병경찰제도를 실시하면서 조선인을 무력으로 통치하고 농업정책도 강압적으로 추진했지만, 조선 내에서 식산흥업정책의 구체적 성과가 드러나지 않자 조선인들의 저항이 1919년 3·1운동으로 폭발하게 되었다. 이렇게 식민통치에 대한 반발이 커지게 되자 민심을 안정시키기 위해 조선인의 생활을 향상시킬 필요가 있었다. 일제는 지주를 중심으로 한 '실력양성운동가'들을 회유하면서 그들의 이익을 담보하는 쌀 증산정책을 시도하게 되었다.

일제는 일본 국내의 쌀 부족 현상을 조선과 대만 식민지의 쌀 생산 증가를 통한 이출로 보완하고, 나아가 조선인의 생활 안정을 위한 농업정책을 모색하였다. 그것이 1920년대에 조선에서 실시된 산미증식계획이었다. 산미증식계획은 조선 국내의 요구보다 일본 본국의 식량 부족을 충족하기 위한 요구가 더 컸다.

조선총독부는 식민지 조선의 경제수탈을 체계화하기 위해, 1921년에 '산업조사위원회'를 설치하였다. 산업조사위원회는 정무총감 미즈노 렌타로(水野錬太郞)를 위원장으로 하고, 일본과 조선에 있는 관료와 자본가 48명을 위원으로 구성한 방대한 조직으로, 9월에 제1회 위원회를 개최하고「조선 산업에 관한 일반방침」을 공포하였다.[1]

> 조선에서 산업상의 계획은 제국 산업정책의 방침에 따르도록 하기 위해 내외의 정세 특히 내지, 지나 및 노령 아시아 등 인접지방의 경제적 사정을 고찰하여 그 대책을 강구할 필요가 있다. 조선의 산업은 시정(始政) 이래 진전이 현저하였지만 그 진보는 필경 초기에 속하고 그 기초가 아직 미약하여 전도 발전의 요건이 부족하였다. 그래서 장래 더욱 지식 기능의 향상 발전을 촉진시키기 위하여 근면과 협동의 관습을 조장하고 산업 전반의 조직 및 교통 통신의 기관을 정비하고 자금의 충실과 금융의 소통을 도모한다. 내선인과 내선 간의 관계 연락을 한층 더 밀접하게 하기 위한 방법을 강구하여 조선 경제력의 진보와 내선 공동의 복리 증진을 기해야 할 것이다. 뿐만 아니라, <u>조선 산업에 관한 제반정책을 실행하는 데에는 미리 내지 및 인접지와의 관계, 조선 내부의 사정과 재정상의 관계 등을 고려하여 그 규모를 정하고 일의 경중을 헤아려서 완급을 안배함이 필요하다</u>.[2]

---

1 小早川九郎, 1944, 앞의 책, 368쪽.
2 小早川九郎, 1944, 위의 책, 368~369쪽.

즉 조선의 산업정책은 일본 산업정책의 방침에 따르고, 나아가 일본 내지와의 관계를 고려하여 추진하도록 하였다. 나아가 조선 경제력의 진전뿐 아니라 일본의 이익도 고려하며 산업정책을 추진하고자 하였다.

이 방침을 근거로 입안된 "「조선 산업에 관한 계획요항」은 농업, 임업, 수산업, 공업, 광업, 연료·동력, 산업자금, 해운시설, 철도시설, 도로·항만·하천 등 10개 부문에 걸쳐 있었으나, 그중 특히 농업에 관한 계획요항에 중점이"[3] 두어졌다. 그중 농업에 대한 것은 다음과 같다.

1. 조선의 실력을 증진하고 제국의 양식에 충실히 공헌하기 위하여 산미(産米) 개량 증식을 도모할 것
2. 양식을 충실히 하기 위하여 쌀 이외의 식용작물의 개량 증식을 도모할 것
3. 수이출에 적합한 농산물의 개량 증식을 도모할 것
4. 조선 내 공업의 소지를 배양하기 위해 공업원료에 적합한 농산물의 개량 증식을 도모할 것
5. 농가의 부업으로서 잠업의 장려 보급을 도모할 것
6. 농업노동력을 충족하고 식육의 충실을 기하기 위해 소의 개량 증식을 도모할 것
7. 조선에 적응하는 말과 양의 종류 시험을 행할 것
8. 농업의 견실한 발달을 기하기 위해 소작 관행을 개선하고 기타 소농 보호에 관한 시설을 행할 것[4]

---

3   小早川九郎, 1944, 앞의 책, 369쪽.
4   小早川九郎, 1944, 위의 책, 369쪽.

즉 산미증식과 그것의 수이출(제1항과 제3항), 공업원료로 적합한 육지면의 재배(제4항), 양잠업 진흥(제5항) 등에 힘쓰도록 하였다. 이 내용은 구체적으로 "특히 산미에 관한 것은 경지의 확장 개량 및 경종법(耕種法)의 개량이며, 쌀 이외의 농작물은 면화·과수의 재배 장려이며, 양잠업은 양잠 호수의 증가, 축산은 축우 개량 증식 등에 유념할 필요가 있다"[5]고 지적하였다.

한편 제1차 세계대전 이후 일본 자본주의의 급속한 발전에 따른 도시 인구의 급증은 미곡의 수요를 격증시켜 미곡 투기업자의 매점을 격화시키고 있었다. 일본 인구는 매년 70만 명씩 증가하면서 식량이 크게 부족하게 되었다. 일본의 식량 부족으로 인하여 1918년에는 쌀소동이 일어나게 되었고, 일본에서의 미가 등귀는 조선미에 대한 수요를 불러 일으켜 일본으로의 이출을 급증시켰다.

일본의 미곡 수입량은 1918년에 미곡 650만 석(조선 쌀 170만 석, 대만 쌀 110만 석, 외국 쌀 360만 석)이었는데, 1919년에는 950만 석(조선 쌀 280만 석, 대만 쌀 120만 석, 외국 쌀 540만 석)으로 크게 증가하였다.[6] 이에 일본 정부는 일본 내 산미증식이 절실히 요구되어 1919년에는 「개간조성법」, 「경지정리법」의 개정, '홋카이도 산미증식계획'을 실시하였다.

아울러 식민지의 산미증식도 계획하였다. 즉 일본 본국의 문제를 해결하기 위해 조선총독부는 조선을 쌀 생산국으로 재편하기 위한 정책을 실시하였다. 일본인 학자인 고바야가와 구로(小早川九郎)도 "「조선 산업에 관한 계획요항」에는 적혀 있지 않지만, 조선의 산미는 제국의 식량 문제와 중대한 관계에 있고, 내지에서 소통의 길에 특히 유념·고려해야

---

5 小早川九郎, 1944, 앞의 책, 370쪽.
6 박경식, 1986, 『일본 제국주의의 조선지배』, 청아출판사, 223쪽.

한다"⁷고 인지하고 있었다. 조선에서의 산미증식계획은 일본제국의 식량 문제와 직결되어 있는 문제라고 인식하고 있었다.

조선총독부도 조선의 '산미증식계획'이 일본제국의 식량 문제 해결을 위한 길이라고 스스로 말하고 있었다.

> 조선 산미증식계획은 앞으로 크게 산미증식의 길(途)을 강구하여 제국 식량의 지급에 이바지하기 위해 먼저 관개 및 개간사업의 진척을 도모하지 않을 수 없다. 그런데 다행히 조선에는 내지에 비해 유리하게 이러한 토지개량사업을 경영할만한 토지가 많다.⁸

즉 일본제국의 식량 보급을 위해 조선에서 산미증식계획을 실시하고, 그를 위해 관개 및 개간사업을 진행하며, 조선에는 그럴만한 토지가 많다는 주장이었다. 일제는 조선을 쌀 생산지로 재편하기 위한 정책을 실시해갔다. 조선총독부가 발행한 『시정 25년사』는 다음과 같이 기록하고 있다.

> 당시 내지[일본]는 극심한 식량 부족으로 매년 300만 석 내지 500만 석의 외국미를 수입하였다. 1919년에는 외국쌀 수입액이 464만 석, 1억 6,200만 원이라는 거액에 달했으며, 1918년에는 도야마현에서 쌀소동이 발생하였다. 미곡의 수요는 인구 증가에 상응하여 장차 더욱 증가할 것으로 예상되어 식량 문제의 해결은 당시 우리 국민의 사

7 　小早川九郞, 1944, 앞의 책, 370쪽.
8 　朝鮮總督府, 1923, 『朝鮮ノ米』 付錄, 1쪽(박경식, 1986, 앞의 책, 222쪽 재인용).

활이 걸린 중요 안건이었다. 그런데 내지에서는 쌀의 증산을 크게 기대할 수 없었지만, 조선은 전술한 바와 같이 관개설비가 매우 불안전하여 논의 대부분이 천수답이기 때문에 토지개량사업을 일으키면 천여(天與)의 쌀 산지가 되고, 또한 반도의 부력(富力)을 증진시키는 최첩경이 된다. (중략) 그러므로 이때 더욱 적극적으로 토지개량사업을 일으켜 경지의 개선 및 확장을 도모하고 경종법을 개선한다면 산미증식의 전망은 밝다. 그래서 사이토 마코토(齋藤實) 총독은 취임하자마자 이에 착안하여 산미증식계획을 수립하였던 것이다.[9]

일본에서는 급격한 인구의 증가, 공업화의 진전 등으로 인하여 극심한 식량난에 처하였으며, 매년 300만 석 내지 500만 석의 외국미를 수입하였다. 그러다가 1918년에 도야마현에서 쌀소동이 일어났다. 이제 일본에서 식량 문제의 해결은 당시 일본 국민의 사활이 걸린 중요한 문제가 되었다. 즉 주식인 쌀의 증산과 공급은 일본이 해결해야 할 당면 과제였다. 이에 일제는 쌀 증산계획을 세우게 되었다. 쌀 증산계획은 일본 본국뿐 아니라 식민지인 조선과 대만 등에서 실시하고자 하였는데, 식민지 조선이 그 정책의 대상지로 삼기에 훨씬 수월하였다.

당시 조선에 거주했던 유력한 일본인 지주자본가의 한 사람으로 '토지개량주식회사'의 사장이었던 후지이 간타로(藤井寬太郞)는 그의 논문 「조선의 산미증식계획과 수리사업」에서 "일본이 매년 인구가 70만 명씩 증가하고, 그에 따라 식량 부족 현상이 심화되어 외국에서 쌀을 수입해

---

9 朝鮮總督府, 1935, 『施政二十五年史』, 390~391쪽(박경식, 1986, 앞의 책, 223쪽 재인용).

오는데, 그것을 조선과 만주 지역에서 산미를 증식하여 일본으로 들여오도록"[10] 그 방책을 요구하였다. 이와 같이 일본의 절실한 요구로 인해 조선에서 산미증식계획이 실시되었다. 즉 일본 본국의 식량 부족을 식민지 조선에서 쌀을 증산하여 해결하고자 하였던 것이다.

한편 제1차 세계대전 시기에 일본의 산업자본가들은 동남아시아 및 세계로 시장을 확대하여 일본의 자본제 상품을 판매하였다. 그리하여 일본 자본주의가 크게 발전하였다. 세계대전이 끝난 후 미국과 영국이 방적업을 장려하면서 원면의 수출을 통제하자, 일본은 면을 원활하게 공급받지 못하게 되었고 일본 방직업은 곤란에 처하였다. 그리하여 일본뿐 아니라 조선에도 면의 생산을 촉진하여 공급받고자 하였다. 이에 조선에서 육지면 재배면적을 확대하고 육지면 수확량을 늘려 일본에 이출하는 정책을 실시하였다.

제1차 세계대전 중에 미국의 경제가 발전하고 견공업이 발달하면서 일본은 대미 생사 수출로 경제적 이익을 얻고 있었다. 일본은 1930년에 세계 시장에서 일본 생사의 공급이 70%에 달하면서 수출에 따른 큰 이익을 얻고 있었다.[11] 일본은 1919년에 「조선잠업령」을 공포하여 조선의 양잠업을 재편하고자 하였고, 1925년에는 '산견백만석증수계획'을 통해 수확한 누에고치와 잠사를 일본을 거쳐 세계 시장에 판매하려는 목표를 세우게 되었다. 1920년대 조선총독부의 농업정책은 산미 증식, 육지면 재배의 장려와 재배면적의 확대, 양잠업의 장려에 중점을 두었다. 그중 조선총독부가 심혈을 기울인 것은 단연 산미증식계획이었다.

10　朝鮮及滿洲社, 1930, 『朝鮮之研究』, 197~199쪽.
11　日本農學會, 1980, 앞의 책, 117쪽.

2. 산미증식계획의 실시

일제시기 한 농업경제학자는 다음과 같이 말하였다. "산미증식계획은 조선 농업에 가한 정책 중 가장 대규모의 증산정책이고 조선의 대표적 농업정책이다. 산미증식계획은 말할 필요도 없이 제국의 식량 문제 해결과 조선 농민의 경제생활 안정과 향상을 목적으로 한 것이다. 그 때문에 재래의 정태적 미작농업을 개발하기 위해서 두 가지 방법을 수단으로 하였다. 하나는 경지의 개량확장정책이고, 다른 하나는 농사개량사업이다. 전자는 주로 수리사업에 의한 외연적 증산정책이고, 후자는 주로 경종법의 개선과 비료 증시(增施)에 의한 내연적 증산정책이다."

조선총독부는 산미증식계획의 목적을 표면적으로는 ① 조선 내의 식량 수요 증가에 대비하고, ② 농가 경제를 성장시켜 반도 경제의 향상을 도모하며, ③ 제국의 식량 문제 해결에 이바지하도록 하는 데 있다고 내걸었으나,[12] 그 궁극적 목적은 일본 내의 저임금 유지를 위한 일본 본국의 식량 문제의 해결에 있었다. 즉 조선에서 쌀을 증산하여 일본에 이출함으로써 일본 본국의 식량 문제를 해결하면서 일본 내 저미가·저임금 정책을 추진해 일본 자본주의의 발전을 도모하고자 한 것이었다.

1920년대 산미증식계획은 토지개량사업과 농사개량사업이 병행되었다. 토지개량사업은 저수지 등의 건설을 통한 관개 개선과 밭을 논으로 변경하는 지목 변경 및 개간·간척 사업을 일컫는다. 농사개량사업은 일본 벼 품종의 보급과 시비의 증대 및 경종법의 개선을 말한다. 그러나

---

12 朝鮮總督府, 1922, 『朝鮮産米增殖計劃要領』, 5쪽.

1920년대 산미증식계획은 수리조합의 설립과 확충을 통한 토지 개량사업에 집중하였다. 향후 30년에 걸쳐 논 80만 정보의 토지 개량을 완성한다는 과도한 계획을 세운 일제는 제1차 계획으로 1920~1934년 15년 동안 총 사업비 2억 3,621만 원을 투입하여 42만 7,500정보의 토지 개량과 농사 개량을 통해 약 900만 석의 미곡을 증산하고, 그중 460만 석을 일본으로 이출한다는 목표를 세우고 추진해 갔다. 제1차 계획의 구체적 내용을 요약하여 제시하면 다음과 같다.[13]

제1차 계획
① 사업비 총액　　　　　　　2억 3,621만 원
　- 국고보조금　　　　　　　6,301만 원
　- 정부알선자금　　　　　　7,500만 원
　- 사업자조달자금　　　　　9,820만 원
② 토지개량사업
　• 시행면적　　　　　　　　427,500정보
　　- 관개 개선　　　　　　　225,000정보
　　- 지목 변경　　　　　　　112,500정보
　　- 개간·간척　　　　　　　90,000정보
　• 공사비 총액　　　　　　　1억 6,800만 원(단보당 39.30원)
　　　　　　　　　　　　　　(이 가운데 국고보조금 3,855만 원)
③ 산미 증수량　　　　　　　899만 5,000석
　• 토지 개량 시행 지역　　　583만 8,750석

13　장시원, 1994, 「산미증식계획과 농업구조의 변화」, 『한국사』 13, 한길사, 239~240쪽.

－토지 개량 공사 결과　　　　　　348만 1,250석
　　－시비 증가, 경종법 개선 결과　　235만 7,500석
　• 기타 지역(시비 증가, 경종법 개선)　315만 6,250석
　　－관개시설을 갖춘 논　　　　　　184만 2,500석
　　－관개시설을 못 갖춘 논　　　　　131만 3,750석
　④ 수요 예상량
　　－조선 내 소비 증가량　　　　　　441만 2,000석
　　－수·이출 증가 예상량　　　　　　458만 3,000석

　사업비 2억 3,621만 원의 내역은 국고보조금 6,301만 원, 정부알선자금 7,500만 원, 사업자조달자금 9,820만 원이었다. 그 사업비를 투여하여 토지개량사업과 농사개량사업을 벌이는데, 토지개량사업에 더 중점을 두고 있었다. 토지개량사업에서 토지 개량은 42만 7,500정보를 행하는데 관개 개선 22만 5천 정보, 지목 변경 11만 2,500정보, 개간·간척 9만 정보를 획득하려고 하였다. 이를 통해 쌀 899만 5천 석을 증산하려고 했고, 수리조합사업으로 토지 개량을 한 지역에서 약 584만 석, 그 외 지역에서 약 316만 석을 증수하려고 하였다. 그렇게 생산한 약 900만 석 중에 458만 석은 일본으로 이출하고자 하였다.

　조선총독부는 1925년에 1920년부터 실시한 산미증식계획의 중간 점검을 하였다. 1925년까지 6년 동안의 실적은 사업 착수 예정면적 16만 5천 정보 가운데 착수면적이 9만 7,500정보(예정의 59%), 준공 예정면적 12만 3,100정보 가운데 준공면적이 7만 1천 정보(예정의 61%)에 불과하였다. 더욱이 토지개량사업과 함께 경종법 개선, 시비 증가가 수반되지 않아 실제의 수확량은 예정에 훨씬 미달하였다. 예컨대 미곡 생산량은

1917~1921년 평균 1,410만 석에서 1922~1926년 평균 1,450만 석으로 증가하는 데 그쳤다. 반면에 일본으로의 이출량은 연평균 220만 석에서 434만 석으로 크게 증가하였다.[14]

즉 1920~1925년까지 실시되었던 제1기 산미증식계획은 계획 대비 실적이 크게 미달하였다. 그 이유는 다음과 같다. 지주가 토지소유를 하면서 얻는 이익(소작료 등)이 컸기 때문에 토지 개량에 투자하기보다는 토지를 구입하려고 하였고, 다른 한편으로 토지 개량을 주관하는 전문기관 혹은 회사가 없었기 때문에 지주들이 참여하여 시행하기가 쉽지 않았다. 또한 지주가 토지개량사업을 추진하려고 해도 국고보조금과 정부알선자금이 풍부하지 못하여 사업자가 조달해야 하는 금액이 많이 필요하였다. 게다가 시중 금리가 상승하고 있었고, 물가 등귀에 따른 공사비가 증대하여 토지 개량에 필요한 자금이 계획보다 더 증가하였다. 따라서 지주와 농민들이 조선총독부가 추진하는 토지개량사업에 적극적으로 참여할 수 없었다.[15]

이에 조선총독부는 계획을 변경하여 추진하였다. 조선총독부는 제1기 계획보다 사업비를 더 많이 투여하였다. 총사업비 3억 2천여만 원을 투여하고 그중 대부분은 토지개량사업을 행해서 35만 정보(관개 개선 19만 5천 정보, 지목 변경 9만 정보, 개간·간척 6만 5천 정보)를 개량하려고 했고, 단지 4천만 원을 농사개량사업 자금으로 배정하였다. 사업 결과 817만 석의 쌀을 증산하여(토지 개량 시행 지역에서 472만 석, 기타 지역에서 345만 석) 그중 500만 석을 일본으로 이출하고자 하였다.[16] 제1기 계획에

---

14 장시원, 1994, 앞의 글, 240쪽.
15 河合和男, 1986, 『朝鮮における産米増殖計劃』, 未來社, 110쪽.
16 장시원, 1994, 위의 글, 243~244쪽.

이은 제2기 계획은 1926년부터 12개년 동안 다음과 같은 내용으로 실시될 예정이었다.

제2차 계획

① 사업비 총액   3억 2,533만 4,000원
- 토지개량사업 자금   2억 8,533만 4,000원
  - 국고보조금   6,507만 원
  - 정부알선자금   1억 9,819만 7,000원
  - 사업자조달자금   2,206만 7,000원
- 농사개량사업 자금   4,000만 원

② 토지개량사업
- 시행면적   35만 정보
  - 관개 개선   19만 5,000정보
  - 지목 변경   9만 정보
  - 개간·간척   6만 5,000정보
- 공사비 총액   2억 8,533만 4,000원(단보당 81.52원)
                              (이 가운데 국고보조금 6,507만 원)
- 시행 방법
  - 200정보 이상의 사업   24만 정보
    총독부가 공사를 설계·감독하여
    수리조합에 인가   14만 정보
    사업대행기관에 의한 공사대행   10만 정보
  - 200정보 미만의 사업   6만 정보
    (지방청 직원에 의한 공사대행)

- 개간·간척사업
　　　　(단지 저리자금의 알선만 함)
　③ 산미 증수량　　　　　　　　　816만 7,875석
　　• 토지 개량 시행 지역　　　　　472만 석
　　　- 토지 개량 공사 결과　　　　280만 석
　　　- 시비 증가, 경종법 개선 결과　192만 석
　　• 기타 지역(시비 증가, 경종법 개선)　344만 7,875석
　④ 일본으로 이출 예상량　　　　　500만 석

　위와 같은 내용의 제2기 계획은 제1기 계획에서 미흡했던 점을 개선 또는 변경한 것이었다.[17] 첫째, 사업자 개인의 자금 부담은 축소하였다. 제1기 계획에서는 사업자조달자금이 9,820만 원이었는데 2,200만 원으로 대폭 축소하고, 그 대신 정부알선자금을 7,500만 원에서 2억 원으로 대폭 상향하였다. 그 조달 방법은 동양척식주식회사 금융부와 조선식산은행에서 대출을 통해 충당하는 것이었다.

　둘째, 측량, 설계, 자금의 알선과 조달, 공사감독, 사업의 유지와 관리 등을 대행하는 사업대행기관을 설치하였다. 즉 1926년에 동양척식주식회사에 '토지개량부'를 설치하고 1927년에 '조선토지개량주식회사'를 설립해 지주들이 중심이 되어 지역의 수리조합을 구성하면 기본적 안을 마련하여 토지개량사업을 수월하게 추진케 하였다.

　셋째, 농사개량사업자금으로 4천만 원을 별도로 정부가 알선하고, 그 중의 8할 이상을 화학비료 구입에 충당하게 하였다. 일본 벼 품종의 재

---

[17]　河合和男, 1986, 앞의 책, 113~118쪽.

배면적이 증가함에 따라 생산량을 증가시키려면 비료의 증시가 반드시 필요했기 때문이다.

넷째, 계획의 추진기관도 대폭 정비·확충하였다. 우선 1926년 총독부 식산국에 기존의 토지개량과 이외에 수리과(水利課)와 개간과(開墾課)를 신설했고, 1928년에는 이 3개 과를 통할하는 토지개량부를 만들었다. 1929년에는 수원 권업모범장을 '농사시험장'으로 개칭하고 각 지에 지장(支場)과 출장소를 설립해서 산미증식계획에 협조하도록 하였다.

제2기 계획에서는 약 817만 석의 미곡을 증수하고, 그중에서 약 500만 석을 일본으로 이출하려고 했는데 제2기 실적은 전체적으로 저조하였다. 1926~1937년 누계의 달성률이 착수면적으로는 46%, 준공면적으로는 51%에 불과하였다. 그러나 시기적으로 보면 1920년대 후반에 양호하고, 1930년대 전반에는 부진하였다.

1930년 이후 토지개량사업의 실적이 저조한 데에는 한편으로 공황기의 미가 저락으로 인한 수리조합의 경영 악화에도 원인이 있지만, 보다 주된 이유는 토지개량사업을 위한 정부알선자금의 공급이 1926~1929년 누계 78%에서 1930~1933년 누계 56%, 1934~1937년 누계 9%로 급감했기 때문이라고 할 수 있다.[18]

---

18 박석두, 2003, 앞의 글, 466~467쪽.

3. 농업구조의 변화

조선총독부가 1920년대에 실시한 산미증식계획은 조선의 농업구조에 큰 변화를 가져왔다. 첫째, 1910년대에 이어 일본 벼 품종의 식부면적이 크게 증가하였다. 1912년에 일본 벼 품종의 재배면적은 조선 벼 재배면적의 2.2%였다가 1920년에 51%로 증가했고, 1930년에 70%, 1940년에 91%로 지속적으로 증가하였다. 둘째, 미곡 단작(單作)농업이 정착되었다. 1920년대를 거치면서 벼의 재배면적이 확대되었고, 특히 경기 이남의 지방에서 벼의 재배면적이 과반수를 넘어 70%에 이르렀으며, 서북부지방에서도 벼의 재배면적이 급속히 증가하였다. 셋째, 쌀의 생산량이 증가했으며, 일본으로 이출도 증수량을 초과하여 크게 증대하였다. 이 부분에 대해 구체적으로 살펴보자.[19]

1) 일본 벼 품종의 재배 확대

조선 재래의 벼 품종은 조선의 기후와 풍토에 적응하며 진화해 왔기 때문에 가뭄에 견디는 힘이 강하고 수분이 없는 토양에서도 싹을 틔울 수 있고, 나아가 이삭이 패서 익기까지 시일이 적게 걸려 물과 비료가 부족한 여건에서는 일본 벼 품종보다 수확이 좋았다. 그러나 조선 재래 벼 품종은 다른 품종, 특히 적미(赤米)와 뒤섞인 게 많아 상품화에 불리하고, 수확량과 품질이 일본의 개량품종보다 떨어지는 등 토지생산성 향상과

19　이 부분은 박석두, 2003, 앞의 글을 주로 참조하였다.

일본 미곡시장의 판매에 적합하지 않았다. 그리하여 일제는 1910년대부터 일본 개량 벼 품종을 보급하는 데 주력하고 이어 1922~1926년의 제1기 '종자갱신(5개년)계획'과 1927~1931년의 제2기 '종자갱신(5개년)계획' 및 1932~1936년의 제3기 '종자갱신(5개년)계획'을 추진하여 일본 벼 품종의 재배면적을 확대해 갔다.[20]

1910년대는 헌병경찰을 동원한 강제적 일본 벼 품종 보급정책으로 인해 일본 개량품종의 재배면적이 비약적으로 확대되었다. 〈표 4-1〉에서 보듯이 일본 개량품종의 재배면적은 1912년에 전체 벼 재배면적의 2.2%에서 1914년에 10%, 1916년에 30%, 1918년에 44%, 1920년에 51%로 급속히 늘었다. 이어서 1920년대 산미증식계획이 실시되면서 일본 개량품종의 재배면적은 지속적으로 확대되어 갔다. 1920년에 51%에서 1925년 68%, 1930년 70%, 1935년 84%, 1940년 91%에 달하였다. 시기별로는 1910년대에 일본 품종 재배면적이 급속히 확대되었으며(2.2%→46.8%), 제1기 산미증식계획 기간(1920~1925)에도 지속적으로 확대되었고(식부면적 28만 정보 증가, 비율 51%→68%), 1930년대 전반기에 크게 확대되었다(식부면적 25만 정보 증가, 비율 70%→84%). 1930년대에는 토지개량사업에 대한 정부알선저리자금의 공급이 감소함에 따라, 총독부가 토지개량사업 대신 농사개량사업에 주력했기 때문이다. 아울러 1910년대와 1920년대는 주로 경기 이남의 지방에 일본 벼 품종이 식부되었고, 1930년대 이후 서북부 지역에서도 일본 벼 품종이 식부됨으로써 재배면적이 크게 확대되었다.[21]

---

20   박석두, 2003, 앞의 글, 472쪽.

21   이두순, 2003, 「일제하 수도 신품종의 보급과 수도작 기술의 변화」, 『한국 농업구조의 변화와 발전(한국 농업 농촌 100년사 논문집 제1집)』, 한국농촌경제연구원.

〈표 4-1〉 일본 벼 개량품종의 식부면적 추이

(단위: 천 정보)

연도	벼 재배 면적 (A)	우량종 면적 (B)	식부면적 상위 5개(110.3) 품종(C)						B/A	C/A
			1위	2위	3위	4위	5위	5개 품종 식부면적		
1912	1,402.5	30.6	조신력 (23.2)	도 (3.0)	곡량도 (2.8)	일출 (1.4)	다마금 (0.2)	30.6	2.2%	2.1%
1913	1,439.5	91.4	(73.8)	곡량도 (7.9)	도 (4.3)	(3.1)	(1.6)	90.7	6.3%	6.3%
1914	1,467.2	148.7	(107.3)	(20.3)	일출 (6.9)	도 (6.3)	(4.9)	145.7	10.1%	9.9%
1915	1,480.3	281.1	(176.5)	(51.8)	(15.9)	다마금 (15.9)	도 (15.0)	275.1	19.0%	18.6%
1916	1,501.1	454.6	(230.8)	(110.5)	다마금 (48.4)	일출 (25.3)	(23.6)	438.6	30.3%	29.2%
1917	1,510.0	544.4	(241.4)	(142.7)	(79.2)	도 (29.6)	일출 (28.8)	521.7	36.1%	34.1%
1918	1,529.8	649.9	(253.2)	(201.2)	(111.9)	(37.1)	(35.2)	638.6	43.8%	41.7%
1919	1,519.2	711.7	(249.0)	(217.1)	(131.5)	(41.5)	(37.2)	676.3	46.8%	44.5%
1920	1,537.6	785.7	(250.9)	(241.9)	(156.1)	(44.9)	(43.8)	737.5	51.1%	48.0%
1921	1,513.2	816.8	곡량도 (267.9)	조신력 (234.7)	(165.5)	(49.5)	(48.6)	766.2	54.0%	50.6%
1922	1,539.5	912.4	(287.1)	(241.6)	(162.3)	일출 (52.4)	도 (52.3)	795.7	59.3%	51.7%
1923	1,530.4	969.0	(300.5)	(234.8)	(161.8)	도 (57.9)	일출 (57.0)	812.0	63.3%	53.0%
1924	1,547.9	1,018.0	(319.6)	(220.7)	(161.5)	일출 (60.7)	도 (58.9)	821.4	65.8%	53.1%
1925	1,557.0	1,062.5	(331.8)	(207.3)	(171.1)	도 (59.5)	일출 (56.8)	826.5	68.2%	53.1%
1926	1,558.8	1,080.6	(341.8)	(191.7)	(167.6)	(61.3)	웅정 (61.3)	823.7	69.3%	52.8%
1927	1,568.6	1,107.0	(367.5)	(170.9)	(166.8)	구미 (61.6)	도 (59.7)	826.5	70.6%	52.6%
1928	1,481.4	1,052.1	(361.6)	다마금 (157.0)	조신력 (130.6)	(70.1)	(59.7)	779.0	71.0%	52.6%
1929	1,593.8	1,100.1	(433.5)	(166.6)	(103.6)	(77.3)	금 (61.6)	842.6	69.0%	52.9%
1930	1,623.5	1,138.6	(463.4)	(168.3)	구미 (90.3)	조신력 (74.1)	(68.2)	864.3	70.1%	53.2%
1931	1,635.9	1,215.1	(459.0)	(166.8)	(96.5)	은방주 (82.5)	(71.4)	876.2	74.3%	53.6%

연도	벼 재배 면적 (A)	우량종 면적 (B)	식부면적 상위 5개(110.3) 품종(C)					5개 품종 식부면적	B/A	C/A
			1위	2위	3위	4위	5위			
1932	1,605.8	1,232.4	(428.6)	(170.0)	(110.3)	(99.2)	(74.7)	882.8	76.7%	55.0%
1933	1,659.4	1,286.7	(432.8)	(163.6)	은방주 (132.4)	구미 (102.5)	(76.7)	908.0	77.5%	54.7%
1934	1,674.4	1,359.5	(410.0)	은방주 (223.4)	다마금 (159.0)	육우 132 (84.7)	구미 (77.8)	954.9	81.0%	57.0%
1935	1,656.1	1,387.7	(382.6)	(319.9)	육우 132호 (134.9)	다마금 (128.6)	금 (74.5)	911.9	83.8%	55.1%
1936	1,568.2	1,337.2	은방주 (420.0)	곡량도 (332.9)	(160.1)	(96.6)	(65.2)	1,074.8	85.3%	68.5%
1937	1,604.8	1,425.7	(500.4)	(308.0)	(194.0)	(77.2)	적신력 (62.9)	1,142.5	88.8%	71.1%
1938	1,624.2	1,452.8	(522.2)	(279.7)	(207.2)	금 (61.4)	다마금 (59.7)	1,130.2	89.4%	69.6%
1939	1,202.0	1,080.5	(302.3)	육우 132호 (213.8)	곡량도 (130.3)	중생 은방주 (90.2)	적신력 (58.0)	794.6	89.9%	66.1%
1940	1,626.1	1,480.5	(478.2)	(219.2)	(17.8)	(101.9)	풍옥 (91.3)	1,068.4	91.0%	65.7%

비고: 벼 품종에서 ( ) 안의 숫자는 재배면적의 크기이다.
출처: 朝鮮總督府, 『農業統計表(1940)』(염정섭·소순열, 2021, 『농업기술과 한국문명』, 들녘, 384~385쪽 재인용)와 박석두, 2003, 앞의 글, 474쪽의 두 표를 조합하여 작성하였다.

 일본 벼 품종 식부면적의 변화 양상을 살펴보면 다음과 같은 특징이 있다. 첫째, 식부면적 1위 품종이 1910년대에는 조신력이었다가, 산미증식계획이 실시되는 기간(1920~1934)에는 곡량도로 바뀌었으며, 1936년부터는 은방주(銀坊主)로 전환되었다.[22] 조신력은 일본에서 도입

22　김도형, 2009, 앞의 책, 200~203쪽.

된 대표적 다수확품종이었으며, 비료를 적게 투하해도 생산성이 높았다. 그런데 비료를 많이 투하하는 조건에서는 도열병에 취약하고 심지어는 전멸하게 되는 단점이 있었다. 1920년대 산미증식계획을 실시하면서, 농업 방식에 있어 다비화(多肥化)의 진전에 따라 조신력은 도열병에 약하다는 결점이 문제가 되어 서서히 소멸되면서 그 대신 내비성(耐肥性)이 강한 곡량도가 1920년대 말까지 전성기를 맞이하였다. 곡량도는 조신력에 비해 내비성이 더 강하다는 것 이외에 불량한 환경에서도 재배하기가 쉽고 품질이 우수한 이점이 있기 때문에 광범위하게 보급되었다. 그러나 화학비료의 사용 증대에 따른 내병성(耐病性)의 약점과 쓰러지기 쉽다는 결점으로 인해, 내병성에 강하고 다비 재배 방식에 적응력이 뛰어난 새로운 품종인 은방주가 등장하면서 1930년대 중반 이후 1위를 차지하게 되었다. 은방주는 품질과 맛이 곡량도에 비해 떨어지는데도 불구하고 내병성이 강하고 다비 재배에 적응하는 다수 품종이라는 장점 때문에 오랫동안 각광을 받았다.[23]

둘째, 일본 벼 품종의 보급에서 중요한 특징은 식부면적의 대다수를 소수의 품종이 차지했다는 사실이다. 〈표 4-1〉에서 보듯이, 1910년대는 일본 벼 품종 5~6개 품종이 조선 논 거의 대부분에 식부되었다가, 1920년대 산미증식계획 기간에는 그 종류가 더 다양해졌다. 그럼에도 불구하고 상위 5개 품종이 차지하는 비율은 여전히 매우 높았다. 예를 들면 재배면적이 많은 상위 5개 품종 식부면적이 전체 논 면적에서 차지하는 비율이 1919년에 44.5%였는데 산미증식계획 기간을 거치면서 1925년에 53%, 1935년에 55%, 1940년에 66%로 증가하였다.

---

[23] 염정섭·소순열, 2021, 『농업기술과 한국문명』, 들녘, 383~387쪽.

이처럼 조선에 식부한 벼 품종 수가 적었던 것은 일본이 조선을 병탄한 후 다수의 품종을 선정할 여유가 없었고, 중부와 북부 지역에 적합한 품종이 부족했다는 점이 지적되었으나[24] 그보다 더욱 중요한 점은 선정된 장려품종이 일본 시장에 적합하고, 또한 소수의 품종이라야 쌀의 상품가치를 균일하게 하여 미곡을 상품화할 수 있었기 때문이었다.[25] 재배면적이 많았던 상위 5개 품종은 조신력, 곡량도, 도, 일출, 다마금이었다. 이 상위 5개 품종은 시기가 지남에 따라 다른 종으로 교체되었다. 1920년까지는 조신력, 곡량도, 다마금의 순서였는데, 1921~1927년까지는 곡량도, 조신력, 다마금의 순서였다가, 1928~1932년까지는 곡량도, 다마금, 조신력 혹은 구미(龜の尾)의 순서였다. 그러다가 1936년 이후 은방주, 육우(陸羽)132호 등이 등장하면서 지배적인 종자가 되었다.[26]

　일본 우량품종의 급속한 보급에 따라 전통적인 조선의 재래품종은 급격히 쇠퇴하게 되었다.[27] 재래품종은 ① 까락이 많다(有芒種) ② 대체로 조숙(早熟)이다 ③ 포기(分蘖) 수가 적고 줄기가 길어(長稈) 쓰러지기(倒伏)가 쉽다 ④ 도열병에 약하다 ⑤ 낱알이 굵은 품종(大粒種)이 적다 ⑥ 이삭당 낱알(一穗粒數)이 많다 등의 특성 때문에 다비·다수 재배에는 부적당하였다. 그러나 ① 내한력이 강하고 ② 이삭이 피어(出穗) 여무는(成熟) 때까지 이르는 일수가 짧으며 ③ 수분이 부족한 토양에서도 발아력이 강한 장점이 있었다. 이러한 장점 때문에 관개수나 비료가 부족한 곳에서는 일본의 우량품종보다 오히려 수확량이 많은 일도 적지 않

24　菱本長次, 1938, 『朝鮮米の硏究』, 千倉書房, 164~165쪽.
25　이두순, 2003, 앞의 글, 392쪽.
26　박석두, 2003, 앞의 글, 473쪽.
27　염정섭·소순열, 2021, 앞의 책, 385쪽.

았다.[28] 이러한 장점을 가진 조선의 재래품종은 일본의 우량품종의 급속한 보급에 따라 점차 사라지게 되었다.

이와 같이 일제하 식민지시기에 일본 우량품종의 급속한 보급과 식부면적의 다수 점유는 조선 재래품종이 사라지는 결과를 초래했으며, 그 결과 조선 농민들이 식민지기 이전에 행해왔던 우량품종 선발과 장려의 전통적 방법도 단절되게 되었다. 조선 농민들은 조선의 기후와 풍토에 맞는 벼 품종 유지를 위해 노력해 왔으며, 다른 지역과의 종자 교환을 통해 생산 증가와 품질 개량을 도모해 왔다. 예를 들면 조동지(趙同知)라는 벼 품종은 19세기 후반 독농가 조중직이 돌연변이에 의해 우수한 품종이 출현된 것을 발견하여 선발·재배한 것이었다. 이러한 품종들은 일제의 농업정책으로 인해 계승·발전되지 못하였다.[29]

2) 미곡 단작농업의 형성

조선총독부가 1920년대 산미증식계획을 실시하면서 조선의 농촌사회는 미곡 중심의 농업체제로 이행되게 되었다. 산미증식계획을 실시하면서 논의 면적은 확대되었고, 그 대신 밭의 면적은 감소되면서 미곡 단작농업의 특성은 강화되었다.

〈표 4-2〉에서 보듯이 1919년 경지면적 432만 정보 가운데 논은 154만 정보(35.6%)였고, 밭은 278만 정보(64.4%)였다. 산미증식계획이 끝난 1935년에는 총경지면적이 443만 정보에 이르러 1919년보다

---

28 藤田强, 1940, 앞의 글, 4쪽.
29 염정섭·소순열, 2021, 앞의 책, 387쪽.

〈표 4-2〉 경지면적표

(단위: 정보)

연도	논	밭	합계
1910	847,667(34.4%)	1,617,237(65.6%)	2,464,904
1911	1,002,325(37.0%)	1,702,891(63.0%)	2,705,216
1912	1,024,395(36.0%)	1,822,542(64.0%)	2,846,937
1913	1,067,290(37.0%)	1,818,622(63.0%)	2,885,912
1914	1,089,321(36.8%)	1,869,838(63.2%)	2,959,159
1915	1,177,531(37.1%)	1,993,079(62.9%)	3,170,610
1916	1,340,325(37.3%)	2,249,178(62.7%)	3,589,503
1917	1,435,094(37.0%)	2,439,987(63.0%)	3,875,081
1918	1,544,430(35.6%)	2,797,661(64.4%)	4,342,091
1919	1,543,090(35.6%)	2,781,590(64.4%)	4,324,680
1920	1,543,702(38.0%)	2,778,333(62.0%)	4,322,035
1921	1,543,664(35.7%)	2,778,826(64.3%)	4,322,490
1922	1,545,129(35.8%)	2,772,195(64.2%)	4,317,324
1923	1,549,461(35.9%)	2,771,403(64.1%)	4,320,864
1924	1,553,998(36.0%)	2,768,207(64.0%)	4,322,205
1925	1,563,736(36.0%)	2,784,619(64.0%)	4,348,355
1926	1,574,157(35.9%)	2,804,800(64.1%)	4,378,957
1927	1,587,053(36.2%)	2,800,674(63.8%)	4,387,727
1928	1,598,230(36.4%)	2,793,171(63.6%)	4,391,401
1929	1,608,888(36.6%)	2,783,227(63.4%)	4,392,115
1930	1,617,696(36.9%)	2,770,968(63.1%)	4,388,664
1931	1,628,984(37.2%)	2,755,526(62.8%)	4,384,510
1932	1,647,008(37.5%)	2,743,434(62.5%)	4,390,442
1933	1,660,255(37.6%)	2,751,549(62.4%)	4,411,804
1934	1,671,389(37.7%)	2,760,094(62.3%)	4,431,483
1935	1,681,340(37.9%)	2,750,939(62.1%)	4,432,279
1936	1,688,786(38.2%)	2,736,983(61.8%)	4,425,769
1937	1,703,835(38.5%)	2,723,334(61.5%)	4,427,169

출처: 朝鮮總督府, 1938, 農業統計表(1937), 耕地面積表, 5~6쪽.

11만 정보 증가하였다. 그중 논의 면적은 168만 정보로 전에 비해 14만 정보 증가한 데 반해, 밭의 면적은 275만 정보로 오히려 3만 정보 감소하였다.[30] 그것은 밭이 논으로 지목 변환되었기 때문이다.

〈표 4-2〉에서 보듯이 산미증식계획이 실시되는 기간(1920~1934)에 논의 면적은 꾸준히 증가해 간 반면에, 밭의 면적은 제1기 산미증식계획이 실시되는 기간에는 278만 정보 내외에서 정체되었다가, 1926년에 280만 정보를 정점으로 제2기 산미증식계획 기간(1926~1934) 동안 계속 감소되어 갔다. 특히 제2기 산미증식계획 기간에는 논 면적이 매년 1만 정보 이상 증가했으며, 1932년에는 약 2만 정보나 증가하였다.

미곡 단작화는 지역별로 밭이 많은 서·북부 지방보다는 논이 많은 남부지방에서 현저하였다. 특히 벼농사지대인 전북·충남·경남·경기 지방은 미곡 단작 경영에 가까울 정도였다. 〈표 4-3〉에서 보듯이 1937년에 전라북도는 논 면적이 경지면적의 71.7%를 차지하였다. 다음으로 충청남도는 66.6%, 경상남도는 65.5%, 경기도는 53.7%, 경상북도는 52.2%, 전라남도는 50.2%를 논이 차지하며, 미작농업이 다수의 비율로 행해졌다. 특히 전라북도는 경지면적의 72%를 차지할 정도로 많았는데, 이 지역은 일본인 지주가 많은 지역이었다.[31] 일본인 지주들은 조선 농민에게 논을 소작 주고 소작료를 현물로 받은 후 그 소작료를 일본에 판매함으로써 큰 이익을 얻고 있었던 것이다.

〈표 4-3〉에서 제2기 산미증식계획이 시행된 후 논과 밭의 재배면적

---

30 朝鮮總督府, 1938, 『農業統計表(1937)』, 耕地面積表, 5~6쪽.
31 최원규, 2021, 『일제시기 한국의 일본인사회 -도시민·지주·일본인 농촌-』 혜안, 181~191쪽.

<표 4-3> 1928년과 1937년 논과 밭의 경지면적 변화

(단위: 정보)

지역	논		밭		계	
	1928	1937	1928	1937	1928	1937
경기도	201,403 (52.2%)	209,701 (53.7%)	184,777 (47.8%)	180,470 (46.3%)	386,180	390,171
충청북도	70,374 (44.3%)	72,127 (45.8%)	88,498 (55.7%)	85,492 (54.2%)	158,872	157,619
충청남도	160,769 (65.9%)	164,250 (66.6%)	83,142 (34.1%)	82,511 (33.4%)	243,911	246,761
전라북도	168,610 (71.4%)	171,022 (71.7%)	67,440 (28.6%)	67,552 (28.3%)	236,050	238,574
전라남도	204,295 (50.6%)	210,872 (50.2%)	199,216 (49.4%)	209,501 (49.8%)	403,511	420,373
경상북도	191,780 (49.3%)	196,921 (52.2%)	197,374 (50.7%)	180,214 (47.8%)	389,153	377,135
경상남도	172,863 (61.8%)	179,860 (65.5%)	106,930 (38.2%)	94,574 (34.5%)	279,793	274,434
황해도	131,566 (24.3%)	141,104 (25.7%)	409,567 (75.7%)	408,642 (74.3%)	541,133	549,746
평안남도	68,324 (17.3%)	86,472 (21.8%)	327,618 (82.7%)	310,376 (78.2%)	395,942	396,848
평안북도	81,000 (19.9%)	94,202 (23.2%)	326,128 (80.1%)	311,509 (76.8%)	407,128	405,711
강원도	86,686 (25.1%)	91,336 (26.6%)	258,527 (74.9%)	252,570 (73.4%)	345,213	343,906
함경남도	48,700 (12.4%)	66,785 (16.2%)	343,985 (87.6%)	345,493 (83.8%)	392,685	412,278
함경북도	11,855 (5.6%)	19,183 (9.0%)	199,969 (94.4%)	194,430 (91.0%)	211,824	213,613
계	1,598,224 (36.4%)	1,703,835 (38.5%)	2,793,171 (63.6%)	2,729,334 (61.5%)	4,391,395	4,427,169

출처: 朝鮮總督府, 1930, 『農業統計表(1928)』, 耕地面積表, 2쪽; 朝鮮總督府, 1938, 앞의 책, 耕地面積表, 5~6쪽.

에 있어 1928년과 1937년의 각 도별 변화를 살펴보면 다음과 같다. 첫째, 논의 면적은 1928년에 159.8만 정보에서 1937년에 170.3만 정보로 약 10만 5천 정보 증가하였다. 반면에 밭의 면적은 1928년에 279만 정보에서 1937년에 273만 정보로 약 6만 정보 감소하였다. 둘째, 전국 13도에서 논의 절대면적은 모두 증가했으며, 특히 밭작물 재배가 지배적이었던 황해도, 평안남북도, 강원도, 함경남북도 등 서북부지방에서 벼농사 비중이 크게 확대되었다. 농가 1호당 작물 재배면적의 경우, 남부 7도에서는 총경작면적 중 논 면적의 비중이 1910년 42.5%에서 1935년에 48.6%로 약간 증가했는데, 서북부지방에서는 같은 기간 논 면적의 비중이 18.2%에서 54.9%로 급증했고, 두류의 재배면적 및 그 비중은 크게 감소하였다.[32]

주요 작물의 재배면적 변화의 추이를 보면, 미곡과 맥류는 1940년까지 계속 증가했는데, 두류, 잡곡, 서류(고구마와 감자 등)의 재배면적은 산미증식계획 기간 중에 감소 추세로 전환되었다.[33]

조선에서 미곡 단작농업이 강화됨으로써 얻는 장·단점을 살펴보면, 단작 경영은 토지·자본·노동을 특정 작물에 집중 배분함으로써 생산기술·생산성 향상과 경영 효율의 증대 및 경영규모 확대를 꾀할 수 있다는 장점이 있는 반면에 특정 작물의 풍흉과 가격 변동에 의한 위험이 커지며 인력·축력·기계·토지 등의 생산요소를 연간 규칙적으로 또 충분히 사용할 수 없게 된다는 단점이 있다.[34]

산미증식계획을 통한 미곡 생산의 증대와 그에 따른 미곡 단작화에 의해 밭농업이 위축되고 전통적 한전(旱田)농법이 쇠퇴하였다. 산미증식계획으로 논의 면적이 증가한 대신 밭의 면적은 감소하였다. 밭 면적의

---

32 小早川九郎, 1944, 앞의 책, 574~575쪽(박석두, 2003, 앞의 글, 488~489쪽 재인용).
33 박석두, 2003, 위의 글, 486~487쪽.
34 박석두, 2003, 위의 글, 489쪽.

감소는 재배면적의 축소에 그치는 것이 아니라 몇 천년간 조선의 풍토·기후에 적응하면서 발전해 왔던 한전농업기술의 체계도 점차 와해됨을 의미하였다. 즉 조선의 기후와 풍토에 적응해 왔던 밭의 재래품종이 점차 사라져 갔고, 수천 년간 축적해 왔던 한전농업기술이 사라지게 되었던 것이다. 예를 들면, 비가 오지 않을 때 마른 논에 이앙을 하는 농법인 건앙법(乾秧法)은 소멸되었다. 비가 오지 않는 마른 논에 직파하는 건도(乾稻) 등의 품종 또한 소멸하였다. 그리고 일제시기에 한전은 경시되었기 때문에 한전의 품종과 재배기술이 사라지거나 위축되었다. 더욱이 이러한 한전농업의 파행적 유산은 해방 이후 한국 농업의 건전한 발달에 커다란 장애 요인이 되었다.

3) 미곡 생산량 및 이출량의 증대

조선총독부가 산미증식계획에서 중점을 둔 사업은 토지개량사업에서는 수리관개논을 확대하는 것이었고, 농사개량사업에서는 일본 벼 품종의 재배면적을 확장하면서 비료를 증산해 시비를 늘리는 것이었다. 그리하여 비록 목표에는 미치지 못했으나 미곡 생산량은 계획 기간 중 지속적으로 증가하였다. 그러나 이와 같은 토지와 농사 개량에 의해 증대된 생산량보다 훨씬 많은 미곡이 일본으로 이출됨으로써 조선인의 1인당 미곡 소비량은 해마다 감소하였다.

산미증식계획이 진행되면서 일본 벼 품종의 재배면적이 크게 확대되고, 수리관개시설을 갖춘 논이 증가했으며 아울러 자급비료와 판매비료 등의 시비량이 늘면서 쌀의 총생산량은 증가하였다. 〈표 4-4〉에서 보듯이 1910년대에는 조선 쌀 생산량은 1,100만 석 내지 1,400만 석이었는데, 산미증식계획이 실시된 1920년대는 1,500만 석에서 1,700만 석으로 증가하였다. 1929년과 1930년에는 세계대공황 이후 흉년이 들어 1,300만 석으로 감소했다가 1931년 이후 1,900만 석에서 2,400만 석을 오르내렸다. 〈표 4-4〉를 보면 5년마다 미곡의 평균 생산량이 지속적으로 증가해 갔음을 알 수 있다.

그러나 일본으로의 쌀 이출량은 증산된 생산량을 훨씬 능가하였다. 일본으로 쌀 이출량이 1910년대는 110만 석에서 290만 석가량이었는데, 1920년대는 300만 석에서 700만 석으로 급격히 증가하였다. 증산된 쌀 생산량 이상으로 일본으로 이출된 것이다. 예를 들면, 1921년에 조선의 쌀 생산량이 1,490만 석이었고 그중 일본으로의 수출량이 308만 석이었는데, 1928년에 조선의 쌀 생산량은 1,730만 석이었고, 쌀 이출량은 740만 석이었다. 즉 쌀 생산량은 240만 석 증가했는데, 일본으로의 쌀 이출량은 그보다 훨씬 많은 432만 석이나 증가하였던 것이다(〈표 4-4〉 참조).

일본의 미곡 생산은 1910년대 전반기에는 5천만 석, 1910년대 후반에는 5,500만 석, 1920년대에는 6천만 석, 1930년대에는 6,500만 석으로 증가하고 있었지만 일본인의 쌀 수요량에는 미치지 못하였다.[35] 외국으로부터 미곡을 수입하지 않을 수 없었던 일본은 식민지였던 조선에서 손쉽게 쌀을 충당하고자 하였다. 일본은 1917년까지 매년 300~400만 석의 미곡을 수입하다가 1918년에는 일본 흉년으로 650만 석, 1919년에는 대흉년으로 950만 석을 수입했으며, 1925년 이후에는 매년 1천만 석 이상의 미곡을 해외에서 도입하지 않으면 안 되었다. 그중 조선으로

---

35 박석두, 2003, 앞의 글, 483~485쪽.

<표 4-4> 조선 쌀 생산량·이출량·1인당 소비량

연도	생산량 (천 석)	일본으로 이출(천 석)	이출 비율 (%)	조선인 1인당 소비량(석)	일본인 1인당 소비량(석)
1912	11,568	291	2.5	0.7724	1.068
1913	10,865	393	3.6	0.6988	1.057
1914	12,109	1,099	9.1	0.7120	0.981
1915	14,130	2,058	14.6	0.7370	1.111
1916	12,846	1,439	11.2	0.6731	1.083
1917	13,933	1,296	9.3	0.7200	1.126
1918	13,687	1,980	14.5	0.6801	1.143
1919	15,294	2,874	18.8	0.7249	1.124
1920	12,703	1,750	13.8	0.6301	1.118
1921	14,882	3,080	20.7	0.6749	1.153
1922	14,324	3,316	23.1	0.6340	1.100
1923	15,014	3,624	24.1	0.6473	1.153
1924	15,174	4,722	31.1	0.6032	1.122
1925	13,219	4,619	34.9	0.5186	1.129
1926	14,773	5,429	36.8	0.5325	1.130
1927	15,300	6,136	40.4	0.5245	1.095
1928	17,293	7,405	42.8	0.5402	1.129
1929	13,511	5,609	41.5	0.4462	1.100
1930	13,701	5,426	39.6	0.4508	1.076
1931	19,180	8,409	43.8	0.5201	1.123
1932	15,872	7,570	47.7	0.4119	1.007
1933	16,345	7,972	48.8	0.4117	1.082
1934	18,192	9,426	51.8	0.4167	1.131
1935	16,717	8,857	53.0	0.3804	1.026
1936	17,884	9,513	52.9	0.3877	1.047
1937	19,410	7,162	36.9	0.5679	1.117
1938	26,796	10,703	39.9	0.7031	1.115
1939	24,138	6,052	25.1	0.7761	1.089
1912~1915 평균	12,168	960	7.9	0.7301	
1916~1920 평균	13,698	1,868	13.6	0.6865	
1921~1925 평균	14,523	3,873	26.7	0.6147	
1926~1930 평균	14,917	6,011	40.3	0.4988	
1931~1935 평균	17,261	8,447	48.9	0.4282	
1936~1939 평균	22,057	8,344	37.8	0.6087	

출처: 朝鮮總督府 農林局, 『朝鮮米穀要覽(1940)』, 2~3쪽, 140~141쪽(박석두, 2003, 앞의 글, 482쪽 재인용).

〈그림 4-1〉 수확한 쌀을 일본 오사카로 내보내기 위해 검사하는 장면(1920년대)

출처: 不二興業株式會社, 1929, 『農業及土地改良事業成績』.

부터 미곡 이입량이 차지하는 비중은 1910년대는 40~50%, 1920년대 전반기는 55% 내외, 1920년대 후반기는 60% 내외, 1930년대는 65% 내외를 차지할 정도로 일본은 부족한 국내 식량을 조선에서 미곡을 이출하여 해결하고자 하였다.[36] 더욱이 산미증식계획 이후 조선의 미곡은 일본 시장의 기호에 적합한 소수의 우량품종으로 통일되어 있었고, 건조 조제의 개량 등으로 상품화에 적합한 쌀을 생산하고 있었으며 나아가 이출 전에 조선에서 미곡검사제도를 통하여 우수한 조선 쌀을 일본 시장에 판매했기 때문에 일본의 부족한 식량을 채우는 데 매우 적합하였다. 일본 정부는 부족한 식량을 조선 쌀로 충당하고자 하는 정책을 지

---

36 박석두, 2003, 앞의 글, 484~485쪽.

속적으로 실시해 갔던 것이다.

　이와 같이 조선에서 일본으로의 쌀 이출량이 생산량보다 많아지게 되자 조선 농민의 쌀 소비량은 줄어들게 되었다. 더욱이 조선의 인구는 1912년에 1,331만 명에서 1920년에 1,729만 명, 1930년에 2,026만 명, 1939년에 2,280만 명으로 계속 증가해감으로써 1인당 미곡 소비량은 산미증식계획 이전의 7두 수준에서 1931~1935년에는 4두 수준으로 감소하였다(⟨표 4-4⟩ 참조). 산미증식계획에 의해 쌀 생산량은 증가하였지만, 증산량 이상으로 일본으로 이출됨으로써 일본 국내에서는 저곡가·저임금 정책을 추진할 수 있었던 데 반해 쌀을 생산하느라고 고생했던 조선 농민들은 역설적으로 식량 획득에 어려움을 겪게 되었던 것이다.

　조선인 1인당 쌀 소비량은 1921년에는 약 6말 7되 5홉[37]이었는데, 1930년에는 4말 5되로 감소하였다(⟨표 4-4⟩ 참조). 반면에 1921년에 일본인 1인당 쌀 소비량은 1.153석이었다. 일본인의 쌀 소비량은 조선인의 소비량의 약 1.7배에 해당하였다. 조선인은 쌀을 더 많이 생산했는데도 불구하고, 쌀 소비량은 점점 줄어들어가고 있었다.

　이러한 현상은 1930년대 말 이후 더욱 심각해졌다. ⟨표 4-5⟩에서 보듯이 조선인 1인당 쌀 소비량은 감소했고, 그 부족분을 잡곡으로 수입하여 대체하였다. 시기가 내려올수록 쌀과 잡곡의 소비량이 감소함으로써 조선인 1인당 곡물 소비량은 지속적으로 감소해 갔다. 1937년 일제가 중국 본토를 침략해 들어가는 중일전쟁을 일으키면서 일본 본국뿐 아니라 식민지 조선은 전쟁수행체제로 들어가게 되었다. 전쟁 수행을 위한 군수 물자 공급이 강화되면서, 조선인 1인당 곡물 소비량은 더욱 급격히

---

[37]　1석(石)은 10말(斗), 1말은 10되(升), 1되는 10홉(合)이다.

〈표 4-5〉 조선인 1인당 곡물 소비량

(단위: 석)

연도	쌀	잡곡	합계
1938	0.769	0.886	1.655
1939	0.610	0.819	1.429
1940	0.720	0.717	1.437
1941	0.736	0.733	1.469
1942	0.578	0.494	1.072
1943	0.552	0.683	1.235
1944	0.557	0.501	1.058

출처: 朝鮮總督府, 『朝鮮總督府統計年報』.

감소하였다. 〈표 4-5〉에서 보듯이 조선인 1인당 곡물 소비량은 1938년에 쌀 0.77석, 잡곡 0.89석으로 합계 1.66석이었는데, 1944년에는 쌀 0.56석, 잡곡 0.5석 합계 1.06석에 불과하였다. 조선인이 굶주릴 수밖에 없는 상황이었다.

1920년대 산미증식계획은 표면적으로 조선 내의 식량 수요 증가에 대비하고, 농가 경제의 성장으로 반도 경제의 향상을 도모하며, 제국의 식량 문제 해결에 이바지하도록 하는 데 목적이 있다고 하였으나, 사실상 주 목적은 일제 본국의 식량 문제 해결에 있었다. 당시 일본인 경제학자도 산미증식계획이 결국 일본의 식량 문제를 해결하는 대신 조선의 식량 문제를 야기할 것이라고 지적하고 있었다.[38] 당시 유명한 일본인 농학자 히사마 겐이치도 "농민이 생산하는 쌀은 비약적으로 증대하였으나 농민 스스로의 위에 들어가는 쌀의 양은 급속히 감퇴되었다"[39]고 말하였다.

---

38 矢內原忠雄, 1926, 「朝鮮産米增殖計劃に就て」, 『農業經濟研究』 2-1, 2쪽.

39 久間健一, 1943, 『朝鮮農政の課題』, 成業堂書店, 33쪽.

4. 공업원료 재배작업의 강화

1) 제2차 육지면재배 10개년계획[40]

일제가 제1차 세계대전 중에 동남아시아 시장을 잠식해 들어가면서, 일본의 공업이 크게 발달하였다. 특히 제1차 세계대전 중에 일제의 면방직공업은 크게 성장하였다. 그러나 이 시기 영국과 미국이 면방직 공업의 진흥을 위해 면화 수출에 통제를 가하였다. 전쟁이 끝난 후 서구 국가들의 방적업이 부활하면서 면화 가격이 등귀하고 면화 수출이 통제되자 일본은 면화 구입에 어려움을 겪게 되었다. 이에 위기를 느낀 일제는 북중국과 남미 등지에서 면화 수입을 검토했으나 쉽지 않았다.

그리하여 일제는 식민지 조선에서 원면을 공급받고자 하였다. 조선의 재래면은 방적사로 적절하지 않아 육지면 증산을 도모하게 되었다. 조선총독부는 1919년부터 육지면 재배 장려를 위한 10개년계획을 세웠다. 1912~1918년까지 육지면 10만 정보, 재래면 2만 정보의 목표를 세워 전라·경상·충청도에 육지면 재배면적을 확대하는 정책을 실시하여 어느 정도 성과를 거두었다.[41] 그것을 계승하면서 추가적으로 육지면 10만 정보, 재래면 3만 5천 정보를 추가해 총 25만 정보의 면화 재배면적을 확보하고 면화 생산량을 약 2억 5천만 근 확보한다는 계획을 공포

---

40   이 부분은 권태억, 1989, 앞의 책을 주로 참조하였다.
41   1917년 현재 파종면적이 육지면은 7만 2천 정보, 재래면은 3만 6천 정보에 이르러 육지면은 계획보다 3만 정보 미달하였다.

하였다. 지역별로는 전라남북·경상남북·충청남북도의 남부 6도는 주로 육지면을 재배하게 하고, 경기·황해·평안남북 4도는 재래면을 경작하게 할 계획이었다.[42]

　1919~1928년의 10년 동안 농경지를 육지면 재배 지역으로 바꾸거나 혹은 천수답을 밭으로 변경하면서 면화 재배 지역을 확대해 가려고 하였다. 나아가 콩·팥·조를 심은 밭을 육지면 재배 지역으로 변경하고자 하였다.[43] 이와 함께 조선총독부는 단위면적당 생산량 증가에도 관심을 기울였다. 제1기 계획에서 재배면적 확대에만 급급했던 결과, 재배면적 확장에 비해 면적당 수확량은 그만큼 늘지 않았고, 제2기 계획 기간 중 면화의 가격이 대체로 낮은 수준에서 변동이 심해 파종면적의 확대가 쉽지 않아 단위면적당 생산량 증가가 중요하였다. 총독부는 단위면적당 생산량의 증가를 목포면작지장(木浦棉作支場)을 비롯한 연구기관에서 실험·연구한 발달된 재배법을 군면작기술원(郡棉作技術員) 배치를 통하여 이루고자 하였다.

　일제는 1922년부터 지방에 면작기술원을 배치해 면작을 장려하면서 시험기관에서 연구한 재배법을 전달하고자 하였다. 그리하여 면작기술원이 파견되는 면작지도리동(棉作指導里洞)이 지정되었다. 면작정책의 중심지였던 전남의 경우 1922년에 59개소에 최초로 설립되었고, 1925년에는 133개소로 증가했으며 그에 소속된 농가가 1만 2,935호에 달하였다.[44] 이 지도리동에는 도 지방비를 보조하여 전속지도원을 배치하고,

---

42　권태억, 1989, 앞의 책, 103~108쪽.
43　권태억, 1989, 위의 책, 108쪽.
44　『全南之棉花』, 1924; 全羅南道農會, 1936, 『全南の棉花: 棉花三十週年記念』.

농구·비료를 공동으로 구입하게 하며, 면화 재배법을 개량시키는 특혜를 주도록 하였다.[45]

이러한 지도리동에는 공동면작포(共同棉作圃)를 설치하고 부녀면작강화회(婦女棉作講話會)를 개최하는 등 생산력 발전을 위한 새로운 시도를 행하였다. 공동면작포란 공동으로 면작을 재배하는 곳이었다. 특히 부녀공동작포(婦女共同作圃)를 설치해 부녀들이 공동으로 노동력을 투여하여 면화 재배를 시도하도록 하였다. 부녀면작강화회는 면화 재배에 부녀자들이 많이 참여했기 때문에 모임을 만들어 면화 재배법을 알려 주거나 혹은 선진 지역을 시찰하게 하여 면화 재배를 장려하기 위한 것이었다.

이와 같이 조선총독부가 여러 가지 시도를 했지만, 제2기 계획도 예정된 목표를 달성하지 못하였다. 〈표 4-6〉에서 보듯이, 처음 예정한 계획이 끝나는 해인 1928년 현재 총파종면적 20만 정보(육지면 13.8만, 재래면 6.8만)이고, 수확고는 1억 7천만 근이 되었다. 이는 예정에 비해 파종면적은 약 8할, 수확량은 약 7할에 불과한 것이었다.[46] 그 원인은 조선인의 저항과 육지면 가격의 변동 때문이었다. 1919년 3·1운동의 영향으로 조선 농민은 일제의 정책에 협조하지 않았고, 나아가 면화의 국제가격 변동이 심해 조선 농민들이 재배 이익을 얻기 어려웠기에 조선총독부가 강요하더라도 농민들은 따르지 않았다.

---

45 권태억, 1989, 앞의 책, 108~112쪽.
46 小早川九郎, 1944, 앞의 책, 373쪽; 『朝鮮農會報』 2-10, 1928.10, 61쪽.
    조선농회에서도 1927년에는 "총파종면적 20만 정보, 수확고 1억 1천만 근으로서 예정 계획에 비해 파종면적은 약 8할, 수확량은 약 6할"의 성과에 그치고 있다고 평가하고 있었다.

〈표 4-6〉 육지면 재배면적·생산량·면적당 수확량

연도	육지면			재래면		
	재배면적(천 정보)	수확고(천 근)	반당수량(근)	재배면적(천 정보)	수확고(천 근)	반당수량(근)
1912	7	7,216	99	57	27,346	54
1913	16	13,445	85	56	26,034	55
1914	24	17,470	73	51	22,001	53
1915	35	28,668	83	44	19,118	61
1916	54	31,331	58	37	16,239	52
1917	72	54,554	76	36	17,701	67
1918	94	60,681	64	36	17,224	60
1919	109	86,025	79	36	11,334	67
1920	107	88,461	83	40	26,256	78
1921	105	67,858	68	43	27,589	65
1922	104	88,778	85	47	29,930	79
1923	110	96,827	88	49	30,771	80
1924	118	106,927	91	53	30,928	81
1925	139	101,225	73	59	38,959	71
1926	152	118,265	78	65	43,820	75
1927	138	107,718	78	67	44,318	74
1928	138	121,771	88	68	49,096	83
1929	124	113,522	92	62	44,716	85
1930	132	127,329	96	60	41,442	87
1931	131	178,722	60	61	37,191	60
1932	100	111,909	112	59	42,369	97
1933	117	114,313	97	59	45,102	90
1934	133	120,774	91	60	34,261	80
1935	142	169,949	115	62	43,800	102
1936	164	89,392	54	64	47,983	60
1937	175	200,420	114	48	39,868	83
1938	189	180,083	95	46	30,287	65
1939	222	191,462	86	31	18,874	61
1940	279	180,223	65	14	6,618	46
1941	317	199,620	63	9	4,607	45
1942	332	210,279	63	8	3,774	47
1943	311	318,899	104	5	5,296	98
1944	300	246,984	83	6	2,853	45

출처: 1912~1942년은 권태억, 1989, 앞의 책, 118쪽; 1943~1944년은 曺晟源, 1993, 『植民地期朝鮮棉作綿業の展開過程』, 도쿄대학 박사학위논문, 45쪽(배민식, 2003, 「제4편 공황과 전시체제하의 농업·농촌」, 『한국 농업·농촌 100년사』 상, 한국농촌경제연구원, 771쪽 재인용).

〈표 4-7〉 실면(實棉) 공동판매 평균 가격

(단위: 엔)

연도	가격	연도	가격
1918	25.15	1925	19.92
1919	34.16	1926	11.09
1920	11.47	1927	17.67
1921	12.34	1928	17.64
1922	17.44	1929	14.01
1923	24.94	1930	7.96
1924	27.00	1931	6.56

출처: 日滿棉花協會 朝鮮支部, 1937, 앞의 책, 87~89쪽(小早川九郎, 1944, 앞의 책, 374쪽 재인용).

예를 들면 〈표 4-7〉에서 보듯이 1918년과 1919년에는 실면 가격이 25엔과 34엔이었는데, 1920년과 1921년에는 11엔과 12엔으로 급격히 폭락하였다. 그 후 실면 가격이 점차 상승하다가 1926년에는 11엔으로 다시 폭락하였다. 육지면 재배 농민들은 재배 이익이 제대로 보장받지 못하면 재배를 포기하였다. 특히 1928년 이후 세계적인 대공황으로 인하여 면화 가격이 폭락함으로써 면화를 재배하는 농민들이 크게 피해를 보게 되자 1931년 이후 육지면 재배면적이 크게 감소하였다. 1931년 13.1만 정보였던 것이 1932년에는 10만 정보, 1933년에는 11.7만 정보로 대폭 감소하였다(〈표 4-6〉 참조).

1920년대 중반 이후 조선총독부가 계획했던 대로 육지면 재배면적이 확대되지 않자, 일부 지역에서는 관료의 강압적 농정이 재현되었다.[47] 1925년에는 전남 영광군에서 면작조합 직원이 면서기와 공립보통학교 생도 20여 명과 함께, 농민이 면화밭에서 다른 작물을 함께 심었다고 질

---

47   권태억, 1989, 앞의 책, 112쪽.

타하면서 밭을 짓밟는 만행을 저질렀다.[48] 1928년에는 김제농회에서 농업기수가 인부를 데리고 각 면을 다니면서 밭에 파종한 보리를 괭이로 파엎고 면화를 파종하게 하였다. 이에 최치명이란 농민이 항의하자, 농업기수 2명이 그를 폭행했고, 그 광경을 보고 있던 농민 100여 명이 격분해 폭력을 동반한 큰 충돌이 일어났다.[49] 이러한 강압적 농정은 지역에 따라 차이는 있지만 이 시기에 일상적으로 행해지고 있었다. 관에서는 계획한 육지면 재배면적을 달성하려고 하였고, 조선 농민들은 면화 가격이 불안정하여 이익이 담보되지 못한 면화를 계속 심기를 거부하였던 것이다.

일제는 육지면 재배 장려 및 생산 면화의 효율적 수거를 위해 일제가 통제할 수 있는 보조기구를 조직하였다.[50] 그것이 면작조합이었다. 면작조합은 육지면재배사업의 출발지이자 중심지였던 전남·경남 지역에서 1913년부터 시작되었다.[51] 일제는 모든 육지면 경작자들을 면작조합에 의무적으로 가입케 하고, 가입자는 육지면만을 재배하고, 아울러 생산된 모든 면화를 조합 위탁을 통해 공동판매하도록 하였다. 또한 공판대금의 일부를 조합비로 납부하도록 하였다.[52] 즉 조합원들은 육지면을 재배하고 생산한 면화를 자가용으로 충당하거나 소작료로 지불하는 외에는 모두 조합의 공동판매에 위탁하도록 하였다. 조합원이 생산한 면화를 공동판매하는 것은 조합사업의 가장 중요한 부분을 차지하고 있었다.

---

48 『동아일보』, 1925.8.27.
49 『동아일보』, 1928.4.8.
50 권태억, 1989, 앞의 책, 119~167쪽.
51 1913년에 설립한 면작조합은 1926년에 조선농회가 설립되면서 그에 흡수되었다.
52 조합비는 공판대금의 1,000분의 15 내지 30으로 하였다.

그러나 조합은 공동판매 업무에 관한 전권을 도장관에 일임했고, 도장관은 도내(道內)에 공장을 가진 조면업자 중에서 매수인을 지정하였다. 일제 당국에 의해 선정된 조면업자를 제외하고는 육지면 매매에 관여할 수 없었다. 이것이 매수인지정 공동판매제였다. 즉 이 공판제도의 취지는 관제조직인 면작조합의 위임이라는 요식행위를 거쳐 권한을 도에 위탁하고, 도 당국이 이에 기초하여 매매에 관한 제반규정을 결정하는 것이었다. 각 면작조합은 일정한 장소를 택해 판매일을 정하고 농민들이 판매하고자 하는 면화를 공판소에 가져오게 하여 지정매수인에게 매각하도록 하였다. 당시의 면화 가격은 미국의 면화 가격에 연동되도록 정하였다.

이러한 지정공판제는 조면업자의 면화 수집에는 편리했지만, 면화 가격을 인위적으로 떨어뜨린다는 점에서 농민의 저항이 심하였다. 이에 농민과 매수인으로 지정받지 못한 상인들의 밀매매가 성행하였다. 이 밀매매는 육지면재배사업의 중심지인 전남과 경남에서 성행했기 때문에 조선총독부도 고민하지 않을 수 없었다. 그리하여 조선총독부는 공입찰 공동판매제[53]와 지역별로 자유판매제를 실시하기도 하였다.[54]

일제는 육지면 재배를 확장하고 공동판매제를 통해 육지면 수거를 손쉽게 함으로써 일본의 공장자본주들이 이윤을 담보하면서 자본을 축적할 수 있도록 정책을 집행해 갔다. 즉 일제시기 한국의 육지면 증산정

---

53 일종의 선물경쟁입찰제도(先物競爭入札制度)이다. 한 군에 5~6개소의 공동판매소를 설치하고 면작조합 또는 군농회에서 면화 출하기에 보통 10일간을 단위로 해당 판매소에 나오는 면화의 예상량을 대상으로 견본에 의해 입찰에 부친 후 최고가 매수인에게 그 조합에 출하되는 면화 전부를 매수케 하는 제도이다(권태억, 1989, 앞의 책, 140쪽).

54 권태억, 1989, 위의 책, 134~167쪽.

책은 일본의 방적자본 및 그의 이해를 대변하는 조선총독부에 의해 일방적으로 추진된 정책이었다.

2) 조선잠업령의 공포

1914년에 제1차 세계대전이 발발하면서 미국 경제의 발전과 견공업이 융성하게 되자, 일본의 잠사업도 큰 번영을 누리게 되어 1929년 세계대공황이 일어나기까지 획기적인 발전을 이루게 되었다. 일본은 1930년에 40만 톤의 견을 생산했고, 생산된 생사 70만 표(俵) 중 약 50만 표를 수출하기에 이르렀다. 일본 생사의 공급 비중이 세계 시장에서 70%에 달했으며, 일본의 생사 수출금액은 일본 수출총액의 40%에 이를 정도로 잠사업은 일본 경제의 번영에 큰 비중을 차지하였다.[55]

일본은 생사 수출을 통해 큰 이익을 얻게 되자, 조선에도 잠사업을 권장하게 되었다. 그리하여 1919년에 「조선잠업령」을 공포하면서 조선의 양잠업을 재편하고자 하였고, 수확한 잠사를 일본을 거쳐 세계 시장에 판매하고자 하였다. 나아가 1925년에는 '산견백만석증수계획'을 세워 15년간 누에 생산 100만 석, 뽕나무밭 10만 정보, 양잠 호수 100만 호를 목표로 양잠 중흥을 이루고자 하였다. 조선총독부의 산미증식계획은 1918년의 쌀소동과 같은 심각해진 식량 부족 문제를 해결하기 위해 추진된 것이었다면, 양잠장려정책은 일제의 외화 획득 요구를 충족시키기 위한 것이었다.[56]

---

55   日本農學會, 1980, 앞의 책, 117쪽.
56   김한주 외, 1947, 『일제하의 조선사회경제사』, 97~98쪽.

<표 4-8> 누에고치(가잠견) 생산액

연도	양잠 호수(호)	지수	견 생산액(석)	지수	견 총가격(엔)	지수
1910	76,037	100	13,931	100	431,861	100
1923	402,565	528	207,712	1,491	14,934,214	3,458
1924	467,475	615	243,852	1,750	12,371,933	2,865
1925	498,100	655	285,142	2,047	21,297,544	4,931
1926	542,690	714	317,080	2,276	15,229,672	4,453
1927	572,927	754	355,192	2,555	14,607,838	3,583
1928	594,209	782	386,113	2,773	16,019,272	3,710
1929	648,079	859	484,802	3,480	22,538,278	5,218
1930	720,813	948	555,232	3,985	12,650,861	2,929
1931	747,084	983	578,261	4,151	9,397,754	2,176
1932	786,060	1,054	593,058	4,257	10,742,124	2,487
1933	812,009	1,086	668,034	4,795	21,864,690	5,063

출처: 朝鮮總督府 農林局, 1935, 『朝鮮の農業(1933)』, 97쪽.

앞서 말했듯이 조선총독부는 1919년 「조선잠업령」을 공포하면서 조선 재래의 양잠체계를 바꾸고 새로운 양잠체계를 구축하면서 양잠업을 장려해 나갔다. 그 결과 〈표 4-8〉에서 보는 바와 같이 양잠 호수와 누에고치(가잠견) 생산액은 크게 증가하였다. 1910년에 7만 6천여 호에 불과하였던 양잠 호수가 1923년에 40만 호가 되었고, 1926년에는 54만 호가 되었으며, 1930년에는 72만 호, 1933년에는 81만 호로 급속히 증가하였다.

양잠 호수의 증가와 아울러 뽕나무 재배면적도 증가하였다. 〈표 4-9〉에서 보는 바와 같이 1910년에는 뽕나무 재배면적이 대략 3천 정보였는데, 1923년에는 10배나 증가하여 3만여 정보를 상회했고, 1926년에는 5만여 정보, 1930년에는 7.6만여 정보, 1933년에는 8만여 정보로 증가하였다. 양잠 호수와 뽕나무 재배면적이 급증함에 따라 누에

<표 4-9> 뽕나무 재배면적

(단위: 정보)

연도	뽕나무 재배면적			면적지수	이용가능면적
	원면적	예상면적	합계		
1910	892	2,452	3,344	100	
1923	11,858	20,072	31,930	955	4,735
1924	13,036	21,160	34,196	1,023	5,003
1925	14,833	24,705	39,538	1,182	5,362
1926	18,665	30,367	49,031	1,466	5,808
1927	22,269	36,548	58,817	1,759	5,528
1928	24,629	42,711	67,340	2,014	4,960
1929	26,619	47,203	73,832	2,208	4,755
1930	27,487	48,582	76,072	2,275	4,475
1931	28,038	51,036	79,074	2,365	3,946
1932	26,489	52,401	78,890	2,358	4,187
1933	27,865	51,304	79,169	2,367	3,772

출처: 朝鮮總督府 農林局, 1935, 앞의 책, 92쪽.

고치 생산액도 함께 증가하였다.

〈표 4-8〉에서 보듯이 새로운 잠사 생산액이 1910년에는 1.3만 석에 불과했는데, 1923년에는 잠사의 생산액이 20만 석으로 약 15배 증가했으며, 그 가격은 43만 엔이었다가 1923년에는 약 1,500만 엔으로 34배나 증가하였다. 새 품종을 육성하는 양잠 호수의 증가는 잠사생산액의 증가를 가져왔고, 아울러 그 판매액도 비례하면서 증가하였던 것이다. 견생산액이 1926년에는 약 32만 석으로 증가했고, 1929년에는 약 48만 석으로 40만 석을 상회했다가, 1932년에는 약 60만 석에 이르렀다.

그에 반해 전통적인 방식으로 양잠업을 행하여 작잠견(柞蠶繭)[57]을 육

---

57 작잠(柞蠶)은 산누에를 일컫는다. 집에서 기르는 누에인 가잠(家蠶)은 뽕나무잎을 먹

성하던 양잠 호수는 감소하다가 거의 소멸하게 되었다. 작잠의 유용성은 크게 줄어들게 되었고, 가잠견(家蠶繭)에 비해 생산력이 크게 떨어지면서 양잠하여 얻는 이익이 크게 줄어들었기 때문에 작잠을 육성하는 농가가 감소하게 되었던 것이다.[58]

한편 누에고치의 국제시세 변동이 심했기 때문에 양잠 농민들은 누에고치 생산량의 증가에 따른 이익을 얻지 못하였다. 예를 들면 1925년의 누에고치 생산량은 28만 석으로 총가격이 2,129만 엔이었는데, 1926~1928년까지 누에고치 생산량은 더 증가했지만 가격은 1926년에 1,523만 엔, 1927년에 1,461만 엔으로 감소하였다(〈표 4-8〉 참조).

조선의 양잠 농민들이 생산한 누에고치의 일본 이출액은 매우 컸다. 〈표 4-10〉에서 보듯이, 가잠견의 수이출액은 1923년에는 198만 근으로 1912년의 16만 근보다 12배의 증가를 보이면서 1925년까지 급증해 갔다. 1925년에는 수이출액이 285만 근에 이르렀고, 그 가격도 980만 엔에 이를 정도로 증가하였다.

일본은 누에고치 및 생사의 일본 이출을 장려하기 위해 여러 제도를 실시하였다. 첫째, 일본으로의 이출을 장려하기 위해 조선 이출세(移出

여서 키우는 데 반해 작잠은 뽕나무잎이 아니라 상수리나무나 떡갈나무의 잎을 먹여서 키운다. 산누에는 집누에에 비해 고치의 품질이 떨어진다. 그리하여 일제시기에 내려오면서 점차 소멸하게 되었다.

58 전통적 방식의 양잠업을 행하는 양잠 호수는 1910년에 약 1천여 호 정도였는데, 1925년에 '산견백만석증산계획'이 실시되면서 점차 감소하였다. 1926년에 562호로 감소했다가 1929년에는 161호로 급감하였고, 1932년에는 30호로 거의 소멸될 지경에 이르렀다. 전통적 방식으로 생산된 견은 1923년에는 6만 7천여 근이었다가, 1925년에는 7만 4천여 근으로 증가하였다. 그러나 그 뒤에는 계속 감소하여 1932년에는 생산액 또한 거의 전무한 상황에 이르렀다(朝鮮總督府 農林局, 1935, 『朝鮮の農業』(1933), 98쪽 참조).

<표 4-10> 누에고치(가잠견) 수이출액

연도	수량 (근)	지수	가격 (엔)	지수
1912	164,464	100	20,217	100
1923	1,989,731	1,210	7,329,156	36,252
1924	2,206,279	1,341	7,392,558	36,566
1925	2,851,593	1,723	9,876,898	58,854
1926	2,206,470	1,342	7,323,057	36,522
1927	1,827,570	1,111	4,739,463	23,443
1928	1,574,924	958	3,825,821	19120
1929	1,808,915	1,100	4,308,390	22,500
1930	1,343,497	817	2,090,778	10,341
1931	1,296,815	789	1,551,156	7,673
1932	1,352,502	827	1,269,632	6,280
1933	1,271,403	773	1,764,838	8,729

출처: 朝鮮總督府 農林局, 1935, 앞의 책, 99쪽.

稅)와 내지 이입세(移入稅)를 철폐하였다. 둘째, 누에고치의 공동판매제도를 실시하였다. 한 군에 1개소 또는 몇 개소의 공동판매소를 설치하여 양잠업자들이 그곳에서 누에고치를 판매하게 하였다. 그리하여 1932년에는 총생산액의 60%를 공동판매로 처리하게 하였다. 셋째, 제사공장을 설립하게 하였다.[59] 1919년에는 제사공장이 9개소였고, 생사 생산액이 약 1.6만 관이었는데, 1932년에는 제사공장이 58개소가 되었고, 생사 생산액이 14.5만 관으로 증가하였다.[60] 대략적으로 제사공장은 6.4배, 생사 생산액은 9배 증가한 것이었다.

그러나 그 이후 견사 가격이 하락하면서 견사의 수이출액이 점차 감

---

59 朝鮮總督府 農林局, 1935, 앞의 책, 100쪽.
60 小早川九郎, 1944, 앞의 책, 406쪽.

〈표 4-11〉 가잠사(家蠶絲) 생산액

연도	수량 (관)	지수	가격 (엔)	지수
1912	17,560	100	535,250	100
1923	45,129	257	4,881,742	912
1924	61,151	348	7,806,806	1,459
1925	65,986	615	6,876,898	1,198
1926	108,018	809	10,323,057	1,298
1927	142,161	1,103	12,739,463	2,012
1928	193,594	1,347	14,825,821	2,314
1929	236,769	1,593	17,308,390	2,748
1930	280,090	2,010	20,090,778	3,266
1931	352,075	2,176	16,551,156	3,890
1932	406,267	2,314	15,269,632	2,860
1933	425,586	2,424	16,053,184	2,999

출처: 朝鮮總督府 農林局, 1935, 앞의 책, 102쪽.

소하였다. 그리하여 1933년에는 견사의 수이출량이 127만 근으로 떨어졌고, 가격도 176만 엔에 불과하였다. 견사의 국제가격이 하락하면서 수이출액이 크게 감소하였던 것이다.[61] 이와 같이 견사의 생산과 수이출액은 견사의 가격에 영향받는 바가 컸다.

가잠사(家蠶絲)의 생산액은 증가하였다. 견의 생산이 늘어 제사공장의 원료로 다량 제공되었고, 또한 제사공장의 수가 점차 많아지면서 이에 따라 가공된 가잠사의 생산량도 증가하게 되었던 것이다. 1933년에는 42만 관에 이르렀고, 그 금액도 1,605만 엔에 이를 정도였다. 가잠사의 가격도 변동이 심하였다. 생산액은 증가했지만, 가격의 변동 때문에 총가격은 감소하기도 하였다.

61　朝鮮總督府 農林局, 1935, 앞의 책, 99쪽.

조선총독부는 1919년 「조선잠업령」에 의해 잠업제조자와 잠종 수·이입자에게 총독의 허가를 받도록 했고, 잠종은 원잠종에서 산출한 누에고치를 사용하되 조선총독이 정하는 검사에 합격해야만 통용되도록 하였다. 또한 「원잠종제조소 및 잠업취체소 설치에 관한 건」[62]이 발포되어 각 도의 원잠종제조소는 누에고치의 품질 개량 및 잠종의 통일을 꾀하기 위해 원잠종 제조 배부와 잠업에 관한 시험조사 강화와 실지 지도 등을 행할 수 있게 하였다. 조선총독부는 이러한 방식으로 조선의 양잠업을 전면적으로 재편해 가고자 하였던 것이다.

5. 식민지 지주제의 강화와 농민층의 몰락

1) 식민지 지주제의 강화

1920년대 산미증식계획이 실시되면서 조선 농촌사회에서 지주제는 훨씬 강화되었다. 그것을 식민지 지주제라고 일컫는다. 조선후기에도 지주제가 지배적인 생산양식이었지만, 일제시기의 지주제는 이전과는 다른 양상을 띠고 있었다. 1910년대 토지조사사업의 시행 결과 토지소유권에 대해 일제는 전과 달리 배타적 일물일권적 소유권을 보장하였으며, 그에 따라 토지의 상품화가 활발히 전개되어 일본인들이 매입, 전당 등 다양한 방법으로 조선의 토지소유를 확대해 갔다. 이제 식민지 지주제의

---

[62] 朝鮮總督府, 1919, 「總令第83號 道原蠶種製造所及蠶業取締所設置ニ關スル件」.

특성에 대해 살펴보자.

일제하 식민지시기에 들어오면서 지주의 권한이 점차 강화되었다. 1920년대 산미증식계획이 실시되면서 지주가 농업 경영에 간섭이 심해지고, 그 내용이 소작계약서에 기재되기까지 하였다. 1920년대에 조사한 소작계약서의 내용에는 일본 벼 품종을 식부하도록 하고, 판매비료 등의 시비를 충분히 하도록 하고, 아울러 수리 관리를 철저히 하되 그 비용은 원칙적으로 소작농민이 부담하도록 하였다. 그 외에도 소갈이·씨뿌리기·못자리·김매기·피뽑기·건조 및 조제 개량 등을 규정하였다.[63]

농사에 대한 지주의 규제와 간섭이 증대함에 따라 지주의 권한은 커지고 소작농민의 부담은 증가하였다. 품종 개량·수리 개량·시비 개량뿐 아니라 정조식 모심기, 김매기 횟수 증가, 수확과 건조 조제의 개량으로 농사에는 더 많은 노동력이 소요되었으며, 그에 들어가는 비용도 소작농민이 부담함으로써 소작농민의 경영수지는 이전보다 감소하였다. 산미증식계획 기간 동안에 지주의 이익은 증대했지만, 소작농민의 경영수지는 악화되었다.[64]

1920년대는 소작지가 크게 늘었다. 〈표 4-12〉에서 보듯이 토지조사사업이 끝난 직후인 1919년에 소작지의 비율이 전체 농지의 50.2%였으며, 특히 논의 소작지 비율은 64.5%에 달해 지주제가 이미 형성되어 있었다. 그러나 산미증식계획이 종료된 1934년에는 소작지 면적이 1919년의 217만여 정보에서 254만여 정보로 약 17% 증가하였다. 산

---

63   朝鮮農會, 1930, 『朝鮮の小作慣行』, 346~399쪽(정연태, 2014, 앞의 책, 200쪽 재인용).

64   정연태, 2014, 위의 책, 199~205쪽.

〈표 4-12〉 소작지 면적 추이

(단위: 정보, %)

연도	합계			논			밭		
	총경지면적	소작지면적	비율	총경지면적	소작지면적	비율	총경지면적	소작지면적	비율
1914	2,959,159	1,547,051	52.3	1,089,321	719,986	69.3	1,869,838	827,065	44.2
1919	4,324,679	2,173,148	50.2	1,543,090	995,222	64.5	2,781,590	1,117,926	40.5
1924	4,322,205	2,181,920	50.5	1,553,998	1,005,926	64.7	2,768,207	1,175,995	42.5
1929	4,392,116	2,421,652	55.1	1,608,888	1,061,402	66.0	2,783,228	1,360,250	48.9
1930	4,388,664	2,439,736	55.6	1,617,696	1,074,096	66.4	2,770,968	1,365,640	49.3
1931	4,384,510	2,465,573	56.2	1,628,984	1,093,545	67.1	2,755,526	1,372,028	49.8
1932	4,390,443	2,481,905	56.5	1,647,009	1,108,425	67.3	2,743,434	1,373,480	50.1
1933	4,411,804	2,494,642	56.5	1,660,255	1,120,455	67.5	2,751,549	1,374,187	49.9
1934	4,431,483	2,543,885	57.4	1,671,389	1,137,466	68.1	2,760,094	1,406,419	51.0
1935	4,432,279	2,539,400	57.3	1,681,340	1,139,754	67.8	2,750,939	1,399,646	50.9
1936	4,426,769	2,585,158	58.4	1,689,786	1,170,524	69.3	2,736,983	1,414,634	51.7

비고: 원문의 통계 오류를 약간 수정하였다.
출처: 朝鮮總督府 農林局, 1938, 『朝鮮小作年報』 第2集, 125~126쪽(박석두, 2003d, 앞의 글, 491쪽 재인용).

미증식계획 기간에는 총경지면적이 완만히 증가했으며, 그중 소작지의 비율은 지속적으로 상승하였다. 1934년에는 소작지의 비율이 57.4%에 이르렀으며, 그중 논의 소작지 비율은 68.1%였고, 밭의 소작지 비율은 51%였다. 미곡 단작농업이 확대되면서 논의 면적은 증가하고, 밭의 면적은 감소하였지만 소작지 비율은 논과 밭에서 모두 증가했고, 1934년에는 논뿐 아니라 밭의 소작지 비율이 크게 증가하였던 것이다. 즉 지주 소작관계가 점차 확대되었던 것이다.

지주 소작관계가 확대되면서 지주의 권한이 강화되고, 아직 도시공업이 발달하지 않은 상태에서 농촌 인구는 과잉 상태였기 때문에 토지 임대를 둘러싼 차지경쟁이 심하였다. 특히 인구에 비해 경지가 부족했던 남부지방에서 차지경쟁은 더욱 심하였다. 차지경쟁이 심한 상태에서는 지주의 권한이 더욱 강해지고 농업 경영에 간섭이 심해지면서 소작농민에 대한 착취와 억압이 상시적으로 행해졌다. 더욱이 조선총독부 권력은 이러한 체제를 옹호하였다. 1919년 3·1운동 이후 조선총독부는 지주의 권한을 옹호하면서 농업정책을 집행해감으로써 지주가 일제의 식민정책에 적극적으로 동조하도록 하였다.

지주 소작관계에서 지주의 권한이 강해지고 소작농민이 착취당하는 사례는 다음과 같다.[65] 첫째, 소작 기간이 단축되었다. 과거에는 소작료 납입을 제대로 하지 않거나 소작농민에게 잘못이 없는 한 소작 기간은 수년, 수십 년 지속되는 것이 일반적이었다. 심지어 대를 이어 소작을 하는 경우도 있었다. 그러나 1930년경에 이르러 소작 기간은 보통 1~3년으로 축소되었다. 둘째, 소작료율이 인상되었다. 도지법(賭地法)인 경우 종전에는 소작료율이 4분의 1 내지 3분의 1로, 이를 지주에게 바치고 지세와 종자를 소작농이 부담했는데, 1920년대에는 지세와 종자를 여전히 소작농민이 부담하면서 소작료율은 2분의 1 또는 5분의 3으로 인상되었다. 종래의 타조법(打租法)은 집조법(執租法)이나 정조법(定租法)[66]으로 전환되었는데, 집조법은 지주에게 유리한 방식으로 간평(看坪)이 이루어지고, 정조법은 소작료를 매년 갱신하는 방식을 취하면서 소작료가 증액되었다. 셋째, 조세공과는 지주 부담이었지만 실제로는 소작농민에게 전가하는 관행이 여전히 광범위하게 행해졌다. 넷째, 소작료 이외에서의 수탈도 많이 행해졌다. 예를 들면 마름의 보수, 간평 수수료, 소작료 장거리 운반비 등을 소작농민이 부담하도록 하였다. 이 때문에 1924년 암

---

65 정연태, 2014, 앞의 책, 204~206쪽.
66 집조법은 한 해의 수확량을 보고 지주와 소작농이 반으로 나누는 것이다. 정조법은 소작료를 매년 정액으로 정하는 것이다.

<표 4-13> 계층별 토지소유 호수 추이

연도	지주(갑) 호수	비율	지주(을) 호수	비율	자작농 호수	비율	자소작농 호수	비율
1916	16,079	0.6	50,312	1.9	530,195	20.1	1,073,360	40.6
1917	15,485	0.6	57,713	2.2	517,996	19.6	1,061,438	40.2
1918	15,731	0.6	65,810	2.5	523,332	19.7	1,043,836	39.4
1919	16,274	0.6	74,112	2.8	525,830	19.7	1,045,606	39.3
1920	15,565	0.6	75,365	2.8	529,177	19.4	1,017,780	37.4
1921	17,002	0.6	80,103	3.0	533,188	19.6	994,976	36.6
1922	17,157	0.6	81,926	3.1	534,907	19.7	971,877	35.8
1923	17,904	0.7	82,498	3.1	527,494	19.5	951,677	35.2
1924	18,663	0.7	83,520	3.1	525,689	19.4	934,208	34.6
1925	19,735	0.7	83,832	3.1	544,536	19.8	910,178	33.2
1926	20,571	0.8	84,043	3.1	525,747	19.1	895,721	32.4
1927	20,737	0.8	84,359	3.0	519,389	18.7	909,843	32.7
1928	20,777	0.7	83,824	3.0	510,983	18.3	894,381	31.9
1929	21,326	0.8	83,170	3.0	507,384	18.0	885,594	31.4
1930	21,400	0.7	82,604	2.9	504,009	17.6	890,291	31.0
1931	23,013	0.8	81,691	2.8	488,579	17.0	853,770	29.6
1932	32,890	1.1	71,923	2.4	476,351	16.3	742,961	25.4
1933					545,502	18.1	724,741	24.1
1934					542,637	18.0	721,661	24.0
1935					547,929	17.9	738,876	24.1
1936					546,337	17.9	737,849	24.1

비고: 1) 지주(갑)은 순지주, 지주(을)은 일부 소유지를 자작하는 지주이다.
2) 1933년부터 조사양식이 변경되어 지주(갑)은 조사대상에서 제외되고, 지주(을)은 자작농에 포함되었다.

태도소작쟁의에서 소작농들이 소작료 장거리 운반비를 지주가 담당하라는 요구를 하기도 하였다.

다음으로 조선 농촌의 토지소유 계층별 호수 추이를 살펴보면 〈표 4-13〉과 같다. 〈표 4-13〉에서 보듯이 산미증식계획기간을 지나면서 순지주인 지주(갑)은 증가했고, 일부 소유지를 자작하는 지주(을)은

(단위: 호, %)

소작농		화전민		피고용인		합계	
호수	비율	호수	비율	호수	비율	호수	지수
971,208	36.8					2,641,154	100
989,362	37.4					2,641,994	100
1,003,775	37.8					2,652,484	100
1,003,003	37.6					2,664,825	101
1,082,932	39.8					2,720,729	103
1,091,680	40.2					2,716,949	103
1,106,598	40.8					2,712,465	103
1,123,275	41.5					2,702,838	102
1,142,192	42.2					2,704,272	102
1,184,422	43.2					2,742,703	104
1,193,099	43.3	34,316	1.3			2,753,497	104
1,217,889	43.8	29,131	1.0			2,781,348	105
1,255,954	44.9	33,269	1.2			2,799,188	106
1,283,471	45.6	34,332	1.2			2,815,277	107
1,334,139	46.5	37,514	1.3			2,869,957	109
1,393,424	48.4	41,212	1.4			2,881,689	109
1,546,456	52.7	60,407	2.1			2,931,088	111
1,563,056	52.0	82,277	2.7	93,984	3.1	3,009,560	114
1,564,294	51.9	81,287	2.7	103,225	3.4	3,013,104	114
1,591,441	51.9	76,472	2.5	111,771	3.6	3,066,489	116
1,583,622	51.8	74,727	2.4	116,968	3.8	3,059,503	116

출처: 朝鮮總督府 農林局, 1934, 『朝鮮ニ於ケル小作ニ關スル參考事項摘要』, 48쪽; 朝鮮總督府 農林局, 1938, 앞의 책, 141쪽(박석두, 2003, 앞의 글, 492쪽 재인용).

1927년까지 증가했다가 그 후로 점차 감소하였다. 자작농은 1926년까지 수적으로 증감이 있지만, 비율로 보면 계속 감소하고 있었다. 자소작농은 지속적으로 감소하였다. 반면에 소작농은 지속적으로 큰 비율로 증가하였다. 1926년 이후부터는 화전민의 수가 파악되고 있으며 수적으로 크게 증가하였다.

그 내용을 자세히 살펴보면 다음과 같다.[67] 지주(갑)은 1916년의 1만 6,079호에서 1920년까지 약간 줄었다가 1921년부터 지속적으로 증가하여 1932년의 호수는 1916년의 2배에 달하면서 3만 2,890호가 되었다. 지주(을)은 1916년의 5만 312호에서 매년 증가하여 1927년의 8만 4,359호로 정점에 이르렀다가 1928년부터 감소 추세로 반전되었다. 자작농은 1916년의 53만 195호에서 1922년까지는 증감하다가 1923년부터 지속적으로 완만하게 감소하였다. 그러다가 일제가 자작농창설계획을 실시하면서 1933년 이후 일시 증가했다가 다시 감소하기 시작하였다. 자소작농은 1916년의 107만 3,360호에서 1936년의 73만 7,849호로 계속 감소하여 그 비율은 전체 농가 호수의 40.6%에서 24.1%로 줄었으며, 특히 1932년에 세계대공황의 여파로 몰락하면서 급격히 감소하였다. 반면에 소작농은 1916년의 97만 1,208호에서 1936년의 158만 3,622호로 1.6배 늘었으며 그 비율은 전체 농가 호수의 36.8%에서 51.8%로 크게 증가하였다. 특히 세계대공황을 거친 1932년에 급격히 증가하여 전년보다 15만여 호가 증가하였다. 화전민 호수도 1932년과 1933년에 급증하였다. 요약하면 산미증식계획 기간에 지주는 부를 축적했지만, 반면에 자작농과 자소작농은 점차 몰락하면서 소작농으로 전락했으며, 소작농은 더욱 몰락해 화전민 혹은 토막민이 되었다. 즉 조선의 농촌사회는 전면적으로 하강 분해하여 갔던 것이다.

반면에 일본인의 토지소유는 증가하여 갔다. 〈표 4-14〉에서 보듯이, 조선 내 일본인의 토지소유면적은 1910년 6만 9,312정보에서 1915년 16만 9,008정보로 증가했고 산미증식계획이 실시되는 1928년에는

---

67 박석두, 2003, 앞의 글, 491~493쪽.

<표 4-14> 일본인 소유 경지 추이

연도	일본인 소유 경지면적(정보)			전체 논과 밭 가운데 차지하는 비율(%)		
	논	밭	계	논	밭	계
1910	42,585	26,727	69,312	5.1	1.7	2.9
1911	58,044	35,337	93,381	5.7	2.0	3.4
1912	68,376	39,605	107,981	6.7	2.2	3.8
1913	89,624	60,403	150,027	8.4	3.3	5.2
1914	96,345	63,517	159,862	8.8	3.4	5.4
1915	107,846	61,162	169,008	9.2	3.1	5.3
1922	137,000	77,000	214,000	8.9	2.8	5.0
1928	145,000	78,000	223,000	9.1	2.8	5.1
1932	264,742	128,797	393,539	16.1	4.7	9.0

출처: 허수열, 2004, 『개발 없는 개발-일제하 조선경제 개발의 현상과 본질』, 은행나무, 80쪽 〈표 2-12〉에 의거하여 작성하였다.

22만 3천 정보에 달했다가, 세계대공황의 여파가 미치는 1932년에는 39만 3,539정보로 급증하였다. 전국 경지에서 차지하는 비율은 1910년에 2.9%에서 1915년에 5.3%로 증가했다가 1928년에는 5.1%로 감소했지만, 다시 1932년에는 9.0%로 증가하였다. 1932년에 일본인의 토지소유가 급증한 것은 1929년 세계대공황의 여파로 몰락한 조선 농민들이 방매하는 토지를 일본인들이 매입·소유했기 때문이라 여겨진다. 1932년에는 일본인 토지소유면적이 크게 늘었는데, 그것을 논과 밭으로 구분하여 살펴보면, 논의 경우 전체 논에서 일본인 소유지의 비율은 16.1%였고, 밭의 경우는 4.7%였다.[68]

일본인은 조선에서 논을 중심으로 소유면적을 늘려갔다. 지역별로

---

68 허수열, 2004, 『개발 없는 개발-일제하 조선경제 개발의 현상과 본질』, 은행나무, 80쪽.

<표 4-15> 경지 50정보 이상 소유 대지주 수의 추이

(단위: 호)

규모	연도	1910~1913	1925~1927	1930	1942
50~100정보	조선인	1,471	1,483	1,438	1,351
	일본인	35	129	251	642
	소계	1,506	1,612	1,689	1,993
100정보 이상	조선인	314	968	800	488
	일본인	79	201	301	567
	소계	393	1,169	1,101	1,055
합계	조선인	1,785	2,451	2,238	1,839
	일본인	114	330	552	1,209
	소계	1,899	2,781	2,790	3,048

출처: 장시원, 1989, 『일제하 대지주의 존재형태에 관한 연구』, 서울대학교 박사학위논문, 60쪽.

는 논이 많은 남부 7도에 일본인이 토지소유를 확대해 가고 있었으며, 1932년에는 일본인 소유 논의 80%가 남부 7도에 몰려 있었다. 그중에서도 전북·전남 지방에 일본인 소유지가 집중되었으며, 전북의 경우 1932년에는 전체 논의 36.3%가 일본인 소유지였다.

특히 50정보 이상을 소유한 대지주 수의 추이를 보면 일본인 대지주의 독점 현상을 확연히 알 수 있다. <표 4-15>에서 보듯이 50정보 이상 일본인 대지주는 1910년대 114명에서 1930년에 552명으로 4.8배나 급증하였다. 동일 기간에 50정보 이상 한국인 대지주가 1,785명에서 2,238명으로 증가한 것과 비교하면 일본인 대지주의 증가세는 한국인에 비해 매우 가파른 것이었다.

경지를 50정보 이상 소유한 대지주의 추이를 살펴보면 다음과 같다. 첫째, 50정보 이상의 경지를 소유한 대지주 수는 일제 전 시기에 걸쳐 증가 추세였으며, 특히 1925년경까지 급증하였다. 50정보 이상 소

〈그림 4-2〉 군산에 있는 구마모토 리헤이(熊本利平)의 농장 별장

구마모토는 전라북도에서 한때 3천 정보의 토지를 소유한 적이 있다. 현재는 이영춘 가옥이다.
출처: 한국학중앙연구원·유남해(한국민족대백과사전 제공).

유 대지주 수는 1910년대 초부터 1940년 초까지 30년간 1,899명에서 3,048명으로 1,149명(61%)이 증가했으며, 시기별로는 1925년경까지 급증한 이후 1930년경까지 보합세를 유지했다가 1930년대 들어 약간 증가하는 추세를 나타냈다. 둘째, 규모별로 100정보 이상 소유한 대지주 수가 1925년경까지의 기간에 급증했다가 이후 약간 감소하는 추세였던 반면 50~100정보를 소유한 지주의 수는 일제 전 시기에 걸쳐 점증하는 추세를 나타냈다. 셋째, 민족별로 조선인 대지주 수는 1925년경까지 급증했다가 이후 급감하는 추세였으며, 50~100정보를 소유한 대지주 수는 1910년대부터 약간씩 감소하는 추세를 나타냈다. 이에 반해 일본인 지주의 경우 100정보 이상 소유 대지주 수는 계속 급증하는 추세였으

며, 50~100정보를 소유한 대지주 수는 1925년경 이전에는 완만히 증가하다가 이후 급증하였다. 요컨대 일제 전 시기에 걸쳐 50정보 이상 대지주 수는 지속적으로 증가했는데, 1925년경까지는 조선인 대지주와 일본인 대지주 수가 함께 증가했지만 이후부터 조선인 대지주 수는 감소하고 일본인 대지주 수는 계속 급증하였던 것이다.[69]

요약하면 1920년대 산미증식계획이 실시되면서 1920년대 말 1930년대 초에 이르러 식민지 지주제가 강화되었다. 1910년 일제에 병탄되기 이전의 지주제와 비교·검토해 보면, 1920년대 산미증식계획이 실시된 결과로 소작지가 크게 증가하였다. 1934년에 소작지의 비율은 57.4%였으며, 그중 논의 소작지 비율은 68.1%, 밭의 소작지 비율은 51%였다. 또한 이전보다 지주소작관계가 확대되었다. 지주소작관계에서 지주의 권리는 크게 확대되고, 소작농은 이전보다 많은 부담을 지게 되었다. 지주의 권리가 강화되면서 소작 기간이 단축되었고, 소작료율은 인상되었으며, 소작료 이외에도 조세공과 등 각종 부담이 소작인에게 전가되어 소작인 부담이 크게 증가하였다. 식민지 지주제하에서 지주는 이익을 더 많이 취하거나 지주가 원하는 방향으로 농사를 강제하였다. 아울러 일본인의 조선 내 토지소유도 증가해 갔다. 조선총독부는 이러한 체제를 옹호하면서, 지주들이 일제의 식민정책에 협조하도록 하였다.

---

[69] 장시원, 1989, 『일제하 대지주의 존재형태에 관한 연구』, 서울대학교 박사학위논문, 61~62쪽.

2) 농민층의 몰락

조선의 농민들은 열심히 일을 하여 생산량을 증가시켰지만, 농민의 경제생활은 점점 더 피폐해갔다. 1920년대 식민지 조선의 농가경제 상태에 대해서는 1925년 9월 내무국 사회과에서 발표한「농가경제에 관한 조사」를 통해 알 수 있다. 이 조사에 의하면 지주를 포함한 전체 농가호수의 46.6%가 수지 적자였으며, 지주와 자작농은 흑자를 보았지만 반면 소작농과 자소작농은 대부분 적자를 면치 못하였다. 1930년대에는 조선의 농가 경제가 더욱 피폐해졌다. 그 이유는 농촌의 현저한 과잉인구, 농업시설과 농업자원의 황폐, 농업 기술과 경제 방법의 미발달로 인한 농업생산력 및 농가 수입 저위, 농촌 자연 경제의 해체와 교환 경제의 발전에 수반되는 제 문제, 소작제도의 압박, 고리채 압박 등의 상호작용 때문이었다.[70] 당시는 일부의 지주를 제외한 모든 계층이 적자를 지게 되었고, 그 결과 농가부채가 증가하게 되었다.

1920년대 조선총독부 농업정책의 추진 결과 지주가 증가하면서 지주제는 발달했지만, 반면에 농민층은 하향·몰락하는 과정을 밟았다. 이러한 현상은 당시 조선 농촌의 농가별 계급구성을 통해 살펴볼 수 있다. 자작농과 자소작농은 감소했으며, 소작농은 큰 폭으로 증가하였다. 예를 들면 1920년에 지주는 3.4%, 자작농은 19.4%, 자소작농은 37.4%, 소작농은 39.8%였는데, 1932년에 이르러 지주는 3.6%, 자작농은 16.2%, 자소작농은 25.3%, 소작농은 52.8%로 변하였다. 나아가 순화전민의 비율이 2.1%나 되었다.

---

70 高橋龜吉, 1935,『現代朝鮮經濟論』, 千倉書房, 206~207쪽.

〈그림 4-3〉 화전 실태(1942, 함경도 보천보)(위)와
화전민의 집(1942, 함경도)(아래)

출처: 다카하시 노보루, 2014, 『조선반도의 농법과 농민』 상, 민속원, 19쪽(민속원 제공).

　조선 농민은 대부분 영세농민으로서 고율의 '반봉건적' 소작료(평균 6~7할)를 지불하는 소작농으로 전락해갔다. 아울러 조선 농민의 빈궁화와 걸인화 현상이 심화되었다. 1926~1931년 5년간에 걸인이 1만 명에서 16만 3천 명으로 급증했고, 춘궁기에 식량이 떨어져 초근목피로 굶주림을 견뎌내는 이른바 궁민(窮民)은 29만 6천 명에서 100여만 명으로,

또 가까스로 궁민의 처지를 면한 극빈의 영세민은 186만 명에서 420만 명으로 증가하였다.[71]

1930년에는 궁민 상황이 더욱 심화되었다. 조선 농민 소작농의 68.1%, 자소작농의 37.3%, 자작농의 18.4%가 궁민으로 나타나고, 경지가 많은 남부지대가 오히려 북부지대에 비해 많았다.[72] 심지어 몰락한 농민들은 국내에서 삶을 유지하지 못하고 해외로 이주하였다. 농민은 원래 현상유지적 성격이 강하기 때문에 가능하면 조상 대대로 살아온 집과 농토를 떠나지 않는 경우가 일반적이었다. 그러나 당시의 농촌생활은 매우 각박하였다. 1920년대 일본제국주의의 농업정책 및 만성적 공황은 많은 조선 농민을 이농·이향할 수밖에 없는 상황으로 몰아넣어 갔다. 빈궁하고 몰락한 농민은 농촌을 떠나 산에 들어가 화전민이 되거나, 나아가 먹고 살기 위해 해외로 나갈 수밖에 없었다. 즉 일본과 중국 동북지방으로 유랑하며 저임금 노동자가 되거나 실업·빈민화되어 갔다. 조선 남부의 주민은 주로 일본으로, 북부의 주민은 주로 중국 간도지방으로 이주하였다.[73]

이러한 생활상의 빈곤과 의식의 성장으로 소작쟁의와 노동쟁의가 비약적으로 증가하였다. 특히 1930년대는 노동운동과 농민운동이 급증하였으며, 이에 일제는 농민의 저항의식을 약화시키기 위해 농촌진흥운동을 전개하였다.

---

71 박경식, 1986, 앞의 책, 264쪽.
72 박경식, 1986, 위의 책, 264쪽.
73 박경식, 1986, 위의 책, 267~268쪽.

제5장
산미증식계획의 중지와
전작개량증식계획의 실시
(1929~1939)

1. 세계대공황과 산미증식계획의 중지

1) 세계대공황과 농산물 가격의 폭락

1929년 세계대공황은 자본주의 경제의 큰 위기를 가져왔다. 세계 경제의 중심이었던 뉴욕의 생산물 가격 폭락은 세계 곳곳으로 퍼져 나갔다. 공산물뿐 아니라 농산물의 가격 또한 폭락했는데, 농산물의 가격 폭락은 특히 두드러졌다. 일본에서도 대공황의 여파가 나타났다. 물가가 전반적으로 폭락하고 기업이 조업 단축을 실시하면서 실업자가 격증했고, 노동쟁의가 빈발하게 되었다. 공산물의 가격은 20~50% 하락했지만, 농산물의 가격은 40~80% 정도가 폭락하였다. 그리하여 공산물과 농산물의 가격차가 더욱 벌어지게 되었다. 이와 같이 대공황을 계기로 농산물 가격은 대폭락하고 농가 경제는 파탄으로 치달았다. 특히 대미(對美) 생사 수출의 격감과 일본·조선·대만의 쌀 과잉 생산으로 일본 농업의 2대 기축인 누에고치와 쌀 가격이 대폭락하여 농가는 큰 타격을 받게 되었다. 일본 경제의 파탄은 일본 자본주의의 식량 공급지 역할을 수행했던 조선 농촌에도 직접적으로 영향을 미쳐 큰 위기를 맞게 되었다.[1]

1920년대 후반의 농산물 가격 하락 추세는 1930년대 중반 일본의 영향을 받으면서 더욱 가속화하였다. 1930년 현미 가격은 1석당 25엔 정도였는데, 1931년 15엔까지 하락하였다. 또한 1929년 대비 1930년

---

1 배민식, 2003, 「제4편 공황과 전시체제하의 농업·농촌」, 『한국 농업·농촌 100년사』 상, 한국농촌경제연구원, 548쪽.

주요 상품의 가격 변동률을 살펴보면, 농산물의 경우 25% 이상 하락한 반면 공산품의 경우 25% 미만의 하락을 보여 농산물과 공산물의 가격차, 즉 협상가격차가 크게 벌어졌다. 농산물 가격은 크게 떨어지고 공산물 가격은 상대적으로 덜 하락하여, 수입이 줄어든 농민들은 그 대신 생활필수품 즉 공산물을 그만큼 싸게 구입할 수 없었기에 더욱 곤궁해지게 되었다.

조선농회가 1930~1932년까지 3년간 경기도·전라남도·경상남도·평안남도·함경남도의 5개 도에서 실시한 농가경제조사에 의하면, 자작농은 연간 평균 544원의 총소득에 609원의 가계비를 지출하여 65원의 적자를 내었고, 자소작농은 419원 88전의 소득에 430원 75전을 지출하여 10엔 87전의 적자를 내었으며, 소작농은 339원 54전의 소득에 371원 75전을 지출하여 32엔 21전의 적자를 내었다. 또한 1931년에 조선농회가 조사한 다른 자료에 의하면 자작농, 자소작농, 소작농 모두 각각 21.87엔, 80.09엔, 29.87엔의 적자가 발생하였다[2](〈표 5-1〉참조).

이처럼 자작농, 자소작농, 소작농 모두에게서 상당액의 적자가 발생했으며 농가부채도 상당하였으리라 추측된다. 1930년 총독부가 농가부채를 조사한 자료에 의하면 전국의 소작농 및 자소작농 224만 7,194호 중 부채가 있는 농가는 173만 3,797호로 전체의 75%나 되었고, 1호당 평균 부채액은 65엔이나 되었다.[3] 당시 농민들의 상당수가 부채를 지고 있었고, 농산물 가격의 장기적 저가 추세와 농가 경영수지 악화 속에서

---

2 「社說: 農産所得의 不足額 一割二分」, 『조선일보』, 1932.12.6(강만길, 1987, 『일제시대 빈민생활사 연구』, 창작사, 50~51쪽 재인용).

3 朝鮮總督府, 1932, 『朝鮮ノ小作慣行』下, 145~146쪽.

〈표 5-1〉 조선농회의 농가 경제 조사

(단위: 엔)

조사대상 기간	구분	총소득(a)	가계비(b)	a-b
1930~1932	자작농	544.00	609.06	-65.06
	자소작농	419.88	430.75	-10.87
	소작농	339.54	371.75	-32.21
1931	자작농	679.82	701.69	-21.87
	자소작농	392.99	473.08	-80.09
	소작농	298.00	327.61	-29.87

출처: 강만길, 1987, 앞의 책, 50~51쪽 재인용.

    소농민들이 부채를 갚아 나간다는 것은 쉽지 않았다.[4]

    더욱이 농산물 가격은 하락했는데도 조선총독부의 재정 수탈과 각종 명목의 공과금 징수는 오히려 가중됐다.[5] 조선총독부의 주요 재정 수입원이던 전매 수입은 농업공황기에 비약적으로 늘어났다. 연평균 전매 수입은 1926~1928년간 3,500만 원에서 1931~1933년간 4,300만 원으로 24% 증가하였다.[6] 또한 조세공과도 증가하였다. 농지세가 증가했고, 수리조합비, 농회비, 삼림조합비, 축산조합비 등 각종 부담이 새로이 신설되거나 증가하였다.[7] 농민들이 농업공황에 의해 경제적으로 어려움을 겪는 가운데 자행된 조선총독부의 재정적 수탈과 각종 명목의 공과금 징수는 농민들의 생활을 더욱 어렵게 하였다.

    점점 몰락해 가는 농민들은 생활비를 마련하고 세금을 충당하기 위

---

4   배민식, 2003, 앞의 글, 547~562쪽.
5   정연태, 2014, 앞의 책, 270쪽.
6   이영학, 2013, 『한국 근대 연초산업 연구』, 신서원, 262~271쪽.
7   朝鮮總督府 殖産局, 1921, 『朝鮮の農業事情』 1, 47쪽; 朝鮮總督府 殖産局, 1930, 『朝鮮の農業事情』 2, 34~35쪽.

해 자신의 토지를 방매하지 않을 수 없었다. 반면에 지주들은 이렇게 시장에 매물로 나온 토지를 구입하여 대토지소유자로 변신하였다. 그리하여 50정보 이상을 소유한 대지주들이 크게 늘었고 특히 일본인 지주들이 금융기관에서 돈을 융자하여 토지를 구입함으로써 일본인 대토지소유자의 수가 크게 증가하였다.

이러한 현상은 농촌사회의 농민층분해 현상을 심화시켰다. 〈표 4-16〉에서 보듯이 농촌사회의 농가 호수 중에 자가 경작을 전혀 하지 않는 지주인 지주(갑)의 수는 몰락한 농민들의 토지를 구입하여 지속적으로 증가해 갔다. 반면에 일부를 자가 경작하는 지주(을)과 자작농 및 자소작농은 감소했고 소작농은 급격히 증가하였다. 즉 농촌사회의 농민층이 전반적으로 하강 분해되면서 소작농과 화전민들이 크게 증가해 갔던 것이다. 나아가 농촌에서 소작을 하거나 일거리를 찾지 못한 농민들이 농촌을 떠나거나 해외로 이주하는 사례도 증가하였다.[8]

세계대공황은 한국 농촌사회에서 계급적·민족적 갈등을 한층 격화시켰다. 지주들은 공황 타개책으로 농민들에 대한 수취를 강화하는 반면, 농민들은 붕괴 위기에 놓인 소농 경영의 기반을 지키기 위해 지주의 일방적 수탈을 받아들이려 하지 않았기 때문에 이들의 저항은 급격히 고양되었으며 소작쟁의가 심화되어 갔다.[9]

소작쟁의의 상황을 살펴보면, 양적·질적으로 소작쟁의가 급증하였다. 〈표 5-2〉를 통해 양적인 통계를 살펴보면 경무국의 조사는 비교적 규모가 큰 소작쟁의를 기록한 것으로, 1929년에 36건이었다가

---

8 정연태, 1994, 앞의 글, 163~165쪽.
9 정연태, 2014, 앞의 책, 278~279쪽.

〈표 5-2〉 1929년 대공황 전후 소작쟁의 발생 건수와 참가 인원

(단위: 건, 명)

연도	경무국 통계						농림국 통계					
	발생 건수				참가 인원 (B)	건당 참가 인원 (B/A)	발생 건수				참가 인원 (D)	건당 참가 인원 (D/C)
	소작권 관계	소작료 관계	제비용 부담 관계	합계 (기타 포함) (A)			소작권 관계	소작료 관계	제비용 부담 관계	합계 (기타 포함) (C)		
1927	11	6	3	22	3,285	149	219	37	7	275	3,973	14
1928	21	4	1	30	3,572	119	533	1,005	7	1,590	4,863	3
1929	17	7	1	36	2,620	72	330	72	4	423	5,419	13
1930	30	42	5	93	10,037	107	489	208	24	726	13,012	18
1931	17	27	2	57	5,486	96	281	250	132	667	10,282	15
1932	26	12	6	51	2,909	57	216	59	16	300	4,687	16
1933	36	25	1	66	2,492	37	1,480	394	47	1,975	10,337	5

출처: 朝鮮總督府 警務局, 1933, 『最近に於ける朝鮮治安状況』, 158~159쪽; 朝鮮總督府 農林局, 1940, 『朝鮮農地年報』第1集, 26~31쪽(정연태, 2014, 앞의 책, 279쪽 재인용).

1930년에는 93건, 1931년에는 57건으로 증가하였다. 농림국의 통계는 소규모의 소작쟁의도 기록했는데, 1927년에 275건이었다가 1928년에는 1,590건으로 급증하였다. 질적으로는 소작권과 소작료 문제가 갈등의 소지가 되어 소작쟁의가 폭발했음을 알 수 있다.[10]

이러한 농민들의 소작쟁의를 바탕으로 사회주의운동 계열의 농민조합운동이 일어나기도 했고, 또한 민족주의운동 계열의 농민운동이 일어나기도 하였다. 사회주의운동 계열의 농민운동은 일제 식민농정 반대, 토지혁명, 일제 타도와 노농소비에트 정부 수립 등을 강령으로 내건 정치 투쟁, 사회혁명의 길로 나아갔다. 이 운동은 1920년대 후반부터 1930년대 중반까지 매우 활발하게 나타났다. 민족주의운동 계열의 농민

---

10   정연태, 2014, 앞의 책, 279~280쪽.

운동도 1930년대 들어 활발하게 전개되었다. 당시 2천 개 정도의 농민 단체가 활동하고 있었는데, 대부분은 민족주의운동 계열 단체였다.[11] 이러한 농민들의 폭발적인 소작쟁의를 해결할 수 있는 정책이 필요하였다. 그렇지 않으면 조선총독부는 조선을 제대로 통치해 갈 수 없었다.

2) 일본 본국의 조선미 이출에 대한 견제

1920년대 조선에서 산미증식계획의 적극적인 추진은 일본 본국의 식량 문제 해결에 커다란 역할을 하였다. 조선과 대만의 산미증식계획에 의한 쌀 증산과 그에 따른 일본의 이출은 일본의 만성적 쌀 부족 현상을 해결하고, 나아가 조선과 대만의 쌀을 값싸게 들여옴으로써 일본의 외화 절감을 도모하는 이중적 이익을 가져오는 사업이었다. 일제는 그를 바탕으로 저미가·저임금 정책을 추진하면서 일본 자본주의의 발전을 도모할 수 있었다.

그러나 1929년 세계대공황에 의해 미가가 하락하자 일본에서는 조선미의 이입에 대한 경계심이 커지면서 조선미의 이입통제를 요구하기 시작하였다. 1929년 5월 다나카(田中) 내각은 내각 직속의 자문기관인 미곡조사회를 설치하였다. 미곡조사회는 미곡정책에 관한 중요 사항을 심의하였다. 미곡조사회에서는 식민지미(植民地米)의 이입대책, 외국미의 수입규제 및 미곡법 발동의 기준 미가 결정 방법 등에 대해 논의하였다. 그러나 조선미 통제 문제는 간단한 것이 아니었다. 일본의 식량 문제 해결을 위해 실시했던 식민지 증산정책이었기에 미가가 하락한다고

---

11   정연태, 2014, 앞의 책, 281~285쪽.

일방적으로 생산이나 이입에 통제를 가하는 것은 조선의 식민통치와 일본의 장기적 발전에 바람직한 방법은 아니었다. 이에 조선미의 이입 문제를 둘러싸고 일본의 농림성과 척무성 및 조선총독부 간의 대립이 점차 심화되게 되었다.[12]

처음에 일본 정부는 미곡정책에 대한 주요 사항을 논의하면서 일본 본국에 조선미와 대만미를 이입하는 것에 대해 크게 문제 삼지 않았다. 일본 본국에서는 장기적으로 미곡이 부족하기 때문에 조선미와 대만미가 이입되는 것은 수확기의 계절적 문제로 여기고 조선총독부에서 이입을 조절하는 것으로 결정하였다.

그러나 1931년 만주사변이 일어나고 영국의 금본위제가 중지되자 일본 주식시장은 큰 혼란에 빠지게 되었다. 1932년에 일본 농림성에서 미곡부를 설치하고 미곡에 대한 논의를 실시하였다. 일본 농림성과 일본 지주들은 조선미와 대만미의 이입이 일본 미가를 떨어뜨리는 데 크게 영향을 미친다고 주장하였다. 반면에 일부의 관료들은 식민지 조선과 대만에서 산미증식계획에 의한 증산정책과 그에 따른 미곡의 이출이 일본 자본주의를 지탱해 온 것이라고 평가하면서 그것을 수정하는 것은 적절한 미곡정책이 아니라고 주장하였다.[13]

그러한 논쟁 가운데서 1932년 12월에 '미곡통제법안'이 제출되고 치열한 논의 끝에 1933년 3월에 가결되면서 11월 1일부터 「미곡통제법」을 시행하도록 하였다. 그 내용은 다음과 같다.[14] 첫째, 매년 쌀의 최

---

12 배민식, 2003, 앞의 글, 563~564쪽.
13 배민식, 2003, 위의 글, 563~582쪽.
14 배민식, 2003, 위의 글, 582쪽.

고가격 및 최저가격을 공정하고, 매도 또는 매입 신청이 있으면 공정가격으로 매입 및 매도를 무제한 실시할 것 둘째, 미곡의 계절적 출회량을 조절하기 위해 도부현 및 식민지미의 관외 이출을 정부가 출회기에 매입하고, 출회기 후에 매도할 것 셋째, 미곡의 수출입은 정부의 허가를 받을 것 넷째, 미곡·좁쌀·고량·수수·밀·밀가루의 수입을 제한 또는 수입세를 증감·면제할 수 있도록 할 것이었다. 그 외 식민지미와 관련해서는 중의원에서 '조선미·대만미에 대해서는 본 법이 소기의 목적을 달성하기 위해 더욱 철저한 통제 방책을 강구할 것' 그리고 귀족원에서는 '내지, 조선 및 대만에서 미곡의 생산을 통제적으로 계획 실행할 것'이라는 조항이 삽입되었다.[15]

1933년 7월 일본 쌀 재고량이 약 2,700만 석으로 전년에 비해 약 360만 석이 증가하였다. 당시 재고량을 기준으로 1934년을 추정하면 이월량이 1,090만 석이 되어 500만 석이 초과되는 대량의 쌀 과잉이 예상되고 있었다.[16] 이에 농림성은 불안을 느껴「미곡통제법」의 보완책으로 일본·조선·대만에서 미곡 작부면적을 줄이고 그 대신 콩·면화·고구마를 재배하는 방법을 강구하였다. 그리하여 1934년에 일본은 20만 6천 정보, 조선은 23만 2천 정보, 대만은 10만 4천 정보의 논 면적을 축소하고 대신 한전작물을 재배할 것을 계획하였다.

일본에서 1933년 11월 1일에「미곡통제법」이 실시되었는데, 당해년은 일본과 조선의 쌀 예상 수확량이 각각 6,596만 석과 1,824만 석에 이

15　農林省大臣官房 総務課, 1959,『農林行政史』第4卷, 207쪽(배민식, 2003, 앞의 글, 582쪽 재인용).
16　배민식, 2003, 위의 글, 583쪽.

르는 대풍작이었다. 이러한 상황에서 조선미가 일본에 들어온다면 일본 미가의 폭락을 가져오기 때문에 일본 정부는 조선과 대만의 총독부와 협의해 1934년 2월에 식민지미 통제에 대한 대책을 마련하였다. 그리하여 1934년 3월에 「임시미곡이입조절법」을 가결시켰다. 이 법안의 목적은 조선미 및 대만미의 일본 이입 수량을 조절하는 것으로, 그를 위해 일본 정부는 3월 31일까지 필요하다고 인정할 때에는 조선미 및 대만미 매입을 실시하도록 규정한 것이었다.[17]

한편 국가가 직접 미곡의 이출을 통제하는 것이 아니라 일본 및 조선과 대만에서 미곡통제조합이라는 민간단체를 설치하여 과잉 생산된 미곡을 자치적으로 저장시켜 미곡이 시장에 나오는 것을 제한하는 간접통제를 실시하려고 하였다. 그리하여 1934년부터 여러 차례의 회의를 거쳐 1936년에 「미곡자치관리법」을 통과시켰다.

3) 산미증식계획의 중지[18]

1929년 세계대공황 이후 일본의 미곡 가격이 하락할 때, 일본인 지주들은 조선미의 이입이 미가 하락을 부추겨 더욱 폭락하므로 일본 당국에 식민지미의 이입을 금지해달라고 요청하였다. 나아가 조선의 산미증식계획을 중단해야 한다고 주장하기도 하였다. 이에 일본 농무성은 일본인 지주의 입장에 동조하였다. 반면에 조선총독부는 조선산미증식계획은 일본 본국의 요구에 의해 실시된 것이고 식민지미의 이입은 일본

---

17 배민식, 2003, 앞의 글, 590~593쪽.
18 이 부분은 배민식, 2003, 위의 글, 615~619쪽을 요약·정리하였다.

자본주의의 기반이 되어온 것이므로 하루아침에 폐지할 수 없다고 주장하였다. 다만 일본의 미가 하락을 막기 위해 조선에 미곡창고를 설립하여 일본으로의 이출 시기를 조정하겠다고 설득하였다. 식민정책을 총괄하는 일본 척무성은 조선총독부의 입장에 동조하면서 "일본은 만성적인 쌀 수입국이므로 가벼이 결정할 수 없다"고 주장하였다.[19]

그러나 조선총독부의 입장에 동조하던 일본 척무성은 1933년에 들어서 입장을 바꾸기 시작하였다.[20] 1933년 2월 22일에 나가이 류타로(永井柳太郎) 척무대신이 중의원 미곡통제법안위원회에서 산미증식계획은 "일본의 쌀이 부족한 것을 보충한다는 목적으로 수립되었기 때문에 지금 보면 시대의 요구에 매우 적합하지 않은 부분"[21]이 있다고 지적하면서 산미증식계획을 축소할 의향을 밝혔다. 같은 해 9월 8일에 열린 일본 정부 각의에서는 더욱 구체적으로 ① 대만과 조선의 산미증식계획은 1933년에 중단할 정도로 축소하고, ② 대체 작물로 조선에는 면화, 대만에는 감자·고구마 재배를 장려하는 것을 주 내용으로 하는 대선대미(對鮮臺米) 척무성안을 제시하였다.[22] 나아가 1934년 1월 26일 중의원 예산총회에서는 나가이 척무대신이 당분간 쇼와(昭和)수리조합의 설립을 인가하지 않을 방침이라고 밝혔다.[23]

이와 같이 치열한 논의 과정 속에서 척무성의 식민지 미곡생산정책

---

19 배민식, 2003, 앞의 글, 563~596쪽.
20 배민식, 2003, 위의 글, 615~616쪽.
21 『帝國議會衆議院委員會議錄』昭和篇 34, 1932, 第64回 議會, 168쪽(배민식, 2003, 위의 글, 615쪽 재인용).
22 日本學術振興會, 1935, 『米穀日誌』, 225쪽(배민식, 2003, 위의 글, 615쪽 재인용).
23 古庄逸夫, 1960, 『朝鮮土地改良事業史』, 友邦協會, 36쪽.

전환 방침이 나오게 되자, 조선총독부도 1934년 3월 제65회 의회에서 산미증식계획에 의한 토지 개량을 '급박한 사정'이 해소될 때까지 당분간 중지하겠다고 답변하고, 5월 30일 정무총감이 산미증식계획에 의한 토지개량사업의 중지를 정식으로 발표하였다.[24]

한편, 이와 같은 일본 내각의 정치적 결정 이외에 조선총독부가 산미증식계획의 중지를 결정하게 된 데에는 내적인 원인도 존재하였다. 그 원인을 살펴보면 다음과 같다. 첫째, 일본인 지주와 일본 농림성이 조선미 이입의 통제를 강하게 요구하는 것에 대해 조선총독부와 일본 척무성은 미곡창고의 설립을 통한 이출시기 조정만으로 대응하기 어려웠다. 일본에서 조선미 이입의 통제를 요구하자 「미곡통제법」이 제정되고, 그 보강책을 논의하는 과정에서 일본인 지주와 농림성의 요구는 더욱 강해졌다. 그리하여 척무성과 조선총독부는 식민지에서 생산을 통제하여 조선미 이입통제 요구를 수그러들게 해야 했다.

둘째, 일본 정부가 대장성 예금부에서 산미증식자금을 저리로 지원하였는데 1930년부터 미가 하락 때문에 조선산미증식자금은 줄어들고 그 대신 미곡창고 설립을 위한 거액의 미곡응급자금이 지출되었다. 그리하여 자금의 70% 이상을 일본 정부의 저리자금에 의존하고 있던 조선의 토지개량사업은 더 이상 지속할 수 없었다. 〈표 5-3〉에서 보듯이 1928년부터 대장성 예금부 자금에서 산미증식자금은 점차 줄어들고, 미곡창고를 설립하는 데 사용하는 미곡응급자금은 증가해 갔다. 산미증식자금은 1927년에 850만 엔이었다가 점차 감소하여 1934년에 100만 엔으로 급감하였다. 반면에 미곡창고 설립을 지원하는 미곡응급자금은

---

24 菱本長次, 1938, 앞의 책, 71쪽.

〈표 5-3〉 조선에서 대장성 예금부 자금 융통 추이

(단위: 천 엔)

구분 \ 연도	1927	1928	1929	1930	1931	1932	1933	1934
산미증식자금	8,500	8,500	6,180	3,810	3,350	1,700	1,330	1,000
미곡응급자금			15,856	20,000	20,000	29,200	30,000	30,000	25,000
벼저장자금					30,000			
비료자금							2,000	3,000

출처: 金澤史男, 1992, 「預金部地方資金形態における對植民地金融の展開」, 『戰間期日本の對外經濟關係』, 日本經濟評論社, 271쪽(배민식, 2003, 앞의 글, 617쪽 재인용).

1928년에 1,585만 엔이었다가 점차 증가하여 1930년대 전반에 3천만 엔으로 급증하였다.

셋째, 취약한 재무구조로 강압적으로 운영되어 왔던 수리조합의 문제점이 1934년에 들어서 드러나기 시작하였다. 즉 부정·부실 공사로 인한 폐해가 불거지고, 미곡 생산이 계획에 미치지 못하는 수리조합이 발생하고, 나아가 조합원들의 수세(조합비)반대운동과 건설반대운동이 전개되면서 총독부의 수리조합사업은 계속 추진되기 어려웠다.[25]

이처럼 일본 내각의 정치적 결정과 조선의 내적인 원인이 중첩되어 조선총독부는 1934년 5월에 산미증식계획의 중지를 발표하였다. 그리고 같은 해 7월에는 토지개량사업을 대행하고 있던 조선토지개량주식회사를 해산하였다. 이로써 "일본 영역에서 최초의 대규모 농업 개발"[26]은 결국 중도에 중지되었다.

---

25 박수현, 2019, 「누구를 위한 개발인가?-수리조합의 실체」, 『내일을 여는 역사』, 76, 196~199쪽.
26 東畑精一·大川一司, 1935, 『朝鮮米穀經濟論』, 12쪽.

2. 미곡 단작화 농업 추진의 수정과 전작개량증식 계획의 실시

1) 농업생산정책의 변화

1900년대 초 일본의 단위면적당 농업 생산량은 조선과 대만에 비해 2배에 달하였다. 일제는 일본의 발달된 농업기술을 조선에 이식하면 조선의 농업생산력을 발달시킬 수 있으리라고 판단하였다. 1906년에 권업모범장을 설립하고 일본의 최신 농업기술체계인 메이지농법, 즉 후쿠오카농법을 한국에 보급시키고자 하였다. 조선에 벼농사 농업기술을 이전함으로써 생산력을 증가시켜 일본 본국으로 이출하면 일본의 부족한 식량 문제를 해결할 수 있을 것이라고 여겼다. 그리하여 일제는 조선을 병탄하자마자 일본 벼 품종을 강요했고, 그 후 수리관개시설 증설, 비료 증투 등의 농업 방식을 조선에 강제로 이식시키고자 하였다. 그러나 1920년대 말에 일제가 기대한 만큼 조선에서 생산력이 발달하지 못하였다. 오히려 1920년대 후반부터 농업생산에 문제점이 나타나게 되었다. '우량품종'으로 장려된 벼 품종에 병충해가 발생하고 더 이상 생산량 증가를 이루지 못했던 것이다. 그리하여 1920년대 말 조선총독부는 일제의 농업기술정책을 다시 짜기 시작하였다.[27]

첫째, 일제가 1910년 조선을 병탄한 이래로 행해왔던 농업기술체계를 변경하고자 하였다. 일본 내지의 농법을 모방하고 우량품종을 이입

---

27   김도형, 2009, 앞의 책, 169~187쪽.

하는 방식에서 벗어나 조선의 기후와 토질 및 풍토를 연구하여 그에 맞는 농업기술을 개발하고자 하였다. 그리하여 1929년에 권업모범장을 농사시험장으로 명칭을 바꾸면서 조직과 기능을 변경하였다.[28] 권업모범장이란 일본의 농업기술이 선진적이라는 예단하에 일본의 품종과 농업기술을 조선의 권업모범장에서 시현하고, 그것을 조선의 농민과 농지에 베풀고자 한 것이었다. 그러나 1920년대 후반 일본의 계획대로 조선의 농업생산력이 발달하지 못하자 농사시험장으로 조직과 기능을 개편하고, 조선의 풍토와 기후에 알맞은 농업기술을 연구·개발하여 보급하고자 하였다. 당시 농사시험장으로 개편하는 일을 주도했던 가토 시게모토(加藤茂苞) 장장은 "일본의 농업 방법을 권업모범장에서 실행해 보고 그것을 조선인에게 보여서 개량에 노력케 하는 시기는 지났다. 이제는 조선과 내지가 기후·토질 또는 농가의 경제상태가 크게 다르기 때문에 조선 농업 조건을 연구한 위에 농업기술정책을 수립해야 한다"[29]고 주장하였다.

둘째, 미작농업 중심에서 '전작개량증식계획'을 추진해 갔다. 1920년대 말 세계대공황에 의해 쌀 가격이 폭락하면서 농가의 경영수지는 악화되고 부채는 증가하면서 조선 농민들은 급격히 몰락해 갔다. 이는 점차 심화되어 조선 농민의 최소 생존을 보존해 주지 않으면 조선총독부는 체제를 유지해 갈 수 없는 지경이 되었다. 이에 정책적 측면에서 '농가갱생계획' 및 '농촌진흥운동'을 펼쳐갔던 것이다. 아울러 농업 부문

---

28 「勅令 第279號 朝鮮總督府農事試驗場官制」, 『조선총독부 관보』, 1929.9.24.

29 加藤茂苞, 1930, 「元勸業模範場の改名と農事指導に對する用意」, 『朝鮮農會報』 4-8, 3~4쪽.

에서는 농가 경제의 안정화를 위해서 기존보다 농업구조를 다각화하려고 하였고, 그에 대한 조처로 '전작개량증식계획'을 실시해 갔다. 즉 미작 중심의 농업으로부터 밭농사도 같이 고려하는 농업정책을 실시하게 되었던 것이다. 특히 밭작물 중에서 보리, 밀, 콩을 중심으로 재배면적과 생산량을 확장시켜 농민들이 생계를 유지할 수 있도록 하였다.

셋째, 조선에 식부된 일본 벼 품종을 개량시키려 하였다. 1920년대 산미증식계획에 의한 쌀의 농업생산성 향상은 수리시설의 증가와 내비성이 높은 품종의 보급 및 비료의 증투에 의한 결과였다. 그러나 1920년대 후반부터 '우량품종'으로 장려된 벼 품종이 더 이상 생산력 증가를 담보하지 못하였다. 이때까지는 대부분의 벼 품종을 일본에서 도입하여 조선에 이식했는데, 그것이 한국의 풍토와 기후에 적응하지 못해서 생산성이 좋지 못하였다. 그것은 일본인 농업기사 사토 겐키치(佐藤健吉)도 파악하고 있었다. 그는 "조선은 특수 기후로 내지와 비슷한 기후 풍토의 지방에서 우량 벼 품종을 이입 재배하여도, 적합하지 않기 때문에 실패로 끝나고 마는 예가 적지 않다. (중략) 조선에서는 수리안전답에만 우수한 품질(多收良質)로 좋은 성적을 보이고, 천수답에서는 가뭄 때문에 심는 시기가 늦은 경우에는 만식적응성(晩植適應性: 늦게 심어 적응하는 능력)이 떨어지기 때문에 출수(出穗: 벼 이삭이 많이 남)·성숙(成熟)이 현저히 지연되어 좋지 않은 결과를 초래하는 예가 적지 않다"[30]고 하였다.

나아가 1930년대 들어 다수 재배를 목적으로 영농을 하다 보니 자연히 비료 사용이 많아지면서 병충해가 만연하게 되었다. 특히 도열병의

---

30 佐藤健吉, 1937, 「朝鮮に於ける水稻品種改良の將來に就て」, 『朝鮮農會報』 11-1, 57~58쪽(김도형, 2009, 앞의 책, 199쪽, 재인용).

문제가 심각해지면서 미곡 생산에 큰 피해가 생겼다. 1910년대까지 조선 내에서 도열병으로 인한 피해는 없었는데, 1930년대 들어 도열병이 만연하였다.[31] 1910년대 일본에서 도입된 대표적 다수확품종인 조신력은 비료를 적게 투하해도 생산성이 높았으나, 비료를 많이 투하하게 되면서 도열병에 매우 취약하였다. 다비화의 진전에 따라 도열병에 약하다는 결점이 문제가 되어 조신력이 서서히 사라지고, 그 대신 내비성이 강한 곡량도가 1920년대 말까지 전성기를 맞이하였다. 그러나, 이 품종도 화학비료의 사용이 점차 증대되면서 문제가 생겼다. 이 때문에 다시 새로이 등장한 품종이 은방주였다. 1930년대 들어 벼에 도열병이 생기는 문제는 농업생산력을 증대하는 데 있어 최대의 걸림돌이었다. 도열병이 만연하게 되자, 농사시험장에서는 도열병에 강한 품종을 육성하기 위해 고심하지 않을 수 없었다.[32]

2) 전작개량증식계획의 실시

1920년대 말 미증유의 세계적 대공황으로 쌀값이 급격히 하락하면서 조선의 농업과 농촌은 일대 위기를 맞게 되었다. 미가의 폭락은 조선의 농민들을 파산으로 몰아넣었다. 조선 농민들은 쌀을 팔아서 종자대·비료대·농기구대 등의 농업경영비와 수리조합비 등의 각종 공과금을 지불하고 나머지 여분으로 생활필수품을 구입하여 생활하였다. 그런

---

31 이대열, 2022, 「1930년대 중반 조선농회의 배합비료 배급사업과 도열병의 만연」, 『역사와 현실』 123.
32 김도형, 2009, 앞의 책, 200~203쪽.

데 쌀값의 폭락으로 전체 수확물을 모두 팔아도 각종 공과금의 지불은 물론이고 농가부채 등도 지불하지 못하는 지경이 되었다.[33] 농업공황에 직면한 농가 경제의 파탄으로 끼니조차 잇지 못하는 농민들이 속출하는 상황에 이르렀다. 이에 대한 불만으로 농민들의 저항이 들불처럼 일어났으며, 소작쟁의가 빈발하였다.

이에 조선총독부는 위기의식을 갖고 대응 방안을 강구하지 않을 수 없었다. 이러한 상황을 극복하기 위해 농촌진흥운동을 펼쳐갔고, 아울러 농촌 구제의 방안으로 '세농구제(細農救濟)'의 미명하에 전작장려계획을 실시하였다. 일제는 밭농사의 장려를 통해 식량 문제를 해결하고 농가의 현금 수입을 증대시킨다는 명목으로 1931년부터 이른바 '전작개량증식계획(田作改良增殖計劃)'을 추진하였다. 이 계획은 1931년부터 12개년 계획으로 밭의 면적 85%를 차지하고 있는 밭작물인 맥류, 두류, 조 등의 증산을 꾀하여 주로 식량으로 공급한다는 것이었다. 밭작물증산계획의 내용은 단순히 식량작물로 밭작물을 증산하는 것이지만, 실질적으로 지금까지 행해왔던 일제의 농업정책의 일대 전환을 시도한 것이라고 할 수 있다.[34]

조선총독부는 1910년대에는 일본 벼 품종을 보급하는 데 노력을 기울였고, 1920년대는 산미증식계획을 실시하면서 토지개량사업과 벼의 일본 품종 보급에 힘을 기울였을 뿐 밭농사에는 거의 관심을 기울이지 않았다. 밭작물 개량의 핵심인 품종의 육성과 개량은 전혀 없었을 뿐 아니라 그것을 담당할 전임직원도 두지 않았다. 그러다가 1929년 이후 농

---

33 김도형, 2009, 앞의 책, 187쪽.
34 김도형, 2009, 위의 책, 189쪽.

〈그림 5-1〉 소 2마리가 끄는 재래식 쟁기
(1935~1940년경, 황해도 사리원)

출처: 다카하시 노보루, 2014, 앞의 책, 18쪽(민속원 제공).

업공황을 겪으면서 농촌이 피폐해지고 농민들의 생활이 극도로 어려워지자 새로운 농업정책을 들고 나왔던 것이다. 이러한 새로운 정책에 대해 당시 일본인 농업전문가였던 고바야가와 구로(小早川九郎)도 "전작개량증식계획은 조선의 농업생산정책에서 주목할 일대 전기이다."[35]라고 평가하였다.

조선총독부는 1931년 '전작개량증식계획'을 실시하기에 앞서 권업모범장 서선지장(西鮮支場)을 1920년 3월 황해도 봉산군 사리원에 설립해 최초의 밭작물 전문기관으로서 기능하도록 하였다.[36] 그 후 1928년

---

35 小早川九郎, 1944, 앞의 책, 487쪽(김도형, 2009, 앞의 책, 190쪽 재인용).
36 이 부분은 류정선, 2012, 「조선총독부의 밭작물 개량증식정책」, 『한국사론』 58을 주

〈표 5-4〉 전작개량증식계획의 목표 재배면적 및 수확량

작물 종류	재배면적(천 정보)			수확량(천 석)		
	1930	1942	증가량	1930	1942	증가량
보리	873	960	87	7,237	12,000	4,763
밀	356	427	71	1,876	3,416	1,540
쌀보리	63	69	6	441	690	249
콩	793	832	39	4,298	5,408	1,110
조	791	791	0	4,959	7,910	2,951
합계	2,876	3,079	203	18,811	29,424	10,613

비고: 『朝鮮農會報』에는 수확량의 증가량과 합계가 제시되어 있지만, 실제 계산한 결과 잘못 기록되어 있어, 小早川九郞, 1944, 앞의 책을 참고하여 수정·보완하였다.
출처: 朝鮮總督府 農産課, 1934.7, 「전작개량증식계획의 실적」, 『朝鮮農會報』 8-7, 48~49쪽; 小早川九郞, 1944, 앞의 책, 483쪽.

에야 조선총독부는 조선 서북부 지역의 밭농사 개량에 주목하였다. 1928년 3월 농업기술관회의에서 조농사(粟作)를 주작(主作)으로 하는 밭작물 개량 증식을 총독이 지시하였다. 이어서 1929년에 조선 서북부 지역 6개 도(황해도, 평안남북도, 강원도, 함경남북도)에 밭작물 개량 증식을 계획하였다.[37] 1931년에 조선총독부는 12년계획으로 보리, 밀, 쌀보리(裸麥), 콩, 조를 중심으로 재배면적의 확장과 수확량의 증가를 목표로 제시하였다. 그 내역은 〈표 5-4〉와 같다.

'전작개량증식계획'에서는 보리와 밀, 콩의 재배면적을 늘려 수확량을 제고시키고자 하였다. 보리는 1930년에 재배면적을 87만 3천 정보에서 1942년에 96만 정보로 8만 7천 정보를 증가시키고, 생산량도 723만 7천 석에서 1,200만 석으로 증액하는 것을 목표로 하였다. 약

로 참조하였다.
37   류정선, 2012, 앞의 글, 226~238쪽.

66%의 생산량 증액을 목표로 한 것이었다. 밀은 1930년에 재배면적을 35만 6천 정보에서 1942년에 42만 7천 정보로 7만 1천 정보를 증가시키고, 생산량도 187만 6천 석에서 341만 6천 석으로 증액하는 것을 목표로 하였다. 약 82%의 증액을 목표로 한 것이었다. 콩은 1930년에 재배면적이 79만 3천 정보에서 1942년에는 83만 2천 정보로 3만 9천 정보를 증가시키고, 생산량은 429만 8천 석에서 540만 8천 석으로 111만 석 증액시켜 26% 증가를 목표로 하였다. 쌀보리와 조는 재배면적을 크게 확대하지 않지만, 농사법의 개량으로 단위면적당 생산량을 증가시켜 총생산량을 늘리려 하였다.

조선총독부에서는 전작개량증식계획의 구체적 내용을 다음과 같이 제시하였다.[38]

1. 밭작물의 종류는 주요 식량 작물인 맥류(보리, 밀, 쌀보리), 콩, 조의 3종류이다.
2. 우량품종의 육성과 보급
3. 지도포(指導圃)의 설치
4. 전작개량조합(畑作改良組合)의 설치
5. 전임직원의 설치

먼저, 농사시험장과 도종묘장에 밭농사 기술자를 배치하였다. 농사시험장에는 기사 1명, 기수 2명, 고원(雇員) 4명을 배치했고, 도종묘장에는 원종포(原種圃)를 설치하고 2년 내에 각 도에 1명씩의 전임직원을 배치

---

38 朝鮮總督府 農産課, 1934, 「畑作改良增殖計劃の實績」, 『朝鮮農會報』 8-7.

하도록 하였다. 둘째, 밭작물 우량품종의 보급률을 높여갔다.[39] 셋째, 집약 재배를 권장하기 위해 주요 전작지방 200개 군(郡)과 도(島), 2,289개 면(面)에 대해 각 1개소 2정보의 전작개량지도포를 설치하도록 하였다. 맥류, 콩, 조의 주요 재배지인 200개 군·도에 1개 면당 1개소의 비율로 지도포를 설치하고 실제로 개량 증식의 모범을 보이도록 하였다. 위 지도포에서 3개년 동안 계속 지도하고 부근 농가에 그 실적을 선전하여 집약 재배를 보급시키도록 하였다.[40] 넷째, 지도포 설치 부락에는 전작개량조합을 설치하도록 하였다. 그리고 조합을 통해 비료 및 농구의 공동구입, 경종법의 개선, 생산물의 공동판매 등을 행하였다. 다섯째, 지도포 및 전작개량조합에 대한 지도를 담당할 전작 전임기술원을 200개 군·도에 각 1명씩 배치하도록 하였다.

그를 위해 총독부에서는 12년간 국고지원금 381만 8천 원을 지급하고자 계획하였다. 그 내역은 농사시험장에 18만 원, 우량품종비 보조 1만 6천 원, 지도포 설치비 보조 137만 3천 원, 기술원 설치비 보조 224만 9천 원이었다. 총독부는 "비교적 소액이지만 그 계획이 달성될 때는 1천만 석, 1억 1,500만 원의 증수를 거둘 것"[41]이라고 기대하였다. 그러나 실제로는 조선총독부의 예산 지원이 원활하지 못하였다. 1933년과 1934년에는 예산이 전액 삭감되어 사업이 중단되었다가, 1935년에 국고 지원이 다시 재개되었다.

조선총독부는 밭농사의 경종법을 개량하고자 하였다.[42] 밭농사에서

39　류정선, 2012, 앞의 글, 264쪽.

40　朝鮮總督府 農産課, 1934, 앞의 글, 47~48쪽.

41　湯村辰二郎, 1931.4, 「畑作改良增殖の實施に就て」, 『朝鮮』 第191號.

42　류정선, 2012, 위의 글, 258~266쪽.

도 시비를 권장했고, 수확할 때 적기(適期) 수확을 행하여 수확량을 증가시키고자 하였다. 또한 조선의 기존 작부 방식인 윤재법(輪栽法)을 적극 활용하고자 하였다. 예를 들면 총독부에서는 1930년대 중반에 충청남도에서 콩과 보리의 간작(間作)을 장려하기도 하였다. 총독부는 밭에 있어서는 자금을 투여하지 않았고, 토지개량사업이나 개간사업 또한 거의 행하지 않았다. 그러나 간작, 윤작(輪作), 2년 3작 등의 작부 방식을 활용해 재배면적의 확장을 시도하였다. 특히 이모작을 장려하여, 1933년에는 총독이 함경도 및 평안북도를 제외하고 이모작을 하지 않는 지방에는 각종 보조금을 지급하지 말 것을 명령하기도 하였다. 그리하여 이모작면적이 1929년에는 34만 4,705정보였는데, 1938년에는 45만 7,150정보로 확대되어 10년 동안 11만 정보나 증가했던 것이다. 1930년대는 윤작 재배가 발달하면서 밭의 토지이용률이 증가했고, 토지집약도가 높아지기도 하였다. 예를 들면 1년 1작을 하면 토지이용률이 100%이고, 1년 2작을 하는 경우에는 토지이용률이 200%가 되는데, 밭의 토지이용률이 1918년에는 131.6%이었다가 1930년대에는 145~147%로 증가하였다.

전작개량증식계획에 의해 일정한 성과를 거두어 수확량이 상승하기도 하였다. 예를 들면 맥류 수확량은 1920년대 후반에 900만 석이었는데, 1930년대 후반에 1,100~1,200만 석으로 증가하였다. 그러나 그 증가량은 〈표 5-4〉에서 제시한 목표치 600만 석 증산의 3분의 1 수준에 불과한 것이었다. 콩과 조는 각각 110만 석, 290만 석의 증산을 목표로 했는데, 거의 증산이 이루어지지 않았다.[43]

---

43   류정선, 2012, 앞의 글, 267쪽.

목표치보다 훨씬 낮은 결과가 나타난 것은 총독부 측이 과도한 목표를 설정한 탓도 있지만, 일본 농업기술자들이 조선 밭작물에 대한 이해가 낮고 나아가 밭작물 재배기술에 대한 전문지식을 가진 사람이 많지 않기 때문이었다. 일본 농업기술자들은 대부분 미작농업에 대한 지식을 지닌 사람이 많았다. 그리하여 그들은 조선 농민들에게 조선의 기후와 풍토에 맞는 밭작물 재배기술을 전수할 수 없었다. 뿐만 아니라 조선총독부가 1931년 전작개량증식계획을 세우고 적극적인 예산 지원을 한다고 공표했지만, 실제로 진행 과정에서 예산 지원이 원활하게 이루어지지 못하였다. 주로 지도포 설치비 보조와 기술원 설치비 보조에 대한 비용 지원이 대부분이었고, 농사 개량을 위한 보조비 지원은 이루어지지 못하였다. 예를 들면 논농사처럼 재배면적 확대, 품종 개량, 경작법 개선을 위한 지원은 이루어지지 않았다.

3. 공업원료의 재배 강화

1) 면작증식계획(1933~1942)의 실시[44]

일제는 면화 생산을 목표로 1933~1942년까지 10개년간 '면작증식계획'을 추진하였다.[45] 이 계획에 따라 조선의 농가는 조금씩이라도 목

---

44 이 부분은 권태억, 1989, 앞의 책, 114~119쪽을 주로 참조하였다.
45 「棉作增産計劃의 新積極案」, 『동아일보』, 1933.5.31.

화를 심어야 했다.[46] 일제는 1933년부터 20년간 파종면적 50만 정보, 실면 생산고 6억 근을 목표로 정하고, 우선 제1기 계획으로 1933년 이후 10년 동안 남선(南鮮) 6도와 경기·황해·평남, 모두 9개 도를 장려구역으로 하여 파종면적 25만 정보, 실면 생산고 3억 근(반당 수확량 실면 120근)을 달성하고, 계획이 끝나도 계속 사업을 추진해 함경북도를 제외한 12도를 장려구역으로 하여 목표를 완전히 달성하도록 계획을 세웠다. 그러다가 1934년에는 평북·강원 양도를 장려구역으로 추가하고, 파종면적 35만 정보, 생산고 4억 2천만 근으로 위 목표를 확충하였다. 계획 실시 전까지의 수치가 평균 반당 수확량 85근, 파종면적 20만 정보, 실면 생산고 약 1억 5천만 근이었음을 보면 매우 과도한 계획임을 알 수 있다.[47]

일제는 이제까지의 정책 실시 과정에서 축적한 경험을 바탕으로 온갖 수단을 동원하여 강압적으로 전면적인 면화증산계획을 추진하였다. 면작 장려에 지출하는 예산도 증가하게 되었고, 기술 지도를 담당할 인원수도 크게 늘렸다.

이를 계기로 그동안 폐지되었던 용강면작출장소가 지장으로 승격, 부활되었다. 이때부터 일제의 면작장려정책이 확대되어 관서지방에도 재배면적의 확장과 육지면의 도입이 시작되었으며,[48] 이로써 면화장려사업도 남쪽은 목포지장에서, 북쪽은 용강지장에서 담당하게 되었다.[49]

---

46 「농가채산상 문제로 棉作增産計劃에 난점」, 『동아일보』, 1933.3.28.
47 권태억, 1989, 앞의 책, 114~119쪽.
48 澤村東平, 1985, 『近代朝鮮の棉作綿業』, 未來社, 206~208쪽.
49 김도형, 2009, 앞의 책, 206~207쪽.

〈그림 5-2〉 목화에서 목화씨와 면섬유를 분리시키는 씨아(조면기)
(1940, 황해도 사리원)

출처: 다카하시 노보루, 2014, 앞의 책, 18쪽(민속원 제공).

    면작 장려책으로 실시된 방법은 '면작지도군' 제도였다. 이것은 집약재배법의 철저와 다각적인 경영 방법의 지도를 주도면밀하게 실시하기 위한 것으로, 면화증산장려 112개 군(1934년 이후 165개 군)을 셋으로 나누어 차례로 지도군을 지정하고 여기에 3년간 '특별히 농후한 지도·장려'를 가하고 4년째 다른 군으로 옮겨 9년이 지나면 모든 군을 섭렵하게 된다는 것이었다. 3년을 주기로 지도군이 바뀌고, 지도군은 예산과 기술원의 배치에서 특별한 우대를 받게 하였다. 이것이 이 시기 면화증산정책의 주요한 방법이었다.

    각 도는 중앙의 계획에 따라 할당된 목표를 달성해야 했으며, 그를 위해 여러 가지 방법을 고안해냈다. 그중 1920년대에 볼 수 있었던 공동면작포도 면작 장려 전 지역에 보편적으로 나타났다. 또한 총독부는 농민들의 경쟁심을 자극하기 위해 면작증산품평회, 면작퇴비품평회 등을 열어, 회유와 포상을 하기도 하였다.

그러나 면작장려사업은 농민들에 대한 설득을 바탕으로 진행된 것이 아니라, 관료기구를 동원한 강제적 형태로 진행되는 경우가 많았다. 중앙에서 면화 재배면적을 정하면 그것이 각 도로부터 군으로, 군에서 면으로, 면에서 다시 리와 동으로 할당되었다. 할당 목적을 달성하기 위해 경찰관 혹은 지도원이 앞장서서 설정된 면적을 채우도록 강제하였다.

당시 개별 농가에는 '면작고지서'가 발급되었고, 정해진 면적만큼 면화를 재배해야 했다. 만약 면작 평수가 부족하면 이미 재배되고 있는 작물이라도 뽑아버리는 만행이 자행되었다. 그러한 만행은 당시 『동아일보』와 『조선일보』의 기사에서 적나라하게 고발되고 있다. 예를 들면 "전북 김제군에서는 28명의 면작지도원을 각 면에 출장시켜 앞으로 몇 날만 지나면 수확하게 될 보리를 베어버리게 하고 그곳에 면화를 심게 한다든지"[50] 혹은 경남 김해군에서는 "면작 재배의 성적이 극히 불량하여 일부를 갈아엎고 대파(代播) 혹은 간작을 하다가 당국에 의해 고발당하는 사례"[51]가 있었고, 전북 순창군에서는 "면작 계원과 지도원이 총출동하여 전 군에 흩어져 보리밭을 함부로 갈아엎고 면작 재배를 시행토록 하는"[52] 등 전국적으로 이러한 사례는 빈번하였다.

일제의 면작 재배 강제에 대한 농민들의 소극적 혹은 적극적 저항은 필연적인 것이었다. 경남 통영에서는 군청 직원·면 직원들이 통영군 사량도에 출장하여 다 여물어 가는 감자를 파내고 면화를 심으라고 하자

---

50 『동아일보』, 1939.5.27.
51 『동아일보』, 1934.6.23.
52 『동아일보』, 1938.4.26.

농민들은 "감자가 없고는 살 수가 없을 것이니 이래 죽으나 저래 죽으나 죽기는 일반이라"[53] 하고 감자밭에 드러누워서 항의를 하고 있었고, 안동 풍산면 오미동에서는 "면작지도원의 강제 면작을 이유 삼아 동민 1백여 명이 궐기하여 (중략) 16명의 지도원에게 폭행"[54]하여 지도원들이 병원에 실려가 입원 치료를 받는 일도 일어났다. 이러한 사건들은 일제의 강제적 육지면 장려에 대한 농민들의 당연한 저항이었다고 할 수 있겠다.

조선총독부의 적극적·강제적 육지면 재배 장려로 인해 육지면 재배면적은 증가하였다. 앞서 〈표 4-6〉에서 보았듯이 1920년대에 육지면 재배면적이 10만 내지 15만 정보였다가 1932년에 10만 정보로 급감하였다. 1933년에 10개년 면작증식계획을 실시하면서 육지면 재배면적이 1934년 약 13만 정보에서 해마다 증가해 1942년에는 약 33만 정보로 2.5배 증가하였다. 반면에 재래면 재배면적은 1933년에 5만 9천여 정보에서 1936년까지 약간씩 증가하여 6만 4천여 정보가 되었다가 다시 급감하여 1942년에는 8천여 정보로 대폭 축소되었다. 육지면의 반당 수확량은 실면 120근으로 계획했는데, 1933년에 97근이었고 1935년에는 115근으로 증가했다가 점차 감소하면서 1942년에는 63근이 되었다. 반보당 수확량은 예정대로 이루어지지는 못하였다.

---

53 『동아일보』, 1934.6.26.
54 『동아일보』, 1935.5.9.

2) 산견백만석증수계획(1925~1939)의 추진

조선의 제사공장은 1920년대 들어 크게 늘었다. 1919년에는 제사공장이 겨우 9개소, 그 생사 생산액이 약 1만 6천 관이었는데, 그 후 매년 증가해서 1932년에는 잠사계가 불황의 시기를 맞았음에도 불구하고 공장 수는 58개소, 생사 생산액은 14만 5천 관을 헤아릴 정도로 현저한 약진을 보였다. 그럴 수 있었던 이유는 일본의 생사 수요가 증가했고, 대외 수출 면에서도 생사가 미국 수출액의 큰 비중을 차지하면서 수요가 많아졌기 때문이다.[55]

이에 조선총독부는 1925년부터 15년간에 걸쳐 '산견백만석증수계획'을 수립하였다. 총독부는 다음 세 가지 목표를 내세웠다. 첫째, 농가 경제의 향상을 도모하고 둘째, 제국의 수출무역의 진흥에 도움을 주며 셋째, 조선의 자연적·인적 요소를 적당히 이용하는 점에서 잠업에 대한 지도 장려는 유익하다는 것이었다. 이 세 가지 목표를 통해서, 산견백만석증수계획은 제사공업의 원료 획득과 농업 경영의 다각화를 통한 농가 경제 향상을 도모한다고 하였다.[56]

산견백만석증수계획의 목표는 다음과 같다. 조선의 양잠업을 발달시키면서 1925~1939년에 이르는 15년 동안 양잠 호수를 100만 호, 잠종 소립 매수를 춘잠종 200만 매, 하추잠종 100만 매(양잠가 1호당 춘잠종 2매, 하추잠종 1매 비율) 계 300만 매로 하고, 또한 뽕나무 재배면적 10만 정보(양잠가 1호당 1반보의 비율)로 확대하여 누에고치 생산액을 100만 석

---

55 小早川九郎, 1944, 앞의 책, 406쪽.
56 小早川九郎, 1944, 위의 책, 408쪽.

에 달하도록 한다는 계획이었다.[57]

총독부는 이 계획을 실시하는 데 있어 다음의 추진 방법을 실시하였다. ① 뽕나무밭의 증식을 장려하고, 뽕나무묘 구입대금을 보조한다. ② 뽕나무 심기에 관한 전임 도기수와 잠업 일반에 관한 도기사를 증치한다. ③ 총독부에는 잠업계(蠶業係) 직원을 증치한다. 또한 이러한 잠업기술원의 여비를 늘려 이 계획의 완수를 기약하도록 하였다. 즉 뽕나무묘 구입대금을 보조하고, 전임기사와 기술원을 증치시켜, 그들을 양잠을 재배하는 농민에게 출장을 보내 기술을 지도해 잠업의 증진을 꾀하도록 한 것이었다.[58]

이 계획 발표와 함께 「식상장려보조규정」을 제정하여, 상전·상묘 구입 보조, 잠업기수의 증원 배치를 실시하고, 재원은 국비와 지방비로 충당하였다. 양잠 농가 1호당 상전 1단보를 한도로 하고, 3년 거치 3년 분할상환으로 상전보조금을 대부해 주었다.[59] 구체적인 장려 방법으로는 1925년 도잠업주임기술관타합회(道蠶業主任技術官打合會)의 협정[60]에 의해 각 도에 모두 잠종제조조합(蠶種製造組合) 설립을 장려하고, 도를 구역으로 한 동업조합을 만들어 추진하도록 하였다. 잠종은 가능한 한 모두 이 조합을 거쳐서 판매하게 하였다.

또한, 양잠기술의 보급은 농사시험장을 통해서 추진하고자 하였다. 1930년 1월에 「농사시험장사무분장규정」을 공포하면서 농사시험장 내에 서무과, 종예부, 화학부, 병리곤충부, 축산부, 잠사부 및 여자잠업강습

---

57 小早川九郎, 1944, 앞의 책, 408쪽.
58 小早川九郎, 1944, 위의 책, 408쪽.
59 小早川九郎, 1944, 위의 책, 409~411쪽.
60 朝鮮農會, 1929, 『朝鮮農務提要』.

〈그림 5-3〉 누에고치를 삶아 견을 뽑아내는 작업
(1940년경, 황해도 신원군)

출처: 다카하시 노보루, 2014, 앞의 책, 18쪽(민속원 제공).

소를 두었다.[61] 그중 잠사부에서는 ① 잠사업의 발달과 개량에 관한 시험 및 조사에 관한 사항 ② 원잠종의 제조 및 배부에 관한 사항 ③ 기타 잠사업에 관한 사항을 담당하였다. 여자잠업강습소에서는 잠사업에 관한 학리(學理)와 기술을 강습하였다. 아울러 본장 이외에 지장과 출장소를 설치했는데, 평안북도 철산군 차련관에 '차련관잠업출장소'를 별도로 설치하였다.[62] 차련관출장소는 1929년부터 부지를 물색하여 뽕나무밭 잠실을 설비하고 1930년부터 사업을 개시하였다. 설립 초기에는 단순히 배부 잠종의 제조만을 담당했지만, 그 후 한지대(寒地帶)에서 잠사업에

---

61 「朝鮮總督府 訓令 第7號 農事試驗場事務分掌規定」第1條, 『조선총독부 관보』 1930.1.18, 179쪽.
62 「朝鮮總督府 訓令 第7號 農事試驗場事務分掌規定」第1條, 『조선총독부 관보』 1930.1.18, 179쪽.

<표 5-5> 뽕나무 재배면적

(단위: 정보)

연도	뽕나무 재배면적			면적지수	이용가능면적
	원면적	예상면적	합계		
1910	892	2,452	3,344	100	
1925	14,833	24,705	39,538	1,182	5,362
1926	18,665	30,367	49,031	1,466	5,808
1927	22,269	36,548	58,817	1,759	5,528
1928	24,629	42,711	67,340	2,014	4,960
1929	26,619	47,203	73,832	2,208	4,755
1930	27,487	48,582	76,072	2,275	4,475
1931	28,038	51,036	79,074	2,365	3,946
1932	26,489	52,401	78,890	2,358	4,187
1933	27,865	51,304	79,169	2,367	3,772
1934	28,171	49,626	77,797	2,326	3,885
1935	27,648	49,434	77,082	2,306	3,253
1936	27,298	49,575	76,873	2,299	3,539
1937	26,956	51,350	78,306	2,342	3,359
1938	26,443	52,753	79,196	2,368	3,198
1939	26,661	55,374	82,035	2,453	2,752

출처: 朝鮮總督府 農林局, 1939, 『朝鮮の農業(1937)』, 115쪽; 朝鮮總督府 農林局, 1941, 『朝鮮の農業(1941)』, 118쪽.

관한 각종의 시험과 조사를 하였다.[63]

 '산견백만석증수계획'의 실적을 살펴보자. 1925~1939년까지 15년 동안 뽕나무 재배면적의 추이를 살펴보면 〈표 5-5〉와 같다. 1925년 현재 4만 정보였는데 매년 지속적으로 확대되어 1931년에 7만 9천 정보까지 빠르게 상승했다가, 그 이후 정체 상태에 머물러 1939년에는 8만 2천 정보에 달하였다. 1929년에 세계대공황이 일어나 "수년 동안 견

---

63 김도형, 2009, 앞의 책, 184쪽.

〈표 5-6〉 누에고치(가잠견) 생산액

연도	양잠 호수 (호)	지수	견 생산액 (석)	지수	견 총가격 (엔)	지수
1910	76,037	100	13,931	100	431,861	100
1925	498,100	655	285,142	2,047	21,297,544	4,931
1926	542,690	714	317,080	2,276	15,229,672	4,453
1927	572,927	754	355,192	2,555	14,607,838	3,583
1928	594,209	782	386,113	2,773	16,019,272	3,710
1929	648,079	859	484,802	3,480	22,538,278	5,218
1930	720,813	948	555,232	3,985	12,650,861	2,929
1931	747,084	983	578,261	4,151	9,397,754	2,176
1932	786,060	1,054	593,058	4,257	10,742,124	2,487
1933	812,009	1,086	668,034	4,795	21,864,690	5,063
1934	839,814	1,104	735,162	5,277	10,027,851	2,322
1935	821,573	1,080	681,801	4,894	16,037,952	3,714
1936	826,109	1,087	723,200	5,191	19,029,177	4,406
1937	815,278	1,072	722,324	5,185	22,166,501	5,135
1938	817,476	1,075	701,828	5,038		
1939	823,412	1,083	657,928	4,723		

출처: 朝鮮總督府 農林局, 1939, 앞의 책, 121쪽; 朝鮮總督府 農林局, 1941, 앞의 책, 120쪽.

사 가격이 폭락하면서 65만 호에 달하는 양잠업자가 대손실을 보게 되어 뽕나무를 뽑아버리는"[64] 등의 일이 있어서 뽕나무 재배면적이 정체되었다. 그러나 목표치였던 10만 정보의 80%를 성취한 셈이었다.

다음으로 양잠 호수와 생산액을 살펴보면 〈표 5-6〉과 같다. 제4장에서 언급했던 대로 상수리나무나 떡갈나무의 잎을 먹이는 산누에인 작잠은 거의 소멸하고, 뽕나무잎을 먹여 키우는 집누에인 가잠의 누에고

---

[64] 「산견증수계획의 희생, 65만 호 대타격」, 『동아일보』, 1931.11.30.

치 생산액이 대부분을 차지하였다. 양잠 호수는 1925년에 50만 호였다가, 계속 증가해 1934년에 84만 호에 달한 후 점차 감소하여 82만 호가 되었다. 1929년에 세계대공황의 여파로 견사 가격이 폭락하면서 양잠업 경영에 따른 수지가 맞지 않아 양잠 호수 증가세는 정체되었다. 그것은 견 생산액과 견 총가격을 비교할 때 명확히 드러난다. 1931년에 견 생산액이 약 58만 석이었는데, 견 총가격은 1930년보다 300만 엔이 떨어진 약 900만 엔이었다. 1934년에도 견 가격이 크게 떨어져, 견 생산액이 73만 석이었는데 가격은 1천만 엔에 불과하였다. '산견백만석증수계획'에서 양잠 호수를 100만 호를 양성한다고 했는데, 82만 호가 되었으니 82%의 실적을 달성했으며, 생산액은 100만 석을 목표로 했는데 1934년에 73만 석에 이르렀다가 1939년에는 66만 석이 되었다.

당시 잠견의 판매는 공동판매 방식으로 이뤄졌다. 도에서 감독하고 군청 및 군농회 또는 양잠조합이 이를 담당하였다. 모은 견은 미리 지정한 견사 구매자에게 판매하도록 하였다. 총독부는 요코하마생사거래소로부터 매일 시황 가격을 전보로 받아 이 가격을 각 공동판매소에 타전해, 이를 기초로 경쟁입찰의 가격을 정해놓고 거래하게 하였다.[65]

이와 같이 구매업자가 구매한 견사는 일본으로 이출되었다. 이 시기에 조선에서도 각지에 제사공장이 증설되면서 조선 내에서 소화되기도 했지만, 주로 일본의 제사공장의 원료로 제공되었다.[66] 조선에서 생산한 견사는 대부분 일본으로 조달되었고, 일본 제사공장에서는 이를 제조하고 미국에 수출하여 수익을 창출하였던 것이다.

---

65 小早川九郎, 1944, 앞의 책, 415~416쪽.
66 小早川九郎, 1944, 위의 책, 415~416쪽.

3) 면양장려계획(1934~1945)의 실시[67]

1929년 세계대공황 발생 이후 세계 열강들은 자국의 경제를 보호하기 위해 보호무역주의를 채택하였다. 당시 일본이 가장 많이 수입하고 있던 상품은 면화와 양모였다. 1930년대 면화는 4억 1천만 엔을 수입하고 있었고, 양모는 1억 엔을 수입하고 있었다. 그러나 면화는 수입한 후 일본에서 다시 가공하여 수출했기 때문에 무역적자는 실제로 크지 않았다. 반면에 양모는 2억 파운드를 일본에서 소비했는데 생산량이 16만 파운드밖에 되지 않아 2억 파운드 전량을 수입에 의존하였다.

일본은 양모 수입으로 지불하는 1억 엔의 외화를 절약해야 했다. 아울러 양모는 전략 물자로 중요하기 때문에 높은 대외의존도는 안보상 불안요인이 되었다. 세계대공황의 위기를 식민지를 확대하는 것으로 해소하기 위해 1931년 만주 침략을 시도한 일본으로서 양모의 자급은 경제적 논리에 앞서 안보에 직결되는 문제였다.

1930년대 양모 자급자족의 필요성이 높아지자 일본 정부는 면양장려계획을 수립하였다. 일본 본국은 지난 15년간 1천만 엔을 투여하여 3만 마리의 양을 증식하는 데 그쳤기 때문에 회의적이었다. 이에 만주를 검토했지만 만주 면양은 대부분 몽고양으로 피복 생산이 어려웠고, 치안이 불안해 당장 면양 증식은 어려웠다. 그리하여 일본은 조선에서의 면양 증식을 계획하였다. 당시 조선총독부는 북선(北鮮) 개발과 조선 농가 경제의 안정화를 모토로 내걸고 정책을 집행해 가려고 하였다. 조선총독

---

67 이 부분은 노성룡, 2020, 「일제하 면양장려계획(1934~1945)의 전개과정과 식민지개발」, 『한국문화』 89를 주로 참조하였다. 이 분야에 대한 연구 성과는 미흡한 편이다.

우가키 가즈시게(宇垣一成)는 1932년에 북선개척사업을 실시했으며, 그 사업은 국유림의 개발과 이용, 철도·도로 부설, 화전민 지도, 산림 지역의 농경지 이용, 인구 이주, 면양증식사업 등으로 구성되었다. 북선은 구릉지대가 많고 한냉하며 강우량이 적다는 이유로 환경적으로 면양사업에 적합한 곳으로 인식되었다. 조선총독부는 북선 개발과 농가 경제의 안정을 함께 달성하는 데 있어서 면양사업이 적합하다고 판단하였다.

1차 면양장려계획은 1934년에 실시하였다. '면양장려 1기 계획'은 면양 사육에 적합한 서북선 6개 도에서 우선적으로 실시한 이후 전국적으로 확대할 방침이었다. 서북선 6도의 농가 호수는 106만 호였는데, 그 중 절반인 53만 호에서 1호당 5마리를, 따라서 총 265만 마리의 양을 키울 것으로 계획하였다. 1차 계획은 종면양(種緬羊)의 생산과 공급, 면양 사육의 지도 감독, 민간 면양의 보호 장려를 주요 사업으로 추진하였다.[68]

먼저 1934년 8월에 조선총독부는 국립종양장을 설치하였다. 국립종양장은 종면양의 관리·개량·사육·배부의 업무를 수행했고, 직원으로는 종양장장 1명, 전임기사 1명, 전임기수 2명을 두었다. 총독부는 민간종양장도 설치하였다. 1933년에 동양척식주식회사는 총독부의 북선 개척 방침에 순응해 1933년 함경북도 경원(慶源)에 목양장을 설립했고, 1935년에 온성(穩城), 1936년에 훈융(訓戎)과 곡산(谷山)에 목양장을 추가로 설치하였다.

총독부는 종면양으로 사용할 코리데일종을 호주로부터 수입했는데, 주로 동양척식주식회사에서 구매 알선을 담당하였다. 수입 규모는 〈표

---

68 노성룡, 2020, 앞의 글, 309~310쪽.

〈표 5-7〉 수입 종면양 두수

(단위: 마리)

연도	총수입 종면양	동양척식주식회사 목장 수용 종면양					이외 종면양
		경원	온성	훈융	곡산	합계	
1934	2,328	2,247				2,247	81
1935	2,861		1,985			1,985	876
1936	2,656			1,458	462	1,920	736
합계	7,845	2,247	1,985	1,458	462	6,152	1,693
평균	2,615	749	662	486	154	2,051	564

출처: 동양척식주식회사, 1940, 『동척의 면양사업』, 4쪽(노성룡, 2020, 앞의 글, 311쪽 재인용).

5-7〉에서 보듯이 연평균 2,615마리에 달했으며, 78%가 동양척식주식회사 목장, 22%가 국립종양장·도종양장 등에 수용되었다. 수입 종면양의 대부분을 수용한 동양척식주식회사는 1936년 기준으로 6,152마리를 사육하고 있었다. 1935년 조선총독부 종양장의 종면양이 417마리에 불과하다는 사실을 볼 때 동양척식주식회사가 사실상 종양배급기관의 역할을 수행했다고 볼 수 있다. 동양척식주식회사는 수입한 종면양을 자사 목장에서 번식시킨 다음 2차 종양배급기관인 도종양장·군농회 등에 배급하였다.[69]

다음으로 면양 사육의 지도와 감독을 위한 면양기술원을 총독부 및 지방청에 배치하였다. 총독부에는 기수 2명, 고원 1명, 지방청은 함경북도에 도기사 1명, 서북선 6개 도에 각각 도기수 1명씩을 고용하였다. 그 밖에 국고보조에 의한 지방산업기수를 서북선 6개 도에 38명 증원하여 면양 사육의 지도·감독을 맡겼다. 마지막으로 민간 면양의 보호 장려를 위해 면양사육장려금을 농회에 교부하여 면양의 구매와 예탁을 장려하

---

69 노성룡, 2020, 앞의 글, 310~311쪽.

였다. 농회는 사육 가능한 조선 농가를 조사하여 예탁한 후 지속적인 지도와 관리를 통해 면양의 증식을 도모하였다.[70]

1935년에 9,200마리의 면양을 사육하고 있었는데, 공공기관의 소유가 2,939마리(32%), 민간인 소유가 6,267마리(68%)이었다. 그중 동양척식주식회사 소유가 4,674마리(51%)로서 다수를 차지하였다. 조선 농가가 사육하는 면양은 대부분 농회에서 알선을 받아 면양 예탁을 하는 것이었다.

1차 계획의 증식 목표는 1934~1936년간 각각 7,775마리, 1만 2,930마리, 1만 9,328마리였는데 실제 달성률은 각각 70%, 73%, 63%로 어느 정도 성과를 거두었다. 2차 계획은 1차 계획의 점진주의를 폐기하고 15년간 50만 마리의 면양을 급격히 확충하는 것을 목표로 하였다. 내용은 크게 종면양 수입 확대, 면양기술원 증원, 민간 면양 보호 장려로 구성하였다. 먼저 1차 계획 때 매년 2천 마리의 종면양을 수입하던 것을 확대하여 1937년에 6천 마리, 1938~1940년간 매년 8천 마리, 1941년부터 매년 4천 마리를 수입하기로 계획하였다. 종면양의 수입이 3~4배로 확대되자 총독부는 수입 종면양을 수용할 수 있는 종양장 설립의 필요성을 느껴 1937년에 평안남도 순천(順川)에 국립종양장을 추가로 설립하였다. 동양척식주식회사도 경원제2목양장을 증설하면서 총 5곳의 목장을 운영하게 되었다. 동양척식주식회사 목장의 수용력이 확대되면서 〈표 5-8〉에서 보듯이 면양 사육 두수가 1934년 2,474 마리에서 1938년 8,316마리로 크게 증가하였다. 동양척식주식회사 목장에서 배급하는 면양의 숫자도 1935년 642마리에서 1938년 3,252마리로 급증

---

[70] 노성룡, 2020, 앞의 글, 312쪽.

〈표 5-8〉 동양척식주식회사목장 면양 사육 및 배급 현황

(단위: 마리)

연도	사육 면양	배급 면양		
		조선	만주	합계
1934	2,474			
1935	4,674	629	13	642
1936	6,301	367		367
1937	8,239	1,633	208	1,841
1938	8,316	2,352	900	3,252

출처: 동양척식주식회사, 1940, 『동척의 면양사업』, 5~7쪽(노성룡, 2020, 앞의 글, 314쪽 재인용).

하며 여전히 1차 종양배급기관으로서 역할을 수행하고 있었다.[71]

　면양기술원 역시 1차 계획에 비해 크게 증원하였다. 기존의 기술원만으로는 급격한 면양 확충에 따른 사무를 감당할 수 없었기 때문에 기사 1명, 촉탁 1명, 기수 2명, 고원 3명을 총독부에 증원하기로 계획하였다. 지방청에서도 1937년에 도기사 1명, 1938년에 도기사 4명, 도기수 7명, 지방산업기수 51명을 추가로 증원하고자 하였다.[72]

　민간 면양의 보호 장려를 위한 조치들은 1차 계획과 거의 비슷했다. 우선 조선 농가의 면양 사육을 직접적으로 보조해 주는 사업은 농회의 면양 예탁이 유일했다. 2차 계획은 종면양 수입의 증가를 통한 양적 확대를 추구했으나 기존 농가와 면양 사육을 결합시키거나 면양 사육의 안정성을 더하는 부분들에 대한 정책적 고려는 매우 적었다. 2차 계획은 조선 농가에 대한 직접적 보조 대신 동양척식주식회사에 보조금을 지급

71　노성룡, 2020, 앞의 글, 314쪽.

72　朝鮮總督府, 1937, 『說明資料 其ノ二(緬羊增殖獎勵ニ關スル事務ノ爲ノ增員說明 等)』 (국사편찬위원회 전자사료관 소장 AJP035_01_00C0179), 218쪽(노성룡, 2020, 위의 글, 315쪽 재인용).

〈표 5-9〉 수입 종면양 배급 예정표

(단위: 마리)

연도	동양척식주식회사 목장	도종양장	군농회 종양장	군농회	합계
1939	1,020(10)	510(5)	1,020(10)	7,560(75)	10,110(100)
1941	4,000(23)		2,000(12)	11,100(65)	17,100(100)
1943	4,000(23)		2,000(12)	11,100(65)	17,100(100)
1945				17,100(100)	17,100(100)

비고: ( ) 안의 숫자는 백분율을 표시한 것이다.
출처: 朝鮮總督府, 1941, 『朝鮮總督府種羊場官制中ヲ改正ス』(JACAR Ref: A02030272600), 19쪽(노성룡, 2020, 앞의 글, 319쪽 재인용).

하여 면양을 수입하는 방법으로 면양을 증식시켰던 것이다.

　1937년 중일전쟁 발발 이후 본격적인 전시체제가 시작되면서 양모의 자급화가 시급해졌다. 그리하여 1939년부터 3차 계획을 세워 8년 동안 65만 마리의 면양을 증식하고 1만 300표의 양모 생산을 목표로 삼았다. 그것을 실현하기 위해 국립종양장과 종양장지장을 설립하고, 면양기술원을 크게 증원했으며 민간면양보호장려정책을 실시하였다. 먼저 2개의 국립종양장을 추가로 설치하여 모두 4개가 되었으며, 종양장지장도 2개소를 설치하면서 종모양 육성 배부, 사료 재배, 민간 면양기술 지도를 시도하였다. 다음으로 면양기술원을 크게 증원했으며, 증원 지역을 전국으로 확대하였다. 총독부에는 사무관 1명, 기사 2명, 촉탁 1명, 기수 4명, 고원 3명을 배치했으며, 지방청에는 도기사 11명, 도기수 7명, 지방산업기수 132명을 두었다. 나아가 1940~1943년까지 면양사육지도원 1,732명을 뽑아 농가의 면양 사육을 지도하도록 하였다. 끝으로 민간 면양 보호 장려를 크게 확대하였다. 2차 계획 때 종면양 매년 6천 마리를 호주에서 수입했는데, 3차 계획에서는 매년 1만 7,100마리를 수입하였다. 2차 계획에서는 동양척식주식회사가 1차 배급기관이었는데, 3차 계획에서는 군농회가 1차 배급기관의 역할을 수행하였다. 군농회에서는 수입량의 12%를 자체 종양장에서 사육하고, 나머지 65%는 개인 목장 및 조선 농가에서 대부 예탁하도록 하였다. 즉 3차 계획에서는 조선 농가의 직접 사육을 늘리는 방향으로 전개하였다. 동양척식주식회사는 1940년부터 조선에서 면양사업을 정리하여 조선축산주식회사에 이관하고 몽고 지역의 면양장려계획에 집중하였다.

3차 계획의 예산은 1940년에 77만 엔, 1941년에 89만 엔으로 2차 계획 때의 연간 44만 엔의 2배에 해당하였다. 그 예산은 주로 종양 수입 비용으로 지출되었는데, 3차 계획에서는 종양 수입을 통한 급속한 증식을 도모하였다. 아울러 면양사육장려금으로 1940년 2만 8천 엔, 1941년 11만 4천 엔을 지불하여, 단순히 종면양 수입에만 치중했던 이전 계획보다는 나아졌지만, 여전히 면양 사육 관리의 인원과 기술이 부족하여 면양 사육의 재생산구조를 갖추지는 못하였다.[73]

---

73 노성룡, 2020, 앞의 글, 320~322쪽.

제6장
전시체제기 농업통제정책과 식량증산정책
(1939~1945)

1. 전시 농업통제정책과 조선농촌재편성계획

1) 전시 농업통제정책[1]

　1929년 세계적인 대공황에 의해 일본제국주의는 큰 타격을 받고 위기에 봉착하였다. 일본제국주의는 그 위기를 극복하기 위해 1931년부터 만주를 침략하면서 식민지 확대정책을 펼쳐갔다. 일제는 만주를 점령하고, 만주괴뢰국을 세운 후 간접통치를 실시하였다. 1937년 7월 루거우차오사건이 일어나 중국군과 일본군이 충돌하게 되자, 이를 빌미로 일본은 본격적으로 중국 본토 침략을 개시하였다. 일본은 속전속결의 작전으로 중국을 침략해 들어갔다. 중국의 주요 도시인 베이징과 텐진을 신속히 점령하고, 일본 해군을 동원해 상하이를 점령하면서 중국군과 치열한 전투를 벌여 3개월 만에 상하이를 점령한 후 1937년 12월 13일 국민당 정부의 수도였던 난징을 장악하였다. 일본군은 난징대학살을 저지른 후, 1940년 동남아시아 침략, 1941년 하와이 침공을 단행하면서 제2차 세계대전의 추축국으로 전쟁을 도발하였다.[2] 일본 본국에서는 군부와 독점재벌이 연합하여 권력을 장악하며 파쇼체제를 구축하였고, 식민지 조선은 전쟁을 수행하기 위한 인적·물적 자원을 동원하는 병참기지로 재편해 갔다.

---

[1]　이 부분은 이송순, 2008, 『일제하 전시 농업 정책과 농촌경제』, 선인, 51~92쪽을 주로 참조하였다.

[2]　일본사에서는 1931년 만주사변부터 1945년 패망까지의 시기를 '15년 전쟁기'라고 칭한다.

1937년 중일전쟁 이후 조선총독부는 전쟁 수행을 위한 증산과 동원 체제를 구축하고자 하였다. 이를 원활히 수행하기 위해 개별 농가 단위로 수행되었던 1930년대 농촌진흥운동을 '부락(마을)' 단위의 집단 지도 방식으로 전환하였다. 즉 마을 단위의 집단적 연대책임을 통한 사회통제를 강화하려는 것이었다. 따라서 이제 농촌진흥운동의 성격은 개별 단위의 '자력갱생'에서 마을 단위의 '생업보국'으로 바뀌게 되었다. 그것의 주요 목적은 전쟁 수행을 위한 식량 증산과 노동력 동원을 효율적으로 진행하기 위한 것이었다.[3]

1937년 9월 23일 '전선(全鮮) 농산어촌 진흥 관계관 회동'을 개최하여 그 방안을 논의하고, 1938년 '부락시(部落是)'의 수립으로 구체화하였다. 1933년에 시행된 '농가경제갱생계획'이 1938년에 끝나게 되자, 1938년에 '관의 개별 농가 지도'에 의한 갱생계획을 '부락 단위의 자조공려(自助共勵)'를 내세우는 '부락시'로 전환하게 되었다. 농가경제갱생계획이 권고 형식이었다면, 부락시는 강제이며 의무였다. 농가경제갱생계획에 선정된 1,950부락 중 84%인 1,645부락과 일반 부락 55부락을 합친 1,700부락이 부락시의 대상이었다. 부락시에서는 농가경제갱생계획의 목표인 '식량 충실, 현금수지 균형, 부채 근절'에 앞서 자조공려, 근로애호, 보은감사의 실천을 강조하였다. 다시 말해, 부락시는 '자력갱생'을 통한 농가 안정보다는 마을 단위의 연대책임하에 전시 생산력 확충을 위한 '생업보국'을 중시했고, 실행 단위는 개인이 아닌 마을이었다.[4]

이 '부락시운동'은 1938년 '국민정신총동원운동'과 함께 전개되

---

3 이송순, 2008, 앞의 책, 68쪽.
4 이송순, 2008, 위의 책, 71쪽.

었다. 총독부는 1938년 5월에 조선에「국가총동원법」을 적용할 것을 결정하고, 7월 7일에 국민정신총동원운동을 시작하였다. 조선에서의 국민정신총동원운동은 일본의 '거국일치, 견인지구, 진충보국 3개 목표 이외에 모든 사람을 동등하게 사랑하여 내선일체 통치 방침의 철저 및 조선인의 급속한 황국신민화를 목표'로 하였다. 그리고 국민정신총동원운동의 조직인 '국민정신총동원조선연맹'을 만들었다. 1938년 9월 22일에 구체적 활동 내역을 정한「국민정신총동원조선연맹 강령」을 결정하였다. 이 강령에서는 조선인은 황국신민화에 앞장서며, 전시체제에서 전시경제정책에 협력해 '생업보국' 정신에 의해 근로보국과 생산 활동에 참여하며, 국가의 통제를 감수하면서 군수품 조달 및 국제수지 균형에 이바지한다고 강조하였다.[5]

1940년에 일본은 독일 및 이탈리아와 삼국동맹을 체결하면서 본격적으로 제2차 세계대전의 추축국이 되고 동남아시아를 침략해 들어가면서 전쟁을 확대했다. 일본의 군부파쇼체제는 기존의 모든 정당을 해산하고 천황제 이데올로기에 의한 '일국일당제'의 체제를 형성하면서 전쟁에 몰두해 갔다. 조선총독부도 이에 호응하여 1940년 10월에 전쟁 수행을 위한 인적·물적 자원을 총동원하는 국민총력운동을 실시하였다.

국민총력운동은 기존 관제조직인 국민정신총동원운동과 농촌진흥운동의 조직과 활동을 흡수·통합한 것이었다. 국민총력운동은 총독부의 외곽단체로서 행정조직과 국민운동조직을 일체화하여 도연맹-부·군·도연맹-읍·면연맹을 거쳐 정·동·리부락연맹 및 애국반으로 이어지는

---

[5] 이송순, 2008, 앞의 책, 72~76쪽.

〈그림 6-1〉 증미보국 팜플렛(충청남도 홍성군)

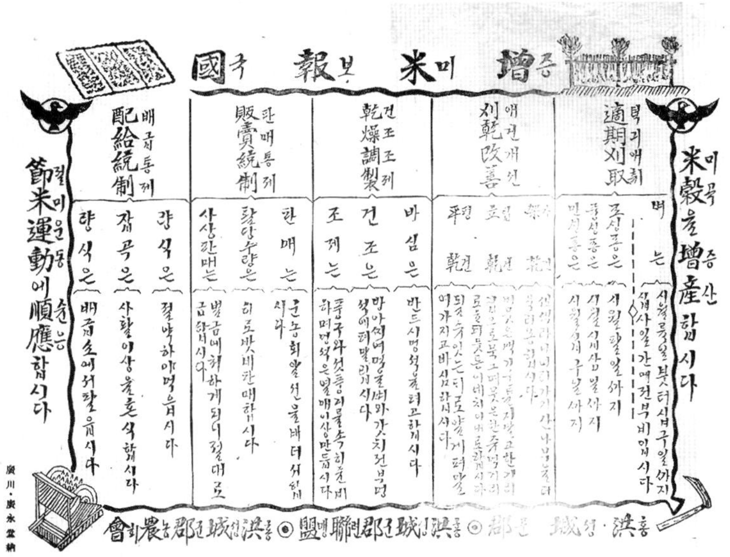

1940년대 증미보국운동과 식량 판매통제 및 배급통제에 적극적으로 순응하자는 내용의 팜플렛이다.
출처: 국립민속박물관.

조직체계를 갖추고 총독부의 방침을 일사분란하게 실행하도록 하였다.[6]

국민총력운동은 농촌에서 '농산촌생산보국운동'으로 전개되었으며 '부락생산확충계획'으로 구체화되었다. 총독부는 「농산촌생산보국지도요강(방침)」(1943.12.5)을 공포하여 ① 조선의 민중들은 전쟁 수행을 위해 멸사봉공 정신을 바탕으로 농림 생산력 확충에 노력할 것 ② 생산력 확충의 목적은 우선적으로 전시 물자 조달인 만큼 그를 완수하기 위해 마을을 단위로 전일적인 생산확충계획을 수립할 것 ③ 전시 동원에 필

---

6   김영희, 2001, 「전시수탈정책」, 『한국사』 50, 국사편찬위원회, 69~73쪽.

요한 물자를 생산하기 위해 농지의 합리적 분배 및 소작조건 조정, 농촌 노무대책 수립 실행 등에 관한 사항도 마을 단위로 수행할 것 등을 지시하였다. 「농산촌생산보국지도방침」 중 핵심 사항인 '부락생산확충계획'을 위해 총독부 방침에 따라 각 도별로 각종 증산계획을 수립하고 이것을 대상 부락에서 부락계획과 함께 실시하도록 하였다. 실제 증산 대상 품목은 쌀, 잡곡의 식량류, 면·마 중심의 의류 작물, 군수용 축산물 및 임산물 등이 중심이었고, 이것은 모두 공출 대상 품목이었다.[7]

일제는 부락 단위의 생산확충체계 정비와 함께 각 농산물별로 개별적인 증산계획을 수립하였다. 논에서는 1939년부터 실시해 온 조선증미계획을 계속 수정하면서 추진했고, 밭에서는 1941년부터 식량전작물증산계획 및 고구마증산장려계획(1939년 실시) 등을 추진하였다. 아울러 농촌사회에서 추진한 농산촌생산보국운동은 증산을 통해 전시 물자 동원과 개별 농가 수입 확대를 동시에 기한다는 목적을 내세웠지만 실제 정책의 주 목적은 전시 물자 동원에 있었다.

한편 총독부는 1937년 중일전쟁 이후 '총력전', '생산력 확충'의 슬로건을 내걸고 전쟁 수행을 위한 군수 물자 확보에 주력하였다. 그런 와중에 1939년, 겪어본 적 없는 큰 가뭄으로 쌀을 지난 해 2,400만 석에서 1천만 석이나 줄어든 1,400만 석밖에 수확하지 못하였다. 그러자 급격한 식량 부족 현상이 나타나게 되었다. 총독부는 이에 대한 대책으로 식량증산정책을 펼치면서 식량의 유통·소비 통제를 실시하게 되었다. 처음에 유통통제는 유통 과정에서 매점매석을 단속하면서 쌀값의 폭등을 막기 위한 가격통제부터 시작하였다. 다음으로 유통기구에 대한 정비와

---

7 이송순, 2008, 앞의 책, 86~89쪽.

통제가 이루어졌다. 「조선미곡시장주식회사령」(1939.9.22)을 공포하여 기존의 미곡 거래시장을 폐지하고, 총독부의 허가를 받은 관민 합자의 조선미곡시장주식회사만 미곡을 거래하도록 하였다. 그러나 조선미곡시장주식회사만으로 유통 부문의 통제가 제대로 이루어질 수 없었다. 이에 총독부가 상시적으로 미곡 배급기구 및 가격을 통제할 수 있는 「조선미곡배급조정령」(1939.12.27)을 공포하였다. 그리하여 쌀의 이동과 공정가격제를 통하여 가격을 통제하는 등 쌀의 관리를 국가가 직접 통할하게 되었다.

1939년 대가뭄으로 인하여 쌀의 수급이 어려워지자, 소비자들에 대해서도 소비통제를 실시하였다. 먼저 가뭄대책으로 식량소비절약운동이 전개되었다. 쌀의 소비를 줄이기 위해 혼·분식을 장려했고, 죽을 쑤어 먹기도 하는 등 식량절약운동을 펼쳤다. 그러나 자발적 참여 방식으로는 한계가 있었다. 그리하여 소비량 자체를 제한하는 배급통제를 실시하였다. 조선에서 식량 배급을 시작한 것은 1939년 10월로, 대가뭄으로 식량이 부족해지자 「식량배급계획요강」(1939.10.16)을 공포하여 식량을 배급하였다. 처음에는 가뭄 지역에서 실시했지만, 잡곡의 배급에서는 가뭄 지역 이외의 도에서도 「식량배급계획요강」을 따르도록 하였다.[8]

이와 같이 총독부는 전시체제에 대비한 최대한의 군수 확보와 일본 본국으로의 이출량 확보를 위해 식량 생산 및 확충 정책을 실시하면서 다른 한편으로 식량생산자로부터의 매입과 소비자에 대한 판매를 담당하는 유통기구 및 가격의 통제를 통한 출하통제(공출)와 소비통제(배급)를 실시하였다. 전시체제하에서 총독부는 생산뿐만 아니라 유통·소비

---

8   이송순, 2008, 앞의 책, 84~86쪽.

부문에서도 전시 농업통제정책을 적용했던 것이다.

1937년 중일전쟁 이후 전시체제기에는 총독부가 농민의 생산부터 소비까지 통제하는 전시 농업통제정책을 본격적으로 실시해 갔다. 총독부는 농민에게 황민화 이데올로기를 주입시켜 전시의 어려운 상황 속에서 증산을 독려하고, 증산된 생산물을 공출량 할당으로 수합했으며, 농민들에게는 내핍을 강조하며 굶어죽지 않을 정도의 식량만을 배급하는 소비정책을 펼쳐갔던 것이다.

2) 조선농촌재편성계획[9]

전시체제기에 총독부가 조선 농촌에서 수행해야 할 가장 중요한 목표는 전쟁에 필요한 식량과 노동력을 확보하는 일이었다. 이것을 효율적으로 달성하기 위해서는 농촌생활의 안정을 꾀하면서 농업생산력을 증가시켜야 했다. 총독부는 이를 실현하기 위해 1941년 7월에 '조선농촌재편성계획'을 검토하였다. 이 계획의 핵심은 토지와 노동력의 배분을 도모하여 농업생산력을 고도로 발전시키는 일이었다. 이를 위해 1942년 1월부터 5월까지 농촌에 대한 기본조사를 실시하였다.[10] 농촌의 인구, 경지, 노동력, 경영에 걸쳐 기본조사를 하고, 종래의 부락개황조사 및 부락생산력확충계획, 개별 계획서를 참조하여 농업 경영의 적정 규모를 지역별로 설정한다는 것이었다.

1942년 5월에 고이소 구니아키(小磯國昭) 총독이 부임하면서, 6월에

---

9   이송순, 2008, 앞의 책, 93~100쪽을 주로 참조하였다.

10 조선금융조합연합회, 1941.11, 「全鮮農村再編成計劃案成る」, 『調査彙報』 22, 33~34쪽(이송순, 2008, 위의 책, 93쪽 재인용).

'조선농촌재편성계획'이 채택되어 실행되었다. 조선농촌재편성계획에서는 농가생활 안정과 농업생산력의 항상적 유지·증진을 위해 적정 경영규모 설정과 소작관계의 적정화가 제기되었다.[11] 첫째로 농촌의 안정을 이루기 위해서는 농민의 경영규모가 적정한 수준을 유지해야 한다고 파악하였다. 조선 농촌에서는 1.5정보의 자소작농이 주류를 이루면 안정을 이룰 수 있다고 판단하였다. 조선농촌재편성계획에 의하면 조선 농촌의 농가 호수는 전체 호수의 40% 정도가 되어야 하는데, 1942년 현재는 총호수의 74%이어서 그를 실현하기 위해 34%의 농가 호수를 방출해야 했다. 그리하여 1942년 10월에 '조선인 만주개척 5개년계획'을 세워 매년 1만 호씩 총 5만 호를 이주시킨다는 계획을 세웠다. 이 계획이 완수되면 조선의 농가 호수는 61%로 감소할 거라고 예측하였다. 둘째로 소작관계가 적정한 수준을 유지해야 한다고 파악하였다. 당시 전 농가의 50% 이상이 소작농인데, 소작관계가 적정화되어야 소작농들의 재생산 구조가 갖추어져 농가 경제가 안정되고 농업생산력도 향상된다고 본 것이다. 당시 소작관계 적정화의 핵심은 소작료율의 문제였다.

조선농촌재편성계획의 핵심은 농경지 분배의 적정화에 입각한 적정 규모의 농가를 육성하여 농업 내부의 생산성을 향상시키는 한편, 여기서 배출되는 과잉 인구는 전시 군수 노동력으로 충당하려는 것이었다. 그러나 전황이 악화되면서 생산조건이 열악해졌고, 그에 따라 점차 농업생산력이 감소되는 상황이 나타나게 되었다. 이전까지 '생산력 증강을 위한 동원'이라는 시스템으로 농민을 통제해 왔는데, 이것으로는 농민들의 반발을 억제하면서 농업생산력을 증강하고 전시 군수 노동력을 충당하는

---

11   이송순, 2008, 앞의 책, 94~96쪽.

데 한계가 있었다. 그리하여 황국신민화라는 이데올로기를 내세우면서 국가에 대한 국민의 충성과 자긍심을 갖도록 해 증산을 강제하고 공출을 강화하는 정책을 실시하게 되었다. 그것이 1943년 1월에 농업계획위원회를 설치하고, 동 7월에 실시하는 「조선농업계획요강」에 의한 농업재편성정책이었다.[12]

총독부는 1943년 1월 6일 농업계획위원회를 설치하였다.[13] 위원장은 정무총감이었고, 위원은 관료 및 전문가를 비롯한 지도층 인사들로 이루어졌다. 1943년 1월 20일 제1회 농업계획위원회를 개최해 '조선농업계획실시요강안'을 심의하였다. 1943년 2월 2일부터 2월 24일까지 각 도 농업기술자로 구성된 14개 반(1개 반 5명)이 전국의 농업실태조사를 실시했고, 총독부는 이를 기반으로 3월 20일에 각 도지사에게 전국적 농업실태조사를 지시하였다.[14]

그를 바탕으로 1943년 7월 31일 「조선농업계획요강」을 발표하였다. 요강에서는 농민들에게 '황국농민도(皇國農民道)'를 확립하는 데 중점을 두었다. 즉 국가를 위한 봉사, 무조건적 생산 증가와 생산물의 강제 공출을 수용하도록 세뇌교육(황국신민 이데올로기)을 시키는 것이었다. 전시체제기 '황국신민 이데올로기'는 농업 부문에서는 증산과 공출을 독려하였고, 전시 동원을 위한 노동을 황국민의 봉사활동으로 규정하며 이에 응할 것을 강요하였다.[15]

---

12   이송순, 2008, 앞의 책, 105~115쪽.
13   배민식, 2003, 앞의 글, 747~753쪽.
14   『朝鮮農會報』, 1943.3, 89쪽; 『朝鮮農會報』, 1943.4, 54쪽(배민식, 2003, 위의 글, 748쪽 재인용).
15   이송순, 2008, 위의 책, 105~115쪽.

총독부는 조선 농촌의 농업생산력 저하가 심각해지자 1944년 2월 6일 생산력확충정책의 일환으로 '농업생산책임제'를 실시하였다. 이것은 생산책임자를 농지소유주인 지주로 설정하고, 경작자는 마을 연대로 생산 책임수량 달성을 위해 모든 노력을 기울이게 만드는 제도였다.

이것은 전시체제하에서 필요한 식량을 확보하기 위해 농업상 필요한 생산량과 공출량을 총독부가 농가에 책정해 주는 방식이었다. 미곡, 맥류, 서류, 잡곡, 야채, 면, 마류, 누에고치, 짚가공품, 소, 말, 돼지, 면양의 13개 품목을 부락 단위로 책임수량을 할당하였다. 아울러 생산을 극대화하기 위해 할당된 책임수량을 완수한 책임자에게는 포상을 하고, 반대로 책임수량을 채우지 못한 자에게는 행정상 적절한 조처를 취하도록 하였다.[16]

나아가 총독부는 '농업생산책임제'의 효과를 높이기 위해 3월 7일 「지주활동촉진요강」, 「농지관리실시요령」, 「타농자조치요령(惰農子措置要令)」의 시책을 발표하였다. 「지주활동촉진요강」에서는 부재지주(不在地主)가 농촌에 복귀하여 경작자를 지휘함으로써 생산력을 증강하도록 한 것이었다. 「농지관리실시요령」에서는 행정기관에서 생산력이 뒤떨어진 농지를 관리 대상으로 지정해 여력이 있는 수리조합이나 농장 등이 관리하도록 하였다. 「타농자조치요령」에서는 책임수량을 생산하지 못한 자, 수확량이 주위 경작지보다 현저하게 적은 자, 미곡 공출에 반대하는 자 등 당국의 정책에 비협조적인 농민들을 농업 생산에서 배제하고 다른 산업 부문의 노동력으로 방출하도록 하였다.[17]

---

16   배민식, 2003, 앞의 글, 749~753쪽.
17   배민식, 2003, 위의 글, 751~753쪽.

1943년 후반기 이후 농업정책은 이전과 달리 '황국신민 이데올로기' 선전과 강제 동원 및 수탈이라는 형태로 진행되었다. 1943년 7월의 '조선농업계획', 1944년의 '농업생산책임제'는 1941년부터 계획된 '조선농촌재편성계획'의 내용을 계승하고 있으나, 갈수록 일본의 전세가 불리해지고 생산조건이 열악해지는 상황을 만회하기 위해 황국신민 이데올로기를 내세우면서 증산을 강제하고 공출을 강화하는 수탈체제를 더욱 혹독하게 하는 방식을 취하였던 것이다.[18]

2. 조선증미계획의 실시[19]

1937년 중일전쟁 개시 이후 전쟁 지역이 확대되고 전쟁 참가 인원이 늘어나면서 식량이 긴급히 필요하게 되었다. 그중에서도 군량미의 보급이 최대 급무였다. 아울러 전시체제기에 조선 국내의 식량사정도 매우 불안정하였다. 만주에서 좁쌀을, 동남아시아에서 쌀을 수입해와서 식량을 충당하는 실정이었다. 그리하여 1938년 9월에 개최한 총독부 '시국대책조사회'에서는 3개년계획으로 쌀을 증산하기로 결정하고,[20] 조선총독부 농림국에서는 1938년 11월에 각 도 농무과장회의에서 '미곡의 증

---

18 이송순, 2008, 앞의 책, 113쪽.
19 1939년 이후 조선총독부의 '조선증미계획' 전개 과정은 최유리, 1988, 「일제말기 '조선증미계획'에 대한 연구」, 『한국사연구』 61·62와 이송순, 2003a, 「전시기(1937~1945) 조선의 미곡증산정책 실시와 그 성격」, 『사총』 56을 주로 참조하였다.
20 이송순, 2008, 위의 책, 65쪽.

산계획에 관한 건'을 협의하였다.[21] 그 협의를 바탕으로 12월에 1939년부터 3개년계획으로 최저 200만 석을 증산하는 '조선증미계획'을 공포하였다.[22] 이에 봄에 개최 예정인 '각 도 농사시험사업 설계협의회' 개최를 기회로 각 도 농무과장과 산미장려관계관의 회동을 구하는 협의회 개최를 공지하고, 각 도에는 구체적 실행 방법을 오는 1월 20일까지 보고·취합하라는 통첩을 내렸다.[23] 통첩의 내용은 각 도에서 미곡을 증산하는 구체적 실천 방법을 11가지에 걸쳐 정리해 보고하라는 것이었다. 11가지 사항은 증산계획 실시구역 설정 방법, 계획 수행상 실행 단위, 지역별 경종 방법, 노동력 및 관개수 배급의 조정 방법 등이었다. 그러나 그 계획은 한 달 만에 좌절되었다.

산미 증식 좌절

중앙의 간섭(橫槍)으로 전면적으로 계획 축소

전 일본적 미곡 수급 추산의 방침으로부터 농림국에서는 1939년도 이후 3개년계획으로 조선미증산계획을 수립, 1942년 이후 200만 석을 증산할 예정이었는데 중앙의 현상유지적 미곡정책에 밀려 증산계획은 좌절되었다. 3개년 240만 원의 산미계획으로 변경되어 1939년

21　조선총독부 농림국에서는 1938년 11월 17일에 각 도 농무과장회의를 개최하고 네 가지 사항을 협의하였는데, 그중 하나가 '미곡의 증산계획에 관한 건'이었다(「각도 농무과장 회의」, 『朝鮮農會報』, 1938.12, 109쪽).

22　「선미 이백만석의 증산 3개년계획」, 『朝鮮農會報』, 1939.1, 102쪽. 전시체제기에 추진된 산미증식계획을 1920년대에 추진된 계획과 구분하기 위해 '조선증미계획'으로 명명한다.

23　이 조선증미계획은 1938년 12월에 공포되어 각 도 지방관에게 전달되고 그 내용이 『조선농회보(朝鮮農會報)』 1939년 1월호에 게재되었으며, 각 도에서는 1939년 1월 20일까지 답신을 제출하도록 한 것으로 추정된다.

도는 40만 원으로 산미의 질적 개량에 주력을 가하는 일로 계획을 변경하게 되었다.

단, 반도는 대륙에 이어지는 입장으로부터 제국의 대륙정책상 병참부의 역할을 파생적으로 짊어지기 때문에 이 시국의 중요성에 따라 총액 40만 원으로 올해 미곡정책에 유감없도록 기하게 되었다.[24]

조선총독부 농림국에서 1938년 12월경에 3개년계획으로 '조선증미계획'을 계획하고 추진했지만, 한 달 만에 중앙, 즉 일본 본국의 간섭으로 그 계획을 변경하게 되었던 것이다. 원래는 3개년 240만 원의 비용으로 추진하려고 했는데, 일본 본국의 지시로 1939년도에는 40만 원으로 비용을 줄이게 되었던 것이다. 구체적 추진 방법은 우량품종의 조선 배포에 15만 원, 조선에서 쌀을 생산하는 200개 군에 전임기수 200명을 배치하는 비용으로 12만 원을 배정했고, 나머지는 병충해를 구제하기 위해 농가에 포르말린 구제약 살포에 사용하는 분무기 구입에 보조하도록 하였다.[25]

그런데 1939년 4월에 일본 농림성 임시농촌대책부가 '중요농림수산물증산계획'을 마련하여 1939년의 미곡증산계획을 엔블록권[26]에서 총체적으로 기획하여 추진하도록 하였다. 일본 농림성은 일본 400만 석, 조선 120만 석, 대만 50만 석의 증산을 계획하여 조선과 대만 총독부에 시달하였다.[27] 이에 조선총독부는 증산계획을 변경하여 1939년도에 국

---

24 「産米增殖頓挫」, 『朝鮮農會報』, 1939.2, 124쪽.
25 「産米增殖頓挫」, 『朝鮮農會報』, 1939.2, 124쪽.
26 일본과 일본의 식민지를 포괄하는 경제영역을 가리키는 말이다.
27 松本武祝, 2003, 「円ブロツグ圈の農業食糧問題」, 『戰後日本の食料·農業·農村』, 農

비 40만 원을 투입해 120만 석을 증산하기로 하였다. 이 계획에서는 토지개량사업을 실시하지 않고, 품종 개량, 경종법 개선, 병충해 구제 등 기술 분야의 정책을 실시하여 목표를 달성하고자 하였다.[28]

이러한 상황 속에서 1939년 조선에서 발생한 미증유의 가뭄은 일본의 미곡수급정책에 큰 충격을 주었다.[29] 조선 농민에게 심각한 타격을 입힌 1939년의 대가뭄은 유례가 없는 것으로 경기 이남 지방은 4월부터 7월까지 총강우량이 예년의 3분의 1에서 2분의 1 수준인 200~350mm에 불과하였다. 그 결과 경기 이남 7도에서 수확이 전혀 없거나 70% 이상 감수한 면적이 69만 3천 정보였고, 미곡의 줄어든 수확량은 900여 만 석, 수확량이 논의 70% 이상 감소하는 피해를 입은 농가 호수는 109만여 호에 이르렀다.[30] 밭작물도 가뭄 피해를 입었다. 육도와 대두의 피해가 가장 컸고, 주요 밭작물 중의 하나인 대두는 전남에서만 약간 생산이 증가했을 뿐 다른 지역은 파종시기의 지연, 발아 불량, 발아 후 고사 등으로 생산이 큰 폭으로 감소하여 농가 경제에 적지 않은 타격을 주었다.[31] 특히 1939년의 대가뭄은 조선총독부의 농업생산정책에도 큰 변화를 가져왔다. 농정당국도 대가뭄에 크게 당황했다. 그동안 장려해 온 농사개량정책이 전혀 효과를 보지 못하게 되었기 때문이다.

1939년에 세웠던 '증미계획'이 실패하자 일제는 식량 생산에 근본적 대책을 세워야 했다. 그에 따라 1940년 1월에 구체적이고 장기적인 대

林統計協會, 387~403쪽.
28 『殖銀調査月報』 11, 1939.4, 65~66쪽.
29 배민식, 2003, 앞의 책, 708쪽.
30 全國經濟調査機關連合會 朝鮮支部, 1943, 『朝鮮經濟年報(1941·1942)』, 59쪽.
31 배민식, 2003, 위의 책, 708~709쪽.

〈표 6-1〉 조선증미계획의 증산 목표

구분	연도	1945	1950
증산량		583만 석(100%)	680만 석(100%)
증산 방법	경종법 개선	463만 석(79.4%)	511만 석(75.1%)
	토지 개량	120만 석(20.6%)	169만 석(24.9%)
총생산량		2,904만 석	3,005만 석

출처:「朝鮮增米計劃要綱」,『農業朝鮮』3-2, 1940.2, 16쪽; 乾明, 1942.7,「增米計劃と土地改良」,『調査月報』13-7, 朝鮮總督府.

책을 마련하여 유노무라 다쓰지로(湯村辰二郎) 농림국장의 담화로「조선증미계획요강」을 발표하였다. 그 요강에서 증미의 필요성은 "제국의 주요 식량인 미곡 자급 확보는 평시, 전시를 막론하고 군수 충족, 국민생활 안정, 국제수지 균형 등의 견지에서 긴급한 사항이지만 특히 흥아(興亞)의 성업(聖業)〔침략전쟁을 일컬음〕에 매진하고 있는 현 시국에서는 절대적으로 필요한 일이다"[32]라고 하였다. 즉 전쟁시기에 군수 충족, 국민생활 안정, 미곡 수입액의 감소를 통한 국제수지 균형 등의 목적으로 미곡증산정책이 필요하다고 공포하였다. 그러나 식량증산정책의 본질은 이전과 마찬가지로 군수 충족과 미곡의 일본 유출을 위한 것이었다.

'조선증미계획'의 사업기간은 1940년부터 6개년으로, 사업은 경종법 개선과 토지개량사업으로 하였다. 증산 목표수량은 1945년에 약 583만 석, 총생산량은 약 2,904만 석으로 하였고, 1950년에는 약 680만 석으로 총생산량 약 3,005만 석을 목표로 하였다(〈표 6-1〉 참조).

새로 수립된 계획은 경종법 개선에만 중점을 두지 않고 토지개량사

---

32 「朝鮮增米計劃要綱」,『農業朝鮮』3-2, 1940.2.

업과 일체화하여, 경비 및 자금총액 1억 6천만 원을 투입하는 대규모 쌀 증산책이었다. 그래서 〈표 6-1〉에서 보듯이, 1차적으로 1945년까지 경종법 개선에 의한 약 463만 석과 토지개량사업에 의한 약 120만 석을 합하여 총 583만 석을 증산하는 것을 목표로 하였고, 계획이 완성될 때 1950년에는 증산 목표수량은 경종법 개선에 의한 약 511만 석과 토지개량사업에 의한 약 169만 석을 합한 약 680만 석으로, 목표 총생산량은 3,005만 석이었다.[33]

조선증미계획의 구체적 사업은 경종법 개선과 토지개량사업을 병행하여 미곡 증산을 도모하는 것이었다. 1920년대 산미증식계획에서는 토지개량사업에 중점을 두면서 경종법 개선을 부차적으로 실시했지만, 1940년의 조선증미계획에서는 경종법 개선과 토지개량사업을 병행하였다. 산미증식계획의 경종법 개선은 종자 개량과 금비(金肥) 사용이 중심이었지만, 조선증미계획의 경종법 개선에서는 건묘 육성을 위한 공동 묘판의 설치, 병충해 방제,[34] 지력 유지를 위한 심경과 추경(秋耕)의 실시, 판매비료의 적정 공급 등이 중심이 되었다.[35] 또한 산미증식계획에서 토지개량사업은 관개 개선 외에 개간 및 간척, 지목 변경 등을 통하여 논의 면적을 적극적으로 확장해 갔지만, 조선증미계획에서는 신속히 증산의 효과를 거두기 위해 기존 논의 관개 개선에 중점을 두었다. 전시체제에서는 자재 및 강재(鋼材)가 부족했기 때문에 신규 논을 증설하는 것은 많은 비용이 들어서 효율성이 떨어진다고 여겼다.

---

33   朝鮮總督府 農林局, 1941, 『朝鮮增米計劃耕種法改善實施提要』, 3쪽.
34   1930년대 이후 일본 개량 벼 품종의 집중 재배와 금비의 사용이 증가하면서 벼의 병충해가 매우 심해졌다.
35   「朝鮮增米計劃要綱」, 『農業朝鮮』 3-2, 1940.2.

〈표 6-1〉에서 보듯이 조선증미계획에서는 경종법 개선에 의한 증산이 75% 내외였으며, 토지 개량에 의한 증산은 20% 내외에 그쳤을 정도로 경종법 개선에 의한 증산이 지배적인 비중을 차지하였다.

그러면 실제로 어느 정도 성과를 거두었는지 살펴보자. 1940년과 1941년의 조선증미계획의 실적을 살펴보면 다음과 같다.[36] 먼저 토지 개량 실적은 2개년 동안 관개 개선 2만 7천 정보, 경지 정리 6천 정보, 암거배수(暗渠排水)[37] 2천 정보, 소규모 사업 4천 정보, 개간 및 지목 변환 6,700정보 등의 개선이 있었다.[38] 그리고 미곡 수확량은 1940년에 2,152만 석으로 1939년의 생산량보다 약 700만 석의 증수를 보였지만, 평년 수확량인 2,400만 석에는 미치지 못했으며, 1941년에는 2,481만 석으로 겨우 평년작을 유지하는 정도의 성과를 거두었다.

이와 같이 조선총독부가 1940년에 조선증미계획을 세워 열심히 미곡증산정책을 추진해 1940년과 1941년에는 대가뭄이 들었던 1939년의 수확량보다는 증가했지만, 평년 수확량에 겨우 도달하는 수준이었다. 그 이유는 전시체제하에서 자금을 들여 토지개량사업을 행하는 데는 많은 문제가 있기 때문이었다. 임금과 자재 가격이 치솟았고, 이에 따라 노동력과 자재가 부족했기 때문에 토지개량사업의 효과를 성취하기에는 어려움이 많았다. 그리하여 신속한 효과를 거둘 수 있는 경종법 개선 등 농사개량사업에 치중했던 것이다. 경종법 개선에는 종자개량사업과 금비의 사용(施用)이 시도되었지만, 당시 종자개량사업은 한계에 도달했다.

---

36 최유리, 1988, 앞의 글, 387쪽.
37 땅 속이나 지표의 물을 배수하는 방법의 하나이다.
38 乾明, 1942.7, 「增米計劃と土地改良」, 『調査月報』 13-7, 朝鮮總督府, 6쪽.

〈표 6-2〉 조선증미계획과 조선증미갱신계획의 목표량 비교

구분		조선증미계획(1950년 예정)	조선증미갱신계획(1955년 예정)
증산량		680만 석(100%)	1,138.3만 석(100%)
증산 방법	경종법 개선	511만 석(75.1%)	518.7만 석(45.6%)
	토지 개량	169만 석(24.9%)	619.6만 석(54.4%)
총생산량		3,005만 석	3,463.6만 석

출처: 乾明, 1942.7, 앞의 글.

전시체제하에서 질소비료공장이 전시 물자로 사용되었기 때문에 금비가 부족해 그 대신 자급비료의 증산을 북돋우려고 했지만 자급비료의 생산조건도 어려워 미곡 생산이 부진하게 되었던 것이다.[39]

조선증미계획이 계획대로 이루어지지 않았던 것에 반해, 전시하의 식량 수요가 급증하게 되자 일제는 1942년에 조선증미계획의 내용을 수정하여 조선증미갱신계획(이하 '갱신계획'으로 약칭)을 수립하게 되었다. '갱신계획'은 1942년부터 10개년 계획으로 1951년까지 사업을 전개하는데, 1940년의 조선증미계획보다는 토지개량사업의 비중을 높이고자 했고, 그 성과를 거두는 데는 시간이 필요하므로 완성연도는 1955년으로 하였다.

'갱신계획'의 증산 목표를 제시하면 〈표 6-2〉와 같다. 〈표 6-2〉에서 보듯이, 1942년에 설정한 '갱신계획'을 1940년에 추진한 조선증미계획과 비교하면, 경종법 개선으로 인한 미곡 생산량 증가는 비슷하지만, 토지 개량에 의한 미곡 증산량을 약 620만 석으로 목표하여 토지 개량에 의한 증산 비중을 높였다. 이는 경종법 개선으로는 한계가 있기 때문에

---

39   최유리, 1988, 앞의 글, 387쪽.

토지 개량에 의해 미곡을 증산하려고 계획을 다시 수정하였던 것이다.

확충된 토지개량사업의 내용은 〈표 6-3〉과 같다. 〈표 6-3〉에서 보듯이 '갱신계획'에서는 토지 개량면적이 53.2만 정보에 달하는데, 그중 관개 개선 28만 정보, 경지 정리 6만 정보였으며, 논을 신설하는 개간과 지목 변환이 12만 정보, 간척사업이 3.2만 정보에 이르렀다. 즉 경지면적을 확장하는 사업에 의해 만들어진 새로운 논이 15.2만 정보에 달하였던 것이다. '갱신계획'에서는 관개 개선과 개간 및 지목 변환에 비중을 높였던 것이다.

관개 개선 28만 정보와 개간 및 지목 변환 12만 정보의 시행 내역을 구체적으로 살펴보면 〈표 6-4〉와 같다. 이 사업은 조선총독부의 조선농지개발영단(朝鮮農地開發營團)이 추진하는 대지구사업(1지구 사업면적 300정보 이상)과 도에서 추진하는 소지구사업(1지구 사업면적 300정보 미만)으로 구분된다. 대지구사업은 총 30만 정보인데, 그중 관개 개선이 21만 정보, 개간 및 지목 변환이 9만 정보이다. 소지구사업은 총 10만 정보인데 그중 관개 개선이 7만 정보, 개간 및 지목 변환이 3만 정보이다.[40]

'갱신계획'을 위한 예산 규모는 총예산이 8억 3,600만 원인데, 그중 조선총독부 부담이 3억 8,200만 원, 지방청 부담 600만 원, 민간 부담이 4억 4,700만 원이었다. 민간 부담 가운데 2억 원 정도를 대장성 예금부로부터 대부하도록 하였다. 이와 같이 '갱신계획'의 예산은 1석당 73원의 비용 투자를 예상했으니, 토지개량사업에 따른 비용이 산미증식계획 때보다 높게 책정되었다고 할 수 있다.[41]

---

40 乾明, 1942.7, 앞의 글, 6~8쪽.
41 최유리, 1988, 앞의 글, 388~389쪽.

〈표 6-3〉 조선증미갱신계획의 토지 개량면적

구분	사업 종류	시행 면적	시행 기간
경지 개량	관개 개선	28만 정보	10년(12년)
	경지 정리	6만 정보	10년
	암거배수(暗渠排水)	2만 정보	10년
	소규모 사업	2만 정보	10년
경지 확장	개간 및 지목 변환	12만 정보	10년(12년)
	간척사업	3.2만 정보	8년(10년)
총계		53.2만 정보	

비고: 시행 기간에서 ( ) 안의 숫자는 공사 완료 최종연도까지의 연수이다.
출처: 乾明, 1942.7, 앞의 글, 5~6쪽.

〈표 6-4〉 관개 개선과 개간 및 지목 변환 시행 내역

대지구사업(1지구 사업면적 300정보 이상)		소지구사업(1지구 사업면적 300정보 미만)		
시행 면적	관개 개선	21만 정보	시행 면적	관개 개선	7만 정보
	개간 및 지목 변환	9만 정보		개간 및 지목 변환	3만 정보
사업 주체	조선농지개발영단		사업 주체	수리조합 또는 계
공사기간	2~3년		공사기간	1~2년
소관	조선총독부		소관	도

출처: 乾明, 1942.7, 위의 글, 6~8쪽.

정리하면, 1940년의 '조선증미계획'이 경종법 개량을 중심으로 미곡 증산을 시도했는데, 품종 개량의 한계, 전시 경제로 인한 비료와 노동력의 부족으로 제대로 성과를 내지 못하게 되자, 1942년의 '갱신계획'에서는 토지개량사업을 통한 논면적의 확장과 관개 개선의 확대를 시도하여 미곡 생산량의 증가를 이루고자 하였다. 그러나 전시체제로 인해 1940년의 농사개량사업의 장애 요인이었던 노동력과 자재의 부족 등이 1942년의 토지개량사업에서도 똑같이 작용하고 있었기 때문에 '갱신계획'은 의도대로 원활히 이루어지지 못하였다.

그리하여 조선총독부 조선농지개발영단의 토지 개량 착수면적은 1942년 4만 5,259정보, 1943년 1만 7,762정보, 1944년 2만 5,938정보, 1945년 1,580정보, 합계 9만 539정보로 매우 부진하였다. 더구나 미곡 수확량은 1942년 이후 계속된 가뭄으로 1942년 1,569만 석, 1943년 1,872만 석, 1944년 1,605만 석으로 평년작의 70%에도 미치지 못하는 실적을 거두었다.[42]

1939년 이후 조선총독부가 추진한 '조선증미계획'은 전시체제하 긴급한 상황에서 군수 식량의 공급과 민생 안정을 위한 필수불가결한 조치였지만, 자연재해와 전시체제에 따른 노동력과 자재의 부족 등에 의해 계획대로 추진되지 못하고 성과를 거둘 수 없었다. 게다가 농업생산정책의 한계로 인한 미곡 품종 개량의 부정적 측면이 드러나면서 도열병 등 병충해 발생, 판매비료 부족 등의 현상이 겹치면서 조선총독부가 계획한 만큼의 성과를 거둘 수 없었다. 오히려 1940년 이후의 미곡 생산량을 살펴보면, 1940년(2,153만 석)과 1941년(2,481만 석)에는 평년 생산량을 겨우 회복한 상황이었지만, 1942년 이후에는 노동력·물자 부족 상황에서 가뭄과 홍수가 겹쳐 평년 생산량의 70%에 해당하는 1,600~1,800만 석에 불과한 상황이었다. 이 시기에는 미곡 생산량의 증감과 변동이 심하였는데, 이는 식량 공급 불안을 가중시키고 경제력이 약한 소농에게 큰 충격을 주었다.

---

42 近藤釖一 編, 1963, 『太平洋戰下の朝鮮』 4, 32쪽(최유리, 1988, 앞의 글, 389쪽 재인용).

3. 식량전작물증산계획의 실시

조선총독부는 1931년에 전작개량증식계획을 실시하여 쌀보리와 보리 생산은 증가했지만 밀, 콩, 좁쌀 등 밭작물에 큰 변화는 없었다. 1930년에 맥류의 수확량이 997만 석이었는데, 1935년에는 1,231만 석, 1937년에는 1,460만 석의 수확량을 거두기도 했지만, 1930년대는 평균 1,100~1,200만 석의 수확을 거두었다(〈표 6-6〉 참조). 그런데 1937년 중일전쟁 이후 본격적인 전쟁체제로 돌입했고 일본으로 미곡을 이출하면서 전쟁 수행을 위한 식량과 조선 내 식량 수요를 동시에 충족하기 위해서는 미곡뿐 아니라 주요 식량인 맥류, 좁쌀(粟: 조) 및 콩의 증산을 도모하지 않으면 안 되었다. 당시 조선에서도 식량이 부족하여 만주에서 좁쌀 등 매년 200만 석 이상의 잡곡을 수입하여 조선인의 식량으로 충당하는 실정이었다.[43]

조선총독부는 1931년 전작개량증식계획을 근본적으로 개정해 조선 내 식량의 자급자족과 전쟁 수행을 위한 식량 공급을 위해 1941년부터 5개년계획으로 '식량전작물증산계획(食糧畑作物增産計劃)'을 수립하였다.[44] 이 계획의 내용은 밭작물의 재배면적을 확대하면서 생산량을 증가시키는 일이었다. 주 대상은 보리, 밀, 쌀보리로, 재배면적을 확장하면서 수확량을 높이고자 하였다.

실제로 그 목표는 〈표 6-5〉에서 보듯이, 보리는 재배면적을 87만 정

---

43 朝鮮總督府 農林局, 1942, 『朝鮮の農業』, 298쪽.
44 朝鮮總督府, 1943, 『朝鮮總督府施政年報』, 218~219쪽.

〈표 6-5〉 식량전작물증산계획의 목표 재배면적 및 수확량

작물 종류	재배면적(천 정보)			수확량(천 석)		
	1940년	1945년	증가량	1940년	1945년	증가량
보리	871	969	98	7,977	11,102	3,125
밀	350	454	104	2,027	3,331	1,304
쌀보리	318	366	48	2,973	4,232	1,259
조	761	653	108	4,984	5,561	577
콩				4,000	4,000	0

출처: 朝鮮總督府 農林局, 1942, 앞의 책, 298~299쪽; 『殖銀調査月報』 32, 1941.1, 100~101쪽.

보에서 97만 정보로 증가시켜 생산액을 798만 석에서 1,110만 석으로 늘리고자 하였다. 밀은 재배면적을 35만 정보에서 45만 정보로 증가시켜 생산액은 203만 석에서 333만 석으로 늘리고자 하였다. 쌀보리는 재배면적이 31만 8천 정보였는데 5년 후에는 36만 6천 정보로 증가시켜서 생산량을 297만 석에서 423만 석으로 늘리고자 하였다. 조의 경우, 맥류와 섬유작물의 재배면적을 확대하고 생산량을 증가시킬 계획이기 때문에 조의 재배면적은 감소하지만 반보당 수확량을 증가시켜 현재 498만 석을 5년 후에 556만 석으로 늘리고자 계획하였다. 콩은 조와 같이 재배면적은 감소하지만 반당 수확량을 증가시켜 생산량은 동일하게 책정하였다. 이 계획을 완료하면 현재 생산액에 비해 보리는 313만 석, 밀은 130만 석, 쌀보리는 126만 석, 조는 57만 석을 증산할 예정이었다.[45]

이 계획의 특징은 보리, 밀, 쌀보리 등 맥류는 재배면적을 늘리면서 수확량을 증가시키려고 하였고, 반면에 조와 콩은 재배면적이 줄어들지

45　朝鮮總督府 農林局, 1942, 앞의 책, 298~299쪽.

만 반당 수확량을 높여 총생산량을 증가시키려는 것이었다. 구체적 시행 사업은 품종개량사업, 재배면적확대사업, 병충해 방제사업, 전임직원 배치, 강습회 개최 등으로 정하였다.[46] 품종 개량으로는 맥류 신품종으로 논의 이모작에서 벼를 수확한 후 재배되는 것으로 가뭄에 강하고 습기에 잘 견디는 품종을 선택해 보급하는 것을 목표로 하였다. 재배면적확대사업은 주로 남선지방에서 매년 2천 정보씩 5개년간 1만 정보의 확장을 모색하고 논에서 벼를 수확한 후, 즉 이작(裏作)할 때에 심는 맥류를 위한 배수시설을 확보하는 방식으로 추진하고자 하였다. 그 배수시설을 위한 공사비 보조에 연 12만 원을 책정하였다. 병충해 방제시설은 맥류와 조의 종자를 소독하는 것을 목적으로 하였다. 전임직원 배치는 본부와 농사시험장 및 각 군(郡)·도(島)·읍(邑)·면(面)에 약 3천 명의 기수를 전국적으로 배치하고자 하였다. 새로운 사업을 위한 경비로 1941년도에 보조비 156만 원을 책정했고, 그 외 본부, 도 및 농사시험장에서 경비 예산 16만 원을 요구하기도 하였다.[47]

또한 농촌의 식량 부족을 해결하면서 경지 단위면적당 식량 가치가 가장 높은 고구마의 재배와 보급을 시도한 '고구마증산장려계획'을 실시하였다.[48] 고구마는 식량 외에도 소주 및 무수(無水) 알코올의 원료에 사용되고 가축 사료로도 중시되기 때문에 고구마증산장려계획은 다양한 목적을 염두에 두고 추진하였다. 1939년부터 5개년계획을 목표로 하였으며, 장려구역은 함경도를 제외한 11개 도내 재배 적합 지역 161개 군

---

46 朝鮮總督府 農林局, 1942, 앞의 책, 299~302쪽.
47 朝鮮總督府 農林局, 1942, 위의 책, 299~302쪽.
48 朝鮮總督府 農林局, 1942, 위의 책, 302~306쪽.

을 대상으로 하였다. 목표 재배면적은 이미 재배되고 있는 면적이 2만 3천 정보였는데, 매년 1만 정보씩 확장하여 5년 동안 5만 정보를 신규로 확보해 계획 완성 후에는 7만 3천 정보를 달성하는 것이었다. 현재 반당 수확량은 235관인데, 목표 반당 수확량을 250관으로 정하고 총수확량을 1억 8,250만 관으로 계획하였다. 특히 제주도에서 고구마 증산에 심혈을 기울이면서 재배면적 확장과 수확량 증가에 세밀한 계획을 추진하기도 하였다.[49]

밭농사 재배기술에서 주목할 사실은 보리의 재배에 있어서 조선 재래농법인 2년 3작을 채택해 쌀을 수확한 후 가을에 보리를 심는 이작을 실시하였다는 것이다.[50] 1931년에 실시한 전작개량증식계획에서도 조선 재래의 한전농법인 간작, 혼작(混作) 및 건도직파(乾稻直播) 등을 적용해 밭작물의 생산력을 제고시키려고 하였는데 마찬가지로 이 시기에도 조선의 재래 한전농법을 적용해서 생산량을 제고시키려고 하였다.

'식량전작물증산계획'에서 실제로 전작의 주요 작물의 생산량은 계획대로 증가하지 못하였다. 실제의 생산량을 살펴보면 다음과 같다. 〈표 6-6〉에서 보듯이, 1944년의 보리 생산액은 767만 석, 밀은 191만 석, 쌀보리는 313만 석이었고, 콩은 270만 석, 조는 392만 석으로 계획량에 훨씬 미달하였다. 조선총독부가 계획한 1945년 목표량과 비교해 보면, 보리는 69%, 밀은 57%, 쌀보리는 74%, 콩은 68%, 조는 70% 정도였다. 식량전작물증식계획에서 설정한 목표량의 대략 65% 내외를 달성할 정도였던 것이다.

---

49 朝鮮總督府 農林局, 1942, 앞의 책, 304~306쪽
50 『殖銀調査月報』 32, 1941.1, 100~101쪽.

〈표 6-6〉 주요 잡곡의 생산량 추이

(단위: 석)

연도	맥류				콩	좁쌀
	계	보리	밀	쌀보리		
1930	9,964,039	7,567,948	1,863,151	532,940	4,490,048	5,573,256
1931	10,207,532	7,812,127	1,729,482	665,923	4,131,795	4,590,364
1932	10,619,160	8,003,758	1,778,289	837,113	4,409,677	5,539,381
1933	10,370,744	7,585,304	1,762,287	1,023,153	4,555,517	5,145,301
1934	11,116,943	7,993,969	1,837,781	1,285,193	3,812,377	3,771,730
1935	12,311,296	8,751,963	1,932,817	1,626,516	4,375,278	4,860,747
1936	10,381,709	6,813,696	1,605,235	1,962,778	3,784,215	5,065,096
1937	14,598,083	9,795,330	2,030,875	2,771,878	4,262,688	5,840,088
1938	11,684,515	7,417,278	2,062,488	2,204,749	3,867,835	5,237,415
1939	13,057,740	7,570,488	2,491,564	2,995,688	2,332,782	5,029,171
1940	12,505,463	6,883,162	2,078,236	3,544,065	3,266,107	4,261,858
1941	11,504,993	6,509,833	1,670,520	3,324,640	2,969,589	2,398,632
1942	9,728,161	5,151,544	1,515,355	3,062,262	1,714,881	3,295,107
1943	8,279,804	4,319,119	1,509,531	2,451,154	2,248,897	4,009,988
1944	12,712,312	7,672,285	1,909,180	3,130,847	2,695,529	3,916,849

비고: 朝鮮總督府, 1944, 『朝鮮總督府統計年報』에는 쌀보리의 1940년 생산량이 3,441,914석으로 되어있다.
출처: 朝鮮銀行 調査部, 1948, 『朝鮮經濟年報』, III-26~27쪽(배민식, 2003, 앞의 글, 768쪽 재인용).

이러한 저조한 결과를 초래한 것은 밭작물에 대한 생산정책이 매우 소극적으로 행해졌기 때문이다. 조선총독부는 대대적인 증산정책을 실시한 미곡과는 달리 밭작물의 증산에는 심혈을 기울이지 않았다. 조선총독부의 경제적 지원이 미흡했을 뿐 아니라, 태평양전쟁을 시작한 시기여서 전쟁을 수행하느라 물자와 농업 노동력 또한 매우 부족하였다. 그리하여 농림국의 밭작물증산정책은 효과적으로 수행될 수 없었다. 설상가상으로 기후적 조건이 악화되어 가뭄 등으로 1942년과 1943년의 밭 작물 생산량은 평년작을 훨씬 밑돌았던 것이다. 전시체제하에서 미곡뿐 아니라 밭작물도 일본에 공급해야 하는 상황이었지만, 조선 농민에게 쌀이 부족한 상황에서 맥류는 중요한 식량의 하나였기 때문에 일본에 공급하는 것은 쉽지 않았다.

이제 밭작물의 생산량 추이를 살펴보자. 〈표 6-6〉에서 보듯이 조선 농민의 주요 식량이었던 맥류의 생산량이 1942년에는 973만 석, 1943년에는 828만 석이었다. 1930년대 후반 맥류의 평균 생산량이 1,200만 석 내외였는데 평년작의 70%에 불과한 것이다. 그중 보리와 밀은 생산량의 굴곡이 심하면서 1940년대는 감소하는 경향을 보였지만, 쌀보리는 1931년 전작개량증식계획에서 일정한 성과를 보이며 생산량 증가를 보였다. 1930년에 53만 석이던 쌀보리 수확량은 1936년에 200만 석에 가까워졌고, 1939년의 대흉년의 시기에도 300만 석에 이를 정도로 급증하였다. 1939년에는 맥류의 생산량 중 보리는 58%, 쌀보리 23%, 밀 19%에 이를 정도로 강세를 보였다. 1930년대 후반기에 쌀보리의 생산량이 밀의 생산량을 앞서기 시작하였다. 원래 쌀보리는 내한성이 약하고, 소비자의 기호도 떨어져 재배면적이 남부지방에 한정되어 1930년에 재배면적이 7.8만 정보에 생산량은 53만 석에 불과했는데, 내한성이 강한 품종이 개발되어 중선(中鮮)지방과 서선(西鮮)지방에 재배되면서 재배면적이 확대되었다. 1940년대에 보리와 밀의 생산량은 감소했는데, 쌀보리는 남선지방에서 논의 이모작으로 쌀보리가 재배되면서 생산량이 증가해 갔던 것이다.[51]

민중의 주요 식량의 하나였던 좁쌀은 1930년대 전반기 평균 생산량

---

51 農林省熱帶農業研究センタ, 1976, 『旧朝鮮における日本の農業試驗研究の成果』, 335~336쪽.

이 500만 석이었는데, 1934년에 377만 석으로 떨어졌다가 1937년에는 584만 석으로 급증하는 굴곡 현상을 보였다. 그러나 1940년대에 들어와 점진적인 감소를 보이면서 1941년에 240만 석, 1943년에 400만 석에 이를 정도로 생산량이 저조하였다. 이것은 조선총독부가 1931년에 '전작개량증식계획'과 1941년의 '식량전작물증산계획'을 수행하면서 밭작물은 맥작(麥作: 보리·밀·쌀보리의 재배)과 면화 및 양잠의 재배면적을 늘리는 데 몰두했기 때문이다. 그리하여 콩과 조는 재배면적이 줄어들고 있었고, 대신 반당 생산량을 증가시켜 수확량을 증가시키려는 계획을 세웠지만 계획대로 성과를 거두지 못하였다.

개항 이후부터 품질이 우수하여 일본으로 수출량이 많았던 콩은 일제 식민지시기에 이르러서도 꾸준히 재배되어 생산량이 1915년에 400만 석에 이른 후에 비교적 안정적 생산 상태를 유지하였다.[52] 그러나 1930년대에 들어와 생산량이 불규칙한 상태를 보이면서 감소하는 경향을 보였다. 그것은 1931년의 '전작개량증식계획'과 1941년의 '식량전작물증산계획'에서 증산정책의 주요 대상이 아니었던 까닭이다. 1934년에 381만 석으로 생산량이 감소했다가, 1939년 대흉년기에는 233만 석까지 감소하였다. 그러다가 1940년대에 이르러서도 생산량이 정체되거나 감소되면서 생산량의 부진이 지속되어 1942년에는 171만 석까지 극감하였다가, 1943년 이후 250만 석 내외로 회복하는 정도였다.

전시체제기 조선총독부의 식량생산정책을 요약하면 다음과 같다. 일제는 1937년 중일전쟁 이후 본격적인 전쟁을 시작하면서 전시 물자 공급과 조선 농민의 생활 안정을 위해 식량 증산이 필요하였다. 그를 위

---

52   배민식, 2003, 앞의 책, 768~769쪽.

해 조선총독부는 1940년 '조선증미계획'과 1941년 '식량전작물증산계획'을 실시하였다. 쌀은 증산정책에 힘입어 1940년과 1941년 생산량이 평년작(2,100~2,400만 석)을 회복했고, 잡곡도 평년작(2,000~2,300만 석)을 유지하였다. 그러나 1942년에 가뭄으로 다시 감소되어 쌀은 1,570만 석, 잡곡은 1,780만 석의 생산량을 얻게 되었으나, 그 후 쌀과 잡곡의 생산량은 감소하였다[53](〈표 7-10〉 참조).

4. 식량공출제도의 실시[54]

1937년 중일전쟁 이후 전시체제에 돌입하게 되면서 군수 식량이 필요하게 되자, 국가에 의한 식량 관리가 이루어지게 되었다. 특히 1939년 대가뭄으로 인해 식량 부족이 예상되자 7월경부터 쌀의 투기, 매점매석 등이 나타나게 되었고, 이에 총독부는 미가 앙등 억제대책을 마련하였다. 1939년 7월 6일 재무국장 명으로 영농자·지주 등에 대한 신규 미곡자금을 억제하고 투기성 자금의 대출을 최대한 경계하라는 통첩을 발하였다. 이어서 7월 19일에 농림국장과 경무국장 명의로 「폭리취체령(暴利取締令)」을 적용하여 지주, 상인, 회사 등 미곡을 대량으로 소유하는 자의 매점매석 행위를 단속하도록 각 도지사에게 지시하였다. 8월에는 조선의 각 지역에 벼 가격 및 백미의 공정소매가를 발표하였다. 9월에는

---

53 이송순, 2008, 앞의 책, 79~83쪽.
54 이 부분은 이송순, 2008, 위의 책, 150~178쪽을 주로 참조하였다.

「가격등통제령(價格等統制令)」을 공포하여 최고판매가격을 지정하고 그를 위반하는 자는 처벌하도록 규정하였다.[55]

다음으로 유통기구에 대한 정비와 통제가 이루어졌다. 「조선미곡시장주식회사령」(1939.9.22)을 제정하여 기존의 미곡 거래시장을 폐지하고 조선미곡시장주식회사를 신설해 쌀의 거래와 수이출을 담당하게 하였다. 아울러 각 도에는 '도식량배급통제조합'을 신설하고, 부·군에도 '식량배급조합'을 신설하여 식량의 집하와 배급기관의 역할을 함으로써 식량의 유통을 통제하였다.

그러나 미곡시장주식회사만으로 유통 부문의 통제가 제대로 이루어질 수 없었다. 그리하여 「조선미곡배급조정령」(1939.12.27)과 「미곡배급통제에 관한 건」(1939.12.27)을 공포하여 쌀과 잡곡의 도매가격과 소매가격을 지정하여 시행하도록 하였다. 이와 같이 미곡시장 설립과 「조선미곡배급조정령」을 통하여 국가가 쌀의 이동을 조정하고, 쌀 가격에 대한 법적 조치(공정가격제)를 취하여 국가가 쌀의 유통을 전면적으로 통제할 수 있게 되었다.

그 후 식량 부족 현상이 지속되자, 잡곡에 대한 유통통제도 실시하였다. 먼저 만주에서 잡곡의 수입이 적극 추진되면서 그것을 담당할 기관을 신설하였다. '조선수이입잡곡중앙배급조합'을 신설(1939.11.25)하여 잡곡 수입을 전담했고, 부·군에는 수입 잡곡의 배급기관으로 '식량배급조합'을 신설해 배급을 담당하도록 하였다. 이후 잡곡류 중 주요 식량인 맥류에 대해 「맥류배급통제요강」(1940.6.18)을 공포하여 보리, 밀, 쌀보리 등을 총독부가 일정량 매입하였다. 이어서 「조선잡곡배급통제규

---

55 이송순, 2008, 앞의 책, 152~153쪽.

칙」(1940.7.20)을 발표하여 도외 반출 제한, 판매 명령 및 보관 명령, 그 외 배급통제상 필요한 조치를 취할 수 있게 하였다. 또한 「소맥분배급통제요항」(1940.10.1)을 공포하여 밀가루 배급통제도 실시하였다.[56]

본격적인 식량에 대한 유통통제는 1941미곡년도(1940.11~1941.10)부터 시행되었다. 「1941미곡년도 식량대책」(1940.10.14)이 공포되면서 쌀에 대한 국가관리가 시작되었다. 이 대책으로 쌀 과잉 지역의 과잉 수량을 공출하고, 할당량의 공출이 종료될 때까지 자유판매를 금지하였다. 아울러 생산농가에서 공출한 것에 대한 대금 중 10%를 강제로 공제저축하게 하였고, 여기에서 다시 비료대금이나 조합비 등을 공제하고 나머지 금액을 지불하였다. 「1941미곡년도 식량대책」으로 쌀에 대한 공출제도는 확립되었고, 나아가 잡곡류는 「맥류통제요항」(1941.6.28)을 발포하여 총독부가 군사 식량을 우선 공출하고, 민수용(民需用)은 생산자의 입장을 고려하여 통제하도록 하였다. 식량공출제도는 시행 초기부터 강제적으로 추진되었다.

> 심하게는 죽창을 가지고 가택수색을 하고, 농가는 농가대로 혹은 변소에, 굴뚝 아래에, 밭 가운데에 숨기는 식으로 음침한 분위기가 지방 일대에 만연하여 살벌한 광경이 각 곳에서 전개되고 인심은 크게 동요하기에 이르렀다.[57]

---

56 이송순, 2008, 앞의 책, 154~155쪽.

57 大藏省管理局, 1985, 『日本人の海外活動に關する歷史的調査(第9分冊 朝鮮篇)』, 52쪽 (이송순, 2008, 위의 책, 173쪽 재인용).

특히 1942년에 가뭄과 홍수로 지역에 따라 농작물 생산에 큰 피해가 발생하여 공출이 제대로 이루어지지 않게 되자, 경찰 및 관련기관의 공출독려원에 의한 공출 독려가 심해지고 심지어 공출하지 않은 농민에 대해서는 검거, 가택 수사 등이 이루어졌다.[58] 전쟁이 장기화되면서 식량공출은 매년 강화되었다. 총독부는 "내지는 매우 드문 풍작임에도 불구하고 조선 내의 가뭄, 대외의존 탈피 등을 고려하면 수급은 반드시 전년 이상의 호전을 기대할 수 없는 사정"[59]이라면서 통제 대상 품목의 확대, 식량 배급의 합리화 등과 함께 공출제도를 강화하였다.

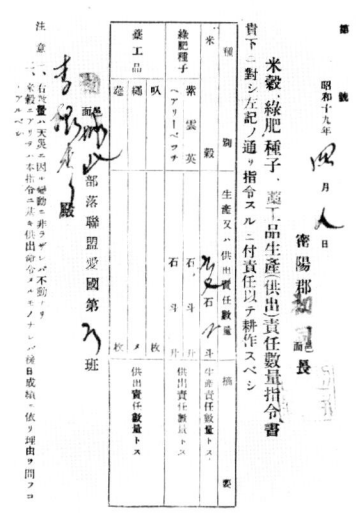

〈그림 6-2〉 미곡공출통지서

일제가 밀양군 초동면에서 애국반원 이근수에게 발행한 미곡공출통지서이다.
출처: 독립기념관.

「1942미곡년도 식량대책」(1941.9.11)은 전년도 미곡관리제도를 계승하면서 공출미 증강을 더욱 강화하였다. 전년도 식량대책과의 차이점은 다음과 같다.[60] 첫째, 공출 여부와 관계없이 미곡의 자유판매를 완전히 금지하였다. 둘째, 공출미에 대한 장려금을 지불하였다. 전시 식량 부

---

58   樋口雄一, 1998, 『戰時下朝鮮の農民生活誌: 1939-1945』, 社會評論社, 44~51쪽.
59   『朝鮮農會報』, 1942.11, 83~84쪽.
60   이송순, 2008, 앞의 책, 157~161쪽.

족으로 생산 증대와 최대한의 공출이 필요했으므로 생산자 우대 방침으로 장려금을 지불한 것이다. 셋째, 생산농민이 공출미를 바치고 받는 대금의 약 15%를 공제저축하도록 강제하였다. 넷째, 중앙에 조선양곡주식회사, 도에는 도양곡주식회사를 설립해 유통을 관장하도록 하였다. 「1942미곡년도 식량대책」으로 말미암아 조선 농민들의 모든 농산물이 공출 대상에 포함되게 되었다.

1943미곡년도에는 '과잉 지역의 과잉 수량'을 대상으로 한다는 통제원칙이 '전농민의 과잉 수량'을 대상으로 한다는 원칙으로 확대·발전하였다. 농림국은 「1942미곡년도 식량대책요강」과 「양곡의 수하, 배급의 구체적 방법」(1942.10.19)을 발표하고 1943미곡년도부터 식량에 대한 전면적인 국가 관리와 공출 강화 조치를 실시하였다.

1943년에는 식량수급사정이 급박하여 통제 대상에서 종래 자유판매되었던 쇄미(碎米: 싸라기, 부서진 쌀알)와 설미(屑米: 가루쌀) 및 보리·조·피·옥수수·수수·콩·팥 등 모든 잡곡을 통제 대상으로 하고, 보다 강력한 식량대책을 세우고자 하였다. 즉 1942년 가뭄으로 인한 식량 수급의 긴박한 사정으로 미곡 중심의 식량대책에서 잡곡을 추가한 종합적인 식량대책으로 전환한 것이었다.[61] 1943년 6월에는 「조선식량관리특별회계법」을 공포하여 쌀, 맥류, 좁쌀 등 주요 식량은 생산자의 자가 보유량을 제외한 모든 수확과 수이입량 전부를 특별회계로 매입하도록 하였다. 쌀과 잡곡은 1943년산부터, 맥류는 1944년산부터 매입하는데, 식량매입대금은 조선식량증권으로 지불하였다.

다음으로 총독부에서 정한 공출 할당량을 마을이 공동책임을 지는

---

61 이송순, 2008, 앞의 책, 156~163쪽.

'부락책임공출제'를 실시하였다. 공출량의 할당 방법을 도에서 부·군으로, 군은 읍·면으로, 부·읍·면은 각 '부락(마을)'으로 공출량을 통고하고, 마을에서는 마을 내의 논의를 거쳐 각 농가의 할당량을 결정하도록 하였다. 공출 할당량을 개별 농가의 책임이 아니라 마을 전체의 연대책임이 되게 함으로써 농민이 타인을 의식하면서 공동판매소에 공출량을 내놓게 만들었다. 이것은 일정량 이상의 공출미 확보를 일차적 목적으로 하고자 한 것이었다.[62]

국가에 의한 식량 관리는 1943년에 「조선식량관리령」(1943.8.9)을 공포함으로써 국가관리체제가 확립되었다. 「조선식량관리령」에 의해 쌀과 맥류 및 조 외에 주요 식량 전부(잡곡, 전분, 곡분, 면류, 빵)를 통제 대상에 포함시켰다. 다음으로 조선 내 전 농민(지주 포함)은 자신의 소유미 중 일정량(자가 소비량을 제외한 전량)을 공출해야 할 법적 의무를 지게 되었다. 이를 수행할 통제기관으로 기존의 조선미곡시장주식회사와 각 도 양곡주식회사 등을 폐지하고 조선식량영단을 설립(1943.10.5)하여 국가에 의한 식량 관리를 체계화하고자 하였다.[63]

1943년 이후 기후 위기로 식량 생산량이 크게 감소하고 전쟁 상황이 치열해지면서 외국미의 수입도 어려워져 일본제국 전체의 식량사정은 더욱 악화되었으며, 조선도 사정이 어려워져 더욱 공출을 강화·촉진하게 되었다. 총독부는 그 방안으로서 1943년 산미에 대해 공출사전할당제를, 1944년 산미에 대해서는 공출사전할당제와 함께 농업생산책임제와 공출장려금제를 실시하였다. 공출사전할당제는 최근 수년간의 수

---

62 이송순, 2008, 앞의 책, 162~163쪽.
63 이송순, 2008, 위의 책, 165~166쪽.

확량 등을 고려해서 생산량을 추정하여 모를 심기 전에 할당량을 정하는 제도이다. 이 제도는 농민에게 공출량을 미리 기억하게 하여 그 수량을 염두에 두어 농사를 짓게 하면서 증산하게 하도록 유도하기 위한 것이었다.[64] 이 제도는 풍작일 경우나 흉작일 경우 모두 수확기에 공출수량을 재조정해야 하는 문제가 발생했지만, 제도의 설립 목적은 조선 농민의 희생을 강요하면서 공출량을 늘려 일본으로의 이출미와 군용미를 반드시 확보하고자 하는 의도를 지니고 있었다.[65]

1944년에는 공출사전할당제와 함께 '농업생산책임제'가 실시되었다. 농업생산책임제는 부정확한 생산량에 따른 공출량 할당으로 공출에 차질이 생기자 생산량을 강제로 책임 지워 가능한 한 최대의 공출량을 확보하려는 것이었다. 이것은 「농업생산책임제실시요강」(1944.2.6)이 발표되면서 구체화되었다. 책임품목은 미, 맥, 잡곡 등 13개 품목이었다. 책임수량은 농가 보유량 및 공출량을 기준으로 농업관계자의 노력에 의해 달성할 수 있는 최저수량으로 한다는 것이었다. 그 책임자는 지주로 하고 경작자는 책임수량 생산에 대해 노력하고, 할당량은 마을 단위로 책임지도록 하였다.[66]

총독부는 공출사전할당제, 농업생산책임제와 더불어 공출장려금제를 실시하였다. 공출장려금제는 할당 공출량을 초과하는 수량에 대해 교부하는 것이었는데, 실제로 할당량도 채우기 힘든 상황에서 할당량을 초과하여 공출장려금을 교부받는 것은 거의 불가능한 일이었다. 그러자

---

64 조선금융조합연합회, 1943.5, 『調査彙報』 40, 39~40쪽(배민식, 2003, 앞의 책, 738쪽 재인용).
65 이송순, 2008, 앞의 책, 166~167쪽.
66 이송순, 2008, 위의 책, 167쪽.

<표 6-7> 조선과 일본의 미곡 생산량 및 공출량

(단위: 천 석)

미곡 년도	조선					일본				
	생산량 ⓐ	할당량 ⓑ	공출량 ⓒ (ⓒ/ⓐ)	수이출량 ⓓ (ⓓ/ⓒ)	군용미 ⓔ (ⓔ/ⓒ)	생산량 ⓐ	할당량 ⓑ	공출량 ⓒ (ⓒ/ⓐ)	농가 보유량 ⓐ-ⓒ	공출 진척률 ⓒ/ⓑ
1941	21,527		9,208 (42.8)	3,241 (35.2)	991 (10.8)	54,967	29,903	28,867 (52.5)	26,100	96.5
1942	24,886		11,255 (45.2)	5,299 (47.1)	979 (8.7)	66,663	41,107	39,970 (60.0)	26,693	97.2
1943	15,687	9,119	8,750 (55.8)		1,303 (14.9)	62,816	39,059	39,682 (63.2)	23,134	101.6
1944	18,719	11,956	11,957 (63.9)	2,737 (22.9)	1,384 (11.6)	58,559	37,250	37,294 (63.7)	21,265	100.1
1945	16,052	10,541	9,634 (60.0)	1,487 (15.4)	269 (2.8)	39,149	25,240	19,561 (50.0)	19,588	77.5

비고: 1941, 1942미곡년도에는 조선에 공출사전할당제가 적용되지 않았으므로 할당량이 없다.
출처: 『朝鮮經濟統計要覽』, 1949, 38쪽; 농업협동조합중앙회, 1963, 『한국농업금융사』, 90쪽; 大內力, 1960, 『農業史』, 東洋經濟新報社, 257쪽(이송순, 2008, 앞의 책, 164~165쪽 재인용).

1년 후인 1945년 6월에는 공출장려금제도가 실효성이 없다고 여겨 폐지하였다. 대신 공출을 장려하기 위해 공출 성적이 좋은 농가 및 마을에 면포, 양말, 주류 등을 특별히 포상하는 배급정책을 실시하였다.[67]

이러한 공출제 실시의 목적은 전쟁 식량의 충당과 일본으로의 이출량을 확보하고자 한 것이었다. 일본 본국의 식량 관리는 군용미를 포함한 전체 국민 식량 확보 차원에서 이루어졌지만, 조선의 식량 관리는 군용미를 포함한 일본으로의 이출미 확보에 중점이 두어졌다. 〈표 6-7〉에서 보듯이, 총독부의 다양한 공출 촉진책 강화 속에서 생산량의 증감에 따라 변동은 있지만 미곡 공출 비율은 1941년에는 43%, 1943년에는

---

67 이송순, 2008, 앞의 책, 169~171쪽.

56%, 1944년에는 64%로 매년 증가해 갔다. 조선의 미곡 공출량 중 수이출량(대부분 일본)은 1941년에는 35%, 1942년에는 47%의 큰 비율을 차지했다가 1944년에는 23%로 하락하였다. 또한 조선의 미곡 공출량 중 군용미는 매년 10% 내외를 차지하고 있었다. 즉 조선은 일본 내지의 식량 부족을 충당하면서 전쟁에 필요한 군수 식량을 제공하는 식민지의 역할을 충실히 수행하였던 것이다.[68]

반면에 일본의 미곡 생산량에 대한 공출 비율을 살펴보면, 1941년부터 1945년까지 55~65%를 차지해 초기에는 조선보다 약 10% 높은 편이었고, 1944년부터는 비슷하였다. 일본은 1920년대부터 국가의 식량관리제도가 실시되어, 농민의 입장에서도 크게 불리하지 않았고, 전체 식량 수급에 필요하다는 인식이 있었다.[69] 반면에 조선은 공출량의 20~40%가 일본으로 이출되었고, 군용미로도 10%가량 충당되었기 때문에 쌀은 크게 부족하였다. 총독부는 만주에서 좁쌀을 수입하여 부족한 식량을 충당하였다.

조선총독부 고위관료도 공출로 전쟁 식량을 충당하고 쌀을 일본으로 이출하는 것에 대해 조선인이 악감정을 갖고 있다는 사실을 인지하고 있었다. 조선총독부 고위관료는 조선의 쌀 공출과 수탈에 대하여 다음과 같이 언급하였다.

> 가장 철저하게 2,600만 조선인에게 악감정을 품게 했던 것은 쌀의 공출과 인간의 공출이었다. 지금에 이르러 종지부를 찍게 되었다.

---

68 이송순, 2008, 앞의 책, 164~165쪽.
69 이송순, 2008, 위의 책, 164~165쪽.

1939년에는 조선에 큰 가뭄이 있었다. 1937년 중일전쟁이 일어났을 때에는 관민 모두 식량은 염려 없다고 말하였었다. 왜냐하면 조선에서는 쌀이 대체로 2,200~2,300만 석씩 매년 나왔기 때문이다. 일본 내지의 4개 섬에 조선과 대만 양국이 합쳐 최소일 때는 800만 석, 많을 때는 1,500만 석이 들어왔다. 이것은 조선권(券), 대만권이라는 지폐로 샀다. 어쨌든 금(金)은 필요하지 않았다. 그것으로써 일본의 식량 문제는 반석 위에 있다고 생각했다. (중략)
일본에서 조선에 할당하였다. 쌀을 그만큼 공출하지 않으면 전쟁에 지게 된다. (중략) 전쟁에 이겨야 한다는 것은 지상명령이기 때문에 안된 일이긴 하지만 이것만큼은 내라고 강력히 제기하였다. 그래서 만주로부터 조를 들여왔다.[70]

전쟁에 승리하기 위해서 조선에서 쌀을 공출했고, 식민지인 조선과 대만에서 최소일 때는 800만 석, 많을 때는 1,500만 석을 일본으로 이출해 왔다고 고백하였다. 또한 총독부가 발행하는 조선화폐와 대만화폐로 매입을 했기 때문에 금은 필요하지 않았다고 언급하였다. 아울러 쌀을 많이 이출해 오기 때문에 만주에서 좁쌀을 구입하여 조선인의 식량으로 충당했다고 한다. 총독부 고위관료도 조선인에게 쌀을 공출하여 전쟁 식량으로 사용하고, 일본으로 이출하는 것으로 말미암아 조선인들이 반발심을 가지고 있었다는 사실을 인지하고 있었던 것이다.

---

[70] 水田直昌·土屋喬雄, 1962, 『財政·金融政策から見た朝鮮統治とその終局』, 友邦協會, 25쪽(박경식, 1986, 앞의 책, 423쪽 재인용-).

제7장
조선총독부 농업생산정책의 중점

일제는 1910년 강제병합 이후 조선을 식량·원료의 공급기지로 재편하고자 하였다. 먼저 조선에서 쌀을 증산하여 일본으로 이출함으로써 부족한 식량을 충당하고자 하였다. 아울러 일본의 면직공장 원료로 면화의 재배를 권장했으며, 생사의 이출을 위해 양잠업을 권장하였다. 그중 총독부가 가장 심혈을 기울인 것은 쌀의 증산이었다.

조선총독부는 일본인의 입맛에 맞으면서도 수확량이 우수한 일본의 개량품종을 조선에 이식하고자 하였다. 본질적으로는 메이지유신 이후 성공을 거둔 메이지농법, 즉 후쿠오카농법을 조선에 이식하고자 한 것이었다. 일본이 서양의 근대 실험농학을 통해 이룬 선진적인 벼 재배기술을 조선에 이식하려고 한 것은, 벼 생산력을 증가시키고 그것을 일본에 이출하려는 목적에서였다. 이식된 일본의 벼 개량종자가 조선에 잘 착근하기 위해서는 관개수의 원활한 공급과 비료의 충분한 시비가 뒷받침이 되어야 했다.

일본의 벼 개량품종은 다비다수의 품종으로 생산량이 뛰어나지만 충분한 관개수가 공급되고 비료가 원활히 공급되어야 성과를 얻을 수 있었기 때문이다. 그렇지 않으면 가뭄과 척박한 땅에서는 조선의 재래종이 오히려 생산량이 더 많았다. 그럼에도 조선총독부는 쌀의 증산을 위해 조선 재래품종을 일본 개량품종으로 바꾸면서, 그 위에 수리관개시설의 확충과 판매비료의 소비를 촉진한 것이었다.

이러한 방침하에서 미곡증산정책은 시기에 따라 점진적으로 전개되었다. 1910년대는 일본의 개량품종을 이식하는 데 중점을 두었으며, 1920년대 산미증식계획을 실시하면서 수리조합사업을 통한 관개설비논의 확충을 도모하였다. 아울러 비료의 증시도 시도했는데, 본격적으로 판매비료(금비)의 생산과 소비를 촉진하게 된 것은 1920년대 중반 이후였다. 이 장에서는 수리조합사업의 전개 과정과 그 본질에 대해 살펴보고, 나아가 비료정책의 실시와 그 의미, 그리고 쌀을 비롯한 주요 농산물의 생산량 변화와 그 의미를 살펴보고자 한다.

1. 수리조합사업

수리조합은 대규모 관개 개선·개간·지목 변환 등의 토지개량사업을 주목적으로 하는 반민반관의 조직으로, 처음 도입된 것은 1906년 「수리조합조례」를 공포하면서다.

앞서 언급한 것처럼 조선총독부는 1910년대 일본 벼 품종의 식부면적을 확대시키고 다비다로의 특성을 가진 메이지농법을 조선에 이식시키고자 하였다. 그런데 일본 벼 품종의 생산력을 제고시키기 위해서는 관개시설이 갖추어져야 했다. 그리하여 1917년에 「조선수리조합령」과 1919년에 「수리조합보조규정」을 공포하여 수리조합의 추진을 시도했지만, 제도 미비와 재정 부족으로 제대로 진행되지 못하였다. 수리조합사업이 본격적으로 전개된 것은 1920년대 산미증식계획 이후였다.

제1차 세계대전을 계기로 일본 제품이 동남아시아 시장으로 진출하고 급속한 공업화가 추진되면서 농공 간의 불균형이 심화되었다. 이어서 일본 본국은 쌀 생산의 정체로 수급사정이 계속 악화되면서 쌀값이 폭등하였고, 1918년에는 '쌀소동'까지 일어났다. 이에 일제는 본국에서 쌀 증산대책을 마련하기도 하였지만, 역점을 둔 것은 식민지 조선에서 쌀을 증산하려는 계획이었다.[1] 그것이 1920~1930년대 조선에서 산미증식계획으로 나타났다.

산미증식계획은 토지개량사업과 농사개량사업이라는 두 가지 방향으로 추진되었으며, 그중 일제가 중점을 둔 것은 수리조합사업을 통한 토지개량사업이었다. 제1기 산미증식계획기(1920~1925)에 일제의 토지개량사업에 대한 조성책은 보조의 확대와 토지개량가능지구의 조사로 나타났다.[2] 첫째, 1920년 12월 「토지개량사업보조규칙」을 제정하여 종래 사업 면적 200정보 이상, 공사비 예정액 4만 엔 이상의 수리조합사업으로 한정되었던 보조의 범위를 관개 개선·지목 변환 30정보 이상, 개간·간척 10정보 이상, 공사비 예산액 5천 엔 이상의 모든 토지개량사업으로 확대하였다. 둘째, 토지개량사업에 대한 기본자료를 갖추어야 할 필요에서 경지 개량 및 확장 기본조사가 전 국토에 걸쳐 실시되었다. 기본조사는 수계별로 토지 개량이 가능한 지구의 소재, 면적, 용배수 이용 및 개선 방법, 사업비 등을 조사하였다.[3] 기본조사의 시행으로 토지개량사업 가능지의 전반적인 윤곽이 드러남에 따라 일반인의 수리조합사업 실행이 손쉬워졌음은 물론, 일제 또한 직접 수리조합사업의 계획자가 되어 사업지구의 지주들에게 그 실행을 촉구하고 강요하기도 하였다. 그러나 계획한 실적을 거두지 못하게 되자, 그 계획을 수정하여 제2기 산미증식계획(1926~1934)을 실시하였다. 제2기 산미증식계획에서는 사업자

---

1 박수현, 2019, 「누구를 위한 개발인가?-수리조합의 실체」, 『내일을 여는 역사』 76, 187쪽.
2 이애숙, 1985, 「일제하 수리조합의 설립과 운영」, 『한국사연구』 50·51, 328~329쪽.
3 朝鮮總督府, 1932, 『土地改良事業の槪況』, 7쪽; 朝鮮總督府 農林局, 1939, 『朝鮮の農業(1937)』, 17~18쪽.

금 부족과 수리공사 문제를 해결하기 위해 보조금과 융통자금을 확대하고, 공사 대행기관을 설치하는 등의 보완책을 마련하였다. 토지개량자금의 대부분을 동양척식주식회사와 식산은행을 통하여 대부하고 수리조합 설립에 참여하는 대지주의 자가 부담을 줄이도록 함으로써 수리조합 참여에 적극 가담하도록 하였다.

〈그림 7-1〉 돌과 자갈을 쌓아 만든 둑(경상남도)

이러한 둑은 관수 방법의 일종으로 사용되었다.
출처: 다카하시 노보루, 2014, 앞의 책, 14쪽(민속원 제공).

토지개량사업에 대한 법률적 제도적인 보조·보호와 지방통치기구의 적극적인 관여 아래 1920년대의 수리조합사업은 1910년대와는 비교할 수 없을 정도로 양적으로 확산되었다. 〈표 7-1〉에서 보듯이 1908~1919년 시기에는 불과 18개소의 수리조합이 경기 이남 지방에 편중적으로 설립되어 있었는데, 제1기 산미증식계획기간인 1920~1925년 시기에는 크게 늘어나 전국에 53개소에 설립되었다. 그 후 제2기 산미증식계획 기간인 1926~1934년 시기에는 무려 134개소의 수리조합이 조직되면서 그 수가 폭발적으로 증가하였다.[4] 관개수리면적도 크게 확대되었다.

---

4 이애숙, 1985, 앞의 글, 330~331쪽.

<표 7-1> 수리조합 설립 현황

(단위: 개)

지역	시기별				규모별			
	1908~1919	1920~1925	1926~1934	계	5천 정보 이상	1천 정보 이상	200정보 이상	200정보 미만
전남		3	15	18		2	7	9
전북	6(2)	4	6	16(2)	2	5(2)	2	7
경남	4(2)	12(1)	20	36(3)		9	14(2)	13(1)
경북	1	3	11	15		4	5	6
충남	1	4	9	14		2	9	3
충북	1	3	9(1)	13(1)			5	8(1)
경기	2(1)	7(1)	6	15(2)		3	8(1)	4(1)
강원	1(1)	3	9(2)	13(3)	1	1	8(1)	3(2)
황해		2	9	11	3	4	3	1
평남		2	9	11		4	5	2
평북	2	3	16(1)	21(1)	1	3	8	9(1)
함남		5	7	12	1	4	4	3
함북		2	8(1)	10(1)		3(1)	3	4
계	18(6)	53(2)	134(5)	205(13)	8	44(3)	81(4)	72(6)

비고: 1) 1908~1919년은 1922년 당시, 1920~1925년은 1927년 당시, 1926~1934년은 설립 당시의 규모이다.
2) ( ) 안의 숫자는 1934년 말까지 합병 또는 폐지된 조합의 수이다.
출처: 이애숙, 1985, 앞의 글, 330쪽 재인용.

1908~1919년에 18개 조합이 창설되어 그 수혜면적이 3.5만 정보였는데, 1920~1925년의 제1기 산미증식계획 기간에 53개 조합에 7만 정보, 1926~1934년의 제2기 산미증식계획 기간에 134개 조합에 11만 정보로 확대되었다.

산미증식계획 기간 수리조합사업을 이끈 중심 세력은 조선총독부, 일본의 금융자본(식산은행), 대지주, 대행기관(토목업자 및 청부업자)들이었다. 그들은 산미증식계획의 실적 달성을 위해서, 다른 한편으로는 자신들의 이익 창출을 위해서 적극적으로 참여하였다. 특히 대지주들이 가장 적극적이었다. 수리조합사업에 뛰어든 대지주들은 대부분 토지개량사업이 절실한 미간지나 열등지를 소유한 자들로서 일본인 대지주들이 다수를 차지하였다.[5]

그러나 수리조합사업의 전개에 있어서 문제점이 적지 않았다.[6] 먼저 수리조합 설립에 총독부와 대지주의 영향력이 컸다. 수리조합은 토지소유자 공동의 수리조직이지만, 제도적으로 조합 설치 자체가 대지주에게 유리하게 되어 있었다. 즉 5인 이상의 창설자가 조합규약과 사업계획서를 작성하여 조합원이 될 자 2분의 1 이상으로서 조합구역이 될 토지 총면적의 3분의 2 이상에 해당하는 토지소유자의 동의를 얻으면 설치가 가능했다.[7] 토지소유자 인원수보다는 면적을 중시해, 토지의 형질에 관계없이 많은 토지를 소유한 대지주들이 유리하도록 한 것이다. 즉 조합원이 될 자의 반수 정도가 조합 설립을 반대하더라도 그들이 소유한 토지가 예정구역 총면적의 3분의 1을 넘지 못하면 반대 의사를 관철할 수 없도록 명문화하였던 것이다.

다음으로 수리조합사업의 가장 심각한 문제는 과중한 수세(조합비)였다. 수리조합이 결성된 지역의 토지소유자들은 수리조합의 설립과 함께 기채(起債)의 원금 상환과 이자를 부담해야 했다. 일본의 토지개량사업에서는 국고보조금이 전체 공사비의 70~80%에 달했지만, 조선의 토지개량사업에서는 총공사비의 70~80%를 조합원들의 기채로 충당하였다. 게다가 제2기 산미증식계획 기간에는 조선토지개량주식회사와 동양척식주식회사 소속의 토지개량부에서 사업을 대행하게 되었는데, 그

---

5 박수현, 2019, 앞의 글, 188쪽.
6 박수현, 2019, 위의 글, 189쪽.
7 「朝鮮總督府 制令 第2號 朝鮮水利組合令」, 第3條, 『조선총독부 관보』 1917.7.17, 229쪽.

대행기관이 독점적 지위를 이용해 공사비를 과다하게 책정하고 부실공사를 행하는 사례들이 많았다. 과다한 창립비와 공사비 등을 조합원들이 조합비로 부담해야 했던 것이다.

결국 1929년 세계대공황과 그에 뒤이은 만성적인 농업공황은 수리조합의 재정을 파탄으로 내몰았다. 조합비 징수 실적은 미곡 증산 실적과 곡가 수준에 의해 좌우되었기에 지속된 미가 하락은 조합원의 조합비 부담을 증가시켰다. 1926년 일본 미곡시장에서 현미 1석에 약 33원이던 미가는 1930년 24원, 1931년에는 15원 수준으로 떨어졌다. 그로 인해 수리조합의 유일한 수입원인 조합비는 미납·연체되고 조합채 상환도 어렵게 되었다. 증산 실적의 부진 및 정체, 조합비 체납의 급증, 부실·부정 공사에 의한 공사비 추가, 홍수재해 복구비용, 방만한 조합 운영과 횡령 등 다양한 이유로 인해 조합의 재무구조는 더욱 악화되었다. 결국 악화된 재정을 채우고 손실을 보전하기 위해 추가 기채가 불가피했고, 추가 기채에 따른 부채 증가는 조합비 증액을 더욱 부추겼다. 그에 따라 이자 및 원금 상환 부담은 갈수록 커져갔다. 특히 1920~1925년 산미증식계획 기간 중 8~10%대의 대출이자로 기채한 수리조합의 경우, 부담은 더욱 가중되었다. 1920년대 중반 이래 지속된 저금리 추세 속에서 조합채 9%의 고정금리는 1930년대 초반의 시중금리를 상회하는 고금리였다. 조합은 체납조합비의 징수를 위해 합법적 권한으로 체납자의 토지 강제차압을 공공연하게 자행하였다. 장기적인 관점에서 조합은 조합비의 지속적 증액을 통해 건전자립재정을 확립하고자 했다.

과중한 수세 부담은 중소지주·자작농·자소작농 등 중소토지소유자들의 몰락으로도 이어졌다. 과도한 조합비 징수에 대해 조합비불납운동을 주도하기도 했지만 결국에는 압박을 견디지 못하고 소유했던 토지를 방매

〈표 7-2〉 1934년 부실수리조합의 분포 상황

(단위: 개)

지역	갑조합	을조합	병조합	합계
경기	1	5	2	8
충북	1		1	2
충남		2		2
전북		1		1
전남			3	3
경북			1	1
경남		11	2	13
황해		3	4	7
평남		2	3	5
평북	1	1	3	5
강원	1	5	1	7
함남		2	5	7
함북	1	3	3	7
합계	5	35	28	68
면적	641정보	27,241정보	36,438정보	64,330정보

출처: 碓井忠平, 1935.4, 「水利組合整理計劃の槪要に就て」, 『朝鮮農會報』, 14쪽(배민식, 2003, 앞의 글, 619쪽 재인용).

하기도 하였다. 1930년대 초반 지가 하락의 추세 속에서 이들의 토지 궁박 판매[8]는 지역의 지가를 더욱 하락시켰고, 헐값에 내놓은 토지는 일본인 대지주들의 수중으로 들어갔다. 그리고 늘어난 조합비 부담은 소작농에게도 직접적인 영향을 미쳤다. 수리조합사업이 수확량의 증대를 가져온다는 이유로 지주는 자신이 부담해야 하는 조합비를 소작농에게 직·간접적으로 전가했으며, 이는 소작쟁의가 일어나는 원인 중 하나로 작용했다.[9]

---

8   상황에 쫓겨서 어쩔 수 없이 토지를 판매하는 것을 말한다.
9   박수현, 2019, 앞의 글, 194~195쪽.

1930년대 초반 적지 않은 수리조합이 재정적자에 빠졌으며, 급기야 자체 구제가 어려운 불량수리조합이 속출하였다. 1929~1932년 조선총독부는 조합채 상환 부담을 덜어주기 위해 대장성예금부 자금을 융통하여 8.5% 이상의 고리채를 5~6% 이자로 교체 차환해주고, 상환 기간을 연장해 주었다. 조선총독부는 고리채 차환이나 상환 기간 연장 조치에도 불구하고 회생이 어려운 조합에 대해 적극적인 구조조정에 나섰다.

1934년 10월 말 현재 수리조합은 전부 196개로 몽리면적은 22만 정보였다. 그중 68개(35%, 몽리면적 6만 4,430정보)의 수리조합을 불량수리조합으로 판정하고(〈표 7-2〉 참조), 다음 해 5월부터 불량수리조합 정리에 들어갔다. 조합의 재정 부실 정도와 조합비 부담능력에 따라 갑조합·을조합·병조합으로 나누고 그에 맞는 조치를 취하였다.[10] 갑조합은 경영난이 가장 심한 조합채 상환 불능으로 폐지되는 조합이었다. 모두 5개 조합이 폐지되었는데, 총부채 중 조합부담액을 제외한 나머지는 조선총독부와 융자금융기관에서 부담하여 청산하였다.

을조합은 35곳으로, 조합채(총액 2,900만 원)의 금리 인하 및 상환기간 연장, 국고보조금 1,647만 원(30년간 분할지급 후 20년간 환수)의 지원을 통해 경영 정상화를 꾀하였다. 을조합은 이런 조치를 통해 갱생이 가능하다고 하여 갱생수리조합이라고 불렀고, 35개 을조합을 묶어 갱생수리조합연합회를 만들었다. 갱생수리조합연합회는 국고보조금의 수령 및 반납, 차입자금의 대체 및 상환 사무를 관장했으며, 갱생수리조합에는 관선이사와 주임기사가 파견되었다.

경영 부실이 가벼운 28곳의 병조합은 조합채 상환 기간을 30년으로

---

10 배민식, 2003, 앞의 글, 619~621쪽.

연장하고 특별보조금을 통해 개량공사를 시행하였다. 1934년 산미증식갱신계획의 중단에 따라 공사 중에 있던 기존 수리조합을 제외하고 수리조합의 신설이나 증설을 중단하였다. 1937년 말 현재 수리조합 수는 125개였고, 몽리면적은 16만 4,993정보에 달하였다.

앞서 언급했지만, 수리조합사업의 강제성과 일방적 추진은 조선 농민들의 저항을 불러왔다. 수리조합사업에 대한 저항은 수리조합사업 전 과정에 걸쳐 일어났으며, 가장 빈번하고 적극적인 저항은 설치반대운동과 수세반대운동이었다.[11]

설치반대운동은 수리조합사업에 대한 저항 중 대표적인 투쟁으로 거의 대부분의 조합에서 발생하였다. 『동아일보』 기사에 의하면, 산미증식계획이 실시된 이후 1928년 3월까지 약 100여 개의 수리조합이 설치되었는데, 반대 없이 설치된 곳은 한 곳도 없는 실정이었다고 한다.[12] 특히 규모가 큰 수리조합일수록 반대운동이 심했으며, 1921~1933년 사이에 설치된 1천 정보 이상 조합 44곳 가운데 70%에 해당하는 31개의 조합에서 설치반대운동이 일어났다.[13] 지역에 따라 차이는 있지만, 주요 원인은 창설 주체들이 수익성만을 고려하여 사업을 일방적으로 추진했기 때문이다.

반대운동에는 중소지주와 자작농들이 전면에 나섰고 지역에 따라서는 소작농들도 가세하였다. 소작농들은 수리조합과 직접적인 이해관계는 없지만, 수리조합이 설치되면 수세 부담 전가나 소작료 인상 등의 영향을 받기 때문이었다. 투쟁 방법은 중소지주, 자작농층의 중소토지소유

---

11 이 부분은 박수현, 2019, 앞의 글, 196~199쪽을 요약·정리하였다.
12 『동아일보』, 1928.3.30.
13 박수현, 2019, 위의 글, 196쪽.

자들이 중심이 되어서 도청·군청·조선총독부에 지속적으로 반대 진정을 하거나 대규모 반대 시위를 벌이는 것이었고, 한편으로는 날인 거부 혹은 날인 취소 투쟁을 벌였다. 일부 지역에서는 조선총독부에서 파견된 조사위원이나 수리조합 창립사무소를 습격하는 등의 폭력투쟁을 전개하기도 하였다.[14]

수세반대운동은 1930년대 초 미가가 폭락하던 시기에 집중되었으며, 거의 대부분의 조합에서 발생하였다. 직접적인 계기가 된 것은 대공황으로 인한 미가 폭락이었지만, 과중한 수세는 조합 설립 당시부터 조합원들의 큰 불만이었다. 수리조합사업에 의해 증산이 된다고 할지라도 수리조합비, 개간비, 금비 대금 등 부담능력을 상회하는 새로운 생산비의 증가를 견딜 수 없었던 것이다. 수세투쟁에는 조합원 대다수가 참여했지만, 가장 적극적으로 나선 자들은 설치반대운동과 마찬가지로 중소지주와 자작농층이었다. 투쟁은 수세 연기, 면제 등을 요구하다가 수세 불납운동으로 발전하는 양상이었다. 조합원들은 지주대회, 조합원대회를 개최하여 연납동맹(수세 납부기한의 연기를 주장) 혹은 불납동맹을 결성하는 등 조직적인 투쟁을 벌였으며, 일부 지역에서는 여러 조합이 연대한 지역 단위의 연대투쟁을 전개하기도 하였다.[15]

수리조합설치반대운동과 수세반대운동은 1920~1930년대 수리조합사업이 진행되는 곳에서 일반적으로 발생한 움직임이었다. 수리조합사업은 총독부·일본 금융자본·대지주들의 이익을 위해 전개되었으며, 중소지주·자작농·자소작농을 위한 사업이 아니었기 때문이다.

---

14 박수현, 2019, 앞의 글, 198쪽; 이애숙, 1985, 앞의 글, 344~345쪽.
15 박수현, 2019, 위의 글, 198~199쪽.

2. 비료정책[16]

1) 1910년대 비료정책

일본 농무성은 1905년 조선의 기후와 토성 및 농업에 대해 조사하고, 1906년 권업모범장을 만들어 일본 품종의 적응능력을 실험하였다. 1910년 일제가 조선을 강제로 병탄한 후 농업정책의 중심은 품종 개량, 특히 쌀의 품종을 일본 품종으로 변경하는 것이었다. 즉 일본 벼 품종으로 조선 논의 재배면적을 넓혀가는 노력을 기울였다. 그리하여 일본 벼 품종의 재배면적이 1912년 2.2%에 불과했는데, 1916년에 30%, 1920년에 51%, 1926년에 69%로 급증해 갔다.

그러나 일본 벼 품종을 심어 수확량을 증가시켜 가기 위해서는 관개시설이 담보되고, 비료의 증시가 필요하였다. 데라우치 마사타케 조선총독도 그러한 사실을 알고 있었기 때문에 1912년에 다음과 같이 훈령을 내렸다.

우량품종의 재배는 수확량이 많지만 그와 함께 비료를 필요로 하는 것이 많아서 종전에 비해 당연히 시비량을 증가해야 한다. 조선의 농가는 아직 비료를 중요시하지 않는 폐습이 존재하기 때문에 지금부터 현저히 각성시켜 농가 각자의 힘으로 제조할 수 있는 구비(廐肥),[17]

---

16 이 부분은 김도형, 1989, 「일제의 비료정책과 그 성격(1910~1934)」, 『한국민족운동사연구』 4와 이송순, 2003b, 「전시체제기(1937~1945) 조선의 비료수급실태와 농업생산력 저하」, 『역사연구』 12를 주로 참조하였다.
17 가축 배설물과 먹이의 찌꺼기를 섞어서 썩힌 비료이다.

퇴비,[18] 녹비(綠肥)[19] 등의 종류를 힘써 다량으로 제조하여 사용하게 한다.[20]

일본 우량품종은 수확량이 많지만 조선의 재래품종보다 지력을 더 고갈시키기 때문에 비료를 더 많이 투여해야 했다. 일본 벼 품종이 다수확을 이루기 위해서는 다량의 비료가 필요했기에 조선총독부 관료들은 자급비료의 생산 증가가 필요하다고 여겼다.

1910년대 초기에는 총독부가 재래비료의 개량을 도모하였다. 처음에는 인분뇨(人糞尿)[21]와 분회(糞灰)[22]를 개선하는 노력을 기울였다. 그러나 그 양이 많지 않았기 때문에 자급비료를 증산하는 정책을 실시하였다. 총독부는 자급비료의 증산을 퇴비의 제조와 녹비의 재배로 행하고자 하였다. 퇴비의 제조를 장려하는 것은 재래비료의 효과를 높였고, 퇴비를 시비하여 유기물이 결핍된 한국의 토질을 개량할 수 있었다.

녹비작물[23]의 재배 장려는 여러 가지 효과를 기대하고 있었다. 녹비작물은 퇴비와 구비의 제조원료뿐 아니라 사료로서도 이용이 가능했고, 맥작을 하지 않는 남부지방에 녹비작물을 재배시키면 휴한기를 활용할 수 있었으며, 토질 개량에도 효과가 있었기에 적극적으로 권장하였다.[24]

---

18 풀, 짚 또는 가축의 배설물 따위를 썩힌 거름이다.
19 생풀이나 생잎으로 만든, 충분히 썩지 않은 거름이다.
20 「조선총독부 훈령 제10호 미작 개량의 장려에 관한 건」,『朝鮮農會報』7-3, 37~38쪽.
21 사람의 똥과 오줌을 썩혀 만든 거름이다.
22 사람의 똥과 오줌에 재를 섞어 만든 거름이다.
23 녹비로 쓰기 위하여 가꾸는 작물이다. 연맥(燕麥), 자운영(紫雲英) 따위가 있다.
24 김도형, 1989, 앞의 책, 143쪽.

〈그림 7-2〉 인분뇨 운반 도구인 장군과
인분뇨를 뿌리는 도구인 오줌바가지(경상남도 통영군 거제)

출처: 다카하시 노보루, 2014, 앞의 책, 16쪽(민속원 제공).

〈그림 7-3〉 장군과 오줌바가지로 비료 뿌리기(경상남도 통영군 거제)

출처: 다카하시 노보루, 2014, 위의 책, 16쪽(민속원 제공).

일제의 자급비료증산정책은 일정한 성과를 거두었다. 〈표 7-3〉에서 보듯이, 퇴비 생산액은 1915년에 5억 4천만 관이었는데, 1920년에 13억 7천만 관이 되면서 2.5배나 증가하였다. 녹비 생산액은 1912년에 70만 관이었는데, 1920년 3,800만 관이 되어 무려 55배나 증가하였다.

〈표 7-3〉 1910년대 자급비료 생산 현황

연도	녹비			퇴비	
	재배면적(정보)	수확량(관)	가격(원)	수확량(관)	가격(원)
1912	413.4	701,399	7,013		
1913	1,527.2	2,337,034	23,404		
1914	3,359.7	4,393,241	48,032		
1915	7,950.5	11,607,132	116,070	547,170,200	11,175,755
1916	13,131.5	19,624,857	248,532	696,161,500	14,263,444
1917	22,325.3	20,227,017	303,407	930,881,200	19,011,028
1918	27,487.4	41,256,845	618,851	1,331,613,000	27,251,114
1919	25,220.5	34,073,397	518,175	1,707,120,100	34,640,000
1920	23,668.8	38,401,885	576,040	1,371,517,000	28,006,350

출처: 朝鮮總督府, 1933, 『農業統計表(1932)』, 41~42쪽(김도형, 1989, 앞의 글, 145쪽 재인용).

1910년대 일제는 자급비료증산정책으로 어느 정도 성과를 거두고 있었고, 이 정책을 통해 자급비료 생산을 증대하고 자급비료 제조원을 확대시킬 수 있었다. 그러나 자급비료 증산은 역축(役畜)이나 기타 농업 경영과 유기적으로 결합되어 생산된 것이 아니라 농민의 노동을 통해 생산된 것이기 때문에 농민의 노동력이 많이 투여되었고, 일정량 이상의 증대는 어려웠다.[25]

일제는 1910년대 '미작 개량 장려'를 방침으로 쌀 증산을 추진했고, 이는 일본 벼 품종의 보급이 중심이었다. 그에 따라 경지의 지력이 소모되자 일제는 비료의 생산 증가를 도모했고, 재래비료의 개량사업을 실시하면서 자급비료인 퇴비와 녹비의 생산 증가를 적극적으로 도모하였다. 1910년대는 퇴비와 녹비의 자급비료 생산 증가를 어느 정도 도모할 수

---

25 김도형, 1989, 앞의 글, 145쪽.

있었다. 그러나 판매비료에 대한 정책에는 매우 소극적이었다. 판매비료 소비가 증가하면 자급비료 생산이 저하되고 쌀 생산비가 증가하며, 병탄 초기의 수이입 억제책이 무너지기 때문이었다. 그리하여 판매비료 소비는 억제하면서 자급비료의 생산과 사용을 권장했던 것이다.

2) 제1기 산미증식계획(1920~1925)과 비료정책

1918년 일본 본국의 '쌀소동'으로 인해 식민지 조선에서 산미증식계획이 실시되었다. 제1차 계획은 1920년부터 15년 동안 사업비 2억 3천만 원을 들여 42만 정보의 토지 개량과 농사 개량을 통해 900만 석의 쌀을 증산하여 460만 석을 일본으로 이출할 계획이었다.

이 계획에서는 수리조합을 통한 저수지를 축조하여 수리관개답을 증가시키는 토지개량사업에 심혈을 기울였고, 농사개량사업에는 일본 벼 품종의 보급에 치중하였다. 그런데 일본 벼 품종은 지력을 많이 고갈시키기 때문에 비료의 증시가 필요하였다. 그리하여 총독부는 비료의 증시를 장려하였다.

제1기 산미증식계획기(1920~1925)에는 자급비료의 증산을 이전 시기에 이어 계속 권장했고, 판매비료는 콩깻묵(大豆粕)·깻묵(油粕)·어비(魚肥: 물고기를 원료로 한 비료)·쌀겨(米糠) 등 유기질비료를 중심으로 저리자금으로 공급해 소비 증가를 도모하였다.

1922년 12월 각도 농무과장과 농업기술관 회의에서 총독은 자급비료에 대해 "구비는 능히 가치를 알고 이용도 하지만 실제로는 아직 충분하지 않아 생산 증가를 행하고, 녹비의 재배는 근래 성적이 현저하지만 아직 보급의 여지가 적지 않으니 녹비의 실험 성적에 기초하여 재배법

〈표 7-4〉 제1기 산미증식계획기 자급비료의 소비액

연도	녹비(천 원)	퇴비(천 원)	합계(천 원)	소비 증가율 지수
1920	576	28,006	28,582	100
1921	537	22,605	23,141	81
1922	533	24,923	25,456	89
1923	537	23,875	24,412	85
1924	702	53,764	54,467	191
1925	2,750	66,304	69,054	242
1926	3,575	70,214	73,789	258

출처: 朝鮮總督府, 1934, 『農業統計表(1933)』, 41~42쪽(김도형, 1989, 앞의 글, 155쪽 재인용).

을 강구하라"[26]는 지시를 내렸다. 즉 구비와 녹비를 증산하여 논에 시비하는 것을 권장했던 것이다.

또한 총독부는 판매비료의 사용도 권장하였다. 제1기 산미증식계획에서 정부알선저리자금으로 7,500만 원을 융통하고 그중 40%인 3,500만 원을 금비 구입에 충당하도록 했고,[27] 1921년 4월 각도 농무과장 회의에서 총독은 농민이 경제적 형편에 부담을 느껴 판매비료 사용을 꺼리자 금비 구매에 따른 부채 상환에 대해 이자를 감면하거나 장기 상환의 방법으로 금비 사용을 장려하였다.[28]

이제 실질적으로 자급비료와 판매비료가 어느 정도 소비되었는지 살펴보자. 〈표 7-4〉에서 보듯이, 자급비료는 녹비와 퇴비가 중심이었는데 그중 퇴비의 비중이 매우 컸다. 1920년에는 퇴비 소비액이 98%의 비중

26　朝鮮農會, 1923, 『朝鮮農會報』 18-1, 78쪽.

27　小早川九郎, 1944, 앞의 책, 423쪽.

28　朝鮮農會, 1921, 『朝鮮農會報』 16-6, 32쪽.

<표 7-5> 제1기 산미증식계획기 판매비료의 생산액 및 소비액

(단위: 천 원)

연도	동물질비료		식물질비료		광물질비료		조합비료		총계	
	생산	소비	생산	소비	생산	소비	생산	소비	생산	소비
1920	734	235	1,700	5,222	446	152	20	474	1,900	6,083
1921	957	234	1,774	2,576	274	282	38	254	3,044	3,347
1922	780	208	2,221	3,181	259	321	99	205	3,359	3,915
1923	714	241	2,278	3,447	340	514	78	240	3,510	4,442
1924	753	192	2,421	4,770	286	1,569	111	75	3,571	6,605
1925	1,501	219	2,375	5,866	263	2,953	159	131	4,399	9,169
1926	2,994	648	2,412	8,437	263	5,211	157	303	5,826	14,599

출처: 朝鮮總督府, 1937, 『農業統計表(1936)』, 105~108쪽(김도형, 1989, 앞의 글, 155쪽 재인용).

을 차지하고 있었다. 1924년에 이르러 자급비료의 소비가 1920년에 비해 2배 증가하였다. 앞서도 말했지만, 1924년 이후 보급된 일본 벼 우량품종은 경지의 지력을 소모시키기 때문에 비료의 증시가 꼭 필요하였다.[29]

〈표 7-5〉는 판매비료의 생산과 소비액을 보여준다. 먼저 시기적 추이를 살펴보면 1924년 이후 판매비료의 소비가 크게 증가했음을 알 수 있다. 1921년에 소비액이 334만 원이었는데, 1924년에 660만 원이었고, 1926년에 1,460만 원이 되었다. 종류별로 살펴보면 식물질비료의 생산과 소비의 비중이 큼을 알 수 있다. 특히 식물질비료는 생산보다 소비가 월등히 많았다. 1921년에 177만 원이 생산되었는데, 소비는 258만 원이었으며, 1924년에는 생산액은 242만 원이었는데, 소비액은 477만 원이 되었다. 1924년 이후에는 광물질비료의 소비가 급속히 증가했음을 알 수 있다. 1920년에는 소비액이 15만 원이었는데, 1924년

---

29 김도형, 1989, 앞의 글, 153~155쪽.

에는 157만 원, 1926년에는 521만 원으로 급증하였다. 이것은 유산암모니아의 소비가 비약적으로 증가한 탓이었다.[30]

그러나 총독부의 비료정책은 수리조합사업을 통한 토지개량사업처럼 대량의 자금을 정책적으로 지원한 것은 아니었다. 자급비료의 경우 녹비 작물 재배 권장이, 판매비료는 유기질비료의 시용 장려가 주축이었다. 판매비료의 경우에도 계획한 금액을 정부알선저리자금으로 제공한 것이 아니었다. 이에 대한 반성으로 제2기 산미증식계획에서는 비료구입자금을 별도로 책정하였다.

이 시기 조선총독부의 비료정책의 기조는 자급비료는 생산량 증가를 계속하였으며, 판매비료는 콩깻묵·깻묵·어비·쌀겨 등 유기질비료를 중심으로 저리자금으로 공급하는 소극적 지도 장려를 하였으며, 화학비료의 경우에는 쌀 가격의 상승을 막기 위하여 구입과 시용을 통제하는 입장이었다.[31]

3) 제2기 산미증식계획(1926~1934)과 비료정책

1926년부터 제2기 산미증식계획을 실시하였다. 제1기 산미증식계획 기간 동안 제대로 비료 증시를 하지 못한 것에 대한 반성으로, 비료 투하에 대한 자금을 별도로 책정하고 자급비료의 생산을 도모하면서 판매비료의 소비를 증가시킨다는 방침을 설정하였다. 이 시기에 총독부는 '자급비료증산계획'을 실시해 자급비료의 증산을 도모하고, '농사개량저리

---

30 김도형, 1989, 앞의 글, 155~156쪽.
31 김도형, 1989, 위의 글, 153쪽.

자금'을 적극적으로 공급해 판매비료의 소비를 독려하며, 「조선비료취체령(朝鮮肥料取締令)」을 공포해 비료를 전면적으로 통제하고자 하였다.

먼저 1926년부터 자급비료의 생산을 도모하기 위해 10개년계획으로 '제1기 자급비료증산계획'을 수립하였다. 원래는 퇴비 44억 관, 녹비 7억 관, 합계 51억 관의 비료를 자급할 예정이었으나, 1931년에 실적을 상회하자 계획을 수정하여 1935년에 퇴비 66억 관, 녹비 8억 관 합계 74억 관의 비료를 자급할 목적을 세웠다.[32] 1935년까지 퇴비 66억 관, 녹비 8억 관을 자급한다는 목표하에 연간 20~30만 원을 국고에서 지방비에 보조한다는 계획이었다. 이 계획에서 녹비는 목표에 미달했으나 퇴비는 목표를 초과함으로써 전체적으로 목표를 달성하게 되었다.[33] 그러나 농민들은 자급비료의 효과가 낮고 들이는 노동력에 비해 자급비료의 생산효과가 적었기 때문에 당시 화학비료인 판매비료를 선호함으로써 화학비료의 소비는 증가하고 자급비료의 생산은 크게 증가하지 못하였다.

다음으로 총독부는 농사개량저리자금을 배포하여 판매비료의 증시를 촉진하였다. 지주나 자작농들이 농사개량저리자금을 대부하여 판매비료를 구입하고 시비하도록 한 것이다. 1926년부터 1939년까지 14년간 4천만 원을 조달해 그중 80% 이상을 비료자금으로 책정하였다. 총독부가 비료자금 대부액을 늘리면서 판매비료의 소비액은 증가하였다. 〈표 7-6〉에 의하면, 판매비료의 소비액이 점차 증가했는데 그중 비료자금 대부액이 차지하는 비중은 다음과 같았다. 1926년에 38.2%이었는

---

32 김도형, 1989, 앞의 글, 158~159쪽.
33 小早川九郎, 1944, 앞의 책, 452쪽.

〈표 7-6〉 판매비료 소비액 및 비료자금 대부액

(단위: 천 원)

연도	판매비료 소비액(A)	비료자금 대부액(B)	비율(B/A)
1926	14,599	5,576	38.2%
1927	15,206	7,173	47.2%
1928	21,709	8,383	38.6%
1929	24,400	8,307	34.0%
1930	22,197	6,837	30.9%
1931	16,814	7,242	43.1%
1932	17,276	9,327	54.0%
1933	28,789	12,665	44.0%
1934	40,334	20,947	51.9%

출처: 朝鮮總督府 農商局, 1942, 『朝鮮の肥料』, 27~28쪽; 朝鮮總督府, 1937, 위의 책, 105~108쪽(김도형, 1989, 앞의 글, 155쪽 재인용-).

데, 1932년에는 54%까지 상승하였고, 1934년에는 52%에 이르렀다. 총독부가 비료자금 대부액을 늘리면, 그에 맞추어 점차 판매비료의 소비액은 증가하였다.

　농사개량저리자금을 대부받는 주체는 지주와 자작농 및 단체에 한정되었고, 대여 기간은 1년을 단위로 하였다. 이에 소작농 등 영세농민층들은 지주와 조합을 통해 대부를 받을 수 있었다. 총독부의 농사개량저리자금을 통해 자금을 빌린 지주와 농민들은 판매비료의 소비를 촉진하였다. 그러나 비료자금 대여 기간이 1년이었기 때문에, 비료자금을 대여받은 농민과 지주들은 상환을 위해서 부득이 쌀값이 가장 저렴한 추수기에 쌀을 판매해야 했다. 이에 일제가 의도한 저미가정책이 유지되면서 아울러 저임금 정책 또한 계속 추진해갈 수 있었고, 지주의 권한이 강화되는 식민지 지주제는 더욱 심화되어 갔다.

　1927년 9월에는 「조선비료취체령」을 제정해 총독부가 비료의 생산·유통·소비를 장악하였다. '제2기 산미증식계획'의 실시와 함께 판매비료가 대량 소비되고 이에 따른 부정불량비료의 유통이 성행하므로 이를 단속하기 위해서라는 것이 「조선비료취체령」의 취지였다. 부정불량비료의 대량 유통은 산미증식계획의 추진에 지장을 초래할 우려가 있기 때문에 그를 단속할 필요도 있었지만, 근본적으로는 비료의 생산·유통·소비를 일제가 장악함으로써 쌀 생산을 통제할 수 있을 뿐만 아니라 식민지 농업 전체를 장악할 수 있다는 의도에서 법령을 제정한 것이었다. 「조선비료취체령」은 비료를 일부 비료영업자에게만 한정하여 취급할 수 있도록 했고, 비료단속권의 실권을 강화함으로써 총독부 당국이 비료의 생산·유통·소비의 전 과정을 통제할 수 있게 한 것이었다. 총독부가 쌀 증산의 중요한 수단인 비료를 법제적으로 장악하여 식민 농업에 대한 통제력을 강화해 간 것이었다.

결국 제2기 산미증식계획기 일제의 비료정책은 제1기 산미증식계획 기간에 비료의 증시가 없었기 때문에 계획대로 이루어지지 못한 것을 반성하면서 지주와 농민층의 시비량의 증가를 촉진한 것이었다. 그리하여 '자급비료증산계획'을 추진해 자급비료의 생산을 증가시켰고, 농사개량저리자금의 확대를 통하여 판매비료의 소비를 증가시켰다. 아울러 「조선비료취체령」을 제정하여 총독부가 비료의 생산·유통·소비를 통제하고 장악함으로써 식민지 농업에서 비료의 증시를 도모하면서 한편 금융적으로 지배할 수 있는 체제를 구축하였던 것이다.[34]

---

34 김도형, 1989, 앞의 글, 167쪽.

4) 전시체제기(1937~1945) 비료정책

1930년에 함경남도 흥남에 조선질소비료주식회사가 설립되면서 조선에 화학비료가 본격적으로 판매되고 비료 사용량이 증가하였다. 아울러 1930년대는 지역 풍토와 다비에 적합한 새로운 벼 품종이 선정·개발되어 배포되었다. 이 시기에는 비료 반응성이 좋은 다수확품종인 은방주와 육우132호가 선정되어 급속히 보급되었다. 1935년 이후에는 개량벼 품종이 보급되고 판매비료 사용량이 급증하면서 미곡 생산량도 증가하였다.

조선의 벼농사는 관개시설 미비로 자연재해의 영향이 컸기 때문에 비료 사용량 증가와 상관없이 미곡 생산량이 감소한 해(1936, 1939)가 있지만, 대체로 비료 사용량의 증가와 더불어 미곡 생산량이 증가하였다.[35] 〈표 7-7〉에서 보듯이 1920년대 후반 금비 사용량이 증가하면서 미곡 생산량이 증가하였다. 특히 1936년 이후 금비 사용량이 급격히 늘면서 미곡 생산량이 많아졌고, 1937년과 1938년에는 금비 사용량이 급증하며 이와 함께 미곡 생산량도 급증해 2,500만 석 내외까지 증가하였다.

그러다가 1937년 중일전쟁과 1939년 제2차 세계대전의 발발로 일본이 본격적으로 전쟁에 참가하게 되면서 국내에서 생산했던 화학비료(유안)는 폭약을 생산하기 위해 그 생산설비를 전환함으로써 1940년 이후 화학비료의 생산이 점차 감소하기 시작하였다. 특히 일본이 전쟁에 본격적으로 참여하면서 군수 식량이 필요하게 됨에 따라 1940년 이후

---

35 이송순, 2003b, 앞의 글, 207쪽.

〈표 7-7〉 판매비료 사용량과 미곡 생산량의 상관관계

연도	금비 사용량(톤)				미곡 생산량(석)	
	질소	인회석	칼륨	총량	미곡 생산량	반당 생산량
1927	7,710	7,560	1,245	16,515(100)	17,298,887 (18,848,512)	1.080(100)
1928	8,251	10,333	1,671	20,255(123)	13,511,725 (14,936,727)	0.890(82)
1929	14,062	14,457	1,629	30,148(183)	13,701,746 (15,384,211)	0.840(78)
1930	16,433	18,575	1,457	36,465(221)	19,180,677 (21,834,021)	0.982(91)
1931	20,810	24,281	1,379	46,470(281)	15,872,999 (18,326,968)	0.948(88)
1932	19,459	18,587	1,720	39,766(241)	16,345,825 (19,137,000)	0.995(92)
1933	26,617	19,969	1,181	47,767(289)	18,192,720 (21,352,068)	1.075(99)
1934	30,557	31,021	1,117	62,695(380)	16,717,238 (20,095,485)	0.977(90)
1935	46,391	38,533	1,480	86,404(523)	17,884,669 (21,752,988)	1.055(98)
1936	49,093	67,445	2,813	119,351(723)	19,410,763	1.212(112)
1937	60,385	72,303	4,583	137,271(831)	26,796,950	1.635(151)
1938	68,821	81,169	5,170	155,160(940)	24,138,874	1.454(135)
1939	78,823	81,951	5,765	166,539(1,008)	14,355,793	1.163(108)
1940	69,981	90,587	3,868	164,436(996)	21,527,393	1.311(121)
1941	75,521	86,157	3,226	164,904(999)	24,885,642	1.510(140)
1942	70,541	44,815	2,286	117,642(712)	15,687,578	
1943	61,756	65,963	1,292	129,011(781)	18,718,940	1.227(114)
1944	58,545	18,621		77,166(467)	16,051,879	1.213(114)
1945	46,182	15,663	1,354	63,199(383)		

비고: 1) 금비 사용량은 해방 후 남한 지역(경기도, 충청남북도, 전라남북도, 경상남북도, 강원도)에 속한 곳의 사용량이다.
2) 미곡 생산량에서 ( ) 안의 숫자는 1935년 미곡 생산고 조사방법이 변경된 것을 감안하여 이전 생산량을 수정한 수치이다. 수치는 박섭(1997, 『한국근대의 농업변동』, 일조각) 연구의 수정치이다.
3) 금비 사용 총량과 반당 생산량에서 ( ) 안의 숫자는 1927년을 100으로 한 지수이다.
출처: 『朝鮮經濟統計要覽』, 1949, 32쪽; 朝鮮銀行 調査部, 1948, 『朝鮮經濟年報』, 26쪽; 박섭, 1997, 『한국근대의 농업변동』, 일조각, 257쪽(이송순, 2003b, 앞의 글, 206쪽 재인용).

'조선증미계획'이 실시되면서 비료 수요는 증가했지만, 군수 물자의 보급이 더 우선시되면서 비료공장이 폭약 등을 만들기 위해 전환 가동되어 역으로 비료 생산량이 감소해 비료 부족 문제가 발생하였다. 비료산

업은 전시에는 화약 제조 등 군수산업으로 바로 전환될 수 있는 특성 때문에 전시에는 비료 생산이 감소될 수밖에 없었다.[36]

1930년대의 벼 품종은 관개와 비료 증투가 필수적이었기에 비료 소비의 감소는 미곡 생산량에 곧바로 영향을 미치게 되었다. 1940년 이후 판매비료의 공급이 감소하게 되었고, 특히 1942년부터 판매비료의 공급이 급감한 데다 자연재해도 겹쳐, 이후 미곡 생산량이 1941년보다 700~900만 석 감소하게 되어 1,500~1,800만 석에 이르게 되었다.

이에 총독부는 비료 생산의 부족을 충당하기 위해 1936년부터 제2차 '자급비료개량증식 10년계획'을 수립하여 자급비료 증산을 도모하였다. 1936년부터 10년 동안 퇴비 29억 2천여 관, 녹비 3억 8천여 관, 하비(下肥: 인분뇨) 5억 2천여 관을 증가시킨다는 목표하에 국고에서 녹비 신규 보급비 30만 원, 비료 강습 강화회비 4.4만 원, 비료장려기술원 설치비 114만 원 합계 168.4만 원의 보조금을 교부하도록 하였다. 아울러 행정력과 국민총력연맹 등의 전시통제조직을 최대한 이용하여 자급비료의 생산을 추진하였다. 이러한 총독부의 적극적인 자급비료증산정책에 따라 자급비료의 소비량은 약간 증가하였다. 1940년 이후 판매비료의 공급과 소비량은 감소했지만, 자급비료는 약간 증가하면서 비료 소비의 감소를 보충하였다.

당시 조선 농민의 비료 시비량은 자급비료가 98% 비중을 차지하고, 판매비료는 나머지 2% 내외였다. 그러나 양에 비해 판매비료가 시비 효과가 컸기에, 화학비료 소비량이 감소하면서 전시체제기 미곡 생산량은

---

36 이송순, 2003b, 앞의 글, 210쪽.

감소할 수밖에 없었다.[37]

이러한 측면에서 전시체제기 농업생산력 저하의 원인에는 자연재해와 농업 노동력 감소 등이 있지만, 주요한 원인은 비료 부족이었음을 알 수 있다. 특히 화학비료 소비감소는 미곡 생산량 감소의 직접적 원인이 되었다고 할 수 있다.

3. 주요 농산물의 생산량

1) 미곡

일본의 쌀 농사는 메이지시기 이래 발전하여 1897년경에는 식량의 자급자족이 가능해졌지만, 그 후 인구 증가와 공업의 발전에 따른 소비인구의 증가로 1900년경부터 쌀 부족 상태로 들어서면서 일본은 만성적인 쌀 부족(수입)국이 되었다. 그리하여 일제는 1910년 조선을 병탄한 후 조선을 일본제국주의를 위한 식량 공급기지로 재편하고자 하였다. 조선에서 쌀을 증산하여 일본으로 이출해 가려는 것이었다.

1910년대에는 일본의 벼 품종을 권업모범장[38]에서 실험재배하여 조선논에 식부해 가는 정책을 중점적으로 펼쳤고, 이는 식민지 시기 내내 추진하였다. 1912년에 전체 벼 재배면적의 2.2%에 불과하던 일본 벼

---

37 이송순, 2003b, 앞의 글, 224~226쪽.
38 권업모범장은 1929년에 농사시험장으로 바뀌었다.

품종이 1916년에 30%, 1920년에 51%, 1926년에 69%를 넘어섰고, 이어서 1934년에 81%, 1939년에 90%에 달하게 되었다(〈표 4-1〉 참조). 총독부 관료들은 일본 벼 품종 재배는 일본인의 입맛에 맞아 상품화에 용이하고, 나아가 일본 벼를 식부하면서 일본식 메이지농법을 실시하면 생산량이 크게 증가할 것이라고 판단하고 있었다.

일본 개량품종의 확대와 함께 소수 품종의 집중적인 재배가 이루어져 상위 5개 품종의 재배면적 비율이 1914년에 10%에서 1937년에는 71%로 크게 확대되었다(〈표 4-1〉 참조). 품종도 시기에 따라 변화하였다. 원래 우량품종으로는 조신력, 곡량도, 다마금 등이 많이 재배되었으나, 1930년대에는 비료 사용의 증가와 빈번한 도열병 확산에 따른 내비·내병성의 다수확품종이 선호되면서 1936년부터는 은방주, 육우132호 등이 식부되었다. 이처럼 소수의 품종으로 미곡 생산이 집중되면서 자연재해, 병충해 등으로 안한 피해가 발생할 가능성이 크다는 농업기사들의 지적에도 불구하고,[39] 총독부는 농업정책을 수정하려고 하지 않았다. 일본 시장에 적합한 미곡 생산을 중시하는 총독부 관료와 대지주들은 이러한 지적을 받아들이지 않았던 것이다.[40]

일본 개량품종의 재배면적이 확대됨에 따라 벼 재배기술에 있어서도 일본의 재배기술이 이식되었다. 일본 벼의 개량품종은 논의 관개시설이 필요하고, 비료를 많이 투여하면서 노동력 또한 많이 필요로 하는 수전농업기술이 적용되었다. 식민지시기 수도작 재배는 재래농법에 비해 '다비노작적(多肥勞作的)'이었다. 즉 비료를 많이 쓰면서 노동력을 많이 들이는

39　永井威三郞, 1931.3, 「稻早生種の栽培に就て」, 『朝鮮農會報』, 12쪽.
40　배민식, 2003, 앞의 글, 765~767쪽.

수전농업기술이었다. 우량품종을 도입하면서 수리관개시설이 함께 갖추어져야 했으며, 자급비료와 판매비료를 많이 투하해야 했고, 모내기를 할 때 정조식으로 밀식 재배를 해야 했으며, 수확시기를 적기에 맞추고, 조제를 할 때 가마니를 깔고 벼를 말리고, 미곡 검사까지 거치려면 재래농법보다 농민의 노동력이 훨씬 많이 투여되어야 했던 것이다.

1920년대 산미증식계획을 실시하면서 조선에서 벼를 재배하는 논의 면적은 지속적으로 증가해 갔다. 특히 산미증식계획에서 행한 개간 및 간척, 지목 변환을 통해 논의 면적은 지속적으로 증가해 갔다. 일시적으로 자연재해(1939, 1942)에 의해 식부면적이 줄기도 하였지만, 대체로 벼의 식부면적은 증가해 갔다(〈표 7-8〉 참조).

또한 일제하 식민지시기에는 시기가 내려올수록 일모작보다 이모작의 비중이 점점 커져갔다. 1920년대 후반 일모작의 재배면적이 130만 정보 내외였고, 특히 이모작은 30만 정보 내외였다. 1931년 전작증식계획을 실시하면서 이모작의 비중이 커졌는데, 1930~1934년에는 1925~1929년에 비해 28.8%, 1935~1929년에는 1930~1934년에 비해 22.1%나 증가하였다. 1941년에는 이모작의 재배면적이 54만 5천 정보에 달할 정도로 증가하였다.[41]

미곡 생산량은 자연재해의 영향에 따라 연도별로 생산량이 크게 변동하였다. 1937년에는 미곡 생산량이 전년에 비해 약 740만 석 증산되었으나, 1939년에는 전례 없는 대가뭄으로 전년에 비해 약 980만 석이나 감소하였다. 그 후 1940년과 1941년에는 평년 생산량을 회복하였으나, 태평양전쟁이 본격화되는 1942년 이후에는 자연재해의 영향으로 미

---

[41] 배민식, 2003, 앞의 글, 758쪽.

<표 7-8> 미곡 식부면적 및 생산량 추이

연도	식부면적 (천 정보)	생산량 A (천 석)	단보당		생산량 B (천 석)	단보당	
			생산량(석)	지수		생산량(석)	지수
1921~1925년 평균	1,482	18,126	1,223	100	15,767	1,064	100
1926~1930년 평균	1,520	19,749	1,299	106	18,718	1,196	112
1931	1,591	19,841	1,247	102	18,849	1,185	111
1932	1,561	20,433	1,309	107	19,615	1,257	118
1933	1,612	22,741	1,411	115	22,059	1,368	129
1934	1,626	20,896	1,285	105	20,478	1,259	118
1935	1,695	22,356	1,319	108	22,133	1,306	123
1936	1,601	19,410	1,212	99	19,410	1,212	114
1937	1,639	26,797	1,635	134	26,797	1,635	154
1938	1,660	24,139	1,454	119	24,139	1,454	137
1939	1,235	14,356	1,163	95	14,356	1,163	109
1940	1,642	21,527	1,311	107	21,527	1,311	123
1941	1,645	24,885	1,512	124	24,885	1,512	142
1942	1,213	15,687	1,292	106	15,687	1,292	121
1943	1,517	18,718	1,227	100	18,718	1,227	115
1944	1,322	16,051	1,213	99	16,051	1,213	114

비고: 1936년 통계조사방법의 변경으로 생산량이 25% 증가하고 식부면적은 5% 감소한 것으로 나타나서, 생산량 A는 1935년 이전의 생산량 통계치에 25%를 늘려 계상한 것이고, 생산량 B는 1936년에 발생한 25%라는 통계오차가 1916년 이래 매년 1.25%씩 누증되어 왔다고 보고 매년도 통계오차율을 차등 적용한 것이다.
출처: 장시원, 1991, 「1930년대의 농업생산구조와 지주제의 동향에 관한 일시론」, 『한국방송통신대학논문집』 12, 377쪽(배민식, 2003, 앞의 글, 765쪽 재인용).

곡 생산량이 크게 감소하였다.

그러나 전체적으로 미곡 생산량의 추이를 살펴보면 대체로 증가하였다.[42] 1910년대는 평균 1,290만 석이었는데, 1920년대 산미증식계획

---

42 원래 미곡 생산량은 1916년 통계작성방법 지침에 따라 담당구역의 식부면적을 3개로 구분하여 그중 평당 예상수확량을 산출하여 면적을 곱하는 평예법(坪刈法)을 실시하도록 하였다. 그러나 전문조사원이 배치되지 않아 조사가 실제로 이루어지지 않

을 실시하면서 토지 개량, 비료 투입 증량, 우량품종 보급 등을 통하여 1921~1925년에는 평균 1,813만 석, 1926~1930년에는 평균 1,975만 석, 1931~1935년에는 평균 2,125만 석, 1936~1940년에는 2,145만 석으로 지속적으로 증가해 갔으나,[43] 1941년 이후에는 자연재해와 노동력 및 비료의 부족으로 생산량이 감소하였다[44](〈표 7-8〉 참조).

일제하 식민지시기에 미곡 생산량의 증가와 함께 중요한 사실은 일제가 쌀을 증산량 이상으로 일본으로 이출해 갔다는 점이다. 조선총독부의 쌀증산정책은 일본으로의 이출을 목적으로 실시한 것이었다. 1920년대 산미증식계획을 거치면서 미곡 생산량이 증가했지만, 증산량 이상으로 일본으로 이출했기 때문에 조선 농민들의 식량 소비량은 1910년 강제병탄 이래 지속적으로 감소하였다. 조선인의 1910년대 평균 소비량은 쌀 0.7석, 잡곡 1.32석이었는데, 1940년대 들어와 쌀 0.55석, 잡곡 0.6석대로 감소하였다. 조선 농민들이 노동력을 투여하여 생산에 열심이었는데도 불구하고 식량 소비량은 감소해 갔던 것이다(〈표 4-4〉, 〈표 4-5〉 참조).

1920년대 산미증식계획을 실시하면서 일본 벼 품종의 재배면적이 확대되고, 일본 메이지농법이 도입되면서 관개시설 수리 및 구축, 다비

고 단지 예상수치가 보고되었다. 이 같은 문제를 시정하기 위해 1935년부터 1읍면당 평균 8명의 조사원을 배치하고 실지조사를 실시하였다. 또 식부면적도 논두렁면적을 제외한 실제 면적으로 계산하도록 하였으나 이것도 제대로 지켜지지 않아 1936년 통계부터 시정하여 정확한 조사가 이루어졌다(村上勝彦 外, 1984, 「植民地期朝鮮社會經濟の統計的研究(1)」, 『東京經大學會誌』 136, 26~27쪽).

[43] 『朝鮮米穀要覽』(朝鮮總督府, 1940)에는 1912~1915년 평균 생산량은 1,217만 석, 1916~1920년 평균 생산량은 1,370만 석, 1921~1925년 평균 생산량은 1,452만 석, 1926~1930년 평균 생산량은 1,492만 석, 1931~1935년 평균 생산량은 1,726만 석, 1936~1939년 평균 생산량은 2,206만 석으로 나타나 있다(〈표 4-4〉 참조).

[44] 배민식, 2003, 앞의 글, 765쪽; 박석두, 2003, 앞의 글, 482쪽.

투여, 정조식 모내기, 적기 수확, 건조 조제 등의 작업으로 농민들의 노동 강도가 강해졌지만, 오히려 농민들의 경제형편은 궁핍해졌으며 식량 소비량도 감소하였다. 이는 1940년대에 이르러 전시 노동력 동원과 맞물려 이촌 현상이 심해졌고, 나아가 고국을 떠나 이국으로 향하는 현상도 두드러지게 되었던 것이다.

2) 잡곡(맥류, 좁쌀, 콩, 팥)

밭에서 생산되는 작물은 식량작물인 잡곡, 의류작물인 면화와 마, 과일, 채소, 기타 특용작물인 인삼과 연초 등으로 분류된다. 밭에서 나는 식량작물을 총칭하여 잡곡이라 부른다. 조선인들의 식생활에 큰 비중을 차지하고 직접 영향을 미친 것은 잡곡이었다. 조선인들은 쌀보다 잡곡을 많이 소비하였다.

밭작물인 잡곡은 식민지시기 내내 생산량이 증가하지 않았다. 〈표 7-9〉에 의하면, 일제하 식민지시기 잡곡 생산량은 1910년대 2,300만 석 내외, 1920년대 2,300~2,400만 석 내외, 1931년 '전작장려증식계획' 이후 약간 증가하여 1930년대 전반기에 2,400만 석 내외였다가, 1936년과 1937년에 2,800~2,900만 석으로 정점에 달하였다. 그 후 1938년에 1천만 석 감소하여 1,980만 석이었다가 1939년 이후 2,300만 석으로 회복했지만, 1941년 이후 감소하는 경향을 보였다.

1910년에 조선을 병탄했을 때 조선총독부는 쌀농사에만 관심을 두었고 밭농사에 대해서는 무관심하였다. 쌀을 증산하여 일본으로 이출함으로써 일본인 노동자에게 값싸게 공급하여 저곡가·저임금 정책을 추진하는 데 몰두했기 때문이다. 그리하여 총독부는 권업모범장에서 논농

〈표 7-9〉 식량 생산량

연도	생산액(석)			지수(1915~1919=100)			비중(%)	
	쌀	잡곡	계	쌀	잡곡	계	쌀	잡곡
1915~1919	13,933,861	22,799,508	36,733,369	100.0	100.0	100.0	37.9	62.1
1920~1924	14,522,992	24,319,616	38,842,608	104.2	106.7	105.7	37.4	62.6
1925~1929	14,917,233	23,304,252	38,221,485	107.1	102.2	104.1	39.0	61.0
1930~1935	17,657,841	24,043,000	41,700,841	126.7	105.5	113.5	42.3	57.7
1936	19,410,763	27,565,770	46,976,533	139.3	120.9	127.9	41.3	58.7
1937	26,796,950	29,236,800	56,033,750	192.3	128.2	152.5	47.8	52.2
1938	24,138,874	19,812,197	43,951,071	173.2	86.9	119.6	54.9	45.1
1939	14,355,793	23,862,370	38,218,163	103.0	104.7	104.0	37.6	62.4
1940	21,527,393	23,349,817	44,877,210	154.5	102.4	122.2	48.0	52.0
1941	24,885,642	20,066,072	44,951,714	178.6	88.0	122.4	55.4	44.6
1942	15,687,578	17,780,250	33,467,828	112.6	78.0	91.1	46.9	53.1
1943	18,718,940	17,913,569	36,632,509	134.3	78.6	99.7	51.1	48.9
1944	16,051,879	23,439,435	39,491,314	115.2	102.8	107.5	40.6	59.4
1945	12,849,647	18,156,958	31,006,605	92.2	79.6	84.4	41.4	58.6

출처: 朝鮮銀行 調査部, 1948, 『朝鮮經濟年報』, 28쪽(이송순, 2008, 앞의 책, 79쪽 재인용).

업기술의 발전과 보급에 중점을 두었으며, 밭농업기술 즉 밭작물 재배에는 관심을 두지 않았다.

1920년대 말 대공황에 따른 농민생활의 빈곤과 농민들의 소작쟁의가 빈발하게 되자, 총독부는 농민생활의 안정을 기하기 위해 적은 예산을 들이면서 생산량을 증가시킬 수 있는 밭작물에 주목하게 되었다. 총독부에서는 1931년에 '전작개량증식계획'을 12년계획으로 실시했고, 밭작물 중에 보리, 밀, 쌀보리, 콩, 조를 중심으로 재배면적을 확대하고 생산량을 증가시키는 것을 목적으로 하였다. 그러나 적극적인 예산 지원이 이루어지지 않았고, 밭작물 재배기술의 농업전문가가 부족했기 때문에 계획대로 성과를 거두지 못하였다.

1937년 중일전쟁 이후 전시체제에 들어서면서 다시 한번 식량 수요가 폭발적으로 증가하게 되었다. 전시 식량의 부족과 1930년대 공업화에 따른 노동자와 도시 인구 증가로 식량 수요가 급증하게 되자 1940년에 '조선증미계획', 1941년에 '식량전작물증산계획'을 추진하였다.

밭의 대표적 작물은 보리(대맥), 밀(소맥), 쌀보리(나맥), 좁쌀(조), 콩(대두), 팥(소두)이 있다. 조선총독부가 밭작물에 대해 관심을 갖게 된 것은 1920년대 후반 이후였으며, 1931년 '전작개량증식계획'을 실시하면서 본격화하였다. 1931년에 맥류 생산량이 1,020만 석이었는데, 점진적으로 증가하면서 1937년에 1,460만 석까지 상승하였다(〈표 7-10〉참조). 1937년 일본이 중일전쟁을 일으키면서 농촌의 노동력이 군수산업에 동원되게 되고, 가뭄과 홍수 등 자연재해로 말미암아 1940년 이후 생산량이 점차 감소해 갔다.

그중 특징적인 현상은 나맥인 쌀보리가 1930년대 이후 비약적으로 증가해 갔다는 사실이다. 1930년에 쌀보리의 생산량이 53만 석에 불과했는데, 1933년에 100만 석, 1936년에 200만 석, 1940년에 354만 석으로 정점에 달했다가 그 후 점차 감소해 갔다. 쌀보리의 생산량이 급증한 것은 내한성이 강한 품종이 개발되면서 재배면적이 급격히 확대되고, 아울러 논의 이모작이 확대되면서 가을에 이모작의 대상인 쌀보리가 많이 재배되었던 탓이다.[45]

좁쌀, 즉 조는 보리에 비해 비료량이 적어도 수확량이 많고 조선인의 기호에도 적합하였다. 조는 주로 서북선지방에서 많이 재배되었는데, 이 지방은 겨울이 춥고 봄과 여름 사이에 매우 건조하여 맥류 재배는 곤란

---

45 農林省熱帶農業研究センタ, 1976, 앞의 책, 335~336쪽.

〈표 7-10〉 주요 농산물 생산량

(단위: 천 석)

연도	쌀	맥류				조	콩	팥
		계	보리	밀	쌀보리			
1910	10,406	6,208	4,747	1,206	255	3,347	2,746	889
1911	11,568	7,366	5,651	1,408	307	3,633	3,155	1,005
1912	10,865	7,735	5,857	1,566	312	3,813	3,567	1,085
1913	12,109	8,875	6,717	1,810	348	4,576	3,603	1,122
1914	14,130	8,100	6,171	1,630	299	4,025	3,624	1,151
1915	12,846	7,828	6,794	1,691	344	4,384	4,017	1,073
1916	13,933	8,611	6,528	1,771	302	4,821	4,226	1,143
1917	13,687	9,109	6,931	1,788	390	5,182	4,301	1,180
1918	15,294	10,079	7,728	1,933	417	5,663	4,868	1,334
1919	12,708	9,033	7,270	1,671	361	3,816	3,281	460
1920	14,882	9,861	7,367	2,146	348	6,036	4,791	1,214
1921	14,324	10,180	7,616	2,171	394	5,863	4,679	1,074
1922	15,014	9,234	6,872	2,057	357	5,138	4,516	904
1923	15,175	8,058	6,031	1,680	347	5,298	4,641	933
1924	13,219	9,700	7,168	2,133	399	5,078	3,658	636
1925	14,773	10,420	7,816	2,179	425	4,757	4,612	968
1926	15,301	9,542	7,032	2,124	386	4,777	4,352	986
1927	17,299	9,080	6,818	1,875	387	4,994	4,747	1,038
1928	13,512	8,746	6,572	1,782	392	5,233	3,811	764
1929	13,702	9,388	7,212	1,725	451	5,244	3,991	810
1930	19,181	9,964	7,568	1,863	533	5,573	4,490	899
1931	15,873	10,208	7,812	1,729	666	4,590	4,132	863
1932	16,346	10,619	8,004	1,778	837	5,539	4,410	877
1933	18,193	10,371	7,585	1,762	1,023	5,145	4,556	915
1934	16,717	11,117	7,994	1,838	1,285	3,772	3,812	873
1935	17,885	12,311	8,752	1,933	1,627	4,861	4,375	934
1936	19,411	10,382	6,814	1,605	1,986	5,065	3,784	759
1937	26,797	14,598	9,795	2,031	1,854	5,840	4,263	890
1938	24,139	11,685	7,417	2,062	2,280	5,237	3,868	795
1939	14,356	13,058	7,570	2,492	3,076	5,029	2,333	419
1940	21,527	12,505	6,883	2,078	3,544	4,261	3,266	770
1941	24,886	11,505	6,510	1,671	3,325	2,398	2,970	684
1942	15,688	9,728	5,152	1,515	3,062	3,298	1,715	460
1943	18,719	8,280	4,319	1,510	2,451	4,010	2,249	457
1944	16,052	12,712	7,672	1,909	3,131	3,917	2,696	606

출처: 1910~1922년은 朝鮮總督府, 1930, 『農業統計表(1928)』, 耕地面積表, 4~8쪽; 1923~1944년은 朝鮮銀行 調査部, 1948, 『朝鮮經濟年報』, III-26~27쪽.

하고 조 재배에 알맞았다.[46] 좁쌀은 1930년대에 생산력 증감의 변동이 심하였다. 〈표 7-10〉에서 보듯이 1930년에 생산량이 557만 석이었는데, 맥류와 면화 등의 재배면적이 증가하면서 좁쌀의 재배면적이 줄어들게 되었고 그에 따라 1930년대 이후 점진적으로 감소했다가 1936년과 1937년에 약간 증가하여 584만 석에 이르기도 하였다. 그리고 1938년 이후 점차 감소하다가 1941년에는 240만 석으로 떨어졌다. 좁쌀의 재배면적은 1930년대 전반 약 79만 정보 수준이었는데, 다른 밭작물의 재배면적이 지속적으로 확대되면서 좁쌀의 재배면적은 1940~1944년에는 약 68만 정보로 크게 줄어들었다.[47]

콩은 조선의 풍토에 적합하고 지력 유지에도 좋아 밭작물 중에서도 많이 재배되는 주요 작물이었다. 특히 조선 콩의 품질이 좋고 단백질이 많아 식용으로 적합했으며 또한 조선인에게 꼭 필요했던 된장, 간장의 원료로서 매우 중요하였다.[48] 콩은 1915년에 400만 석의 생산량을 보이면서 대체로 400만 석 내외에서 안정적인 생산을 이루고 있었다. 1931년의 전작개량증식계획에서도 콩은 약간의 재배면적 증가(약 4만 정보)와 100만 석의 증산을 도모하였다. 계획상의 우선순위는 보리, 조, 밀 다음으로 콩이었다. 1941년의 식량전작물증산계획(5개년계획)에서는 보리, 밀, 쌀보리, 조의 순으로 우선순위를 두어 생산량 증가를 계획하였다. 콩은 재배면적이 줄어들지만 생산량은 400만 석의 생산량을 유지하는 것을 목표로 하였다. 그러나 실제로는 1938년의 콩 생산량이

---

46   이송순, 2008, 앞의 책, 137쪽.
47   배민식, 2003, 앞의 글, 769~770쪽.
48   이송순, 2008, 위의 책, 137~138쪽.

390만 석이었는데 계속 감소하였으며, 1942년에는 가뭄으로 말미암아 수확량이 171만 석까지 감소하게 되었다.

식민지시기에 밭작물인 잡곡의 작부면적은 대체로 정체되거나 감소되었다. 토지생산력의 추이는 면화가 현저한 증가를 보였고, 다음으로 이모작을 행하면서 쌀보리와 밀이 약간의 증가를 보였을 뿐이며, 보리와 고구마는 거의 변화가 없었고, 그 외 대부분의 잡곡류는 감소하는 경향을 보였다.[49]

3) 면화와 생사

일제는 1910년 조선을 병탄한 후 조선을 식량·원료의 공급기지로 재편하고자 하였다. 원료로서 주목한 것은 면화와 생사였다. 면화는 일본 면방직공업의 원면으로 공급되었다. 즉 조선총독부는 조선을 일본의 면방직공업의 원면 공급지로 재편하고자 하였다. 일본 자본주의의 발달을 위해 일본은 서구의 면직공장과 경쟁해야 했고, 제1차 세계대전 이후 미국, 영국 등이 자국의 산업 보호를 위해 면화 수출을 금지하자 일본은 자국의 면직공업의 발달을 위해 원료인 면화가 매우 필요하게 되었다. 이 면화를 조선에서 충당하고자 했고, 일제시기 내내 조선 면화의 수입이 필요하였다.

1912년에 조선에서 육지면 재배면적은 약 7천 정보, 수확량은 약 700만 근, 재래면 재배면적은 약 5만 7천 정보, 수확량은 약 2,700만 근, 합계 재배면적은 약 6만 4천 정보, 수확량은 약 3,400만 근에 불과

---

49 염정섭·소순열, 2021, 앞의 책, 372쪽.

하였다. 이것을 바탕으로 조선총독부에서는 1912년부터 6개년계획으로 육지면 10만 정보, 재래면 2만 정보의 재배면적을 확보하여 육지면 1억 근, 재래면 1,500만 근을 수확하는 '면작장려 제1기 계획'을 수립하였다. 이 계획은 1918년에 어느 정도 성과를 거두어 육지면 재배면적 9만 4천 정보, 생산량 6천만 근, 재래면 재배면적 3만 6천 정보, 생산량 1,700만 근이 되었다(〈표 4-6〉 참조).

그러자 1919년에 '제2기 계획'을 수립하여 10년 동안 육지면 10만 정보, 재래면 3만 5천 정보로 재배면적을 추가로 확대하여 총재배면적 25만 정보, 생산량은 2억 5천만 근을 생산하도록 계획하였다. 그 계획은 1928년에 총재배면적 20만 6천 정보, 생산량 1억 7천만 근이 되었다. 계획 대비 재배면적은 80%, 생산량은 68%의 성과를 거두었다.

그 후 조선총독부는 1933년부터 20년간 재배면적 50만 정보, 실면 생산량 6억 근의 계획을 세우고, 전반기 10년 동안 재배면적 35만 정보, 실면 생산량 3억 근을 달성하는 계획을 세웠는데, 실제로 1942년에 그 계획에 미치지는 못했지만 대략 재배면적 34만 정보, 생산량 2억 1천만 근에 달하는 결과를 얻었다. 심지어 1943년에는 육지면 수확량이 3억 2천만 근에 육박하는 성과를 거두기도 하였다. 1912년과 1943년을 비교하면 재배면적은 5배, 생산량은 9.4배 증가하였다.

일제시기 농업생산액 구성을 살펴보면, 1910년대와 1940년대를 비교한 결과 가장 많이 증가한 것이 면화였다. 1910~1914년 면화는 전체 농업생산액에서 0.8%의 비중을 차지했는데, 1940~1944년에는 2.9%로 증가하였다.[50] 〈표 4-6〉에서 보듯이 재래면은 거의 소멸되어 갔고,

---

50 염정섭·소순열, 2021, 앞의 책, 367~372쪽.

육지면 재배면적의 급증과 그에 따른 실면 생산량 증가는 일본 방적자본의 원료에 대한 효과적 공급을 가능케 했던 것이다.

일본은 19세기 말 이후부터 생사를 수출하여 큰 이익을 보고 있었다. 일본은 세계적인 생사 수출국이었다. 생사는 일본의 제사공장에 원료로 제공되어 미국으로 수출되었다. 1905년 당시 일본의 해외 수출품 중 섬유제품의 비중이 약 60%였는데, 그 섬유제품 중 생사와 견직물이 압도적 비중을 차지하였다. 그리하여 일제는 일본 본국뿐 아니라 조선에서도 양잠업을 장려해서 생사를 공급받고자 하였다. 그 작업은 통감부시기부터 시작하였다. 통감부는 1906년에 권업모범장을 설립하면서 잠실을 마련하여 일본 개량종의 한국 풍토에의 적응 여부를 실험하였다. 1908년 말에 일본의 뽕나무 품종 중 노상·시평·도지내·적목의 4종을 무상으로 배포했고, 1909년에는 가잠종 2,400여 매, 작잠종 1만 1,200여 매를 배포하였다.[51]

일제는 1910년 조선을 병탄하자마자 총독이 각 도장관에게 양잠의 종묘와 잠종의 무상배포를 훈시했고,[52] 1912년에 조선총독은 미작, 육지면, 양잠,[53] 축우에 관한 장려를 훈령으로 공포했으며, 다음 해에는 총독이 각 도 농업기술관에게 우량잠종의 보급, 상묘의 무상배급과 함께 보조금을 배부하면서 양잠업 장려를 지시하였다.[54] 그 후 1919년에 「조선잠업령」을 제정해 양잠업에 대한 체제를 정비하고, 1925년부터 15년

---

51   권태억, 1986, 앞의 글, 196~199쪽.
52   朝鮮總督府, 1914, 「總督府ノ開始ニ付各道長官ニ對スル訓示」(1910.10.5), 『朝鮮統治三年間成績』附錄, 24쪽.
53   「조선총독부 훈령 제11호 잠업 장려에 관한 건」(1912.3.12), 『朝鮮農會報』 7-3.
54   「各道農業技術官に對する總督指示」, 『朝鮮農會報』, 1913.4.

동안 '산견백만석증수계획'을 실시하여 양잠 호수 100만 호, 뽕나무밭 10만 정보, 산견 100만 석을 목표로 양잠업 발달을 추진하였다.

　이는 양적인 성장으로 나타났다. 뽕나무 재배면적이 1910년에 3천 정보였는데, 1939년에 8만 2천 정보가 되어 27배 증가했고(〈표 5-5〉 참조), 양잠 호수는 1910년에 7만 6천 호였는데, 1939년에는 82만 호가 되어 11배 정도 증가했으며, 견 생산액도 1만 4천 석에서 66만 석으로 50배 증가하였다. 따라서 생산가격도 약 50배 정도 증가하였다(〈표 5-6〉 참조). 1910년보다 1940년대 양잠의 생산액은 증가하였다. 1910~1914년 양잠이 전체 농업생산액에서 0.2%의 비중을 차지했는데, 1940~1944년에는 그 비중이 1.4%로 증가하였다.[55] 이렇게 생산된 견사는 처음에는 대부분 일본의 제사공장에 원료로 제공되었는데, 조선에 제사공장이 설립되면서 차츰 국내에 제공되기도 하였다.

55　염정섭·소순열, 2021, 앞의 책, 371쪽.

결론

일제 농업생산정책의 특징과 해방 후 한국 사회에 남긴 영향

1876년 개항 이후 조선의 선각적 지식인들은 1876년 제1차 수신사, 1880년 제2차 수신사, 1881년 조사시찰단과 영선사, 1883년 보빙사를 통하여 외국의 문물을 시찰하고 청과 일본을 비롯한 외국의 큰 변화를 목격하였다. 아울러 외국으로부터 들어온 신식서적을 통해 세계가 크게 변화해 감을 인지하게 되었다. 그에 따라 조선도 변혁의 필요성을 느끼게 되었다.

조선 정부는 1880년 통리기무아문을 설치하고 새로운 개혁정책을 실시해 가고자 하였다. 밖으로는 외국의 문물을 파악하고 외교를 강화해 가며, 안으로는 산업 특히 농업의 발달을 시도해 갔다. 그러나 서양과 일본의 문물 수용을 둘러싸고 조선의 지식인들 사이에 대립이 심했고, 그러한 갈등은 1880년 전반기에 정치적 충돌로 발현되기도 하였다. 이에 특별기구를 통한 농업개혁정책이 일시적으로 중단되기도 했지만, 조선 정부는 농업의 변화를 추구하는 정책을 지속적으로 추진해 갔다. 그 후 통리군국사무아문, 내무부, 농상아문, 농상공부 등의 부서에서 농업정책을 실시해 갔다.

개항 이후 조선 정부와 지식인들이 추진한 농업정책 중 주요 사항을 살펴보면 다음과 같다. 첫째로 조선 정부가 농업정책 중 심혈을 기울인 부분은 농지 개간이었다. 당시는 가뭄·홍수 등 자연재해에 대한 대비가 매우 취약했기 때문에, 빈번히 일어나는 자연재해로 인하여 진전이 자주 발생하였다. 황무지와 진전의 개간은 조선 정부의 입장에서 민생을 위해 시급히 해결해야 할 일이었다. 개간에 관심을 가지고 농상국 등 관청에서는 정책을 추진하였다. 그러나 당시 농기구가 발전하지 못하고, 국가의 재정도 풍족한 편이 아니었기 때문에 정부가 직접 개간을 주도할 여력이 없었다. 그리하여 정부는 농상회사를 설립해서 관료와 민의 투자를 유발하여 황무지와 진전을 개간하고자 하였다. 1883년의 교하농상사, 경성농상사 등과 1894년 관허농상회사 등이 그러한 사례였다. 즉 정부에서는 개간회사를 설립하여 관료를 비롯한 유력자들의 자금을 모집하여 재원을 마련하고, 그를 바탕으로 진전을 개간하는 형식을 취하였다. 즉 관이 중심이 되면서 민이 참여하는 관독상판형 회사를 통해 진전을 개간하고자 하였다. 그러다가 대한제국시기에 들어서는 관독상판형 회사보다 민이 주도하는 민간회사가 개간에 주로 참여하였다. 즉 관료 혹은 부유한 부호들이 중심이 되어 개간회사를 설립해 개간을 주도해 갔다.

둘째는 근대 농사시험장의 설립이었다. 고종은 1883년 보빙사에 참여했던 최경석의 상소를 받아들여 1884년에 한국 최초의 근대 농사시험장인 '농무목축시험장'을 설립하고, 시험장의 책임자로 최경석을 임명하였다. 최경석은 처음에 미국에서 주문한 종자와 채소, 농구 및 가축의 시험재배를 성실히 하여 성공적으로 운영했지만, 2년 뒤에 급사하면서 농무목축시험장의 운영은 위기를 맞게 되었다. 그 후 정부에서 미국인 농업기사를 초빙했지만 결실을 맺지 못하자, 대신 영국인 농업기사 제프리를 초빙하여 운영을 맡겼다. 제프리는 농무목축시험장의 관리를 맡으면서 농업학교를 운영하기도 하였다. 그러나 제프리도 2년 만에 사망하게 되면서 농무목축시험장은 운영에 어려움을 겪게 되었다. 그 뒤 궁내부의 종목국으로 편입되었지만, 원만하게 운영되지는 못하였다.

대한제국시기에 이르러 1905년에 본격적으로 근대적 농사시험장을 설립하여 근대적 농업기술을 습득하고 농민에게 보급하려고 했지만, 당시 이토 히로부미 통감의 방해로 설립되지 못하였다. 대신 통감부는 1906년에 권업모범장을 설립하고 일본의 자금과 농업기술자를 통해 일본 농법을 적용해 본 뒤 조선에 그대로 이식하는 정책을 실시하였다.

셋째는 개화지식인들이 서양의 농학을 적극적으로 수용하고자 한 것이다. 1880년대 이후 동도서기론이 등장하면서 유학자들 사이에서 서양의 발달된 문물은 수용해야 한다는 인식이 퍼지기 시작하였다. 청 및 일본에 수신사로 혹은 유학을 갔던 지식인들이 서양의 농학을 접하고 그것을 수용하기 시작하였다. 안종수의 『농정신편』(1881), 정병하의 『농정촬요』(1886), 지석영의 『중맥설』(1888), 이우규의 『잠상촬요』(1884) 등은 그러한 사례였다. 1894년 이후 일본에 유학을 갔던 개화지식인들은 서양의 문물을 접하고 서양의 농학을 적극적으로 소개하였다. 초기에는 양잠업 및 농업에 관한 농서를, 후에는 농업과 양잠뿐 아니라 축산, 원예, 비료 등 다양한 방면에 대한 서양의 농서를 소개하게 되었다.

1905년에 러일전쟁에서 승리한 일본은 조선에 을사조약을 강요하고, 1906년 2월에 통감부를 설치하면서 조선을 침략해 들어오기 시작하였다. 통감으로 부임한 이토 히로부미는 부동산법조사회를 설립하고 일본 민법의 대가인 우메 겐지로(梅謙次郎)를 초빙해 조선의 토지소유권 등을 조사하여 1908년 「토지가옥소유권증명규칙」을 제정하면서 일본인에게 토지소유권을 허가해 주었다. 원래 대한제국 정부는 토지 및 어장 등에 대해 외국인에게는 소유권을 인정해 주지 않았다.

다음으로 통감부는 조선의 농업사정을 조사하였다. 당시 일본인들의 조선 농업조사서가 많았는데, 일본 농상무성은 전문관료와 도쿄제국대학 농학과 교수를 파견해 조선 8도의 농업사정을 체계적으로 조사하게 하여, 이를 바탕으로 『한국토지농산조사보고』(1906)라는 종합보고서를 발간하였다.

주목할 점은 대한제국에서 농업의 근대화를 위해 농사시험장을 설립하려고 했는데, 통감부가 이를 저지했다는 사실이다. 이토 히로부미는 일본의 자금으로 농사시험장을 설립하여 대한제국에 기증하려고 하니 대한제국에서는 따로 농사시험장을 설립하지 말 것을 제안하면서 1906년에 권업모범장을 설립하였다. 통감부 관료들은 일본의 우수한 농업기술을 권업모범장에서 시험해 보고, 조선에 그대로 이식하면 된다고 생각하였다. 조선의 농업환경이 일본과 비슷하므로 자신들의 농업기술을 바로 적용하면 될 거라 판단한 것이다.

일제는 1910년에 조선을 강제로 병탄하면서 조선을 본격적으로 침략해 들어왔다. 일제는 식민지 조선을 일본 자본주의의 성장을 위한 식량·원료의 공급지와 자본제 상품의 판매시장으로 재편하고자 하였다. 먼저 1910년 전후로 일제는 조선의 국유지와 민유지를 조사하는 토지조사사업을 벌여 1918년 마무리하면서 국유지를 창출하고 일본 자본이 토지를 매입할 수 있는 토지의 상품화 기반을 마련하였다. 아울러 조선의 지주들이 산업자본가로 전환하는 것을 막기 위해 「회사령」을 공포하였다. 1910년대는 토지조사사업을 진행하면서 조선을 무력으로 지배하였다. 1910년대 중반까지도 조선에서는 의병과 유생들의 저항이 지속되고 있었기 때문에 일제는 헌병경찰을 동원한 무단통치를 실시하고 있었다. 그리하여 조선총독부의 예산 중 30~40%가 헌병경찰비에 쓰였으며 사회간접자본에 30~40%를 지출했고, 산업 진흥에 사용할 수 있는 비용은 나머지 20~30%였으므로 여력이 많지 않았다. 그리하여 농업 부문에서는 미작, 면화, 양잠, 축우의 종자 개량에 한정하여 예산을 집행하였다. 미작에서는 일본의 벼 품종을 조선에 이식케 하여 장차 일본에 부족한 미곡을 충당하기 위한 장기 전략의 일환으로 일본 벼 품종을 심게 하였다. 면화와 양잠의 품종 개량은 그 산출물을 일본의 방직자본에 원료로 제공하기 위한 것이었다. 축우의 개량은 일본으로의 우피와 육우 수출을 위함이었다. 이와 같이 1910년대는 일본이 조선을 병탄하면서 조선을 식량·원료의 공급기지로 재편하기 위한 기초를 마련하는 데 농업정책의 중심을 두었다.

일제하 식민지시기 산미증식계획은 크게 세 차례에 걸쳐 전개되었다. 제1기 산미증식계획은 1920년부터 1925년까지, 제2기 산미증식갱신계획은 1926년부터 1934년까지, 제3기 조선증미계획은 1939년부터 1945년까지 전개되었다. 산미증식계획을 실시한 목적은 첫째, 조선 내의 수요 증가에 대비하고 둘째, 농가 경제를 성장시켜 반도 경제의 향상을 도모하며 셋째, 제국의 식량 문제 해결에 이바지한다는 것을 내세웠지만, 실제 주요 목적은 일본 본국의 식량 문제 해결이었다. 일본은 1년에 인구가 70만 명씩 증가하면서 식량 부족에 시달렸다. 일본은 매년 600~900만 석의 미곡을 수입하는 만성적 쌀 수입국이었다. 그런 와중에 1918년에 도야마현에서 '쌀소동'이 일어나고, 그 현상이 전국으로 확산되면서, 일본 사회에서 쌀 부족의 해결은 체제 유지의 근간이 되었다. 한편 조선에서는 1919년 3·1운동이 일어나 민생을 안정시킬 필요가 있었다. 이러한 원인들을 해결할 목적으로 산미증식계획이 추진되었던 것이다. 산미증식계획은 제1기에는 토지개량사업에 치중하였는데, 국고 및 조선식산은행의 대여금이 부족했기 때문에 예정된 성과를 얻지 못하였다. 제2기에는 국고 및 조선식산은행의 대여금이 지급되고 추진기관이 설립되면서 예정했던 부분을 일정하게 성취하였다.

산미증식계획은 조선의 농업구조를 크게 변화시켰다. 첫째, 수리시설이 확대되면서 관개면적의 혜택을 받는 농지면적이 크게 증가하였다. 둘째, 일본의 우량품종 식부면적이 크게 증가하였다. 셋째, 시비량이 늘었으며, 그 결과 단위면적당 생산량이 증가하기도 하였다. 그러나 산미증식계획의 부정적 측면도 다음과 같이 나타났다. 첫째, 한국의 농업구조가 미곡을 중시하는 수전농업 중심으로 운영되면서 미곡 단작화 농업지대로 재편되었다. 둘째, 수전농업이 몇 개의 우량품종으로 교체됨으로써 상품화에는 유리하지만 농학상으로 불리하게 되었다. 단일품종으로 식부된 벼는 농학상으로 병충해 및 가뭄에 취약하였다. 셋째, 조선의 전통농법 혹은 재래품종이 축소되거나 소멸되었다. 농법과 품종은 몇 천년 동안의 기후와 풍토에 적응하면서 개량되어 온 것인데, 그것이 일제시기를 거치면서 극히 일부 지역에서 행하는 것으로 축소되거나 소멸되었다. 나아가 일제시기에 한전은 경시되었기 때문에 한전의 품종과 한전재배 기술이 소멸되거나 위축되었다. 넷째, 증산된 쌀이 대부분 일본에 이출됨으로써 조선 농민이 혜택을 입지는 못하였다.

산미증식계획을 실시하면서 조선 농민의 노동 강도는 강해졌지만, 수리조합비와 세금 등 공과금 증가로 인해 지주와 일부의 농가를 제외하고 대부분 조선 농가의 경영수지는 적자였고, 채무도 누적되어 갔다. 그리하여 농촌사회는 전반적으로 피폐해 갔으며 대부분의 농민(자작농, 자소작농, 소작농)은 몰락하였다. 자작농과 자소작농은 자신의 토지를 방매할 수밖에 없었고, 지주들은 그 토지를 구입하여 지주 수가 증가했으며, 대토지소유자는 더욱 증가하였다. 특히 일본인 대지주는 지속적으로 증가하였다. 그 결과 식민지 지주제가 강화되면서 지주의 권한은 커지고 소작인의 부담은 증가하였다. 즉 산미증식계획이 진행된 결과 소작지는 더욱 증가하고, 지주의 권한은 강화되면서 소작 기간의 단축, 소작료율의 상승, 소작인의 공과금 인상 등 소작조건이 악화되었다. 그런 과정 속에서 일본인의 토지소유는 증가해 갔다. 1920년대 후반 농민층이 전반적으로 몰락하는 가운데 농민들의 의식이 성장하면서 소작쟁의가 폭증하였다. 그리하여 조선총독부는 농촌진흥운동을 펼치지 않으면 조선 사회를 지배할 수 없을 정도가 되었다.

1929년 세계대공황은 자본주의 경제체제에 큰 위기를 가져왔다. 농산물 가격이 폭락하면서 일본 자본주의도 큰 위기를 맞게 되었다. 일본은 미곡조사회를 설립하여 미곡정책에 대한 주요 사항을 논의하였다. 1931년 만주사변 발발, 영국의 금본위제 중지 등의 여파로, 일본 주식시장 또한 큰 혼란에 빠지게 되었다. 일본 농림성과 일본 지주들은 조선과 대만에서의 쌀 이입이 일본 미가를 떨어뜨리는 주된 이유라고 하였다. 게다가 1933년에 대풍작으로 일본과 조선의 쌀 수확량이 크게 늘게 되면서, 조선미가 일본에 들어온다면 일본 미가의 큰 폭락을 가져올 거라는 이유로 일본 정부는 조선과 대만의 총독부와 협의하여 식민지미를 통제하라고 요구하였다. 이에 일본 정부가 자금 지원을 중단하자, 조선총독부는 산미증식계획을 중지하게 되었다.

아울러 1920년대 후반부터 새로운 농업생산정책을 모색하게 되었다. 1920년대 후반에 조선 농업 생산의 문제점이 노정되었다. '우량품종'으로 장려된 벼 품종이 더 이상 생산량 증가를 가져오지 못하게 된 것이다. 그리하여 조선총독부는 일제의 농업생산정책을 다시 짜기 시작하였다.[1] 먼저 1929년에 권업모범장의 명칭을 농사시험장으로 개편하면

---

1   김도형, 2009, 앞의 책, 169~203쪽.

서 일본의 품종과 농업기술을 조선에 그대로 이식하는 것이 아니라 조선의 기후와 풍토에 맞게 연구하여 적용하려고 하였다. 둘째로 미작 중심의 농업체계에서 미작과 더불어 '전작개량증식계획'을 추진하였다. 그것은 당시 농촌 경제가 전반적으로 피폐해 가는 것을 안정화시키기 위해 농업 경영 다각화를 모색하는 차원에서 이뤄진 것이었다. 나아가 미작 중심의 농업 경영에 따른 폐해를 수정하고자 하는 의도도 내재해 있었다. 셋째로 1930년대에 일본의 벼 우량품종이 병충해, 특히 도열병으로 큰 피해를 입게 되자 도열병에 강한 품종을 모색하게 되었다.

1920년대 중반부터 농가 경제의 수지는 악화되고 부채는 누증되었다. 1929년의 세계대공황은 그러한 현상을 더욱 악화시켰다. 산미증식계획에 의해 식민지 지주제는 강화되고, 수리조합비 및 세금은 증가하면서 조선 농가는 더욱 피폐해졌다. 그리하여 1920년대 후반부터 농민의 소작쟁의는 격렬해졌고, 특히 적색농민조합에 의한 소작쟁의가 폭넓게 전개되었다. 이에 조선총독부는 '농가갱생계획' 혹은 '농촌진흥운동' 등을 추진하여 농촌재생운동을 펼치지 않으면 안 되었다.

일제는 1937년 중국 본토를 공격해 들어가면서 본격적인 전쟁 상태로 돌입하였다. 1940년 동남아시아 침략, 1941년 하와이 침공 등으로 전쟁 지역이 확대되면서 식량 보급이 필요하게 되었다. 그중 군량미의 보급과 노동력의 차출은 최대 급무였다. 아울러 공업화와 인구 증가, 외화 제약으로 인해 외국맥 수입이 격감하는 등에 따라 엔블록 내의 식량 수급 사정은 빠르게 악화되었다. 그래서 1939년에 '조선증미계획'을 마련하고 경종법을 개량하면서 미곡 증산을 시도하였다. 그러나 1939년에 대가뭄이 발생하여 전해보다 약 1천만 석이 적은 1,400여 만 석의 쌀을 수확하게 되었다. 이에 조선 미곡의 일본 이출이 급감하며 대신 동남아 시장에서 800만 석을 수입하게 되자 일본 정부의 재정 부담이 더욱 커졌다.

1939년 조선증미계획이 무위로 돌아가자, 일제는 1940년에 적극적이고 장기적인 조선증미계획을 실시하였다. 1940년 이후 6개년계획으로 경종법 개선에 의한 증산(75%)을 중점에 두면서 토지 개량에 의한 증산(25%)도 병행하였다. 그러나 1940년의 토지개량사업은 1920년대 '산미증식계획'에서 실시했던 토지개량사업에 의한 경지 확장보다는 소극적으로 전개되었다. 투입되는 예산도 풍족하지 않았다. 전시체제기 자재난과 농업 노동력 부족 등의 상황에서 쌀 증산을 도모했기 때문에 적극적 토지개량사업보다는 금비 사용, 종자 갱신 등의 경종법 개선에 의한 증산에 더 큰 비중을 두었던 것이다. 그 결과 미곡 수확량이 1940년 2,153만 석, 1941년 2,489만 석으로 평년작인 2,300~2,400만 석에 겨우 도달하는 실적을 거두었다.

1940년의 조선증미계획이 계획대로 이루어지지 못하고, 1941년 일본에서 대흉년이 일어나 평년보다 1천여 만 석이나 수확량이 떨어지고, 나아가 1941년에 태평양전쟁이 발발하자 식량 수요가 급증하게 되었다. 이에 일제는 1942년에 '조선증미갱신계획'을 다시 수립하였다. 조선증미갱신계획에서는 토지개량사업을 큰 폭으로 확대시키면서 1942년 이후 10개년계획으로 1951년까지 사업을 전개하고자 하였다. 조선증미갱신계획에서는 토지개량사업에 의한 미곡 증산을 619만 석(54%)으로, 경종법 개선에 의한 증산을 519만 석(46%)으로 대폭 증대하여 1955년에는 미곡 생산량 총 3,464만 석으로 1,138만 석을 증산할 것을 계획하였다. 그러나 1942년 이후 전시체제로 인한 농촌 노동력과 자재 부족으로 토지개량사업은 성과를 거두기 어려웠고, 비료의 부족과 품종 개량의 한계 등으로 농사개량사업 또한 효과가 없었다. 더욱이 기상이변과 대가뭄이 겹치면서 1942년 1,569만 석, 1943년 1,872만 석, 1944년 1,605만 석의 쌀 수확이 이루어져 평년 수확량의 70% 수준에 머물 정도로 저조하였다.

일제가 추진한 농업생산정책의 특징

첫째, 일제하 식민지시기 조선총독부의 농업정책은 기본적으로 일본 본국 정부의 필요에 따라 추진되었다. 특히 일제하 식민지시기 내내 총독부는 '미곡중심주의', '도작(稻作)제일주의'의 기조로 농업생산정책을 추진하였다. 조선총독부는 명목적으로는 조선인의 식량 수급과 농촌의 생활 안정을 위해 농업정책을 실시한다고 했지만, 실제로는 일본 본국의 정치적·경제적 안정과 이익을 위해 추진하였다. 1910년대 벼 품종 개량은 일본 시장에서 쌀을 상품화하기 위한 것이었고, 면화와 양잠의 품종 개량은 일본 자본가 공장의 원료로 사용하면서 서구로 수출하고자 하는 의도에서 권장되었다.

1920년대 산미증식계획은 1918년 일본의 '쌀소동'으로 촉발된 일본 본국의 식량 부족을 해결하기 위한 방책으로 실시된 것이었다. 일본 본국의 필요에 의해서 산미증식계획이 실시되어, 증산량보다 더 많은 미곡이 일본으로 이출되었다. 그리하여 조선 농촌에서는 쌀이 부족했고, 농민의 식량 수요를 맞추기 위해 만주에서 좁쌀을 수입하여 공급하였다.

1934년에 산미증식계획이 중지된 것도 일본 본국의 요구에 의한 것이었다. 1929년 세계대공황에 의해 세계적으로 농산물 가격과 일본의 쌀 가격이 모두 폭락하였다. 일본 지주와 농림성은 일본 쌀 가격이 폭락하는 와중에 조선에서 가져오는 쌀이 쌀값을 더욱 폭락시키는 것이라 주장하였다. 이에 척무성과 조선총독부는 "일본 본국의 필요에 의해 산미증식계획이 실시되었고, 일본은 만성적 쌀 수입국이므로 언제 다시 조선 쌀의 이출이 필요할지 모르기 때문에 산미증식계획을 중단하면 안 된다"라고 주장하여 논쟁이 벌어졌다. 일본 정부는 1929년 미곡조사회를 설치해 '식민지미 이(출)입통제 대책'을 논의하면서 조선미의 이출을 조절하도록 했고, 이에 조선총독부는 '조선미곡창고계획'을 수립하여 조선미의 이출시기를 조절하기도 하였다. 그러나 일본 내각에서 대장성 예금부의 자금 지원을 중단하자, 조선총독부는 1934년에 산미증식계획을 중단하였다. 이와 같이 조선총독부 정책 변화의 주요 원인은 조선 내의 식량 수급사정 때문이 아닌 일본 본국의 사정에 의한 것이었다.

1940년 조선증미계획도 일본 본국의 필요에 의해 진행된 것이었다. 일본이 1937년 중일전쟁을 일으키면서 전쟁 수행체제로 들어가게 되었고, 조선은 대동아전쟁의 원활한 수행을 위한 인적·물적 자원을 조달하는 병참기지의 역할을 수행하게 되었다. 전쟁 수행을 위해서는 곡물, 특히 쌀이 필요했고, 일제는 1940년부터 조선증미계획을 실시해 조선에서 증산한 쌀을 군수 물자로 제공했던 것이다.

이와 같이 조선총독부의 식민지 농업정책은 조선 내 식량 수급사정 때문이 아니라 일본 본국의 필요에 의해서 추진되었으며, 그 과정도 조선 농민의 동의를 구하는 것이 아니라 강제적으로 진행되었다. 그리하여 수천 년간 한반도의 기후와 풍토에 적응해 온 농업의 작업 과정이 무너져 갔다. 조선총독부는 농업정책을 조선 농민과 농촌을 위해서 수행한다는 명목을 내세웠지만 실질적으로는 일본 본국의 사정에 따라 추진되었고, 그것이 식민지 농업정책의 본질이었다.

둘째, 조선총독부의 농업정책 담당자들은 일본의 개량농법은 조선의 재래농법보다 매우 우수하므로 일본의 선진적 농업기술을 조선에 그대로 이식하면 충분하다고 판단하였다. 일제가 조선을 병탄한 초기에 정책 담당자들은 일본의 농업기술이 조선의 농업기술보다 우수하다는 자만심을 가지고 농업정책을 추진했다. 그리하여 통감부는 근대적 농사시험장을 만들어 '권업모범장'이라 명명하고 일본의 농업기술을 모범으로 하여 조선에 적용하려 하였다.

일본 정부 관료와 농업기술자들은 일본과 조선은 똑같이 미작농업을 중시하며, 기후와 풍토도 비슷하다고 보았다. 그런데 당시 일본은 조선보다 단위면적당 벼의 생산량이 1.5~2배에 달했기 때문에 일본의 선진적 농업기술을 조선에 이식하기만 하면 조선의 농업생산력을 높일 수 있으리라 여겼다. 따라서 1910년대는 일본 벼 품종을 우선적으로 조선에 보급하였다. 1920년대는 조선에는 천수답이 많았기 때문에 그 단점을 보완하기 위해 토지개량사업을 벌여 수리안전답을 확보하면서 비료의 시비를 강화한다면 생산력이 고양되리라 기대하였다. 그러나 1920년대 후반이 되어 벼농사의 생산력이 더 이상 제고되지 못하고 수확량이 정체되면서 일본 농업기술의 한계가 드러나게 되었다.

일본의 관료와 농업기술자들은 조선의 농업기술을 후진적인 것으로 예단하였다. 해방 후 한 일본인 농업기술자는 일제시기에는 조선의 농업기술을 하위로 보고 있었다고 회고하였다. 일본인 농업전문가들은 주로 미작농업의 전문가였다. 그러나 조선의 농업은 논농사보다 밭농사를 중시하였다. 밭의 면적이 논의 면적보다 많았으며, 곡물 생산량도 밭에서 생산되는 양이 더 많았다.

일제는 그에 대한 반성으로 1929년에 권업모범장의 명칭을 농사시험장으로 변경하였다. 이는 일본의 농업기술을 그대로 조선에 이식하는 것을 멈춘다는 상징적 표시였다. 즉, 이제부터 조선의 기후와 풍토를 살피면서 그에 맞는 농업기술을 새롭게 만들어간다는 의지의 표현이었다. 1930년에 농사시험장의 책임자로 부임한 가토 시게모토는 농사시험장의 명칭 변경은 조선의 기후와 풍토 등의 특성을 파악해 그에 맞는 농업기술을 찾아내어 조선의 농사 지도를 실시한다는 의미라고 천명하였다.

셋째, 조선 재래의 한전농법체계와 농업기술이 단절되었다. 일본의 농업기술자들은 대부분 미곡농업의 기술자였고, 밭농사기술에 대해서는 문외한이었다. 그러나 앞서 말했듯이 조선의 재래농업은 논농사보다 밭농사 위주였다. 조선은 논과 밭의 비중이 4:6으로, 밭농사가 더 중시되었으며, 밭에서의 곡물 생산량이 논보다 더 많았다. 조선의 재래농법은 전통적으로 미맥의 혼작에 의해 밭농사 기술이 발달해 있었다.[2] 그러나 일본 농업기술자들은 밭의 농업기술에는 어두웠다.

조선총독부에서는 밭의 중요성을 뒤늦게 깨닫고, 1920년 황해도 봉산군 사리원에 밭농사기술 전문연구기관으로 권업모범장의 지장인 서선지장을 처음 설립하였다. 1928년에 가서야 총독이 농업기술관 회의에서 조선 서북부지방에 조농사를 중심으로 한 밭작물 개량 증식을 시달했고, 1929년에 조선총독부에서 국비를 지원해 서북부 6개 지역(황해도, 평안남북도, 강원도, 함경남북도)의 밭농사 개량을 장려하였다. 1929년 이전에는 밭농사 진흥에 대한 지도는 각 지방관청이 담당했다. 그 후 1931년에 조선총독부는 12개년계획으로 '전작개량증식계획'을 실시했고, 다시 1937년 중일전쟁 이후 전쟁 수행을 위한 식량 지원 필요성이 긴급해지자, 1941년에 5개년계획으로 '식량전작물증산계획'을 행하

---

2   염정섭·소순열, 2021, 앞의 책, 400쪽.

였다. 조선총독부는 식량전작물증산계획에서 조선의 기존 한전농법을 활용하여 간작, 혼작, 2년 3작 및 이모작을 행하고 밭의 토지이용률을 제고시키면서 수확량 증가를 도모하는 정책을 추진하였다. 그러나 많은 예산을 들여 적극적으로 추진하지는 않았다.

조선은 한지(旱地)농법인 반면에 일본은 습윤지(濕潤地)농법이었다. 조선은 봄에 가뭄이 심하고, 연 강수량이 1,000㎜ 내외인 데 반해, 일본은 연 강수량이 1,300~1,500㎜에 달하였다. 일본의 습윤지농법은 지력의 유지나 증진이 중요한 문제인 데 반해, 한지농법은 토양 중 수분의 유지나 보급이 가장 큰 문제였다. 이와 관련해서 조선의 재래농법 중 우수한 농법은 윤답(輪畓)농법이었다. 윤답농법은 비가 오지 않을 때 논을 밭으로 전환하여 농사를 짓는 작부 방식이었다. 주로 강우량이 적은 서선지방(평안도)과 북선지방(함경도)에서 많이 행해졌다. 조선의 재래농법 중에서도 가뭄을 극복하는 독특한 작부 방식이었다. 건답직파(乾畓直播) 방법도 있었다. 건답직파는 건조한 천수답에서 가뭄을 이겨내는 품종인 건도(乾稻)를 심어 농사를 짓는 방식이었다. 건답직파는 주로 평안도, 황해도 일부 지방의 건조지대에서 발달하였다.[3]

조선 재래의 한전농법은 조선의 기후와 토양의 특성 속에서 발달한 우수한 농업기술이었는데, 이 점은 일본인 한전농업전문가도 인정한 것이었다. 초대 서선지장장 다케다 소시치로(武田總七郞)는 그의 저서 『실험맥작신설(實驗麥作新說)』(1929)에서 일본 농업의 다섯 가지 자랑거리를 언급했는데, 그중 세 가지는 조선 재래농법의 기술이었다. 그 세 가지가 바로 평안남북도의 건도재배법(乾稻栽培法), 조선의 백채채종법(白菜採種

---

3   염정섭·소순열, 2021, 앞의 책, 401쪽.

法), 서선지방의 2년 3작법이었다.[4]

일제하 식민지 시기 내내 '미곡중심주의' 정책을 일본의 메이지 농법 기술로 추진한 결과 조선 재래의 농업기술은 계승되지 못하고 단절되었다. 논에서는 마른 논에 심는 건도 등의 재래 품종과 모내기할 때 비가 오지 않으면 실시하는 건앙법 등의 전통적 농업기술이 사라졌다. 또한 밭에서는 가뭄을 견뎌내는 한전의 품종들이 사라졌고, 2년 3작 등의 한전농업기술이 계승 발전되지 못하였다.

일제하 식민지 농업정책이 해방 후에 미친 영향

일제강점기 농업정책은 해방 후 한국 사회에 큰 영향을 미쳤다. 조선총독부의 농업정책으로 조선의 농업구조는 역사적 전통과 단절되게 되었다. 첫째, 철저한 미곡 중심의 농업정책 실시로 쌀 단작형 식민지 농업구조가 형성되었다. 논에는 일본의 소수 벼 품종으로 대부분 식재되었고, 관개설비가 충분히 이루어지고 비료가 많이 시비되어야 생산량을 확보할 수 있었다. 둘째, 일본의 벼 품종 식재와 1920년대 이후 수리시설의 확대와 비료의 증시에 의해 벼 생산량은 증가하였지만 증산된 생산량 이상으로 일본으로 이출되어 조선 농민의 식량 소비량은 계속 감소하였다. 대부분의 농민들은 전보다 많은 노동으로 벼 생산량을 증가시켰지만 그 혜택을 누리지 못하고 가계 적자에 허덕이거나 생존을 위협받으며 쌀에 대한 염원을 더욱 강하게 갖게 되었다. 셋째, 밭작물에 대한 정책은 철저히 소외되었으며, 밭작물의 생산은 정체되었다. 그에 따라

---

4   염정섭·소순열, 2021, 앞의 책, 400~403쪽.

조선의 풍토와 기후에 적응하면서 발달해 온 재래농법은 쇠퇴하고 재래품종은 자취를 찾아보기 어렵게 되었다. 다만, 밭작물 가운데 예외적으로 육지면과 누에고치는 증산되면서 일본 면공업과 제사공업의 원료로 공급되어 일본 자본주의 발달에 기여하였다. 넷째, 전시체제하에서 일제의 농업정책이 전쟁 수행을 위한 전시물자와 노동력 동원을 우선시함으로써 생산기반시설의 붕괴, 극심한 식량 공출, 나아가 기상재해로 인하여 농업 생산이 크게 파괴되었다. 특히 1940년 이후 일제가 전쟁 수행에 몰두함으로써 토지개량사업과 비료 생산이 중단되어 기상재해로 인한 피해가 더욱 심하였다.

일제가 만들어 놓은 다로다비의 미곡 생산구조로 인해 전시체제기 농업생산력은 더욱 저하될 수밖에 없었다. 비료가 지속적이고 알맞게 투입될 수 없어 지력은 고갈되어 갔고, 농민들의 고된 노동으로 그것을 대체할 뿐이었다. 이러한 상황은 노동에 대한 부정적 경험과 인식을 초래했고, 해방 후 농업생산력 회복에도 상당한 어려움을 가져오는 요소가 되었다.[5]

이처럼 식민지 조선의 농업은 철저하게 일본 자본주의의 필요에 의해 전개되어 결과적으로 생산 농민의 빈곤화를 초래했으며, 이에 몰락한 농민은 농촌을 떠나게 되었고 조선 농민은 생존을 위해서 만주나 연해주 또는 일본 등지로 떠나게 되었다.

이런 과정을 통해서 형성된 식민지 농업·농촌의 유산은 해방 이후 한국 농업의 건전한 발달에 커다란 장애 요인이 되었다. 해방 후 한국인들은 일본 자본주의에 부속된 농업구조가 아니라 조선의 풍토와 기후에

---

5 이송순, 2003b, 앞의 글, 227쪽.

적합한 조선 내의 완결적 농업구조를 다시 만들어 가야 했다.

예를 들면, 한국이 일본 벼 품종의 육종학을 벗어난 것은 1972년으로, 이때 '통일벼'라는 품종을 만들어 보급하면서 극복하였다.[6] 세계에서 자포니카 벼를 독점적인 주식으로 삼는 나라는 한국과 일본뿐이었고, 해방 후에도 일본의 벼 품종을 심으면서 논농사를 행했기에 한국의 육종학은 인정을 받지 못하였다. 그러다가 1962년에 농촌진흥청을 설립하고, 서울대학교 농과대학 교수인 허문회가 인디카와 자포니카 품종의 교배를 수백 차례 반복해 통일벼의 볍씨를 개발 보급하면서 한국의 육종학은 일본 육종학의 독점적 영향에서 벗어나 자신의 독자적 체계와 전통을 세울 수 있게 되었다.

---

6 김태호, 2017, 『근현대 한국 쌀의 사회사』, 들녘, 74~129쪽.

부록

연표

날짜	내용
1906.3	「수리조합조례」 공포
1906.4	통감부에서 수원에 권업모범장 설립
1906~1907	부동산법조사회에서 조선의 부동산조사
1907~1910	관유지와 궁방전을 조사하여 국유지로 편입
1910.9	「조선총독부 권업모범장 관제」 공포
1912.3	「육지면 재배 장려에 관한 건」 공포
	「축우 개량 증식의 장려에 관한 건」 공포
	「미작 개량의 장려에 관한 건」 공포
	「잠업 장려에 관한 건」 공포
1913.4	「각 도 농업기술관에 대한 총독지시」 공포
1915	「미곡검사규칙」 공포
1917.7	「조선수리조합령」 공포
1918.3	「조선총독부 수원농림전문학교 관제」 공포
1919	「수리조합보조규정」 공포
1919.3	「도종묘장의 사업에 관한 건」 공포
1919.4	「조선잠업령」 공포
1920	제1기 산미증식계획 수립
	「토지개량사업보조규칙」 공포
1920.3	권업모범장 서선지장(西鮮支場) 설립
1925	산견백만석증수계획 수립
1926	제2기 산미증식계획 시행
	자급비료개량증산 10년계획 수립
1927.9	「조선비료취체령」 공포
1927.12	「조선토지개량령」 공포
1928	일본에서 「외국산쌀수입제한령」 공포
1928.3	총독이 밭작물 개량 증식을 지시
1929	서북부지역증산계획(서북부지역 밭작물 개량증식정책) 수립
1929.5	일본 미곡조사회 설치
1929.9	'권업모범장'을 '농사시험장'으로 개편

날짜	내용
1930	조선미곡창고계획 수립 및 실시
	함경남도 흥남에 조선질소비료주식회사 설립
1930.1	농사시험장 남선지장(南鮮支場) 설립
1931	전작물(田作物)개량증식 12년계획 수립
1931.3	농사시험장 북선지장(北鮮支場) 설립
1931.7	일본 미곡부고문회의 개최
1931.11	「수출미곡창고보조규칙」 공포. 조선미곡창고주식회사 설립
1932.6	일본 농림성에 임시미곡부 신설
1932.9	「조선미곡검사령」 공포
1932.9.21	자작농지설정사업 추진
1932.9.30	「조선총독부 농촌진흥위원회 규정」 공포. 농촌진흥운동 실시
1932.10	'도종묘장'을 '도농사시험장'으로 개칭
	일본 미곡통제조사회 설립
1932.10.8	「농산어촌의 진흥에 관한 건」 공포
1932	북선(北鮮)개척사업 추진
1932.12.10	「조선소작조정령」 공포
1933.1	임시조선미곡조사위원회 설치
1933.1.27	「부·군·도 소작위원회 설치에 관한 건」 공포
1933.2	임시조선미곡통제위원회 설립
1933.3	「농산어촌진흥계획 실시에 관한 건」 공포
	조선미곡이출통제계획 수립
	농가경제갱생계획 수립
1933.3.29	일본 「미곡통제법」 가결(1933년 11월 시행)
1933.8	「임시미곡생산통제안요강」 발표
1933.9	「임시미곡작부반별제한안」 제시
1933.10	「대선미통제시안요강」 발표
1933.11	「미곡법」 폐지
1933.12	벼(籾)장기저장계획 수립 및 실시
1934	남면북양정책 추진

날짜	내용
1934.3	「임시미곡이입조절법」가결
1934.4	「조선농지령」공포
	「조선 부·군·도 소작위원회 관제」공포
1934.5	정무총감이 산미증식계획 중단 발표
1934.5~1935.3	「임시미곡이입조절법」시행
1934.7	조선토지개량주식회사 해산
1934.8	「농사시험장 관제」개정
1934.9	「조선 부·군·도 소작위원회 규정」공포
1934.10	「조선벼(籾)검사규칙」공포
1935	전작지(田作地)개간조성계획 수립
1935.1	갱생지도부락확충계획 수립
1935.7	농사시험장에 '농가경영개선 종합시험' 계획 수립
1936	「조선소작조정령」개정
	제2차 자급비료개량증식 10년계획 수립
1936.5.27	일본에서「미곡자치관리법」제정
1937.3	「조선중요비료업통제령」제정
1937.5	「만주이민 제1기 계획 실시요강」발표
1937.9.23	전선(全鮮) 농산어촌 진흥 관계관 회동
1937.12	「조선임시비료배급통제령」제정
	「폭리취체령」개정
1938.7.7	국민정신총동원운동 실시
1938.7	국민정신총동원조선연맹 설치
1938.12	일본에서 임시농촌대책부와 농림계획위원회 설립
1939	고구마증산장려계획 수립
	일본에서 미맥 및 기타 생산계획 수립
	조선증미계획 수립
	소맥증산계획 수립
1939.3	「조선비료판매가격취체규칙」공포
1939.4.12	일본에서「미곡배급통제법」공포
1939.7.29	「미가대책요강」발표
1939.9	「가격등통제령(價格等統制令)」공포
1939.9.22	「조선미곡시장주식회사령」제정. 관과 민이 공동출자하여 회사 설립
1939.10.4	「조선백미취체규칙」공포
1939.10.16	「식량배급계획요강」발표

날짜	내용
1939.11.25	조선수이입잡곡중앙배급조합 설립
1939.12	「소작료통제령」 공포
	조선농학회 창립(회장 湯川又夫, 부회장 增淵次助)
1939.12.27	「조선미곡배급조정령」 공포
	「미곡배급통제에 관한 건」 공포
1940	조선증미계획 수립
1940.6.18	「맥류배급통제요강」 발표
1940.7.20	「조선잡곡배급통제규칙」 공포
1940.8	제2회 임시조선미곡조사위원회 개최
1940.8.20	「임시미곡배급통제규칙」 공포
1940.10.1	「소맥분배급통제요항」 발표
1940.10.16	국민총력조선연맹 조직, 국민총력운동 시작
1940.10.24	「미곡관리규칙」 공포
1940.12.5	「농산촌생산보국 지도방침」 발표
1941	식량전작물증산계획 수립
	「농업생산통제령」 공포
	「임시농지가격통제령」 공포
1941.4.1	부락생산계획 실행 선서식 개최
1941.4.2	「농촌노동력조정요강」 발표
1941.6.28	「맥류통제요항」 발표
1941.7	조선농촌재편성계획 수립
	「자급비료증산운동실시요강」 발표
1941.9	「긴급식량 대책에 관한 건」 공포
1942	제2기 자작농지설정사업 실시
	전선증미관계관 회의 소집
	개전(開田) 5개년계획 수립
	퇴비생산배가운동 실시
1942.2	일본에서 「식량관리법」 공포
1942.5	식량전작물증산타합회 개최
1942.11	다카하시 노보루(高橋昇)가 '농업기술기관정리통합안' 제시
1942.12	「조선농지개발영단령」 공포
1943	농업 5개년계획 수립
	농촌대책위원회 개최
	전지(田地)개간계획 수립

날짜	내용
1943.1	농업계획위원회 구성
	조선농지개발영단 설치
1943.6	「식량증산응급대책요강」 발표
	「조선식량관리특별회계법」 공포
1943.7.31	「조선농업계획요강」 발표
1943.8.9	「조선식량관리령」 공포
1943.9.30	「조선청과물배급통제규칙」 공포
	「조선선어개(鮮魚介)배급통제규칙」 공포
1943.10	「외지에 있어 제2차 식량증산대책 요강」 발표
1943.10.5	조선식량영단 설립
1943.10.15	「미곡생산확보보급금교부요강」 발표
1943.12	「식량자급태세강화요강」 발표
1943.12.5	「농산촌생산보국지도요강」 공포
1944	제2기 고구마증산장려계획 수립
	「고구마증산기술지도요강」 발표
1944.2.6	「농업생산책임제실시요강」 발표
1944.7.29	「조선에 있어서의 양곡의 증산 및 공출 장려에 관한 특별조치 요강」 발표
1944.9	「농업요원설치요강」 발표
1944.11	「한발답(旱魃畓)에 대한 긴급대책 요강」 발표
1945.2	「농촌근로동원대책요강」 발표

자료

자료 1

「육지면 재배 장려에 관한 건」[1]

조선총독부 훈령 제8호(1912.3.11)

일. 육지면 재배의 장려: 면작에 대한 강화 강습을 재촉하고 혹은 품평회를 개최하여 육지면 재배를 권유하는 것은 물론 솔선하여 육지면을 재배하는 자에게는 종자를 급여하고 혹은 열심히 육지면 재배에 종사하는 독농가를 표창한다. 혹은 판매가 불편한 지방의 육지면에 대해서는 편리한 시장까지 운임을 보조하고 비료를 급여하여 시비의 효과를 느끼도록 하는 등 지방에 적절한 장려 방법을 강구할 것

일. 육지면 종자의 보존: 조선의 풍토에 순화한 육지면 종자는 그 재배면적을 확장하기 쉽도록 그 재배자로 하여금 스스로 자가 파종용 종자의 보존에 힘쓰게 할 것

일. 육지면 재배의 지도: 육지면 재배를 직접 지도하는 임무를 맡은 자는 물론 도청, 부군아(府郡衙) 및 면사무소의 직원으로 하여금 정성스럽게 재배 방법 및 이익을 설명하여 농민이 의혹을 품지 않도록 주의할 것

일. 육지면 재배지의 확장: 종래 육지면 재배의 중심인 전라남도에서 적극적으로 그것을 장려하는 것은 물론 전라북도, 경상남북도, 충청남

---

[1] 朝鮮農會, 1912, 『朝鮮農會報』 7-3, 35~36쪽.

북도 같이 육지면 재배에 적절한 지역이 많은 지방에서는 신속히 육지면의 보급을 시도하여야 한다. 그러나 육지면 종자의 공급이 충분할 때까지는 재래면의 작부를 장려하면서 면화 재배면적을 확장하여 후일 육지면 재배의 소지를 만들도록 할 것

일. 조선 재래면의 재배 개량: 조선 재래면은 그 수확량 및 조면(繰綿) 비율이 육지면에 비해 열악하지만 타면(打綿)으로서 수요가 적지 않기에 육지면 재배가 적절하지 않은 지방에서는 그 재배법의 개량을 장려할 것

자료 2

「축우 개량 증식의 장려에 관한 건」[2]

조선총독부 훈령 제9호(1912.3.11)

 축우(畜牛)는 조선의 농업 조직상 빠뜨릴 수 없는 요소로 그 사육의 많고 적음은 농업의 성쇠에 중대한 관계일 뿐아니라 수이출품 중 중요한 위치를 점하고 있는 것으로 그 개량 증식을 하루도 소홀히 할 수 없다. 종래 조선의 농민은 축우를 사랑하고 풍토도 사육에 적당하여 육우업(育牛業)은 다른 산업에 비해 비교적 양호한 업적을 보이지만 그 개량 증식에 노력을 기울여야 할 점이 적지 않다.

 즉 번식상 종우(種牛)의 선택에 중점을 두지 않는다든가 혹은 야초(野草)의 보호 및 추초(芻草)의 저장에 주의를 기울이지 않는다든가 혹은 수역(獸疫)의 예방을 강구하지 않아 다수의 축우를 잃는 등 어느 것도 축우의 증식을 방해하고 그 체격을 열등하게 되는 원인이 된다. (중략) 전번에 우량한 종우를 각지에 배부하고 종우의 보호비 및 구매비를 보조하고, 또한 우역(牛疫) 침입의 문호인 함경북도 북부에 올해부터 축우에 예방주사를 행하기 위해 필요한 시설을 수행한다면 모든 축우의 개량 증식을 도모하는 뜻에 어긋나지 않을 것이다.

     1912년 3월 11일 조선총독 백작 데라우치 마사타케(寺內正毅)

일. 종자수소의 선택:
일. 종자수소의 배치 및 종부:

---

[2] 朝鮮農會, 1912, 앞의 책, 36~37쪽.

일. 종자수소의 보호:

일. 암소의 대부:

일. 축우 예탁의 장려:

일. 사료의 공급:

일. 거세의 장려:

일. 새끼를 밴 소의 도살 금지:

일. 수역의 예방:

자료 3

「미작 개량의 장려에 관한 건」[3]

조선총독부 훈령 제10호(1912.3.12)

    미작은 조선의 농업에서 수위를 차지하고 그 생산액이 다량으로 본토 일반의 수요를 충당하는 이외에 일본으로 이출되고 외국에 수출하는 양이 적지 않다. 그런데 농민은 옛날부터 단순히 하늘에 의지해 왔을 뿐 인력에 따른 이용 방법을 등한시한 결과 품질이 열악하고 수확 성적이 양호하지 않다. 전에 농업 개선의 급무를 인식하여 이를 위해 필요한 식림, 수리 등 각종의 시설을 설치함과 동시에 미작 개량상 직접 필요한 조치로서 우량품종의 배급, 수확 후에 건조·조제의 방법 및 비료의 사용 등에 관해 자주 장려 지도의 방침을 표시하였지만 아직 충분히 민심에 철저히 도달하지 못하여 유감이다. 미곡은 일상의 필수품이고 중요한 수이출품으로 다른 잡곡에 비해 한층 그 개량을 촉진시키는 데 힘써야 한다. 그리고 수이출세를 완전히 폐지하는 취지도 역시 그에 벗어나지 않는다. 아래의 개량 항목에 정성을 기울여 농민 지도에 힘을 다하여 실효를 거두기를 기대한다.

                1912년 3월 12일 조선총독 백작 데라우치 마사타케

일. 우량 벼 품종의 보급

    미작 개량상 가장 행하기 쉽고 효과를 보기 확실하고 신속한 것은 품종의 선택에 있다. 권업모범장과 종묘장 등의 실험에 비추어 풍토에

---

[3] 朝鮮農會, 1912, 앞의 책, 37~38쪽.

따라 반드시 품종을 일정하게 하더라도 예를 들면 수도(水稻)에서는 일출(日の出)은 북부에, 조신력(早神力)은 중부에, 곡량도(穀良都)는 남부에 적합하다. 또한 육도(陸稻)에서는 '오이란' 같은 것은 성적이 가장 양호하여 재래종의 우량종과 차이가 없기 때문에 이렇게 성적이 현저한 것들은 당연히 신속히 보급을 도모하고 잡다한 열등품종은 배제하는데 힘쓸 것

일. 건조 조제의 개량

종래의 미곡 조제법은 헛되이 쌀의 품질을 떨어뜨려 토사 기타 불순물이 섞인 것이 많다. 그 건조는 극히 불충분하여 수이출미로서 적당하지 않다. 현재 군산에서 실례로 들면, 조신력 등이 조제가 완전하고 건조가 충분한 것은 재래 조제법에 의한 재래 벼에 비해 보통 1석당 2원 이상의 고가이다. 조제상 마땅히 멍석(莚) 및 도급기(稻扱機)를 사용하게 하고 벼를 수확할 때 능히 평건(平乾)을 하고 벼를 건조하는 데는 멍석을 사용하여 점차 그 개량을 도모하며 특히 수이출미를 산출하는 지방에서는 신속히 그것을 실행할 것

일. 관개수의 공급

수도작이 관개수를 생명으로 한다는 것은 논할 여지가 없음에도 불구하고 조선의 논에서 적당량 이상으로 관개수를 공급하는 것은 전체 논 면적의 겨우 2할 이내이다. 이것을 내지에서 적당량 이상의 관개수를 지닌 논이 전체 논 면적의 8할을 점유하는 것과 비교하면 실로 큰 차이가 난다. 이와 같은 경우에는 아무리 기후상 하늘의 은혜가 크다고 하더라도 그 진가를 발휘하게 할 방도가 없으므로 황폐해진 저수지의 복구 공사에 관해서는 종래 특별히 국고로부터 보조금을 지출하여 그것을 수리하였는데 내년도 이후에는 한층 국고보조금

을 증가하여 크게 장려할 계획이다. 해당 복구 공사 중 그 노역으로 할 수 있는 부분은 관계 지주 및 소작인에게 스스로 진행하여 노력으로 신속히 그것을 복구하게 하여 멀리 관개의 편의를 열어 안전하게 벼농사의 이익을 누리게 할 것

일. 시비의 장려

우량품종의 재배는 수확량이 많지만 그와 함께 비료를 필요로 하는 것이 많아서 종전에 비해 당연히 시비량을 증가해야 한다. 조선의 농가는 아직 비료를 중요시하지 않는 폐습이 존재하기 때문에 지금부터 현저히 각성시켜 농가 각자의 힘으로 제조할 수 있는 구비(廐肥), 퇴비, 녹비 등의 종류를 힘써 다량으로 제조하여 사용하게 한다. 또한 농계(農契) 혹은 지방금융기관을 잘 활용하거나 대지주에게 권유하여 적당히 판매비료를 적절하게 구입하여 사용하는 방법을 강구하도록 의뢰해 우량품종 재배의 효과를 높이는 데 유감이 없도록 할 것

자료 4

「잠업 장려에 관한 건」[4]

조선총독부 훈령 제11호(1912.3.12)

　　조선에서 잠업은 아직 유치한 영역에 있고, 그 생산액 역시 미미하지만, 토질은 뽕나무 재배에 적당하고 건조한 기후는 양잠에 매우 적합하다. 적절한 개량 방법을 실시한다면 부업 중 주요한 위치를 차지하고 당업자는 큰 이익을 얻는 것은 물론 일반 경제의 발달에 보탬이 되는 것이 적지 않다. 그리하여 종래 잠업교육을 장려하기 위하여 각지에 잠업전습소를 설치하고 뽕나무 재배, 누에 기르기, 제사(製絲)에 관해 진보한 지식 기술을 가르쳐 널리 지식을 보급하였다. 특히 각 부군에 분배한 은사금에 의해 수산(授産)사업으로 양잠을 장려하게 되었는데 점차 양호한 효과를 거두었지만 이제 열등한 재래잠종의 사육을 행하거나 또는 누에 기르는 방법에서 옛 방법을 고치지 않았기 때문에 계획한 수확량을 거두지 못했을 뿐아니라 그 품질도 열악함을 면치 못하였다.

　　본부는 내년부터 원잠종의 제조에 착수하여 조선의 기후에 순화시킨 잠종으로 각 도에 배부하여 점차 불량한 잠종을 구축하고 고치의 통일을 도모하기 위하여 다음과 같이 개량 장려에 관한 사항을 열거하니 당업자는 그 취지를 알고 철저를 기하기 바란다.

　　　　　　　　　　1912년 3월 12일 조선총독 백작　데라우치 마사타케

일. 우량잠종의 보급:

4　朝鮮農會, 1912, 앞의 책, 37~38쪽.

일. 치잠 공동사육소의 설치:

일. 여자의 잠업 장려:

일. 산견 판매의 알선:

자료 5

「조선잠업령」

조선총독부 제령 제10호(1919.4.24 제정, 1919.5.1 시행)

제1조 이 영에서 잠종제조자라 함은 타인에게 양도할 목적으로 잠종을 제조하는 자를 말한다.

제2조 이 영에서 잠병이라 함은 미립자병·연화병·경화병·농병 및 저병을 말한다.

제3조 잠종제조자가 되고자 하는 자는 도장관의 면허를 받아야 한다.

제4조 잠종제조자는 원잠종에서 산출한 고치를 이용하는 것이 아니면 잠종을 제조할 수 없다.

제5조 ① 잠종제조자는 현재 보통잠종의 애누에의 부화 또는 사육을 하는 건물 안에서 잠종제조용 애누에의 부화에서부터 잠종제조의 종료까지의 작업을 할 수 없다.

② 잠종제조자는 현재 보통잠종제조용 애누에를 사육하는 실내에서 원잠종제조용 애누에의 부화에서부터 잠종제조의 종료까지의 작업을 할 수 없다.

제6조 원잠종제조용 애누에의 사육은 나방별로 각각 하여야 한다. 다만, 조선총독이 지정하는 잠종에 대해서는 그러하지 아니하다.

제7조 ① 잠종제조자는 원잠종으로 하고자 하는 잠종에 대하여 조선총독이 정하는 바에 의하여 애누에, 고치 및 어미나방의 검사를 받아야 한다.

② 잠종제조자는 보통잠종으로 하고자 하는 잠종에 대하여 조선총독이 정하는 바에 의하여 그 애누에 및 고치에 대하여는 검사를, 어미나

방에 대한 부화구마다 보합검사를 받아야 한다.

③ 잠종제조자는 전항의 보합검사에 합격하지 아니한 잠종에 대하여 조선총독이 정하는 바에 의하여 어미나방 또는 알에 대한 검사를 받을 수 있다. 다만, 제9조 단서의 기간 내에 검사의 청구를 요하여야 한다.

제8조 ① 잠종은 광제(框製)로 하여야 한다. 다만, 특별히 조선총독의 인가를 받은 경우는 그러하지 아니하다.

② 잠종의 대지 또는 용기에 관하여 단속상 필요한 사항은 조선총독이 정한다.

제9조 도장관은 제7조 또는 제13조 제2항·제3항의 검사에 합격한 잠종에는 증인을 날인하고, 검사에 합격하지 아니한 잠종은 소각하여야 한다. 다만, 제7조 제2항의 보합검사에 합격하지 아니한 잠종에 대해서는 도장관이 정하는 기간 내에 동조 제3항의 규정에 의하여 검사의 청구가 없을 때에는 그 기간을 경과한 후에 소각하여야 한다.

제10조 조선총독은 제7조의 규정에 불구하고 권업모범장, 도원잠종제조소, 학교강습소 등에서 제조한 잠종 및 제13조의 검사에 합격한 잠종을 원잠종 또는 보통잠종으로 지정할 수 있다.

제11조 검사 합격의 증인이 없는 잠종 및 그 애누에는 양도하거나 사육할 수 없다. 다만, 전조의 규정에 의하여 지정받은 잠종 및 애누에는 그러하지 아니하다.

제12조 ① 잠종제조자가 아닌 자는 잠종을 제조할 수 없다.

② 학술연구를 위한 경우에 있어서는 조선총독의 허가를 받아 전조 또는 전항의 규정에 불구하고 잠종의 제조 또는 애누에의 사육을 할 수 있으며, 이 경우에는 조선총독이 정하는 바에 의하여 이 영 중 잠종제조자에 관한 규정의 전부 또는 일부를 준용할 수 있다.

제13조 ① 잠종을 수입 또는 이입하고자 하는 자는 조선총독의 허가를 받아야 한다.

　② 전항의 허가를 받아 잠종을 수입 또는 이입한 자는 그 잠종에 대하여 어미나방 또는 그 알에 대하여 검사를 받아야 한다. 다만, 전조 제2항의 규정에 의하여 허가를 받은 자는 그러하지 아니하다.

　③ 수입 또는 이입 전 관공서의 증명을 받은 잠종에 대하여서는 전항의 검사를 대신하여 그 증명에 대하여 검사를 행할 수 있다.

제14조 조선총독은 필요하다고 인정할 때에는 잠종의 제조, 양도양수 또는 제조하여야 하는 잠종의 종류를 제한할 수 있다.

제15조 ① 애누에의 사육 또는 생견을 취급하는 자는 조선총독이 정하는 바에 의하여 병잠 및 폐잠의 병원체를 멸살하고 기타 잠병 예방을 위하여 필요로 하는 시설을 하여만 한다.

　② 조선총독은 학술연구를 위하여 애누에의 사육 또는 생견을 취급하는 자에 대하여 전항의 규정을 적용하지 아니할 수 있다.

　③ 잠종제조자는 조선총독이 정하는 바에 의하여 잠실 및 잠구의 소독을 하여야 한다.

제16조 조선총독은 뽕나무의 재배 또는 뽕나무 묘목·잠종·고치의 매매에 관하여 단속상 필요한 명령을 발할 수 있다.

제17조 도장관이 필요하다고 인정하는 때에는 산누에의 사육·채종 또는 생견 취급을 업으로 하는 자에 대하여 전2조의 규정을 적용할 수 있다.

제18조 제3조, 제7조, 제9조, 제13조 제2항 및 제22조 내지 제25조의 규정은 지방비로 경영하는 잠종의 제조사업에 대하여 적용하지 아니한다.

제19조 ① 제7조 및 제13조 제2항·제3항의 검사 기타 잠병 예방에 대하여 필요한 비용은 지방비의 부담으로 한다.

② 전항의 검사에 관하여는 조선총독이 정하는 바에 의하여 검사 수수료를 징수할 수 있다.

③ 검사 수수료는 지방비의 수입으로 한다.

제20조 해당 관리·리원은 잠병 예방·뽕나무의 병충해 예방 또는 잠종 제조의 단속에 관하여 잠종제조자·잠종매매자·애누에사육자·생견 취급자·뽕나무 묘목의 양성 또는 매매를 하는 자의 점포·창고·제조장·사육장·포장(圃場) 등을 임검하고, 물품 및 장부 기타 서류를 조사하거나 필요한 분량에 한하여 무상으로 물품을 수거할 수 있다.

제21조 잠종제조자, 잠종·고치의 매매를 업으로 하는 자 또는 뽕나무 묘목의 양성·매매를 업으로 하는 자의 행위로 이 영 또는 이 영에 의한 명령을 위반한 때 또는 공익을 해할 우려가 있다고 인정된 때에는 도장관은 그 업무의 정지·제한 또는 면허의 취소를 할 수 있다.

제22조 다음의 각 호의 1에 해당하는 자는 500원 이하의 벌금에 처한다.

1. 사기의 행위로 제7조 또는 제13조 제2항 또는 제3항의 검사를 받은 자
2. 제11조의 규정에 위반하여 잠종 또는 애누에를 양도한 자
3. 제13조 제1항의 허가를 받지 아니하고 잠종을 수입 또는 이입한 자

제23조 다음의 각호의 1에 해당하는 자는 300원 이하의 벌금 또는 과료에 처한다.

1. 제3조의 면허를 받지 아니하고 타인에게 양도할 목적으로 잠종을 제조한 자
2. 제4조의 규정을 위반한 자

3. 제15조 제1항 또는 제3항의 규정을 위반한 자

4. 제21조의 규정에 의한 업무의 정지 또는 제한을 위반한 자

제24조 다음 각호의 1에 해당하는 자는 200원 이하의 벌금 또는 과료에 처한다.

1. 제5조, 제7조 또는 제12조 제1항의 규정을 위반한 자

2. 제11조의 규정을 위반하여 애누에를 사육한 자

3. 제13조 제2항 또는 제3항의 규정에 의한 검사를 받지 아니한 자

4. 제20조의 규정에 의한 직무의 집행을 거부·방해 또는 기피한 자

제25조 ① 제22조, 제23조 제1호·제2호 또는 전조 제1호 내지 제3호의 범죄에 관계되는 잠종·애누에 또는 고치는 몰수하고 이미 양도한 경우에는 그 가격에 상당하는 금액을 추징한다.

② 전항의 잠종 또는 애누에가 범인 이외의 자의 소유인 때에는 행정관청이 몰수할 수 있다.

제26조 잠종제조자, 잠종의 매매를 업으로 하는 자, 애누에의 사육을 업으로 하는 자, 고치의 매매를 업으로 하는 자 또는 뽕나무의 재배·매매를 업으로 하는 자가 미성년자 또는 금치산자자인 때에는 이 영 또는 이 영에 의한 명령에 의하여 이에 적용하여야 할 벌칙은 법정 대리인에게 적용한다. 다만, 그 영업에 관하여 성년자와 동일한 능력을 가진 미성년자에 대해서는 그러하지 아니하다.

제27조 잠종제조자, 잠종의 매매를 업으로 하는 자, 애누에의 사육을 업으로 하는 자, 고치의 매매를 업으로 하는 자 또는 뽕나무의 재배·매매를 업으로 하는 자는 그 대리인·호주·가족·동거자·고용인 기타 종업자가 그 업무에 관하여 이 영 또는 이 영에 의한 명령에 위반하는 행위를 한 경우에는 자기의 지휘에 의한 것이 아니라는 이유로 그 처

벌을 면할 수 없다.

제28조 법인의 대표자 또는 고용인 기타 종업자가 법인의 업무에 관하여 이 영 또는 이 영에 의한 명령에 위반한 경우에는 1911년 제령 제4호 제3조의 규정을 준용한다.

제29조 조선총독은 이 영에 규정한 직권의 일부를 도장관에 위임할 수 있다.

부칙

① 이 영 시행기일은 조선총독이 정한다.

[「조선잠업령」은 1919년 5월 1일부터 시행〈1919.4.29. 조선총독부령 제79호〉]

② 이 영 시행 전에 제조 또는 수입·이입한 잠종으로서 도장관이 원잠종 또는 보통잠종으로 지정한 것은 제10조의 규정에 의하여 조선총독이 지정한 잠종으로 본다.

자료 6

「조선비료취체령」

조선총독부 제령 제14호(1927.9.3 제정, 1928.1.1 시행)

제1조 ① 비료의 단속에 관하여 이 영에서 규정하는 것 이외의 것은 비료취체법에 의한다. 다만, 동법 제5조 및 제11조 제2호의 규정은 그러하지 아니하다.

② 비료취체법 중에서 주무대신은 조선총독으로 한다.

제2조 조선총독은 비료영업자를 제외하고 자가 사용 목적이 아닌 비료의 제조·수입·이입 또는 매매를 행하는 자에 대하여 이 영의 전부 또는 일부를 적용할 수 있다.

제3조 ① 당해 관리는 비료영업자, 운송업자, 운송취급업자 또는 창고업자의 점포·창고·공장·선차 등을 임검하여 장부·물건을 검사하고, 필요한 분량에 한하여 무상으로 비료 또는 제조원료를 수거할 수 있다.

② 당해 관리가 임검할 때 비료에 관하여 범죄가 있다고 인정하는 때에는 수색을 행하며, 범죄혐의자, 혹은 참고인에게 질문을 하거나 범죄의 사실을 증명하기 위한 물건을 차압할 수 있다.

③ 임검, 수색, 질문 및 차압에 대하여는 「조선간접국세범칙자처분령」을 준용한다.

제4조 전조의 규정에 의한 당해 관리의 임검·검사·수거·수색 또는 차압을 거부·방해·기피한 자, 질문에 대하여 답변을 하지 않거나 허위 진술을 한 자, 또는 허위 기재를 한 장부를 제시한 자는 100원 이상의 벌금 또는 과료에 처한다.

부칙

① 이 영의 시행기일은 조선총독이 정한다.

[「조선비료취체령」은 1928년 1월 1일부터 시행⟨1927.11.29. 조선총독부령 제111호⟩]

② 이 영 시행 시, 현재 비료취체법 제2조에서 규정하는 비료에 관한 영업을 행한 자가 그 영업을 계속하려고 하는 경우에는 이 영의 시행일로부터 1월 내에 이 영에 의하여 면허를 신청하여야 한다.

③ 이 영 시행 시, 현재 전항의 영업을 행한 자는 전항의 기간 동안 그 영업을 계속할 수 있으며, 전항의 규정에 의하여 면허 신청을 행한 자에 대하여 전항의 기간이 경과한 후, 그 신청의 허부(許否)가 있을 때까지의 기간은 또한 같다.

참고문헌

1. 자료

『고종실록』, 『일성록』.

『관보』, 『대한매일신보』, 『독립신문』, 『동아일보』, 『조선일보』, 『한성순보』, 『한성주보』, 『황성신문』.

『朝鮮彙報』, 『韓國中央農會報』, 『朝鮮農會報』, 『殖銀調査月報』, 『農業朝鮮』, 『調査月報』.

加藤末郎, 1901, 『韓國出張復命書』.

＿＿＿＿, 1904, 『韓國農業論』.

京都府知事 編, 1908, 『韓國農業視察復命書』.

高橋龜吉, 1935, 『現代朝鮮經濟論』, 千倉書房.

久間健一, 1935, 『朝鮮農業の近代的樣相』, 西ケ原刊行會.

＿＿＿＿, 1943, 『朝鮮農政の課題』, 成美堂書店.

＿＿＿＿, 1950, 『朝鮮農業經營地帶の研究』, 農林省農業總合研究所.

吉川祐輝, 1904, 『韓國農業經營論』.

菱本長次, 1938, 『朝鮮米の研究』, 千倉書房.

大橋淸三郎, 1915, 『朝鮮産業指針』, 開發社.

東畑精一·大川一司, 1935, 『朝鮮米穀經濟論』.

＿＿＿＿＿＿＿＿, 1939, 『米穀經濟の研究』, 有斐閣.

不動産法調査會, 1906, 『韓國不動産ニ關スル調査記錄』.

不二興業株式会社, 1929, 『農業及土地改良事業成績』.

山口精, 1901, 『韓國産業誌』.

山本庫太郎, 1904, 『朝鮮移住案內』.

鮮米協會, 1935, 『朝鮮米の進展』.

小早川九郎, 1944a, 『朝鮮農業發達史(發達篇)』, 朝鮮農會.

_____, 1944b, 『朝鮮農業發達史(政策篇)』, 朝鮮農會.

_____, 1959, 『補訂 朝鮮農業發達史(政策篇)』.

神戶正雄, 1910, 『韓國農業移民論』.

岩永重華, 1905, 『最新韓國實業指針』.

印貞植, 1943, 『朝鮮農村再編成の研究』, 人文社.

日本 農商務省, 1906, 『韓國土地農産調査報告』.

全國經濟調査機關連合會 朝鮮支部, 1943, 『朝鮮經濟年報(1941·1942)』.

田中定平, 1915, 『土地調査ト地主』, 巖松堂書店.

朝鮮金融組合聯合會, 『調査彙報』.

朝鮮及滿洲社, 1930, 『朝鮮之研究』.

朝鮮銀行 調査部, 1948, 『朝鮮經濟年報』.

朝鮮總督府, 『朝鮮の農業』.

_____, 『朝鮮總督府施政年報』.

_____, 『朝鮮總督府統計年報』.

_____, 『朝鮮米穀要覽(1940年)』.

_____, 1914, 『朝鮮統治三年間成績』.

_____, 1915, 『朝鮮施政ノ方針及實績』.

_____, 1922, 『朝鮮産米增殖計劃要領』.

_____, 1923, 『朝鮮ノ米』.

_____, 1926, 『朝鮮産米增殖計劃要綱』.

_____, 1930~1939, 『農業統計表』 1~5.

_____, 1931, 『朝鮮總督府農事試驗場二拾五周年記念誌』 上·下.

_____, 1935, 『施政二十五年史』.

_____, 1941, 『重要農産物增産計劃の概要』.

_____, 1943, 『農業報國の要諦』.

朝鮮總督府 警務局, 1933, 『最近に於ける朝鮮治安狀況』.

朝鮮總督府 勸業模範場, 1913, 『朝鮮稻品種一覽』.

朝鮮總督府 農林局, 1934, 『朝鮮ニ於ケル小作ニ關スル參考事項摘要』.

朝鮮總督府 殖産局, 1921~1930, 『朝鮮の農業事情』 1~3.

_____, 1927, 『朝鮮の米(1927年版)』.

酒勾常明, 1902, 『淸韓實業觀』.

_____, 1903, 『日淸韓實業論』.

靑柳綱太朗, 1908, 『韓國殖民策』.

澤村康, 1937, 『米價政策論』, 南郊社.

統監府 農商工務部 農林課, 1907, 『韓國ニ於ケル農業ノ經營』.

八木芳之助, 1934, 『米穀統制論』, 日本評論社.

2. 단행본

강만길, 1987, 『일제시대 빈민생활사 연구』, 창작사.

권태억, 1989, 『한국근대면업사연구』, 일조각.

김낙년 편, 2006, 『한국의 경제성장: 1910~1945』, 서울대학교출판부.

김도형, 2009, 『일제의 한국농업정책사 연구』, 한국연구원.

김영진, 1982, 『농림수산고문헌비요』, 한국농촌경제연구원.

김영희, 2003, 『일제시대 농촌통제정책 연구』, 경인문화사.

김용달, 2003, 『일제의 농업정책과 조선농회』, 혜안.

김용섭, 1992, 『한국근현대농업사연구』, 일조각.

_____, 2004, 『한국근대농업사연구』 I(신정증보판), 지식산업사.

김태호, 2017, 『근현대 한국 쌀의 사회사』, 들녘.

노대환, 2005, 『동도서기론 형성과정 연구』, 일지사.

다카하시 노보루, 2014, 『조선반도의 농법과 농민』 상, 민속원.

민성기, 1988, 『조선농업사연구』, 일조각.

박경식, 1986, 『일본 제국주의의 조선지배』, 청아출판사.

박섭, 1997, 『한국근대의 농업변동-농업경영의 성장과 농업구조의 변동』, 일조각.

방기중 편, 2004, 『일제 파시즘 지배정책과 민중생활』, 혜안.

안승택, 2009, 『식민지 조선의 근대농법과 재래농법』, 신구문화사.

염정섭·소순열, 2021, 『농업기술과 한국문명』, 들녘.

우대형, 2001, 『한국근대 농업사의 구조』, 한국연구원.

이광린, 1969, 『한국개화사연구』(개정판), 일조각.

이성우, 1981, 『韓國食經大典』, 鄕文社.

이송순, 2008, 『일제하 전시 농업정책과 농촌 경제』, 선인.

이영학, 2013, 『한국 근대 연초산업 연구』, 신서원.

이영호, 2018, 『근대전환기 토지정책과 토지조사』, 서울대학교출판문화원.

이영훈 외, 1992, 『근대조선 수리조합연구』, 일조각.

이윤갑, 2011, 『한국 근대 상업적 농업의 발달과 농업변동』, 지식산업사.

전석담·이기수·김한주, 1947, 『일제하의 조선사회경제사』.

전우용, 2011, 『한국 회사의 탄생』, 서울대학교출판문화원.

정연태, 2011, 『한국근대와 식민지 근대화 논쟁-장기근대사론을 제기하며』, 푸른역사.

_____, 2014, 『식민권력과 한국농업』, 서울대학교출판문화원.

정태헌, 1996, 『일제의 경제정책과 조선사회』, 역사비평사.

조석곤, 2003, 『한국 근대 토지제도의 형성』, 해남.

주봉규·소순열, 1996, 『근대 지역농업사 연구』, 서울대학교출판부.

최원규, 2019, 『한말 일제초기 국유지 조사와 토지조사사업』, 혜안.

_____, 2021, 『일제시기 한국의 일본인 사회-도시민·지주·일본인 농촌』, 혜안.

최유리, 1997, 『일제말기 식민지 지배정책 연구』, 국학자료원.

한국농촌경제연구원, 2003, 『한국 농업·농촌 100년사』 상·하.

허수열, 2005, 『개발 없는 개발-일제하, 조선경제 개발의 현상과 본질』, 은행나무.

_____, 2011, 『일제초기 조선의 농업-식민지근대화론의 농업개발을 비판한다』, 한길사.

홍성찬, 1992, 『한국근대 농촌사회의 변동과 지주층』, 지식산업사.

農林省熱帶農業研究センタ, 1976, 『旧朝鮮における日本の農業試驗硏究の成果』.

松本武祝, 1991, 『植民地期朝鮮の水利組合事業』, 未來社.

_____, 1998, 『植民地權力と朝鮮農民』, 社會評論社.

日本農學會, 1980, 『日本農學五十年史』, 養賢堂.

林炳潤, 1971, 『植民地における商業的農業の展開』, 東京大出版會.

淺田喬二, 1968, 『日本帝國主義と旧植民地地主制』, 御茶の水書房.

澤村東平, 1985, 『近代朝鮮の棉作綿業』, 未來社.

樋口雄一, 1998, 『戰時下朝鮮の農民生活誌 1939~1945』, 社會評論社.

河合和男, 1986, 『朝鮮における産米增殖計劃』, 未來社.

3. 논문

강진철, 1986,「일제 관학자가 본 한국사의 '정체성'과 그 이론」,『한국사학』7.

구자옥 외, 2010,「혼다 고노스케(本田幸介)와『한국토지농산조사보고(韓國土地農産調査報告)』1904~1905」,『농업사연구』9(1).

권오영, 1984,「신기선의 동도서기론 연구」,『청계사학』1.

권태억, 1983,「일제의 육지면 재배 확장정책-1904~1911년간을 중심으로」,『진단학보』55.

＿＿＿, 1986,「통감부시기 일제의 대한농업시책」,『노일전쟁 전후 일제의 한국침략』, 일조각.

＿＿＿, 1994,「통감부 설치기 일제의 조선 근대화론」,『국사관논총』53.

＿＿＿, 2005,「1910년대 일제 식민통치의 기조」,『한국근대사회와 문화』II, 서울대학교출판부.

＿＿＿, 2010,「일제의 식민지 지배정책사」,『일제 강점기 지배사의 재조명』, 동북아역사재단.

김도형, 1989,「일제의 비료정책과 그 성격(1910~1934)」,『한국민족운동사연구』4.

＿＿＿, 1995,「권업모범장의 식민지 농업 지배」,『한국근현대사연구』3.

＿＿＿, 1997a,「일본인 농장·농업회사의 농업기술 보급체계」,『국사관논총』77.

＿＿＿, 1997b,「일제의 농업기술보급과 농민들의 대응」,『우송 조동걸선생정년기념 한국민족운동사연구』, 나남.

＿＿＿, 2002,「1930년대 초반 농업기술정책의 변화와 그 성격」,『한국독립운동사연구』18.

＿＿＿, 2005a,「일제강점하 농업기술기구의 식민지 농업지배적 성격」,『농업사연구』4.

＿＿＿, 2005b,「일제하 수원 권업모범장의 구성원과 식민지 농업지배」,『수원학연구』창간호.

김영진·김상겸, 2010,「한국 농사시험연구의 역사적 고찰-권업모범장을 중심으로-」,『농업사연구』9(1).

김영진·김이교, 2011,「개화기 한국의 구미(歐美) 농업과학기술도입에 관한 종합연구」,『농업사연구』10(2).

김영진·홍은미, 2006,「농무목축시험장(1884~1906)의 기구변동과 운영」,『농업사연구』

5(2).

김영희, 1986, 「대한제국시기의 잠업진흥정책과 민영잠업」, 『대한제국연구』 V.

김은주, 2012, 「1930년대 조선의 농촌 생활개선사업과 "국민화"작업」, 『한국사론』 58.

김혜수, 1989, 「일제하 제사독점자본의 양잠농민 재편성 구조」, 『경제사학』 13.

노대환, 2012, 「19세기 후반 신기선의 현실인식과 사상적 변화」, 『동국사학』 53.

노성룡, 2017, 「1920년대 조선총독부의 '경우대부사업' 운영과 성격」, 『역사와 현실』 104.

_____, 2020, 「일제하 면양장려계획(1934~1945)의 전개과정과 식민지개발」, 『한국문화』 89.

류정선, 2012, 「조선총독부의 밭작물 개량증식정책」, 『한국사론』 58.

박석두, 2003, 「제3편 일제의 식민지 지배체제 구축과 농업·농촌」, 『한국 농업·농촌 100년사』 상, 한국농촌경제연구원.

박섭, 1988, 「식민지 조선에 있어서 1930년대 농업정책에 관한 연구」, 『한국근대 농촌사회와 농민운동』, 열음사.

박수현, 2002, 「일제하 수리조합 항쟁 연구」, 중앙대학교대학원 사학과 박사학위논문.

_____, 2019, 「누구를 위한 개발인가?-수리조합의 실체」, 『내일을 여는 역사』 76.

박영구, 1991, 「일제하 '산미증식계획'의 경제사적 성격 연구」, 연세대학교대학원 경제학과 박사학위논문.

박찬승, 2000, 「1890년대 후반 관비유학생의 도일유학」, 『근대교류사와 상호인식』 I, 아연출판부.

배민식, 2003, 「제4편 공황과 전시체제하의 농업·농촌」, 『한국 농업·농촌 100년사』 상, 한국농촌경제연구원.

배성준, 1993, 「1930년대 일제섬유자본의 침투와 조선직물업의 재편」, 『한국사론』 29.

소순열, 1992a, 「식민지기 전북에 있어서 수도품종의 변천」, 『전북대 농대논문집』 23.

_____, 1992b, 「식민지기 전북에 있어서 수도품종의 시험연구와 그 보급」, 『전북문화논총』 6.

_____, 2005, 「식민지 조선에서의 지주·소작관계의 구조와 전개」, 『농업사연구』 4(2).

_____, 2015, 「한국에서 근대농업기술의 변용-수용과 이전-」, 『농업사연구』 14(1).

오진석, 2013, 「대한제국기 인공양잠회사와 잠업과시험장」, 『향토서울』 85.

_____, 2021, 「대한제국 전기 인공양잠법의 도입과 양잠서적」, 『동방학지』 197.
왕현종, 2007, 「경남 창원지역 토지조사의 시행과정과 장부체계의 변화」, 『역사와현실』 65.
우대형, 1994, 「일제하 '개량농법'의 보급과 농촌구조의 변화」, 연세대학교대학원 경제학과 박사학위논문.
_____, 1998, 「1920년대 한국 미곡생산성의 정체」, 『경제사학』 25.
_____, 2005, 「일제하 '개량농법'의 이식과 농촌의 양극화」, 『사회와 역사』 68.
_____, 2006, 「일제하 조선에서의 미곡기술정책의 전개」, 『한국근현대사연구』 38.
_____, 2009, 「일제하 한전작물의 생산성 정체」, 『대동문화연구』 66.
_____, 2015, 「일제하 미곡생산성의 추이에 관한 재검토」, 『경제사학』 58.
윤병석, 1964, 「일본인의 황무지개척권 요구에 대하여」, 『역사학보』 22.
이광린, 1969, 「농무목축시험장의 설치에 대해」, 『한국개화사연구』(개정판), 일조각.
이대열, 2022, 「1930년대 중반 조선농회의 배합비료 배급사업과 도열병의 만연」, 『역사와 현실』 123.
이두순, 1984, 「일제하 수도품종보급정책의 성격에 관한 연구」, 『농업정책연구』 17(1).
_____, 2003, 「일제하 수도 신품종의 보급과 수도작 기술의 변화」, 『한국 농업구조의 변화와 발전(한국 농업·농촌 100년사 논문집 제1집)』, 한국농촌경제연구원.
이송순, 2003a, 「전시기(1937~1945) 조선의 미곡증산정책 실시와 그 성격」, 『사총』 56.
_____, 2003b, 「전시체제기(1937~1945) 조선의 비료수급실태와 농업생산력 저하」, 『역사연구』 12.
_____, 2005, 「1930년대 식민농정과 조선 농촌사회의 변화」, 『현대문학의 연구』 25.
_____, 2016, 「도쿄(東京)제국대학 농대와 1910년대 조선총독부 농업고등기술관료 그룹의 형성」, 『한국인물사연구』 25.
_____, 2018, 「1920년대 식민지 조선의 산미증식계획 실행과 농업기술관료」, 『사총』 94.
이애숙, 1985, 「일제하 수리조합사업의 전개와 지주제 강화」, 『한국사연구』 50·51.
이영학, 2015, 「1910년대 조선총독부의 농업정책」, 『한국학연구』 36.
_____, 2016a, 「1880년대 조선정부의 농업정책」, 『한국학연구』 40.
_____, 2016b, 「갑오정권의 농업정책」, 『이화사학연구』 52.

_____, 2017, 「개항 이후 서양 농학의 수용과 전개」, 『역사문화연구』 61.

_____, 2017, 「대한제국의 농업정책」, 『중앙사론』 46.

이영호, 2000, 「일제의 식민지 토지정책과 미간지 문제」, 『역사와 현실』 37.

이호철, 1995, 「조선후기 수도품종에 대하여」, 『제38회 전국역사학대회 발표요지』.

장시원, 1989, 「일제하 대지주의 존재형태에 관한 연구」, 서울대학교대학원 경제학과 박사학위논문.

_____, 1994, 「산미증식계획과 농업구조의 변화」, 『한국사』 13, 한길사.

전강수, 1984, 「일제하 수리조합사업이 지주제 전개에 미친 영향」, 『경제사학』 8.

_____, 1990, 「전시체제하 조선에 있어서의 미곡정책에 관한 연구」, 『경제사학』 14.

_____, 1993a, 「미곡저장장려정책과 벼검사제도·공동판매의 전개」, 『경제사학』 17.

_____, 1993b, 「식민지 조선의 미곡정책에 관한 연구-1930~45년을 중심으로」, 서울대학교대학원 경제학과 박사학위논문.

정문종, 1988, 「산미증식계획과 농업생산력정체에 관한 연구」, 『한국근대 농촌사회와 농민운동』, 열음사.

_____, 1993, 「1930년대 조선에 있어서의 농업정책에 관한 연구」, 서울대학교대학원 경제학과 박사학위논문.

정연태, 1988, 「1910년대 일제의 농업정책과 식민지 지주제」, 『한국사론』 20.

_____, 1992, 「1940년대 전반 일제의 한국농업 재편책」, 『국사관논총』 38.

_____, 1993, 「대한제국 후기 일제의 농업식민론과 이주식민책」, 『한국문화』 14.

_____, 1994, 「일제의 한국 농지정책(1905~1945년)」, 서울대학교대학원 국사학과 박사학위논문.

_____, 1995, 「1930년대 일제의 식민농정에 대한 재검토」, 『역사비평』 28.

_____, 1996, 「일제의 식민농정과 농업의 변화」, 『한국역사입문(근대·현대편)』 ③, 풀빛.

_____, 1997, 「대한제국 후기 계몽운동 계열의 토지수호운동과 농업진흥론」, 『한국민족운동사연구(우송 조동걸선생 정년기념논총)』, 나남출판.

정태헌, 1991, 「1930년대 식민지 농업정책의 성격 전환에 관한 연구」, 『일제말 조선사회와 민족해방운동』, 일송정.

_____, 2009, 「경제성장론 역사상의 연원과 모순된 근현대사 인식」, 『일본의 식민지 지배와 식민지적 근대』, 동북아역사재단.

조기준, 1977, 「일본인 농업이민과 동양척식주식회사」, 『한국근대사론』 1, 지식산업사.
_____, 1996, 「수탈론과 근대화론을 넘어서」, 『창작과 비평』 96, 창비.
지수걸, 1984, 「1932~35년간의 조선농촌진흥운동」, 『한국사연구』 46.
최병택, 2010, 「강제병합 전후 일제의 '농업 개량' 방침」, 『역사와 현실』 78.
최원규, 1992, 「조선후기 수리기구와 경영문제」, 『국사관논총』 39.
_____, 1993, 「일제의 초기 한국식민책과 일본인 '농업이민'」, 『동방학지』 77.
_____, 1994, 「한말 일제초기 토지조사와 토지법 연구」, 연세대학교대학원 사학과 박사학위논문.
_____, 1999, 「19세기후반·20세기초 경남지역 일본인 지주의 형성과정과 투자사례」, 『한국민족문화』 14.
_____, 2022, 「근대 전환기 조선 정부의 농정책과 서양농학의 수용」, 『동양과 서양의 문화교류』, 부산대학교출판문화원.
최유리, 1988, 「일제말기 '조선증미계획'에 대한 연구」, 『한국사연구』 61·62.
허동현, 1986, 「1881년 조선 조사 일본시찰단에 관한 일연구: "문견사건류"와 《수문록》을 중심으로」, 『한국사연구』 52.
堀和生, 1976, 「日本帝國主義の朝鮮における植民地農業政策-1920年代植民地地主制の形成」, 『日本史研究』 171.
飯沼二郎, 1981, 「朝鮮總督府の農業技術」, 『近代朝鮮の社會と思想』, 未來社.
_____, 1982, 「日帝下朝鮮における農業革命」, 『朝鮮史叢』 5·6.
_____, 1993, 「日帝下朝鮮における米の優良品種」, 『朝鮮民族運動史研究』 9.
富田晶子 外, 1984, 「植民地期朝鮮社會經濟の統計的研究(1)」, 『東京經大學會誌』 136.
山口宗雄, 1978, 「荒蕪地開拓問題 めぐる對韓イメジの形成,流布過程について」, 『史學雜誌』 87(10).
松本武祝, 1988, 「1920,30年代の朝鮮農業構造」, 『近代朝鮮の歷史像』, 日本評論社.
矢内原忠雄, 1926, 「朝鮮産米増殖計劃に就て」, 『農業經濟研究』 2(1).
羽島敬彦, 1988, 「朝鮮産米増殖計劃とその 實績」, 『朝鮮民族運動史研究』 5.
佐佐木隆爾, 1976, 「朝鮮における日本帝國主義の養蠶業政策: 第一次大戰期 中心に」, 『人文學報』 114.
村上勝彦 外, 1984, 「植民地期朝鮮社會經濟の統計的研究(1)」, 『東京經大學會誌』 136.

河合和男, 1979, 「朝鮮'産米增殖計劃'と植民地農業の展開」, 『朝鮮史叢』 2.

_____, 1986, 「朝鮮における化學肥料工業」, 『朝鮮における日窒コツエル』(姜在彦 編), 不二出版.

黒瀨郁二, 1975, 「日露戰後の'朝鮮經營'と東洋拓殖株式會社」, 『朝鮮史研究會論文集』 12.

찾아보기

ㄱ

「가격등통제령(價格等統制令)」 309
가잠견(家蠶繭) 219
가잠종(家蠶種) 120, 357
가토 스에로(加藤末郎) 86, 87, 94, 95
가토 시게모토(加藤茂苞) 251, 372
갱생수리조합 328
경성농상회 44, 46
『경성농상회장정』 47
고구마증산장려계획 303
고바야가와 구로(小早川九郎) 181, 255
곡량도(穀良都) 195, 196, 197
공입찰(公入札) 공동판매제 160, 215
공출사전할당제 313, 314
공출장려금제 314
관허농상회사(官許農桑會社) 48, 49
교하농상사(交河農桑社) 44, 45, 46
『교하농상사절목(交河農桑社節目)』 44, 45
국립종양장 272, 274
국민정신총동원조선연맹 282
국민총력운동 282, 283
궁민(窮民) 234, 235
권업모범장 110, 112, 113, 119, 120, 132, 191, 251, 345

금(錦) 146
기간지투자론 94, 96
김용섭 23
김한목 79
깃카와 스게테루(吉川祐輝) 96, 99

ㄴ

나카무라 사토루(中村哲) 25
나카무라 히코(中村彦) 92
내재적 발전론 19, 22, 23, 24
노상(魯桑) 120, 163, 357
노상실생종(魯桑實生種) 120
녹비작물 332
「농무규칙」 42
농무목축시험장 58, 59, 60, 63
농사시험장 56, 58, 104, 113, 116, 251, 266
농산촌생산보국운동 283, 284
농상공학교 102, 103
농상회사 47, 48, 49, 50
농업계획위원회 288
농업생산책임제 289, 290, 314
농업회사 52, 53, 54, 55, 56
『농정신편(農政新編)』 69, 72, 73

『농정촬요(農政撮要)』 69, 73, 74
「농지관리실시요령」 289
농학교 57, 58

ㄷ

다니자키 신고로(谷崎新五郎) 96, 98
다마금(多摩錦) 146, 197
다케다 소시치로(武田總七郎) 373
도(都) 119, 197
도식량배급통제조합 309
도원잠종제조소 132
도지내(島之內) 120, 163, 357

ㅁ

만한이민집중론 85, 122
매수인지정(買受人指定) 공동판매제 160, 215
「맥류배급통제요강」 309
메이지농법(明治農法) 133, 250, 320
면양장려계획 271, 272
면작고지서 263
면작조합 158, 214
면작증식계획 260
면작지도군 262
면작지도리동(棉作指導里洞) 210
면화재배협회 120
미간지개발론 94, 96
미곡 단작농업 198, 202
「미곡배급통제에 관한 건」 309

미곡응급자금 248
민병석 54, 55
민영환 54

ㅂ

부락생산확충계획 283, 284
부락시(部落是) 281
부락책임공출제 313
불량수리조합 328

ㅅ

사코 쓰네아키라(酒匂常明) 86, 88, 94, 96
사토가(佐藤家) 72, 78
산견백만석증수계획 216, 265, 268, 270, 358
산업조사위원회 179
서병숙 79
서상면 79
쇼트(M. Schott) 65
시카타 히로시(四方博) 20, 21
시평(市平) 120, 163, 357
「식량배급계획요강」 285
식량배급조합 309
식량전작물증산계획(食量畑作物增産計劃) 301, 304, 308, 352, 354
식민지근대화론 24, 26, 27, 28, 32
식민지 지주제 222, 232
「식상장려보조규정」 266

신기선 69
쌀보리 256, 257, 301, 302, 304, 305, 306, 352
쓰다 센(津田仙) 72, 75, 78

ㅇ

안병직 25
안종수 69, 70, 72
「양상규칙」 42, 43, 75
양잠조합 166, 270
오카 요이치(岡庸一) 96, 97
와다 이치로(和田一郎) 20
용강면작출장소 261
원잠종제조소 222
육우(陸羽)132호 197, 342, 346
육지면재배 6개년계획 157
은방주(銀坊主) 195, 196, 197, 253, 342, 346
이도재 55, 56
이작(裏作) 303, 304
일본인 대지주 123, 124, 153, 154, 230, 325, 327
『일청한실업론(日淸韓實業論)』 88
일출(日の出) 119, 146, 197

ㅈ

자급비료증산계획 338, 341
자급비료증산정책 333, 334, 344
작잠견(柞蠶繭) 218

작잠종(柞蠶種) 120, 357
『잠상집요(蠶桑輯要)』 75, 76, 77
『잠상촬요(蠶桑撮要)』 76, 77
잠업전습소(蠶業傳習所) 120, 167
적목(赤木) 120, 163, 357
전작개량조합(畑作改良組合) 257, 258
전작개량증식계획(田作改良增殖計劃) 251, 252, 253, 254, 255, 256, 257, 259, 260, 301
정병하 69, 70, 73
제프리(R. Jaffray) 61, 62
「조선농업계획요강」 288
조선농지개발영단(朝鮮農地開發營團) 298, 300
조선농촌재편성계획 286, 287
「조선미곡배급조정령」 285, 309
「조선미곡시장주식회사령」 285, 309
「조선비료취체령」 340, 341
조선수이입잡곡중앙배급조합 309
「조선식량관리령」 313
조선식량영단 313
「조선잠업령」 216, 217, 222
조선증미갱신계획 297
조선증미계획 291, 294, 295, 296
조신력(早神力) 119, 195, 196, 197, 346
종목과 64, 66
종목국 61, 62, 63
종자갱신계획 193

『중맥설(重麥說)』 75
지석영 75
「지주활동촉진요강」 289

ㅊ

차련관잠업출장소 267
『청한실업관(淸韓實業觀)』 88
최경석 58, 59, 60
축산조합 172, 173

ㅌ

「타농자조치요령(惰農子措置要令)」 289
「통호규칙」 42

ㅍ

판매비료 335, 336, 337, 339
「폭리취체령(暴利取締令)」 308

ㅎ

한국농사조사위원회(韓國農事調査委員會) 91
『한국농업론(朝鮮農業論)』 86
협상가격차 239
혼다 고스케(本田幸介) 92, 93, 99, 111
후쿠다 도쿠조(福田德三) 19
후쿠오카농법(福岡農法) 133, 250, 320
히사마 겐이치(久間建一) 148, 208

동북아역사재단 일제침탈사 연구총서 18

일제의 농업생산정책

초판 1쇄 인쇄　2022년 6월 20일
초판 1쇄 발행　2022년 6월 30일

지은이　이영학
펴낸이　이영호
펴낸곳　동북아역사재단

등　록　제312-2004-050호(2004년 10월 18일)
주　소　서울시 서대문구 통일로 81 NH농협생명빌딩
전　화　02-2012-6065
팩　스　02-2012-6186
홈페이지　www.nahf.or.kr
제작·인쇄　역사공간

ISBN　978-89-6187-735-0　94910
　　　　978-89-6187-669-8　(세트)

- 이 책은 저작권법에 의해 보호를 받는 저작물이므로 어떤 형태나 어떤 방법으로도 무단전재와 무단복제를 금합니다.
- 책값은 뒤표지에 있습니다. 잘못된 책은 바꾸어 드립니다.